認認真真講歷史

天涯社区
人气佳作

东晋风云

【全五卷】卷五

孙峰 · 著

中国文史出版社

图书在版编目（CIP）数据

东晋风云. 卷五 / 孙峰著. -- 北京：中国文史出版社, 2019.7
（认认真真讲历史）
ISBN 978-7-5205-1060-8

Ⅰ. ①东… Ⅱ. ①孙… Ⅲ. ①中国历史—东晋时代—通俗读物 Ⅳ. ①K237.209

中国版本图书馆CIP数据核字(2019)第066564号

责任编辑：刘　夏
封面设计：陈欣欣

出版发行：中国文史出版社
社　　址：北京市海淀区西八里庄路 69 号　**邮编：**100036
电　　话：010-81136606 81136602 81136603（发行部）
传　　真：010-81136655
印　　装：北京温林源印刷有限公司
经　　销：全国新华书店
开　　本：1/16
印　　张：20　　**字数：**346 千字
版　　次：2019 年 8 月北京第 1 版
印　　次：2019 年 8 月第 1 次印刷
定　　价：56.00 元

目录

第十一部 刘裕代晋

三六一 桓玄篡晋（一）

也就是在此前后，东晋冀州刺史刘轨、襄城太守司马休之、征虏将军刘敬宣、广陵相高雅之、江都长张诞等人来到了南燕。

到达南燕后，高雅之上书南燕皇帝慕容德（现改名为慕容备德），请求趁着桓玄即将篡晋，出兵南下。他对慕容德说，此次出师，即使不能统一江南，也可以占领长江以北、淮河以南之地。

南燕中书侍郎韩范也上书说："帝王之道，必须要以经略为第一要务。有其时而无其人，或者有其人无其时，都无法成就一番大业，帝王要成就大业，就必须既得天时，又得人才。自从晋朝孝武帝驾崩以后，东晋朝政日益混乱，迄今已经七年，桓玄企图篡逆，人神共愤，没有比此时更合适的机会了。况且，江、淮南北，东晋的人口没有多少，公私战马加起来总数也不超过几百，守备十分薄弱。如果我们以一万步骑长驱直入，敌人必然会望风奔溃。如果得到江淮之地，我国就拓境数千里，人众将达到十万，以此就可以向西吞并后秦，向北抗拒北魏。机不可失，失不再来。假如将来东晋境内有豪杰兴起，诛杀了桓玄，江南国内安定，不但建业难以攻取，而且长江以北地区也不能得到，后悔都来不及了。"

慕容德说："朕因为故国覆灭，本打算先定中原，再饮马长江，平定江南，因此，没有即时南征，公卿认真研究研究。"

经过讨论，南燕群臣都认为，桓玄刚刚得志，不可与之交战。

于是，慕容德在广固城西举行盛大的阅兵仪式，共征集步兵三十七万，战车一万七千辆，铁甲骑兵五万三千，鼓角之声震动天地。后来，当南燕听说桓玄被刘裕击败之后，又命令慕容镇为前锋，慕容钟为大都督，率领步卒二万，骑兵五千，定期准备南下，只是因为慕容德病重而作罢。

这是司马休之一行人投奔后秦和南燕对两国的影响，除了对后秦和南燕的影响以外，这一行人对北魏拓跋珪也产生了一定的影响。魏主拓跋珪刚刚取得了柴壁大捷，当他听说司马休之等人将要投奔的消息，不禁喜出望外，可左等右等，司马休之等人却并没有到来。拓跋珪深感意外，于是，下令兖州地方官探问缘由。北魏兖州的地方官找到了司马休之等人的一个随从，这位随从回答："北魏威名远播，因此，司马休之等人都愿意归附，后来，他们却听说崔逞被杀了，因此，才投奔了后秦和南燕两国。"拓跋珪听了，十分懊悔，从此以后，拓跋珪逐渐开始对汉族士大夫们宽容起来，对于犯下过错的汉族士大夫也多有宽恕，不过，随着拓跋珪服用药物副作用的显现，他的脾气也变得越来越暴躁，无端杀戮成了家常便饭，弄得北魏朝廷人人自危，这是后话，暂时不提。

我们回过头来再看一看为篡位做着准备工作的桓玄吧。

在利用孙无终打败了原冀州刺史刘轨之后，元兴二年（公元403年）正月，桓玄立马翻脸不认人，诛杀了刚刚接替刘轨担任冀州刺史的孙无终。袁虔之对姚兴称桓玄猜忌残忍，赏罚不公，并说桓玄不是"命世之主"，真的不假。身为刘牢之族舅的何穆在说服刘牢之的时候，曾将桓玄比作被管仲射中衣带钩的齐桓公和屡遭雍齿相逼的汉高祖刘邦，也许，何穆出自真心，然而，事实证明，何穆是看走了眼。欲做大事，不拘小节。桓玄没有能力团结曾经的敌人，他相信的仅仅只有几个亲信，如果说诛杀刘牢之、瓦解北府，是他排除异已所必需的，那么，通过历史遗存的一些细节，我们却发现，即使对桓氏亲族，桓玄也并非完全信任。据《世说新语》记载，桓玄素来轻视他的堂兄桓修，桓修在京师种有味道鲜美的桃树，桓玄多次向桓修索要桃种，可桓修给他的都不是最好的。桓玄就给姐夫殷仲文写信自嘲道："德行美好，肃慎才会献上楛木箭，不然的话，连寻常家园产的东西，也得不到呀！"他对桓修的哥哥桓谦也不怎么样，过去，人们常把桓谦比作殷仲文，一次，殷仲文来见桓玄，桓玄在院子里看到殷仲文缓步走来，对在座的人说："我家桓谦哪能比得上人家！"

元兴二年，桓玄的哥哥、荆州刺史桓伟在任职一年左右后去世。桓伟一直是桓玄强有力的支持者，他生前为人平实笃厚，我们还记得桓玄在征讨殷仲堪之时，曾提前给时任南蛮校尉的桓伟写信，让其偷袭殷仲堪，而桓伟却最终选择了向殷仲堪和盘托出。桓伟在任期间，深得荆州人心，他去世以后，桓玄再无值得完全信赖的直系亲属了。对于接替荆州刺史的人选，桓玄起初打算将堂兄徐、兖二州刺史桓修改任荆州刺史，从事中郎曹靖之告诫，桓修兄弟位高权重，桓谦位居中枢，再让桓修执掌荆州，恐怕会有不测，于是，桓玄改变主意，任命叔父桓豁之子、南郡相桓石康为西中郎将、荆州刺史。

除此之外，桓玄还有东晋名士特有的矫情，他的性格特征多的是色厉内荏，多的是轻佻短视，少了成大事者必备的坚韧和厚重：元兴二年年初，在基本上清除了北府残余势力之后，他对外宣称即将率领大军实施北伐，扫清中原。其实，他根本没有北伐的打算，喧嚣尘上的宣传不过是一场闹剧而已，很快地，他又暗示朝廷不同意，接到朝廷的诏书以后，他又堂而皇之地宣布："遵照诏书的命令，这才停止军事行动。"当初，准备出发的时候，桓玄再三嘱托有关部门置办快船，用来装载书画、服饰、古玩，有人询问缘由，他回答道："军事行动十分危险，万一有个闪失，小船吃水浅，容易逃走。"桓玄非常贪婪，心理又很阴暗，别人家有好的书法作品、好的绘画、好的庄园府邸，他总是千方百计要搞到手，可是，他又碍于面子，不肯强行夺取或者索要，就采取赌博的方式务必要从人家手里赢取；他还非常喜欢奇珍异宝，平日里珠宝玉器从不离手；桓伟死后，桓玄服丧痛哭失声，官员们劝他要节哀顺变，桓玄立即收泪，去除丧服，作乐尽欢；在治国措施上，桓玄也并无什么好的办法，起初，他曾打算废除货币，改用谷子、布帛进行交易，又打算恢复肉刑，一番折腾后，一件也没有落实。这样一个人，充其量只是一个太平郡守或者附庸风雅的名士，岂能成为一个乱世枭雄！

可是，桓玄自己并不这么想，尤其是在哥哥桓伟去世以后，桓玄深知自己的不臣之心天下皆知，与其这样拖延着，导致民怨沸腾，倒不如速速篡位，让民心有所依归。桓玄的姐夫殷仲文、亲信丹阳尹卞范之也都劝桓玄早早接受禅让，于是，他开始命令手下暗中制作九锡册命等各类文件。为了体现水涨船高，他提前晋升群臣的官职，为自己接受九锡做铺垫：解除司徒琅邪王司马德文的职务，晋升其为太宰；晋升桓谦为侍中、卫将军、开府、录尚书事；王谧晋升为散骑常侍、中书监，领司徒；桓胤为中书令；加桓修为散骑常侍、抚军大将军；另外，设置学官，教授二百多名二品以上官员的子弟。然后，他又矫诏加封自己为相国，总百揆，封南郡、南平、宜都、天门、零陵、营阳、桂阳、衡阳、义阳、建平等十郡为楚王，扬州牧，领平西将军，豫州刺史不变，加九锡之物，并暗示晋安帝司马德宗在正殿正式颁布诏命。晋安帝司马德宗只得服从，司马德宗颁布册命之后，桓玄却反复辞让，司马德宗不得已，只得又下诏命令百官到相国府中劝说，司马德宗还传出话来："当亲自前去劝说。"——哑巴是不会说话的，当然是有人代劳——桓玄看戏演得差不多了，这才如愿以偿地接受了其父毕生没有得到的九锡之命。接着，桓玄又矫诏追尊其父桓温为楚王、南康公主为楚王后；任命平西将军长史刘瑾为楚国尚书，刁逵为楚国中领军，王嘏为楚国太常，殷仲文为楚国左卫将军，皇甫敷为楚国右卫将军等，一共任命了六十多位楚国官吏。桓玄解除了平西将军、豫州刺史一职，将原有平西将军府的文武官员全部划归相国府。

桓玄是在击败司马元显一年半以后得到九锡之礼的。此时，荆州刺史桓伟刚刚去世，桓石康尚未到任，南阳太守、新野人庾仄，本为殷仲堪一党，当他听说桓玄接受九锡的消息以后，认为此时正是起兵讨伐桓玄的良机，他率军南下，突袭襄阳，雍州刺史冯该被击败，弃城而逃。庾仄有七千之众，他在襄阳城南设置盟坛，祭奠司马氏的祖宗，对外宣称将要讨伐桓玄，闹得江陵一片恐慌。南蛮校尉参军庾彬、安西将军参军杨道护、江安县令邓襄子也都密谋接应庾仄。幸好，不久桓石康就到达了江陵，他与南蛮校尉羊僧寿一起率军北上进攻襄阳，庾仄所部不战自溃，庾仄本人逃奔后秦，庾彬等人均被乱军所杀。

在这时，一直被废徙长沙的桓玄二哥桓济之子桓亮，也以讨伐庾仄为名，在罗县（今湖南省湘阴县境）起兵。桓济在桓温死后，曾与大哥桓熙一道密谋杀掉叔父桓冲，反被桓冲废黜，桓冲立桓玄作为桓温的世子，对于桓玄而言，虽然桓济是自己的哥哥，但却有着利害冲突，而桓亮也是想借机咸鱼翻身，他自称平南将军、湘州刺史。长沙相陶延寿（陶侃的玄孙、陶渊明的族子）因桓亮趁乱起兵，将其逮捕，桓玄下令把桓亮流放到衡阳，并诛杀了他的同党桓奥等人。

庾仄起义与桓亮举兵，只是一个小小的插曲，并没有影响到桓玄篡位的步伐。

元兴二年（公元 403 年）十月，也就是在他接受九锡之命的第二月，他上表要求回到自己的封国楚国——这当然还是他一贯的做派，喜欢演戏。写好上表以后，桓玄自己又替皇帝写了一份挽留自己的诏书，让宫中的使者代替皇帝前来宣布，自己挽留自己。好像这还不过瘾。不久，桓玄又上表坚决要求归国，而后，他又暗示晋安帝亲自写下“手诏”挽留自己，桓玄“不得已”继续留在姑孰以后，就加快了篡位的步伐。

为了给篡位增添祥和的气氛，他开始制造祥瑞：对外宣布钱塘临平湖（今浙江省杭州市余杭区临平镇）湖水满了。临平湖，现在已经淤废，仅存小河，魏晋时期，临平湖十分神奇：当时有句谶言说：“湖水干涸天下乱，湖水满溢天下平。”东汉末年，此湖干涸，到东吴孙皓统治时期，湖水突然满溢，被称为“湖开”，结果，西晋统一；到了南北朝末期陈朝时，湖水再度满溢，隋朝统一。桓玄此举也是为了应景，他让百官入朝祝贺，而后，桓玄又以皇帝司马德宗的口吻矫诏表扬自己说：“祥瑞之事，不是朕敢听的，这全是相国桓玄的德行使然，所以，上天才降下祥瑞。从今往后，天下太平，四海同庆，朕满心欢喜，激动得无以言表！”桓玄还让人报告，甘露降在江州王成基家的竹叶上。同时，他还想到，历代都有隐士，偏偏今世却没有，为了粉饰太平，桓玄找到皇甫谧的六世孙皇甫希之，让他隐居山林，然后，桓玄让皇帝下诏征召皇甫希之为著作郎，并赏赐给他财物，另一头，他又暗示皇甫希之不要接受，接着，桓玄又让皇帝下诏褒扬皇甫希之为品格高洁的“高士”，可是，当时的人们都嗤之以鼻，称皇甫希之为冒牌的隐士。

三六二 桓玄篡晋（二）

元兴二年（公元403年）十一月，桓玄开始穿戴帝王专有的服饰，使用帝王才有的礼乐，称楚王妃为楚王后，世子为太子。

十一月十八日，卞范之书写禅位诏书，让晋安帝司马德宗的堂侄司马宝威逼司马德宗亲笔照抄下来，并顺便将传国玉玺搞到手。

十一月二十一日，司马德宗驾临大殿，命令兼太保、兼司徒王谧拿着传国玉玺，将帝位传给桓玄。开始的时候，桓玄心神不宁，一会儿生怕司马德宗不肯亲自写诏书，过一会儿又担心搞不到玉玺，谁知到宣布禅让这一天，玉玺早已被桓玄一党掌握，桓玄得知以后，不禁是喜出望外。

同月二十三日，司马德宗搬出皇宫，暂住在皇城外的永安宫。

第二天，朝廷将皇城内供奉的历代皇帝牌位迁往琅邪国（今江苏省句容市北），晋穆帝的何皇后以及琅邪王司马德文均搬进司徒府。

随后，晋朝群臣从建康来到姑孰（今安徽省当涂县），劝说桓玄接受禅让，桓玄按捺着内心的喜悦，假装推让了一番，群臣又再三劝进，于是，桓玄终于接受了。

十二月一日，桓玄下令在姑孰城南的九井山北麓兴建高台。

十二月三日，时年三十五岁的桓玄举行祭天仪式，正式登基即皇帝位。由于行事疏忽，仪式上没有安排皇帝必备撰写起居注的官员，文告中也忘记了对桓玄称万岁，并仍对晋安帝司马德宗的名字避讳。举行登基大典后，桓玄宣布大赦，给全体国民赐爵二级，对于孝顺、努力耕田的赐爵三级，对独身老人每人赏赐五斛粮食，并改元建始。尚书右丞王悠之看到诏书的草稿以后，说："建始是赵王司马伦曾用过的年号，不吉利。"于是，又改为永始。其实，永始年号，前人也曾用过，那曾经是王莽开始执政时的年号。

桓玄即位时的册文中称：太元以后，世风日下，社会矛盾逐渐增加，到隆安年间，社会矛盾集中爆发，我桓玄虽然身处下僚，被当时的重臣弃之不用，但也为国家的前途感慨，至于后来拨乱反正之功，全赖祖宗之灵和群臣之力，我桓玄本人能有什么功劳云云，于是，他封晋安帝司马德宗为平固王，以南康郡的平固县（今江西省兴国县境）作为晋安帝的采邑，把司马德宗迁徙到浔阳（今江西省九江市），降晋穆帝何皇后为零陵君，琅邪王司马德文为石阳县公，武陵王司马遵为彭泽县公；追尊其父桓温为宣武皇帝，庙号太庙，号桓温之墓为永崇陵，南康公主司马兴男为宣皇后；封儿子桓升为豫章郡王，叔父桓云之孙桓放之为宁都县王，桓豁孙桓稚玉为临沅县王，桓豁次子桓石康为右将军、武陵郡王，桓秘子桓蔚为醴陵县王；赠桓冲为太傅、宣城郡王，以其孙桓胤继承爵位，为吏部尚书，桓冲次子桓谦为扬州刺史、新安郡王，桓谦弟弟桓修为抚军大将军、安成郡王，封哥哥桓歆为临贺县王，追赠桓伟为侍中、大将军、义兴郡王，以其子桓濬继承爵位，为辅国将军，桓濬弟弟桓邈为西昌县王。封王谧为武昌公，班剑二十人，卞范之为临汝公，殷仲文为东兴公，冯该为鱼腹侯，以会稽内史太原王愉为尚书仆射，以王愉之子、相国左长史王绥为中书令。

自此，桓玄的楚国代替了东晋。

十二月九日，桓玄抵达京师，入住建康皇宫。据《世说新语·豪爽》记载，当桓玄的船队抵达石头城的时候，有人报告梁王司马珍之（司马晞曾孙）的臣子孔朴带着司马珍之北逃到寿阳，当时，志得意满的桓玄在大船上正听着鼓乐，当听到这个消息以后，桓玄什么话都没有说，只是高声吟咏阮籍的诗句："萧管有遗音，梁王安在哉？"

抵达建康皇宫，由于桓玄肥胖，当他在御座上坐下后，御座稍微下陷，群臣都知道桓玄此人十分注重细节，深恐得罪，会招来桓玄雷霆之怒，均大惊失色。这时，侍中殷仲文走上前来，从容说道："这应当是陛下的德行博大沉重，大地也无法承载。"桓玄听罢，才转怒为喜。

除此之外，一些不祥的征兆还有许多：当桓玄刚刚进入建康皇宫的时候，一阵突如其来的大风，将整齐的仪仗队列吹得七零八落，大旗伞盖也都被吹得东倒西歪；桓玄在西堂举办小型聚会，殿上设置绛色帐幔，四角有金龙，龙头口含五彩流苏，群臣私下说："这种装饰正像装运棺材的辆车，龙角正应了亢龙有悔之义。"到第二年二月一日夜，江水暴涨，冲入石头城，淹死了很多人，哀号之声震于天地，朱雀门外秦淮河上的大桥也被冲毁；大风又将朱雀门楼最上层吹倒。桓玄听到人们的呼喊声，不禁心惊肉跳，以为是有人谋反，他脱口说道："这些家伙们终于发动了！"

桓玄篡位以后，还改尚书都官郎为贼曹，又增设五校、三将及强弩、积射武卫官。当时，桓玄问："虎贲中郎省应当设在何处？"有人回答："虎贲中郎将没有衙门。"由于回答得十分直接，大家都替那人捏了一把汗，桓玄又问："你怎么知道没有衙门？"那人回答："潘岳的《秋兴赋叙》上有句：'余兼虎贲中郎将，寄寓在散骑常侍值班的衙门里'，由此可知。"桓玄听了，不禁赞叹不止。

桓玄的个性喜欢苛察，以显示自己的聪明。臣下的奏疏出现一个错别字，桓玄都要一一指出，严加追责，曾经有一篇奏疏上误将"春蒐"写成了"春菟"，自尚书左丞王纳之以下，只要是在奏疏上签字的人员，都受到了惩处。桓玄有时亲自指示值班的官员，指派最基层的官吏，诏令纷至沓来，下属应接不暇，然而说的均是小事，真正的军国大事，却丢在一旁，没有时间处理。与此同时，他又喜欢给人小恩小惠，即位之初，桓玄驾临听讼观亲自审理案件，罪行无论轻重，大多被赦免，有些拦驾诉冤的，也大多得到抚恤。

桓玄即位之后，即下令整修皇宫，在施工期间，他暂时居住在东宫。他还下令增开东掖门、平昌门、广莫门以及宫殿的各门，均设计为三车道，又毁坏了晋室的小庙，以增加亭台楼榭。他又下令制造可以乘坐三十人的大轿车，由二百人才能拉动。桓玄酷爱打猎，一天能出去数次，因为他身体肥胖，不能乘马，又下令制作徘徊舆，可以前后左右转动。

晋安帝元兴三年（桓玄永始二年，公元 404 年）正月，桓玄册立妻子刘氏为皇后。刘氏，就是西晋永嘉年间的豫州刺史刘乔的曾孙女，她非常有见识。

由于桓玄在即位之时，没有追尊父亲以上的曾祖，他询问群臣究竟该怎么办。散骑常侍徐广依据晋朝的规矩，建议应当设立七庙，而桓玄则因为自父亲桓温以上祖辈，名位不显赫，所以，不愿意追尊祖辈，他说："根据礼记，三昭三穆，与太祖一起合为七庙，但是，太祖一定要处于祭祀的正中，三昭三穆分列两旁，所以说，礼记上说的三昭三穆都是指太祖以下的死者。另外，太祖面朝东，左昭右穆，假如按照晋朝的规矩，那么，宣帝司马懿就在昭穆之中了，不能处于太祖之位了。昭穆既然弄错，太祖无处安放，这就大错特错了。"于是，桓玄设立的祖庙，只供奉桓温一人，秘书监卞承之私下说："连自己的爷爷都不祭祀，由此可知，楚国的国运不会长久啊！”由于桓玄仅立一庙，所以，对于死去的庶母的祭奠，就没有固定的场所，而且，桓玄在先辈的忌日还与宾客们宴会，服丧期间照样欣赏音乐，举行的郊祭仪式，桓玄也不过斋戒两天而已。桓伟下葬之日，桓玄早上哭灵，可是，晚上就出宫游玩去了。桓玄的性格又十分急躁，他下令要召见一个人，那人必须马上来到面前，因此，朝廷的值班官员都将马匹系在衙门前，皇宫之内喧哗吵闹，不再有朝廷肃穆整饬之礼。《魏书·岛夷桓玄传》称其“骄逸荒纵，不恤时事，奏案停积，了不省览；或亲细事，手注直官，自用令史，制度乱出，主司奉签不暇。晨夜游猎，文武困乏”。桓玄如此，他的重臣也是这样，以卞范之为例，史书称：“玄既奢侈无度，范之亦盛营馆第。自以佐命元勋，深怀矜伐，以富贵骄人，子弟傲慢，众咸畏嫉之。”

桓玄即位以后，相继对地方大员进行调整：

荆州刺史桓伟自去年七月去世以后，桓玄任命侄儿桓石康继任，此时维持不变；

江州刺史，由向桓玄报信的侄儿桓石生接任，桓石生担任江州刺史不久即死去，此时，桓玄任命扣押的原豫章太守郭昶之接任；

徐、兖二州，仍然由堂兄桓修担任；

豫州刺史原由桓玄自任，即位后，桓玄任命自己扣押的原广州刺史刁逵担任；

司州刺史由桓玄任命的温详担任；

青州刺史由桓修的弟弟桓弘担任，驻守在长江以北的广陵；

雍州刺史由原部将冯该担任；

广州和交州遥远，桓玄没有变动人事安排，交州刺史仍是东晋任命的滕遁之，广州刺史则是吴隐之。

而让桓玄头痛的则是益州刺史毛璩。桓玄即位以后，即派遣使者加益州刺史毛璩为散骑常侍、左将军，这当然是为了拉拢毛璩。毛氏家族兴起于毛璩的爷爷毛宝，我们知道，毛宝是一员猛将，原是王敦下属，王敦死后，转投温峤，在苏峻之乱中，正是毛宝留下了犹疑不定的陶侃，最终取得了平乱的胜利，温峤、陶侃相继去世后，毛宝又被庾亮任命为豫州刺史，不久，庾亮即密谋实施北伐，但由于措置失宜，导致了江北邾城惨败，毛宝在撤退中溺水而死，庾亮也因此发病去世。毛宝比较有名气的有两个儿子：毛穆之和毛安之，毛穆之历任荆州刺史庾翼、桓温的参军，参与了桓温灭蜀、北伐等战役，桓温死后，被荆州刺史桓冲任推荐为益州刺史，驻守在巴郡（今重庆市），负责抵御前秦来自益州方向的进攻。毛璩即为毛穆之之子，毛璩在淝水之战前夕担任谢安卫将军参军，参加了淝水之战，他与田次之率军穷追苻坚本人，后来，代替郭铨担任益州刺史至今。原本桓氏与毛氏是有渊源的，然而，一年前，桓玄在诛杀司马元显一党时，却铲除了毛璩叔叔毛安之的几个儿子，即太傅从事中郎毛泰诸兄弟，在这种情况下，毛璩扣留了桓玄的使者，拒不接受楚国的任命。

于是，桓玄任命桓希为梁州刺史，分别派遣部将驻守巴郡（今重庆市）、巴东（今四川省重庆市奉节县）、巴西（今四川省阆中市）三巴，防备毛璩。毛璩则向远近散发讨伐桓玄的文告，宣布桓玄的种种罪恶，派遣巴东太守柳约之、建平太守罗述、征虏将军司马甄季之率军击破桓希的围堵，毛璩自己率领大军东下，一直推进到奉节以东的白帝。

三六三 刘裕起义（一）

在桓玄诛杀司马道子、刘牢之等人、登上东晋权力顶峰一年多的时间里，刘裕仍然被新任的徐、兖二州刺史桓修所委任，率军征讨四处抢掠的永嘉（今浙江省温州市）太守卢循之军。

元兴元年（公元402年）五月，卢循率军从临海（今浙江省临海市）深入内地，进入到东阳（今浙江省金华市），桓玄命令抚军将军中兵参军刘裕率军进击，卢循战败，逃归永嘉。到元兴二年（公元403年）正月，经过了半年多休整的卢循，再次派遣姐夫徐道覆率军骚扰东阳，二月，建武将军刘裕再次将其击破。这次，刘裕没有给卢循再次喘息的机会，他率军继续进击，七月，在永嘉击败卢循，并一直追赶到晋安（今福建省福州市），沿途屡屡将其击破，卢循率领残兵败将乘船继续南逃。

在将卢循从三吴、江州赶走以后，刘裕就停止了追赶。这大约与当时朝中的形势有关：此时，桓玄篡位的步伐加快，将要接受九锡之礼，这预示着改朝换代只是早晚的事情。对刘裕而言，如何在这一多事之秋准确把握朝廷的政治走向，远比追杀一群远窜蛮荒的变民更为重要。何无忌随刘裕之军平乱，他劝刘裕在山阴（今浙江省绍兴市）起兵讨伐桓玄，刘裕征询会稽豪强孔愉之孙孔靖，孔靖说："山阴与建康距离遥远，在这里发动政变难以成功，况且，如今桓玄并没有公然篡位，不如等到他真的篡位以后，在京口举事成功的系数就大了。"刘裕连连点头。

果不其然，当刘裕回师以后，自己的顶头上司桓谦就开始试探刘裕，他暗中询问刘裕："楚王德高望重，朝中舆论都认为应当举行禅让大典，你以为如何？"

此年刘裕已经四十一岁了，他眼睁睁地看到桓玄诛灭刘牢之、高素、孙无终等北府旧将，如果自己表示异议，也将立即大祸临头，于是，他回答道："楚王，是桓宣武之子，功德盖世，晋室弱小，早已失去民心，遵循天命，接受禅让，有什么不可？”

桓谦高兴地说道：“你说行，那就行！”

《世说新语·仇隙》称：“桓玄将篡，桓修欲因玄在修母许袭之，庾夫人云：‘汝等近过我余年，我养之，不忍见行此事。’”说的是：在桓玄将要篡位之时，桓修曾打算诛杀桓玄，而桓修之母劝说道：“你们是近亲兄弟，我要过好晚年生活，桓玄小的时候，我曾抚养过他，不忍心看到你这样。”桓修是司马道子的姐夫，在新旧禅代之际，桓修的处境是非常尴尬的，对于桓修而言，诛杀桓玄，将使自己能够代之成为东晋第一权臣，而投靠桓玄，自己也会成为新朝举足轻重的人物。桓玄与桓修兄弟并不十分融洽，荆州刺史桓伟死后，桓玄舍桓修而用桓石康就是一个例子。因此，《世说新语》关于桓修曾试图发动对桓玄袭击的记载，也许是真实的，桓修征询刘裕的意见，既是对刘裕的试探，也许还含有让自己内心确认的意味。

桓玄与刘裕第一次相见，是在桓玄篡位入居建康以后。当时，刘裕随着桓修一起入京朝见。桓玄见到刘裕之后，对王谧说：“昨天见到刘裕，此人风骨不俗，是一位人中豪杰啊。”桓玄每次与群臣宴会，总是对刘裕给予特别照顾，厚加赏赐。桓玄的皇后刘氏看到刘裕以后，对桓玄说：“刘裕此人龙行虎步，双眼炯炯有神，与平常人不同，恐怕不会久居人下，应当早早将其除掉。”

桓玄说：“我正要平定中原，除刘裕之外，无人能够托付此事，等到平定了关中、陇上之后再说。”

于是，桓玄下诏说：“刘裕以少击众，多次击败妖贼，渡海穷追，消灭十分之八的敌人，诸将努力奋战，身受创伤。自元帅以下到普通士兵，均要论功行赏，以表扬他们的战功。”

刘裕与桓修一起在建康住了一段日子，桓修将回京口。此时，刘裕已经计划发动政变，他对桓修说：“我的伤口又发作了，不能从陆路跟从。”桓修也没有多想，就同意刘裕单独从水路回京口。于是，刘裕就与何无忌一起同船，从水路先期回到了京口，提前与同道密谋举义。这些同道中人有刘裕的弟弟刘道规、刘迈的弟弟刘毅、孟昶、魏咏之、檀凭之、诸葛长民、王元德、辛扈兴、童厚之、何无忌等人，这些人基于不同的原因聚集在一起，他们最初的目的就是推翻桓玄，恢复晋室，并在政变中为个人攫取权力和地位。

此时正是元兴三年正月，桓玄篡位刚满两个月。

桓玄篡位，没有遭到来自门阀大族的任何抵抗，究其原因，还在于隆安年间以来门阀士族之间持续的内讧，早已让他们两败俱伤，无力左右政局，而随之而来的孙恩之乱，又摧毁了各个门阀士族的经济基础；虽然桓玄的到来，结束了司马道子父子专擅朝权的历史，为大族所欢迎，然而，桓玄篡位却结束了司马氏与各个门阀士族共治江东的政治格局，也不是他们所愿意看到的，只是此时他们已经无力抗衡。据《世说新语·伤逝》："桓玄当篡位，语卞鞠（卞范之）云：'昔羊子道（羊孚）恒禁吾此意。今腹心丧羊孚，爪牙失索元，而匆匆作此诋突，讵允天心？'"羊孚生前劝阻桓玄篡位，也许代表了当时门阀士族的共同愿望，于是，历史就将这一重任交给了在平定孙恩、卢循之乱中逐渐崛起的次等士族——刘裕。

刚刚改朝换代的桓玄立足未稳，不用说刚刚纳入囊中的扬州，即便是桓氏一直盘踞的荆州，也并不牢固，庾仄趁桓伟去世之机起义、攻陷襄阳，就说明了这一点，而且，益州刺史毛璩又兵临荆州西境，可以说，如今正是起义的最佳时机。

早在元兴元年桓玄诛杀刘牢之前后、何无忌征询刘裕意见之时，刘裕就表示了回到京口、寻机起义的态度，到元兴二年何无忌劝说刘裕在山阴起事，刘裕企图推翻桓玄计划已经酝酿了大半年之久。刘裕作为北府旧将，在桓玄对北府旧将大肆屠杀中侥幸脱身，大抵与他下级军官的身份、并非刘牢之的死党、伪装投靠桓玄、为桓玄所用积极平定卢循叛乱等诸多因素有关，然而，唇亡齿寒，刘裕不会不知道桓玄猜忌残忍的性格，一旦他站稳了脚跟，那么，除掉自己将易如反掌。

如果说刘裕起事的目的可能别有所图，参与起事的其他人的目的也是各不相同，据《宋书·自序》记载沈约的上表中称，刘毅、何无忌、魏咏之、檀凭之、孟昶、诸葛长民六人是"志在兴复，情非造宋，今并刊除，归之晋籍"，也就是说，大多数参与起事的人开始的时候，只是为了兴复晋室，而并非要推举刘裕为帝，不过，这些人之所以能够聚集到一起，帮助刘裕起事，还有着各自的具体原因。

我们知道，积极鼓动刘裕起事的是刘牢之的外甥何无忌。本来，何无忌就不同意刘牢之投降桓玄，刘牢之投降以后，果然身首异处，这是何无忌的家仇。除了家仇之外，更重要的还是利益。在司马道子时代，何无忌是司马元显儿子司马彦璋的东海国中尉，是属于梯队中的人，而由于桓玄在诛杀司马彦璋之后，何无忌出于义气在服丧期间入市慷慨哭主，这让桓玄一直耿耿于怀。等到桓玄篡位，何无忌与吏部郎曹靖之关系不错，请求担任一个小县的县令即可，曹靖之向桓玄报告，桓玄没有同意，何无忌只好回到了京口，也就是说，在桓玄统治时期，何无忌看不到任何仕途上的希望，因此，对于何无忌而言，推翻桓玄就是要搬掉自己仕途上的绊脚石。

何无忌如此，魏咏之也是这样。

魏咏之从小就是兔唇，家境贫寒，无力诊治，十八岁那年，他听说荆州刺史殷仲堪手下有名医能够治疗此病，就带来几斛米西上投奔殷仲堪。见到殷仲堪以后，他说明了来意，殷仲堪被他的诚心所感动，就找来医生为其治疗，医生说："动手术割开补上即可，不过，需要一百天不能说话，只能喝粥。"魏咏之回答："即使半生不让说话，还有半生，也要治好，更何况只有一百天呢！"于是，殷仲堪将其安置在一间房子里，魏咏之果然百日不言，终于治好了此病。魏咏之出身下层，且外表看起来没有什么风采，桓玄诛杀殷仲堪以后，见到魏咏之，对其十分鄙视，他对大家说："即使有好看的外表而神采平庸，也不会成为有用之人。"对魏咏之弃之不用。

同样的事，也发生在孟昶身上。

孟昶是桓玄的青州刺史桓弘的主簿。一次，桓弘派遣孟昶去建康，桓玄见到孟昶以后，十分高兴，打算提拔他为尚书郎，他征求刘迈的意见说："我在次等士族中得到了一个尚书郎的合适人选，你与孟昶是老乡，认识他吗？"刘迈与孟昶素来就有矛盾，他回答道："臣在京口，没有听说过孟昶有什么本事，只是听说他们父子之间总是附庸风雅，常常写诗相赠而已。"桓玄听了不禁笑了起来，孟昶的事也就到此为止了。

据《晋书·列女传》记载，孟昶与弟弟孟顗两人的妻子周氏也是堂姐妹，周氏富有家财，孟昶与刘裕等人密谋起事之时，打算将家财都拿出来作为军资，他对妻子周氏说："刘迈在桓公面前诽谤我，即使一辈子穷困潦倒，也决心做贼。你最好早早与我离婚，万一我能够富贵，再将你迎接回家不迟。"

周氏说："你的父母都还健在，劝谏你的事情，不是我这个妇人所应该做的。如果事情失败，即使将我没入奚官（属少府）中做下等差役，我也决不离婚。"

孟昶徘徊良久，将要出门，周氏拦住他说："看你的举动，所为之事不是与妇人谋划的大事，和我说这些话，不过是想问我要钱财吧！"当时，周氏还抱着年幼的女儿，她指着女儿说："如果必须要卖掉此女，我也不会吝惜，何况是家财！"

于是，周氏将自己的全部家财都交给了丈夫，等到将要起事，周氏为了给丈夫筹集更多的军资，她又找到自己堂妹说："我昨晚做了一个噩梦，梦见家中要清扫干净，尤其是不能看到赤色的东西，你把你家红色的布帛都先交给我收藏七日。"

堂妹信以为真，将自己家中绛色的布帛统统交给姐姐保管，周氏暗中为将士们制作了数十套红色衣服、旗帜等。

除去孟昶妻子助军一节，我们也可以看出孟昶决定起事的本意，也是源于仕途上的无望。

诸葛长民，是琅邪诸葛氏，他行为放达，没有好的声誉，曾被桓玄任命为参平西将军军事，不久就因贪婪刻薄而被罢免。此时，诸葛长民是豫州刺史刁逵的左军府参军，因此，诸葛长民也算是一名仕途上的失意者。

三六四　刘裕起义（二）

除了政坛的失意者外，还有一批不是很失意的人。

首先，就是刘毅。刘毅，字希乐，彭城沛人，其兄是如今桓玄的竟陵太守刘迈。刘迈与桓玄的过节，我们多次提到，由此可见刘毅兄弟们强耿的性格。刘毅从小就有大志，如今为青州刺史桓弘的中兵参军属。刘毅家住京口，与何无忌关系很好，何无忌作为刘裕与刘毅之间的桥梁，他找到刘毅，谈及兴复大业，何无忌试探着说："桓氏强盛，能否对付？"

刘毅回答："天下民心自然会决定强弱，如果失去民心，强盛的，也会轻易变成弱小——只是难找到一位英明的领袖啊！"

何无忌看到刘毅也有此心，就进一步开导刘毅说："民间不是没有英雄人物吧。"

刘毅说："我所看到的人中，恐怕只有下邳太守刘裕一人了。"

何无忌禁不住笑了，但不再言语，回去将刘毅的话告诉了刘裕，刘裕就把刘毅拉了进来。

其次，是檀凭之，他是高平金乡人，堂兄死后，他抚养堂兄的五个儿子檀韶、檀祗、檀隆、檀道济等，视同己生。檀凭之先为司马道子代理参军，后为桓修长流参军，领东莞太守，加宁远将军。他祖居京口，与刘裕关系很好。

参与预谋的还有王元德、王仲德兄弟，二人本名分别为王叡和王懿，两人自称系太原王氏留在中原的一支，因命犯司马懿和司马睿的名讳而以字称。淝水之战以后，后燕慕容垂反叛，王元德兄弟二人为前秦起兵进攻慕容垂，兵败以后，王懿受伤南逃，与家属失散。经过一片沼泽，又急又饿，躺在树林之中。忽然，一位身着青衣的小孩骑着牛来到近前，对王懿说："你饿不？"王懿点头，不一会儿，小孩拿来食物给王懿吃。王懿吃毕，将要起身前行，突然发起洪水，王懿不辨东西，这时一条白色的狼走到王懿身边，仰天而叫，然后，拉了拉王懿的衣服，引领着王懿渡过了河水，过河以后，王懿就找到了哥哥王叡。两人渡过黄河，又被翟辽扣留，强迫作为将领。一年以后，二人决定南逃到东晋，就逃往泰山，翟辽派出骑兵追赶不及，二人辗转又到了彭城。北方人十分重视同姓亲情，远方前来投奔的，没有不尽心竭力安置的，如果有人对前来投奔的同姓照顾不周到的，就被指为不义，不被当地人所容。二人听说王愉在东晋任高官，就又南下建康，投奔王愉。太原王氏当然是一等一的高门，但是，王叡兄弟渡江太晚，极有可能像杨佺期那样被视为次等贵族，果然，王愉就对王叡、王懿兄弟十分轻视，于是，二人就去姑孰投靠桓玄，被任命为弘农太守。当兄弟二人看到桓玄篡位以后，王仲德对张畅之说："自古以来革命的事情确实很多，可是，观察今日革命的，恐怕不足以成就大事。"王叡果敢又有智谋，刘裕对王叡很了解，因此，让王叡在京师袭击桓玄。另据《晋书·桓玄传》的记载，参与起义的辛扈兴为河内太守，童厚之为振威将军，与王元德兄弟同居京师建康。

刘裕起义的参与者们当然不限于这些人，他们仅仅是家族中的代表，是刘裕起义的中坚力量。虽然他们基于不同的背景和心态参与到起义的密谋中，但还是有共同点的。

一、均属于下层士族。东晋末年，腐朽的门阀士族的统治已经走到了末路，下层士族取得政权的努力此起彼伏，从杨佺期的愤懑、卢悚的夺宫之变、刘牢之崛起，到孙恩、卢循起义，无不显示了下层士族企图利用社会矛盾打破高门垄断统治权的努力，刘裕的同党们也有同样的要求。

二、与北府有千丝万缕的联系。田余庆先生在《东晋门阀政治》中称："后来刘裕兴北府之师以克桓玄，并没有现成的北府兵可用，只有利用京口的条件另起炉灶。值得注意的是，刘裕虽然起兵于北府，但是从义诸人除刘裕本人确知曾为孙无终司马、刘牢之参军外，其他人与昔日的北府有过直接关系的，恐怕不多。"其实，田先生的这一论断是有一些问题的。诚然，在桓玄即位前后，他对北府旧将进行了几乎是毁灭性的打击，但是，其他参加起义的人也是与北府有关系的，比如，《宋书·檀祗传》就记载：（檀祗）"少为孙无终辅国参军，随无终东征孙恩，屡有战功，复为王诞龙骧参军，从高祖（刘裕）克京城，参建武军事。"同书《檀韶传》记载，檀韶为"州主簿，辅国司马"，此处辅国将军，当同指孙无终，另据《资治通鉴》记载，刘毅也曾任宁朔将军刘敬宣的参军。檀韶、檀祗与其叔叔檀凭之及兄弟檀隆、檀道济等人一起参与了刘裕起义的。另外，北府将士具有强烈的地域特征，他们战时为兵，平时为民，虽然刘裕起事时，并没有现成的军队使用，但是，刘裕世代居住京口，与这些人有着密切的关系，这些义从不是现成的军队，但很难说他们的部曲过去没有充当过北府士兵，因此说刘裕是另起炉灶，似乎有失武断。

三、大多均与刘裕关系密切。史书对义从诸人中的何无忌、檀凭之、魏咏之、向靖、孟怀玉等人，明确说明与刘裕有交情，要么是老朋友、要么曾是下属，其实，其他人也都是与刘裕关系十分密切的。

众人起初的计划是：

一、袭击江北的广陵。桓玄堂兄弟、青州刺史桓弘现驻守广陵，而刘裕的少弟刘道规是桓弘的中兵参军，孟昶是桓弘的青州主簿，刘毅是桓弘的中兵参军属，因此，刘裕让刘毅偷偷过江，与刘道规、孟昶在江北合众，密谋袭杀桓弘，夺占广陵。

二、袭占江南的京口。由刘裕本人率众入城，袭杀徐兖刺史桓修，夺占京口。

三、由诸葛长民袭杀豫州刺史刁逵，在历阳举兵响应。

四、京师建康里应外合。当时刘毅哥哥刘迈，王元德（王叡）、王仲德（王懿）兄弟，辛扈兴，童厚之等人均在建康，三地之兵举事兵向建康以后，由刘迈等人在建康发动政变。

五、举义日期定于元兴三年二月二十八日。

可以说，计划十分缜密，确定下来以后，众人即开始做着紧张的准备工作。

刘裕、何无忌、魏咏之三人曾一同去檀凭之家中密议，一位深谙相术的韦老头对刘裕和何无忌等人都说在数日之内将要大贵，但当他见到檀凭之后，不禁大惊，脱口而出：“不出三四日，你将有刀剑大灾，要深藏家中躲避，绝不可轻易出门。”檀凭之没有听从。

何无忌的母亲一直对弟弟刘牢之被桓玄诛杀怀恨在心，常常想着如何为弟弟报仇雪恨。何无忌与刘裕定下举义的计划以后，刘氏看到儿子举动异常，心中暗喜。在举义前夕，何无忌深夜在屏风里撰写檄文，刘氏用器皿罩住灯烛，偷偷来到屏风外面，蹬上凳子向内观看，知道儿子将行大事，刘氏喜极而泣说道：“我与东海吕母相比差远了！心中的愿望没有实现，光阴荏苒，我常常担心自己寿命短促，你如今能行此大事，母亲心中的仇恨就能洗雪了！”又问儿子同党是谁，何无忌回答说是刘裕，刘氏更为高兴，她接着对儿子诉说刘裕之所以能够成功、桓玄之所以必败的道理，多方勉励儿子。

东海吕母，是西汉末年王莽时期的人，她的儿子被县令诛杀，吕母时刻要为儿子报仇，数年中散尽家财，聚合义众，入居海岛，后杀回内地，诛杀了县令，部队发展到一万多人，后吕母的起义军融入赤眉、铜马等义军中。

一切准备就绪。

元兴三年二月二十七日，也就是在桓玄登基整整两个月二十七天，刘裕对外宣称将要出城打猎，与何无忌等人集合义从，同谋骨干分子共计二十七人，分别是：何无忌，魏咏之，魏咏之弟弟魏欣之、魏顺之，檀凭之及其侄儿檀韶、檀祗、檀隆、檀道济，檀道济堂兄檀范之，刘裕弟弟刘道邻（又记作怜）、刘毅及其堂弟刘藩，孟昶及其族弟孟怀玉，向弥，管义之，周安穆，刘蔚及其侄儿刘圭之，刘裕内弟臧熹及其堂弟臧宝符，侄儿臧穆生，童茂宗，周道民，田演，范清等，以这些人为核心，又聚集了一百多人义从。

第二天凌晨，京口城门刚一打开，这队人马就来到了京口城下，何无忌身穿传达诏书的朝廷使者衣服，骑着一匹快马，走在队伍的最前面，高声叫喊有紧急诏命！众人狂奔入城，齐声鼓噪，事出突然，京口将吏不知何事，均惊恐逃散，无人敢动，刘裕一行人直接奔进刺史府，臧熹的同族侄儿臧穆生（《宋书·臧质传》记作“臧穆”）干净利落地就斩杀了桓修，拿着桓修的人头传示全城。

刘裕毕竟是桓修的下属，看到桓修被杀，不得不做做样子，对着尸体，刘裕是放声大哭，命令厚加殡葬。

与此同时，江北的刘毅也进展顺利。

青州主簿孟昶劝说桓弘当日一早出城打猎，当天天还没亮，桓弘即命人打开了广陵城门出城，让猎人们先出城，看到城门打开以后，在城外的刘毅、刘道规等人率领五六十名壮士，突入城内。桓弘正在兴冲冲地吃早饭，准备出发，只见刘毅等人闯入堂上，手起刀落，将其诛杀，于是，刘毅等人集合广陵的军队，南渡长江与刘裕会合。

刘裕刚刚拿下京口，桓修司马刁逵三弟刁弘即率军前来赴难，刘裕登上城楼，对下面喊话说：“江州刺史郭昶之已经在浔阳奉安帝复位，我等均接到密诏，命令诛杀奸党，今日一同举事，桓玄的人头已经高悬于朱雀桥上了。你们大家难道不是大晋的臣民吗？来此要干什么！”城下的刁弘等人不辨真假，犹疑了一会儿，终于整军退去。刁弘的二哥刁畅为桓玄的右卫将军，刁弘很快便证实了刘裕所说是假，两人密谋起兵平定叛乱，然而，最初的时机已经丧失，刘毅率领广陵之军业已南渡京口，刘裕命令刘毅率军讨伐，刁畅临阵被杀，刁弘逃跑，不知所终。

刁氏是京口的大财主，奴仆宾客众多，在京口为非作歹，被称为京口之蠹，刘裕年少时就曾因欠下刁氏赌债而被鞭打。在二刁被杀以后，刘裕下令查抄刁家，任凭百姓到刁家搬去粮食、财物，全城的人搬了一天还没有搬完。刘裕此举一是解了自己的心头之恨；二是为民除了一害，争取民心；三是解决军资，可谓是一举数得。

暂时在京口站稳脚跟以后，刘裕对何无忌说："军中亟须一个主簿，到哪能找到合适的？"

何无忌说："没有比刘道民更合适的。"

刘裕说："此人我也认识。"

即派人飞马前去召唤。

刘道民的名字叫刘穆之，也是京口人，为琅邪内史、建武将军江敳的主簿。江敳是江彪的儿子，对于江彪，我们并不陌生，他主要活跃于东晋中期，年轻时以围棋见长，后庾亮的儿子庾彬在苏峻之乱中被杀，庾彬之妻诸葛文彪再嫁江彪，简文帝为相期间，江彪官至尚书仆射。

刘穆之与刘裕是同乡关系，前不久，刘穆之还做了一梦，他梦见自己与刘裕一起乘船出海，遇到大风浪，心中十分恐惧，但往船下看，却发现两条白龙护佑在船的两侧，一会儿，就峰回路转，两岸山高林密，景色宜人，心中转惊为喜。

刘裕起事这天，刘穆之听到京口方向人声鼎沸，起身走到田野上眺望，正巧遇到刘裕的使者。刘穆之听了使者的话，定了定神，思考了很久，一言不发。然后，他快步回家，将长衫毁坏做成裹腿布，前去面见刘裕。

刘裕说："我刚刚举义，一切都是从头开始，十分困难。亟须一位有文字功底而又谙熟军中事务的人才做军吏，你看谁最合适？"

刘穆之毫不含糊，他说："军府刚刚建立，军吏必须要选择有真才实学之人，仓促之间，恐怕找不出比我更合适的了。"

刘裕笑了起来，说道："大人能够委屈担任这个职位，我的大事就一定能够成功！"当即就任命刘穆之为主簿，即主任秘书。

三六五　刘裕起义（三）

京口和广陵两处均进展顺利，而历阳和建康两处却遇到了不小的麻烦。

刘裕在起事之前，即派遣周安穆前往建康将起事的消息向刘迈做了通报，要求刘迈一起举义。刘迈虽然口头上应允，但内心却十分矛盾，也非常害怕，见到刘迈这种表现，周安穆担心刘迈会泄露消息，果断脱身，离开了建康。正巧，桓玄任命刘迈为竟陵太守，而惶恐不安的刘迈也急于离开这一是非之地，在接到命令以后，即急匆匆地下船将要离京。然而，也就在当晚，桓玄给刘迈捎去一封书信，信上说："今日北府人心咋样？爱卿近日见到刘裕，说了些什么呢？"周安穆到达京师，也许已被桓玄的密探侦知，不过，桓玄根本没有想到刘裕会叛变，因为，前不久，桓玄才刚刚下诏要求有关部门整理北府将士在讨伐卢循中的战功材料，准备进行大规模的封赏，桓玄也仅仅是随口这么一问罢了。

然而，言者无意，听者有心。

心乱如麻的刘迈接到桓玄的书信，不禁大惊失色，他猜测桓玄已经洞悉了刘裕与自己的密谋，这也正应了那句做贼心虚的话。原本要坐山观虎斗的刘迈，一下子却被推到了风口浪尖之上，这让他一夜无眠，好不容易挨到天明，刘迈决定自首，他匆匆忙忙入宫，面见桓玄，将刘裕起事的绝密情报，向桓玄和盘托出。

听了刘迈的汇报，桓玄一下子惊呆了，当即加封刘迈为重安侯，并立即组织人力，将京师之中的王元德、辛扈兴、童厚之等人悉数逮捕，予以诛杀。一天过后，桓玄突然想到，刘迈没有扣留周安穆，并及时汇报，又下令将刘迈杀掉了事。

两人的恩恩怨怨自此了结。

其实，在王仲德得知刘裕让哥哥在京师袭击桓玄的计划之后，当时，他就对哥哥说："这件事情，不能不保密，发动起来，必须迅速，不能迟延。桓玄经常深夜外出，如果要想对其动手，只用一位勇士即可办到。"然而，还没等王元德下手，计划就泄露了。

刘迈的告密，也暴露了诸葛长民的身份。豫州刺史刁逵得知这一消息以后，即在历阳逮捕了诸葛长民，将其装入囚车，朝建康送来……

刘裕在二月二十八日清晨顺利拿下京口城以后，当天即被大家推举为盟主，总督徐州事务，以孟昶为长史，守卫京口，以檀凭之为司马。彭城人应募当兵的，刘裕让彭城主簿刘钟统领。刘裕说：“彭沛之人赴义的，都到刘主簿这里登记。”组成“义队”作为自己的亲兵。

二月二十九日，刘裕亲率徐、兖二州之众共计一千七百人推进到竹里（今江苏省句容市北），向远近发出檄文，称益州刺史毛璩已经平定荆州、襄阳；江州刺史郭昶之已经迎立晋安帝复辟；镇北参军王元德等人，率领部曲占据石头城；扬武将军诸葛长民也占领了历阳；征虏参军庾赜之等人已经暗中与义军同谋，许为内应。

桓玄从东宫搬回到皇宫，百官徒步跟随，并命令值班侍从官员全部吃住在衙门。然后，桓玄下诏赦免扬州、豫州、徐州、兖州、青州、冀州六州，加桓谦为征讨都督、假节，以殷仲文接替桓修，担任徐、兖二州刺史。

桓玄召桓谦、卞范之等人商议对策，桓谦等人均表示：“应当派兵火速进击。”

然而，桓玄却说：“不然。刘裕之兵，锐不可当，进展迅速，因为，他们深知自己命悬一线，势必要拼死一战。如果派遣水军，则不足与之相抗，而如果大军前去，一旦出现闪失，那么，敌人的气势就会增长百倍，而我们将大事去矣！不如将大军集结在覆舟山，以逸待劳，他们白白奔跑了二百多里地，什么都没遇到，锐气将会受挫，等他们到来之后，突然看到我严阵以待的大军，必然会惊慌失措，乱成一团。届时，我仍然按兵不动，不与其交战，刘裕求战不得，必然会慢慢散去，这是上策。”

桓谦等人坚决主张主动进击，于是，桓玄这才派遣顿丘太守吴甫之、右卫将军皇甫敷等人率军相继北上，抵御义军。

刘裕以区区一千七百之众，就让桓玄吓得不敢主动出击，似乎有些奇怪，当时，就有人劝说桓玄道：“刘裕等人不过是些乌合之众，力量十分薄弱，岂能办成大事，陛下多虑了！”

可是，桓玄却回答：“刘裕此人足以成为一世之英雄；刘毅家中穷得连一石粮食都没有，可是他赌博起来一掷就是百万钱的输赢；何无忌乃刘牢之的外甥，性格酷似其舅舅，这三个人聚集在一起，行此大事，谁说不会成功！”

其实，让桓玄忧虑的还不仅仅是这三个人。之所以让他心情如此低落，还有其他原因。桓玄深通星象，他在姑孰的时候，将相之星屡屡发生变化，等到他篡位以后，月亮运行到太白星附近，又进入羽林星域，桓玄内心十分担忧。自从他搬进皇宫之后，心中总是莫名其妙地感到不安，仿佛被鬼神不时骚扰，致使他竟然魂不守舍地对自己的亲信说出：“恐怕是我要死掉了，我在与时间赛跑！”这也许是他下令整修皇宫的直接原因。另外，元兴年间，衡阳有母鸡变为公鸡，八十日以后，鸡冠萎缩下来。等到桓玄建立楚国，衡阳郡属于楚国，桓玄自篡位到覆灭也正好八十天。当时的建康城内有童谣唱：“长干巷，巷长干，今年杀郎君，后年斩诸桓。”郎君是指司马元显。

三月一日，刘裕的义军在江乘（今江苏省句容市北）与前来应战的楚军吴甫之部遭遇。

战前，建武参军朱龄石对刘裕说：“龄石家世代受到桓氏厚恩，不忍与之刀枪相向，请求让我充当后卫。”

朱龄石，字伯儿，世代为将，伯父朱宪、朱斌均为袁真的将佐，桓温讨伐袁真的时候，袁真发现二朱与桓温暗中来往，就将二人杀掉，朱龄石的父亲朱绰侥幸逃脱。朱绰投奔桓温以后，为了报仇，每战总是冲锋在最前面，等到桓温灭掉袁真以后，朱绰未经同意即擅自扒开袁真的坟墓斩尸。桓温闻讯大怒，要诛杀朱绰，幸赖桓冲百般求情，桓温这才饶了朱绰一命，自此，朱绰对桓冲感恩戴德，终生像侍奉父亲那样侍奉桓冲，桓冲死后，朱绰也因悲伤得吐血而死。由于两家的这种特殊关系，桓冲的儿子们对待朱龄石也都亲如兄弟。刘裕了解朱龄石的家世，十分赞赏他的义气，就同意了。

吴甫之，是桓玄手下的一员骁将，所率之兵十分精锐，是楚国的王牌军。

两军相逢勇者胜。

身陷死地中的刘裕，同样是一位百战百胜的常胜将军，而且，他总能死中求生，善于打恶仗，以少胜多，以寡击众。

面对吴甫之军，刘裕提起精神，他手持惯用的长刀，亲自举刀狂呼着朝楚军杀来。在战场上如同凶神恶煞的刘裕，挡者死，遇者亡，如入无人之境，身后的义从也都喊杀声四起，直入楚军军阵之中，楚军顿时大乱，四散溃逃，吴甫之临阵被斩杀，义军初战告捷，一直追杀到江乘以南的罗落桥。

在这里，刚刚取胜的义军又遇到了桓玄的第二支军队——皇甫敷之军。

据《建康实录》记载，当时，皇甫敷所率之军有三千人，全部是精锐，而刘裕与檀凭之各领一支义军，檀凭之是刘裕的先锋，罗落桥之战又是一场恶战。

檀凭之与皇甫敷之军接战以后，被楚军击败，檀凭之战败被杀，所部全部溃散。照理说，一部失败势必会对另一部产生十分不利的影响，然而，历史总有出人意料之处，檀凭之战败却并没有让刘裕丧失必胜的信心，他率领自己的这一部兵力反而越战越勇，皇甫敷之军将刘裕本人包围了数层，刘裕背靠大树，作殊死搏斗，皇甫敷冲到刘裕跟前，大喝一声："你刘裕今日将要个什么死法！"说罢，取出长戟即要动手，刘裕圆瞪双眼，怒目而视，高声诟骂，皇甫敷竟不敢近前。在这千钧一发之时，刘裕的随从前来解救，一箭射中皇甫敷的额头，皇甫敷一头从马上栽了下来。刘裕提刀跨步上前，皇甫敷说："君自有天命，请求您好好照顾我的子孙。"皇甫敷言毕，刘裕即一刀砍下了他的头颅，对皇甫敷的子孙厚加抚恤。刘裕让檀凭之的侄儿檀祗统领檀凭之所部。

当初密谋起事的时候，刘裕曾找到韦老头相面，韦老头说众人都将在数日之内大贵，只有檀凭之没有这个福相，刘裕与何无忌偷偷说道："我们大家同舟共济，照理不会这样，我们大家都富贵了，檀凭之自己不会独独与我们不同。"因此，对韦老头的话百思不得其解，当檀凭之战死以后，刘裕坚信此行必然会成功！

与刘裕一样，桓玄对战事也在占卜。尤其是在他听到前方败讯、两将已死的消息，更是非常恐惧，召来术士推算，巫师施法。

他询问群臣道："朕会失败吗？"

吏部郎曹靖之回答："民怨神怒，臣确实十分担忧。"

桓玄又问："百姓也许会抱怨，神灵为何要恼怒？"

曹靖之回答："将晋室的宗庙迁往他处，先迁琅邪国，又迁浔阳，流落在长江之滨；我大楚皇室的祭祀，却上不及爷爷辈，这就是神灵恼怒的原因。"

桓玄又问："当时爱卿为何不劝谏？"

曹靖之回答："朝廷重臣们都一片颂扬之声，都说如今是尧舜再世，臣怎敢说！"

桓玄被噎得无话可说，他又气又惧，只好派遣桓谦及游击将军何澹之率领军队驻守东陵（覆舟山东北），命令侍中、后将军卞范之率军驻守在覆舟山以西，两军共计两万余众。

双方即将迎来决定生死的覆舟山之战！

三六六　光复京师

刘裕二月二十八日夺占京口，二月二十九日即进军竹里，三月一日连续展开了江乘和罗落桥两场恶战，三月二日，又迎来了覆舟山大战。

经过头一天两场恶战的义军将士，休整了一晚，到第二天一清早，义军将士吃过早饭，将剩余的粮食全部扔掉。刘裕以及义军的所有将士都清清楚楚，即将到来的一战，才是决定生死存亡的决战，要么战死沙场，再也不用吃饭，要么攻进建康，那里有更好吃的美餐！

于是，刘裕命令吃饱喝足的义军将士推进到了覆舟山以东地区。如果说昨天一整天的战斗都是势力悬殊不十分大的遭遇战的话，那么，对于即将到来的覆舟山之战，将是一场势力悬殊的决战，全靠死打硬拼，没有必胜的把握，对此，刘裕心知肚明，于是，他在战前即做了相应的安排：他命令老弱残兵多带旗帜，分为数路，登上山峦前进，所到之处，在山上插满了旗帜，作为疑兵，远远望去，刘裕义军的军旗布满山岗。

桓玄的侦察兵向桓玄汇报："刘裕之军到处都是，不知其确切人数。"桓玄一听，更加恐惧，赶忙派遣武卫将军庾赜之率领精锐部队支援前线各军。

刘裕担心有伏兵，他看到刘钟就在身边，说："山下肯定有敌人的伏兵，你可率领部下前去探路。"刘钟应声而去，果然发现有数百敌人的伏兵，一举将其赶走。

桓玄前线的桓谦等军的士兵，大多是北府军团的旧人，素来敬重佩服刘裕，与刘裕交战，本来就没有多少斗志。而当时，天上又突然刮起了猛烈的东北风，义军趁机到处纵火，霎时间，火光烟气遮天蔽日，桓玄军处于下风口，原本就处于劣势，再加上烟气弥漫，一时大乱。刘裕与刘毅等人分率众人，直接朝桓谦中军杀来，刘裕身先士卒，高举将帅大旗，冲到队伍的最前头，义军将士做殊死搏斗，无不以一当百，喊杀声震动天地，建康城内都能听到，桓谦之军大败，刘毅又趁势进击，击破了卞范之之军。

覆舟山之战，几乎摧毁了桓玄在京师的全部军队，桓玄已成孤家寡人，这一战也奠定了刘裕光复建康的基础。其实，在桓玄派出增援部队的同时，他就已经决定弃守建康了，他暗中派遣殷仲文在石头城提前准备船只，为西逃做好准备。当桓谦等人失败的消息传来，桓玄立即带着儿子桓升、侄子桓濬，率领数千亲信，对外宣称是要与刘裕决战，可是，实际上却并没有出北门，而是从建康的南掖门出城，再往西逃奔石头城，乘船逃离了建康。在这队人马出城的时候，前相国参军胡藩抓住桓玄的马勒口，劝谏道："如今羽林军的射手尚有八百名，都是荆州的旧部，荆州之众受陛下一家数代恩惠，为何不让他们替陛下一战？！一旦离开此地，陛下将去哪里呢！"匆忙逃窜中的桓玄没有心思回答，只是用马鞭指了指上天，顺势以鞭打马，绝尘而去。

桓玄在船上思绪万端，心情沉重，一整天都没有吃东西，身边的人奉上粗糙的饭菜，桓玄更是难以下咽，当时，桓玄的儿子桓升年仅数岁，善解人意的桓升看到父亲这样，就抱着父亲，抚摸着父亲的胸脯安慰，看到此情此景，桓玄不禁悲从中来，难以自持。

覆舟山之战的当日，刘裕即挺进到建康城。屈指算来，自刘裕起义到桓玄败走，仅仅四天时间，真可谓是奇迹。而这时，押送诸葛长民的囚车刚刚走到当利（今安徽省和县东南二十里），押送诸葛长民的士兵们听说桓玄失败的消息，当即就将诸葛长民从囚车中释放了出来，然后，他们在诸葛长民的带领下，回身朝历阳杀了回来。桓玄的豫州刺史刁逵弃城而逃，途中被下人抓获，送到了石头城，刘裕下令将其斩首，并诛杀了刁氏所有的男性，只留下刁逵最小的儿子刁骋，被任命为给事中。刁逵的旧吏藏匿其侄儿刁雍，辗转逃往洛阳避难，投靠后秦豫州牧姚绍，后来，刁雍来到长安，被后秦主姚兴任命为太子中庶子，后秦灭亡以后，刁雍又逃到北魏，这是后话。

刘裕进入建康城的时候，王仲德怀抱着亡兄王元德的儿子王方回去迎接刘裕，刘裕从马上将王方回抱在怀中，与王仲德相对悲哭，于是，刘裕下令追赠王元德为给事中，任命王仲德为中兵参军。刘裕暂时入驻桓谦的大营，命令刘钟接收东府（国务院）。

第二天，即三月三日，刘裕移驻石头城，在那里设立留守政府，恢复晋朝百官职务；在宣阳门外焚烧了桓温的牌位，重新制作晋朝先帝的牌位，安放在太庙中。与此同时，刘裕下令刘毅、何无忌与自己的弟弟刘道规率军西上，追击桓玄；尚书王嘏率领百官前往浔阳，迎接晋安帝；诛杀未曾逃脱的桓氏子弟，如桓石康的侄儿桓权、桓振的哥哥桓洪等人。

刘裕还命令自己的内弟臧熹入宫，收拾图书、器物，并查封朝廷的府库，刘裕看到其中有大量的金银装饰的乐器，问臧熹说："你是不是很想要这些东西？"臧熹严肃地回答："皇上被幽禁迁徙，流落到不适当的地方，将军首先倡导大义，为皇室尽心尽力，我即使再无耻，此时也无心享乐。"刘裕笑着说："我不过是给你开个玩笑罢了。"

刘裕刚到建康，所有比较大的决策都交给刘穆之处理，仓促之中，刘穆之果断决策，无不妥帖适当，于是，刘裕开始把刘穆之作为自己的心腹幕僚，一切行动都征询他的意见，刘穆之也尽心竭力，知无不言。

长期以来，晋室法律松弛，无人遵从，大族豪门，横行霸道，欺压良善，百姓愁怨，哭诉无门，再加上司马元显政令无常，桓玄虽然想加以整治，可是，他颁发的法令又烦琐众多，吏民无所适从。刘穆之根据当时的具体情况，对当时的法令进行有针对性的简化，刘裕以身作则，先以严刑峻法约束百官，重整朝廷秩序，两三天之内，建康官场的风气顿时大变，纳入正轨。在此期间，刘裕和刘穆之要解决的最核心问题，就是留守政府的人事安排。

当初，桓玄被公认为一代豪杰，继而接受晋安帝禅让登上皇帝宝座，晋朝所有的大臣和地方官员都表示效忠于他，尽心侍奉楚国，然而，刘裕却地位低微，无现成的军队，竟然在百姓中振臂一呼，数日之内恢复了晋室，原投靠桓玄的晋朝高官们在民间的威信顿时大打折扣，对刘裕深为忌惮。

三月五日，经过两天的酝酿，桓玄的司徒王谧与众人打算推举刘裕为扬州刺史，刘裕审时度势，坚决予以推辞，并反过来让王谧当侍中、兼司徒、扬州刺史、录尚书事；王谧则推举刘裕为使持节，都督扬州、徐州、兖州、豫州、青州、冀州、幽州、并州八州诸军事，镇军将军，徐州刺史，刘毅为冠军将军、青州刺史，何无忌为辅国将军、琅邪内史，孟昶为丹阳尹，刘道规为振武将军、义昌（今安徽省寿县西）太守。刘裕又任命魏咏之为建威将军、豫州刺史，诸葛长民为辅国将军、宣城内史。当然，刘裕与王谧之间的互推，是缺乏合法性的，因此，刘裕还要继续寻找一个合法的代言人。

然而，就在刘裕积极寻找代言人的时候，建康城内却在暗中酝酿着一桩阴谋。

说到这里，就要提到曾经显赫一时的太原王家。我们知道，太原王家自过江以后，历经王承、王述到王坦之，王坦之与桓温结为亲家，王坦之共有四子：王恺、王愉、王国宝、王忱，而王愉娶的就是桓温的女儿、桓玄的姐姐。王坦之的这四个儿子王恺、王愉与王国宝、王忱二人，并非是同母同父，关系向来不好，虽然如此，他们四人都曾经是一时的风云人物，王国宝和王忱不用说了，均为司马道子父子一党，而王恺与王愉依违于两大势力中间，处境微妙，王愉因与桓氏的特殊关系而被司马道子任命为江州刺史，从而引发了王恭的第二次起兵。桓玄掌权以后，王恺被任命为吴郡太守，不久去世；王愉被任命为尚书仆射。刘裕入主建康后，为了安抚旧臣，加王愉为前将军，任命王愉之子王绥为冠军将军。过去我们说过，这个王绥年少时与琅邪王谧、桓冲长子桓胤齐名，但实际上却内心卑鄙，没有操守，在王恭第二次起兵的时候，其父王愉在江州被桓玄抓获，生死不明，王绥在京师饮食起居都如同服丧期间那样，被人们戏称为“试守孝子”。王愉因为自己是桓玄的姐夫，再加上他素来轻视刘裕，因此，内心不安，就与司州刺史温详暗中勾结，企图发动政变，诛杀刘裕。在王愉父子策划实施政变中，王绥家中深夜无故有人头从房梁上掉到床上，鲜血四流，不久，刘裕又拜王绥为荆州刺史、假节，但是，很快地，有人就告发王愉父子谋反，刘裕下令将其灭门，王绥的弟弟王辑之子、十四岁的王慧龙，被王家所养和尚僧彬藏匿，得以幸免。过江的时候，把守渡口的官吏怀疑王慧龙是王家子弟，僧彬回答：“贫道在江西从师（疑为慧远）多年，今将咱去拜问，很快就回来了，这是我的小徒，岂能是你说的。”于是，逃离了建康，投奔其叔祖王忱的旧吏荆州前治中习辟疆（习凿齿之子）。

其实，王愉一家的灭门惨案，极有可能是刘裕报私仇的一场冤案，而王愉父子谋反一事可能属于子虚乌有。因为，对此，《宋书·武帝本纪》是这样表述的：“尚书左仆射王愉、愉子荆州刺史绥等，江左冠族。绥少有重名，以高祖起自布衣，甚相凌忽。绥，桓氏甥，亦有自疑之志。高祖悉诛之。”《魏书·王慧龙传》说：“初，刘裕微时，愉不为礼，及得志，愉合家见诛。”两处没有一处提及王愉父子谋反之事，只是说王愉父子被杀的根本原因，就在于过去对刘裕不礼貌，刘裕一直怀恨在心。而《晋书·王绥传》关于在发生灭门惨案以前，房梁中掉下人头一事，也许正是刘裕在动手之前的恐吓行为。

王愉被灭门与刁氏被灭门，可以说是如出一辙，对刘裕而言，既报了宿怨，又杀一儆百，树立了自己的威信，还趁机削弱了门阀士族的势力。

三六七　桑落之战

刘裕原来的打算是让百官从浔阳接回晋安帝，然而，桓玄到达浔阳以后，却带着晋安帝司马德宗西上了，这让刘裕的计划落了空。

桓玄抵达浔阳以后，江州郭昶之给其补充兵员、辎重，殷仲文随后来到，见到桓玄的大船之上旌旗、服饰完备，恢复了王者的气派，他叹息道："失败之后再次振作了起来，这还差不多。"在浔阳稍事休息后，桓玄留下龙骧将军何澹之、前将军郭铨率军与郭昶之一同防守湓口（今九江市北湓水注入长江处），三月十四日，桓玄裹胁着晋安帝司马德宗及其弟弟司马德文一起西上。桓玄在西去的途中，还忙中偷闲，亲自撰写《起居注》，详细记载这次战事的始末，着重强调自己指挥若神，算无遗策，只是由于将帅不遵号令，致使失败。此时的桓玄完全沉浸在自己虚构的世界里，像缩头乌龟一样不敢面对惨淡的现实，全身心地投入到著作当中，无暇与群臣研究具体的对策。写成《起居注》之后，桓玄命人公开宣布，让远近的人们都知道。

就在桓玄沉溺于意淫当中自得其乐的时候，刘裕入主建康二十多天以后，到了这一月的二十九日，刘裕终于找到了一个合适的代言人——武陵王司马遵。

我们知道，武陵王司马遵，是司马晞的少子，而老武陵王司马晞则是简文帝司马昱的哥哥，论起辈分，司马遵是晋安帝司马德宗的堂叔。说到司马晞家族，可以说与桓氏有不共戴天之仇，想当初，由于司马晞"无学术而有武干"，被密谋篡位的桓温视为眼中钉、肉中刺，必欲除之而后快。于是，诬陷司马晞父子谋反，在简文帝司马昱的保护下，桓温不得已只好将司马晞父子流放到新安郡。司马晞共有三个儿子，长子司马综、次子司马缝、少子司马遵，桓玄篡位之初，北逃的梁王司马珍之就是司马缝的孙子，是司马遵的侄孙；司马遵与两个哥哥年龄相差较大，在司马晞被废黜之时，司马遵年仅十二岁，如今也已四十五岁。桓玄掌权以后，任命司马遵为金紫光禄大夫，等到桓玄篡位，又将其贬为彭泽侯，下令前去封国。司马遵将要出发的时候，就遇到了大水袭击石头城，船只被洪水击沉，无法动身，不久，刘裕就起义了，司马遵就滞留在了京师。

如今，在建康与司马德宗血缘更近的皇族，只剩下了司马遵，刘裕对外宣称接到了晋安帝的密诏，以武陵王司马遵承制（代行皇帝职权），总理百官，加授侍中、大将军，并大赦天下，只有桓玄一族不予赦免。四月二日，武陵王司马遵移居东宫，像皇帝一样接受百官最高的礼敬，人事任免的命令称作"制书"，一般的行政命令称作"令书"。

刘裕适时推出司马遵，就是为了因应晋安帝被桓玄裹胁西上后的时局：刘裕名位素轻，不足以震慑百僚，而王谧虽是琅邪王氏，但如果晋安帝长期由桓玄控制，那么，建康留守政府的影响力将大打折扣。一旦晋安帝司马德宗被杀，司马遵就有可能被刘裕等人推举为皇帝，继续与桓玄抗衡。

就在刘裕推出司马遵前后，流亡在南燕的司马休之等人也相继归国了。司马休之、刘敬宣等人投奔南燕慕容德一年多，一直想着要鼓动慕容德南下，进攻桓玄。刘敬宣素来通晓天文术数，他仰观天象，已经预知必定要出现中兴晋室的人物，而且，他还做了一个梦，梦见自己吃下了一颗泥丸，醒来之后，他非常兴奋地说："丸就是桓，我既然吞下了桓氏，不久将要回到故乡了吗？！"于是，他暗中交结青州的大姓崔氏和封氏，并联络鲜卑军队将领免逵，阴谋发动政变，诛杀慕容德，推举司马休之为主。当时，晋原冀州刺史刘轨被慕容德任命为南燕司空，受到慕容德的宠信，定下发动的日子之后，高雅之又要通知刘轨，刘敬宣说："刘大人年纪已大，我观察他肯定打算在这里终老一生，肯定不会听从，不能告诉他。"高雅之以为不然，最终告诉了刘轨，果然刘轨没有同意。这么一折腾，刘敬宣等人的阴谋就暴露了，于是，他们杀死了刘轨（《资治通鉴》称是南燕杀的，今从《宋书》），逃离了南燕，高雅之被南燕人追上，杀死。

这一行人逃到淮河泗水之间，恰巧刘裕在京口起事，亲自写下书信召刘敬宣回来，身边人怀疑其中有诈，而刘敬宣却说："我早就知道事情会是这样。刘裕不会骗我。"于是，飞马驰回。此时，这一行人也回到了建康，刘裕任命刘敬宣为辅国将军、晋陵太守，袭封武冈县男；司马遵任命司马休之为监荆州、益州、梁州、宁州、秦州、雍州六州诸军事，兼荆州刺史。

刘裕诛灭刁氏、太原王氏，当然是为了报复，而他推出王谧则是为了报恩。

照理说，王谧是桓玄的佐命元勋，曾经亲自从晋安帝身上取下玉玺绶带，交给桓玄，因此，刘裕起义以后，几乎所有的人都认为王谧是最应该被杀掉的，然而，出乎所有人的预料，刘裕却仍然推出王谧作为自己的上司，这当然源于王谧过去对刘裕的恩情。刘毅在一次朝会上咄咄逼人地问王谧说皇帝的玉玺现在在哪里，这里面当然有很多的潜台词，王谧更是非常恐惧。等到太原王愉、王绥父子被杀以后，王谧的堂弟王谌年少，果断骁勇，想诱使王谧逃出京师，回到三吴起兵作乱，就对王谧说："王绥无罪而被杀，这是在除掉有名望的人士。哥哥你从小就有大名，如今又身处这么高的职位，想要安全，能成吗？！"王谧听了不禁害怕起来，偷偷逃离了建康。刘裕给武陵王司马遵写信，派丹阳尹孟昶追回王谧，王谧被追回以后，仍旧官复原职，并加班剑二十人，以示尊崇。

四月三日，经过将近一个月的颠簸，桓玄终于抵达了自己的老巢江陵。桓玄荆州刺史桓石康迎接桓玄入城，在城南布置大帐，重新任免百官，以卞范之为尚书仆射，以殷仲文为徐州刺史，其余官员多任用次等士族人士，于是，大修舰船，不到一个月，即重新征召了两万人马，战舰兵器都十分充裕。

看到这种情况，桓玄对群臣说："你们大家都是一路追随我来到此地，建康那些个窃取官位的人很快就会来到军门之前谢罪，看到你们昂首进入石头城的景象，个个将趾高气扬，不啻为神仙中人啊！"桓玄回到江陵以后，担心战败之后，军令不肃，于是严刑峻法，动辄杀人，致使众人离心离德。

殷仲文劝说道："陛下年少即英名远播，远近钦服，平定荆州，一匡帝室，声名更是远播四海。登上皇位以后，遇到了这次厄运，并非是威严不足啊，百姓嗷嗷待哺，都期望皇恩浩荡，应当宽厚仁爱，以争取人心。"

桓玄听后恼怒道："汉高祖刘邦、魏武帝曹操也多次失败！这只是诸将失败而已。我因为天象才迁都江陵，可无知百姓不明真相，妄生是非，我正要以严刑峻法予以制止，不应实施德政！"

桓玄的身边人称桓玄为"桓诏"，桓胤劝说道："诏书，是辞令的称谓，不能作为人称。汉魏皇帝均没有这种称呼，只听说前秦苻坚被臣下称为苻诏，请陛下遵行古代帝王的法则。"

桓玄回答："此事已经施行，如今宣布停止，反而不妥。确实需要改变的话，也等到大事平定以后再说。"

荆州郡守县令们听说桓玄回到江陵，纷纷上书表示慰问，桓玄看到奏表上有

“陛下不安其居”的话，均不予接受，反而让大家重新制作奏表，只说是恭贺乔迁新都。

在桓玄西逃前后，建康周边地区的战斗仍然在进行着。

桓玄的三哥、临贺郡王桓歆（《资治通鉴》称桓歆是桓玄的侄儿，误）率领氐族杨秋进攻历阳，建威将军、豫州刺史魏咏之率领建威将军诸葛长民、辅国将军刘敬宣、刘钟等人击退了桓歆、杨秋的进攻，在练固（今安徽省和县北）诛杀了杨秋，并乘胜追击，在芍陂大破桓歆，桓歆单身匹马逃到淮河北岸。因此战之功，诸葛长民被封为新淦县公，食邑二千五百户，以本官督淮北诸军事，镇山阳（今江苏省淮安市）；晋封刘敬宣为建威将军、江州刺史。令诸葛长民镇守山阳的目的，一是为了防备来自南燕可能的打击；二是防止江南之民北逃。由于江南大乱，江南百姓扶老携幼，纷纷渡过淮河，逃往淮河以北。

桓玄又命令侄儿桓振前往义阳（今河南省信阳市境）招募军队，桓振行至弋阳（今河南潢川县西），被龙骧将军胡哗击破，单骑逃回。

在魏咏之等人安定淮南的同时，武陵王司马遵任命何无忌为辅国将军，将会稽王司马道子的旧部精锐部队，全部划归何无忌统领，与振武将军刘道规一起均受冠军将军刘毅的指挥，西上进攻江州。

战前，桓玄命令武卫将军庾稚祖、江夏太守桓道恭率领数千人马东下，支援驻守在湓口的何澹之、郭昶之所部。何无忌、刘道规两部推进到湓口东北的桑落洲（今江西省九江市东北长江中的小岛），四月二十三日，楚国何澹之等人主动出击，率领水军前来挑战。何澹之平常所乘的战舰一般都是插满旌旗、仪仗，何无忌说：“敌人的将帅肯定没有在这艘战舰上，如今不过是欺骗我们罢了，应当立即对其发起全力进攻。”

听了何无忌的这番话，大家都迷惑不解：“既然你说何澹之不在这艘船上，缴获此船也没什么用。”

何无忌对刘道规说：“何澹之不在此船，自不待言。如今众寡不敌，战斗不一定能够取得全胜。何澹之既然不在此船之上，船上的兵力必然薄弱，容易取胜，我以精锐之兵全力进攻，必然能够缴获此船；缴获了此船，则敌人必然会误认为主帅被擒，我们的将士也会认为是生擒了敌帅，那么，敌人的气势马上就会低落下来，而我军的气势自会提高百倍，乘胜一鼓作气，一定能够胜利。”

刘道规听从了何无忌的话，于是，义军集中主力全力进攻这艘战舰，经过激战，很快就缴获了此船。义军趁势大喊："已经斩杀何澹之了！"双方军队都相信何澹之已经被义军所俘，楚军一片惊恐，而义军则士气大振。刘道规乘胜直扑敌军，何无忌也擂鼓继进，遂大破楚军，进克湓口、浔阳。何无忌、刘道规派遣使者将晋室先帝的牌位以及武康公主、琅邪王妃送还京师。

桑落洲之战的胜利，标志着东晋朝廷收复了江州，战后，东晋朝廷又加封刘裕为都督江州诸军事。

三六八 桓玄之死

桑落洲之战后，刘裕得到了一位忠直之士——胡藩。

胡藩，字道序，是南昌人。他年少的时候，豫章太守韩康伯见到后，即对他的叔父胡少广说："你的侄儿长大以后，将以义烈闻名。"后为雍州刺史郗恢参军。当时，胡藩的表兄就是荆州刺史殷仲堪的参军罗企生，胡藩请假探家期间，绕道江陵，探望罗企生，殷仲堪对胡藩十分礼遇，因此，胡藩建议殷仲堪说："桓玄志向不同寻常，每每因失职而怨恨，大人对他太宽容了，恐怕不是长久之计。"听了胡藩的话，殷仲堪很不高兴。胡藩退下后，对表兄罗企生说："将刀枪交给别人，必定要引来灾祸，如果不早早离开此地，后悔都来不及了。"桓玄从夏口袭击殷仲堪，胡藩成为桓玄的参军，后一直为桓玄的太尉、大将军、相国参军。刘裕覆舟山战胜以后，桓玄狼狈出逃，胡藩曾拉马劝谏，桓玄不听，绝尘而去，胡藩遂未能与桓玄一同西逃。但是，他自己却一路追来，追到芜湖，才追上了桓玄一行人。桓玄见到胡藩，高兴地对张须无说："你们家乡真是多义士啊，今日是王修再世了。"王修，字叔治，先后侍奉孔融、袁谭、曹操，以志节为人所称道。

此次桑落之战，胡藩所乘的战舰被烧，他全身铠甲跳入水中，潜水三十多步，才登岸脱险，义军紧逼，胡藩无法继续西逃，只好回到家中。刘裕掌权以后，十分注重拉拢有名气的士人，他很早就听说过胡藩曾向殷仲堪进忠言，又知道胡藩为桓玄尽忠，因此，对他十分赞赏，就任命其为员外散骑常侍、镇军将军参军。胡藩与陶渊明是同乡，又曾经同在桓玄的幕府，曾为同僚，也许正是胡藩的引荐，在此稍后，陶渊明也从家中被征召到了刘裕镇军将军的幕府，他写的那首《始作镇军参军经曲阿》，即指此事。

桓玄到达江陵以后，并不甘心失败，而义军在取得桑落洲之战的胜利以后，也要继续扩大战果，全力西上讨伐桓玄，因此，双方又将发生一场大规模的会战。

四月二十七日，也就是在桑落洲之战结束后的第四天，桓玄再次率领两万军队 战舰二百余艘，挟持着晋安帝司马德宗一起东下。桓玄任命原苻坚的太子苻宏为梁州刺史，与羊僧寿一起率军作为前锋。桓玄又任命鄱阳太守徐放为散骑常侍，他对徐放说："起事众人不明白天命，妄兴叛乱，现在他们害怕遭到杀身之祸，遂屯聚在一起，不能改过自新。你是三州人士都信任的人，可以向他们宣告我的真心，如果能够解甲退军，我当给他们自新之路，授予他们官职，不会让他们失去既得利益。江水在此，我决不食言。"

徐放回答："刘裕是起事的主谋，刘毅的哥哥刘迈被陛下所杀，两人均不会听从。我将视情况将陛下的旨意向何无忌转达。"

桓玄说："你这次如果成功，我将会把吴兴郡交给你。"

徐放遂受命而行。

与此同时，取得桑落洲之战胜利的义军也开始从浔阳西上。

西上的将领有冠军将军刘毅，辅国将军何无忌，振武将军刘道规，镇军参军、下邳太守孟怀玉等人，共计兵力不足一万。

五月十七日，两军在峥嵘洲（今湖北省黄冈市西北长江中）遭遇。

义军当时也没有想到桓玄竟然亲自率军东下，当时，从双方的兵力对比上，桓玄军有数万之众，而义军不满一万，势力悬殊，因此，不少义军将领都心生怯意，打算撤回到浔阳再说。

刘道规却说："不行。敌众我寡，强弱悬殊，如今，我们如果胆怯，不主动进攻，一定会被敌人趁势追杀，即使撤到了浔阳，又能怎么样呢！怎能建立坚固的防线！桓玄虽然号称英雄，内心其实十分胆怯，加上他已经接连失败，部队的斗志并不坚定。在双方阵前决斗，将领勇猛顽强的一方，一定能够胜利。昔日，汉光武帝刘秀昆阳之战，魏武帝曹操官渡之战，都是以少胜多的著名战例，这大家都听说过。今天，我虽然才能比不过古人，但是，岂能不战而先示弱于人！"

说毕，刘道规挥舞战旗，即率领本部人马朝敌舰猛冲过去，刘毅等人看到刘道规率先冲入，也都挥军跟进。

果然，对面的桓玄虽然人数众多，但桓玄本人却没有必胜的信心，一直盘算着一旦失败，自己如何脱逃，还在自己的战舰旁边系着一艘快艇，随时准备脱逃，楚军将士看到主帅就是这样，因此，个个没有战心。刘毅等人趁着风势，放火焚烧楚军战船，义军将士个个奋勇争先，楚军大败，烧掉辎重，趁夜西逃。

前将军郭铨投降义军。

在峥嵘洲之战前后，桓玄旧部、颍川太守刘统、冯稚等人聚合四百余人，乘虚攻破了浔阳，战后，刘毅派遣刘裕堂兄、建威将军刘怀肃又夺回了浔阳，刘怀肃也因此功被任命为高平太守。《资治通鉴》称，刘怀肃是刘怀敬的弟弟，错误。据《宋书·刘怀肃传》《宋书·刘怀慎传》可知，刘怀肃为老大，次弟刘怀敬，三弟刘怀慎，其中，刘怀敬与刘裕年龄相当。刘裕的姨母即刘怀肃兄弟之母，刘裕的母亲生下刘裕后即难产死去，当时，刘怀敬还没有到断奶的时候，刘怀敬的母亲即断了刘怀敬的奶，而去喂养刘裕。

桓玄丢下军队，带着晋安帝司马德宗乘坐一条船西逃，走到巴陵（今湖南省岳阳市），把永安何皇后和司马德宗的王神爱王皇后留在了那里。当时，殷仲文与桓玄同船，他请求下船，就地招纳败军，其实，殷仲文此时已经看出桓玄大势已去，决心投降了。殷仲文下船以后，即携带何皇后和王皇后东去夏口，随即投降了义军。

如果说桑落洲之战义军消除了建康周边的威胁，那么，峥嵘洲之战则是义军对桓玄决定性的一次打击。

五月二十三日，桓玄与晋安帝司马德宗一起回到江陵，南平太守冯该劝说他收集军队，与义军再战，桓玄不从，此时的他早已惶惶不可终日，只想北逃汉中，依附梁州刺史桓希。可是，江陵城内人心已经大乱，没人再听从他的号令。第二天夜晚，准备停当的桓玄率领数百心腹，骑马出江陵北逃，在桓玄出城门的时候，黑暗中，有人趁机砍中桓玄的脸。桓玄身边的卫士自相砍杀，死伤无数，桓玄狼狈逃上船，可是，身边的官员都已经逃散，只有卞范之一人跟从。

桓玄逃走以后，江陵城内无主，一片混乱，荆州别驾王康产在混乱中找到了晋安帝司马德宗，将他迎接到南郡衙门，太守王腾之率领文武官员充任护卫。

桓玄的屯骑校尉毛修之，是益州刺史毛璩的侄儿，毛璩弟弟毛瑾的儿子，原为荆州刺史殷仲堪的宁远参军，桓玄吞并荆州以后，为桓玄参军。毛修之通晓音乐，善于骑马射箭，桓玄十分看重，他劝说桓玄进入蜀地，桓玄竟然听从了，遂溯江西上。毛璩兄弟六个，分别是毛珍、毛璩、毛球、毛璠、毛瑾、毛瑗。毛珍位至天门太守，毛璩的弟弟毛璠为宁州刺史，正巧，此时毛璠去世，毛璩让弟弟毛球的孙子毛祐之以及参军费恬，率领二百人将毛璠的灵柩送回江陵安葬。五月二十六日，这股护送灵柩的船队在枚回洲（江陵西南长江中），与桓玄西上的船队遭遇。

仇人相见，分外眼红。

毛祐之立即下令向桓玄的船只发动攻击，一时间，箭如雨下，桓玄的心腹丁仙期、万盖等人用身体保护着桓玄，均身中数十箭而死。桓玄的身上也被射中数箭，在一旁的桓玄儿子桓升都一一将父亲身上的箭支拔去。益州都护冯迁抽刀向前，跳到桓玄的船上，举刀就要杀死桓玄。桓玄将头上的碧玉发卡拔下，交给冯迁，说："你是什么人？竟敢诛杀天子！"

冯迁厉声说道："我是诛杀天子的贼人！"

一刀下去，桓玄身首异处，桓玄死时三十六岁。冯迁等人接着又诛杀了桓石康、桓濬等五人，庾颐之战死。

桓升说："我是豫章王，你们不要杀我。"

于是，六岁的桓升被送到江陵，在街市上被斩首。

当月，王腾之奉晋安帝在江陵复辟，任命毛修之为骁骑将军。

五月二十八日，司马德宗下诏称："奸凶篡逆，自古以来都有。幸赖镇军将军刘裕忠勇盖世，冠军将军刘毅等齐心协力，义士效命，让社稷危而复安。下令实施大赦，凡是被胁迫参与桓玄集团的，一概予以赦免。"

刘毅等人将桓玄的人头送回建康，悬挂在朱雀桥上示众，百姓无不拍手称快。

桓玄死了，桓氏一党个个如丧家之犬，桓玄的堂兄桓谦藏匿在沮中（沮河流域），桓石虔之子桓振藏在华容浦（今湖北省监利县北）（《晋书·桓彝传附桓振传》记作"华容之涌中"）。西上讨伐的刘毅等自从峥嵘洲胜利以后，也以为大势已定，没有立即组织对桓玄的追击，再加上遇到了逆风，行船困难。此时，又得知桓玄已死，晋安帝司马德宗已经复位，更是心存懈怠，等到桓玄死去将近十天了，义军仍然没有抵达江陵。

而就在这段时间里，一件意想不到的事情又发生了。

三六九 底定荆楚

当时，桓玄的旧将王稚徽戍守在巴陵（今湖南省岳阳市）。

他对藏匿在华容浦的桓振写信称：“桓歆已经攻克京师，冯稚等人也攻陷浔阳，刘毅各军均在半道被击败。”桓振听了不禁大喜。他不愧为猛将桓石虔之子，当即就聚集了数十人阴谋偷袭江陵，等到这一行人进抵江陵城下的时候，沿途已经聚集了二百人左右，桓谦也在沮中响应，闰五月三日，桓谦、桓振偷袭江陵成功，江陵城在反正八天以后，再次落入桓氏之手，晋安帝司马德宗也再次落入虎口。（《魏书》称二人聚集了数千人）

桓谦、桓振袭占江陵城以后，诛杀了王康产、王腾之二人。入城之后，桓振跃马挺枪，前往行宫探望晋安帝司马德宗，厉声询问桓升的下落。当听说桓升已经被处斩以后，桓振不禁怒发冲冠，对晋安帝司马德宗说道：“我们桓家有什么地方对不起晋朝的，竟然遭此屠灭！”

说毕，抽刀就要杀死司马德宗。

一直随身保护自己哥哥的司马德文从床上站起身来，走下台阶，对桓振说：“桓升之死，岂能是我们兄弟两人的主意？”

桓振还要行忤逆之事，伯父桓谦苦苦禁止，桓振只得作罢，下马拜辞而去。

同月六日，桓谦、桓振发布桓玄死亡的通告，并为其举行哀悼仪式，追谥其为武悼皇帝。

如今，桓玄的合法继承人六岁的桓升已死，桓氏家族再无一位领军人物，继承大楚的衣钵，而且，就目前的形势来看，桓玄在世时，楚军也是一败再败，桓玄死后，更是四面楚歌，只有再次抬出晋安帝，也才有可能与建康方面讨价还价，保住桓氏家族，于是，在为桓玄举行哀悼仪式的第二天，桓谦等人就率领江陵的群臣将玉玺再次奉还给了晋安帝，对晋安帝司马德宗说道：“主上效法尧舜禅让之法，将皇位传给大楚，如今大楚国祚终结，民心又复归于晋室了。”

其实，在十二天前，晋安帝司马德宗已经复位，如今桓氏家族再次举行这个仪式，不过是为了表明桓氏拥戴晋安帝的意思罢了。举行仪式以后，晋安帝司马德宗任命琅邪王司马德文兼徐州刺史，桓振为都督八州诸军事、镇西将军、荆州刺史，桓谦为侍中，卫将军，加江州、豫州二州刺史。其实，这些都是在自说自话，如今建康方面任命的徐州刺史是刘裕，荆州刺史是司马休之，江州刺史是刘敬宣，豫州刺史是魏咏之。

桓振牢牢地控制着晋安帝司马德宗，晋安帝的身边卫士全部是桓振的心腹。桓振年少的时候，品行不端，喜欢惹是生非，因此，素来不被桓玄看重，此时，桓振叹息说：“叔父过去不重用我，以致遭到如此的惨败！假若叔父还活着，以我为先锋，则天下何愁不能平定！如今，我孤军奋战，何处才是我的归宿啊！”桓振也有自知之明，他知道自己的才能仅仅是一员虎将，但没有能力成为统帅，因此，感觉前途十分渺茫，从此，随心所欲，纵情酒色，随意杀戮，残酷暴虐。桓谦劝说桓振率军东下，与刘毅决战，自己防守江陵，而桓振素来瞧不起他这个叔父，因此，没有听从。

江陵城内发生的这一切，并没有让刘毅的义军停下西进的脚步。刘毅率军继续西进，攻陷了巴陵（今湖南省岳阳市），诛杀了桓玄在此的守将王稚徽。何无忌、刘道规两军进攻桓谦驻守的马头（今湖北省公安县北）、桓秘之子桓蔚驻守的龙泉（今湖北省江陵县北），均取得胜利，义军一直推进到江陵附近。

何无忌建议乘胜直捣江陵，刘道规说：“兵法称进攻和防守，要看实际情况，不可冒进，心存侥幸。桓氏家族世代居住在荆楚地区，深得民心；桓振勇冠三军，难与争锋。现在，只应养精蓄锐，慢慢以计谋牵制他，不愁不能取胜。”何无忌不从，于是，义军一路朝江陵城杀来。桓振率军迎战，双方在灵溪（今湖北省江陵县西）会战，冯该随后赶到，加入会战，义军大败，被斩杀了一千多人。

灵溪会战，是刘裕起义后义军遭到的第一次挫败，于是，刘毅等人从荆州撤离，退还浔阳。退还浔阳以后，刘裕以刘毅节制诸军，遭此惨败，免去其青州刺史一职。刘裕自领青州刺史，并配甲仗百人入殿。

益州刺史毛璩听说桓振袭占江陵以后，即率领三万人马顺流而下，将要实施大规模的讨伐行动。他命令弟弟、西夷校尉毛瑾，蜀郡太守毛瑗率军从外水（岷江）出发，参军谯纵、侯晖从内水（涪江）出发，并派遣部将出兵汉中，进攻桓玄的梁州刺史桓希。另外，一直驻守在白帝防御桓玄的巴东太守柳约之、建平太守罗述、征虏将军司马甄季之三人，听说桓玄已死，就从白帝（今重庆市奉节县境）率军东下，谁知在这支军队行进的过程中，桓振再次袭占了江陵，当他们进抵到枝江（今湖北省枝江市）的时候，又传来了何无忌、刘道规在灵溪战败的消息，只好率军撤退。不久，罗述和甄季之两人都得了重病，柳约之去桓振那里诈降，阴谋袭杀桓振，不想事情败露，反被桓振所杀。柳约之的司马时延祖、涪陵太守文处茂搜集残余部众，退保涪陵（今重庆市涪陵区）。

灵溪之战，暂时解除了桓氏的危机，桓振任命桓蔚为雍州刺史，镇守襄阳。而到了这一年的六月，毛璩的益州军队却攻陷了汉中，斩杀了桓希，毛璩自领梁州刺史。灵溪之败，还影响到了下游的稳定，据《宋书·武帝本纪》记载，在此前后，兖州刺史辛禺怀有二心，当时，北青州刺史刘该背叛晋廷，辛禺要求率军北上讨伐刘该，驻军淮阴，然而，辛禺在淮阴却与刘该勾结，辛禺的长史羊穆之当机立断，斩杀了辛禺，传首京师。刘裕以羊穆之为宁朔将军，令其驻守彭城。辛禺此人各书无传，我们不知道其人的资料。同时，建康城内也是危机四伏，被赦免的刁骋与秘书丞王迈之谋反，事情败露，两人均被处死，至此，刁氏被彻底灭门。

两个月前，义军桑落洲之战夺取浔阳以后，刘裕即任命晋陵太守刘敬宣为建威将军、江州刺史，当时，刘敬宣就推辞说："大仇已报，四海清晏，只愿做一个平头百姓，以终天年。受到您的恩遇留下我，所以，我也只好一直为您努力效命，目前的职务已经十分优厚了，况且，盘龙（刘毅小字）、无忌（何无忌）都还没有被委任为一州主官，您的两位贤弟的职务也还比较低，一旦将我越级提拔，肯定会遭到朝野的谴责。"但是，刘裕没有听从。刘敬宣就任以后，征集军粮，搜罗船只，凡是军国急需的物资，都提前予以储备，因此，当刘毅的西征军撤回之后，很快就得以补充，重振军威。曾被桓玄流放的侄儿桓亮，自称江州刺史，他率众进攻豫章郡（今江西省南昌市），刘敬宣将其击败。

刘毅、何无忌、刘道规等人经过将近半年的休整以后，于元兴三年十月再次出兵西上，义军进至夏口。桓振派遣其镇东将军冯该驻守长江东岸，扬武将军孟山图驻守鲁山城（今湖北省武汉市汉阳区），辅国将军桓仙客驻守偃月垒（今湖北省武汉市武昌区西南），三支部队共计有一万多人，互为掎角之势，水军与陆军相互支援。

针对这三支敌军，义军也一分为三，由刘毅率军进攻孟山图驻守的鲁山城，由刘道规负责进攻桓仙客驻守的偃月垒，由何无忌、檀祗率水军监视长江水面，接应两军，防止敌人脱逃。

义军士气高昂，喊杀声响震山谷，刘毅亲自上阵指挥，战斗从早晨一直持续到中午，终于两座城池均被义军攻下，生擒孟山图、桓仙客，当晚，冯该狼狈逃往石城（今湖北省钟祥市）。

十二月，义军又乘胜攻陷了巴陵（今湖南省岳阳市），义军号令严明，军纪严整，秋毫无犯，所过之处，百姓安定。以这两次功劳，刘裕加封刘毅为使持节、兖州刺史，冠军将军军号如故。桓玄的益州刺史桓放之驻守西陵（今湖北省宜昌市东南），涪陵太守文处茂率军将其击败，桓放之逃归江陵。

到元兴三年年底，刘毅的西征军已经进抵巴陵，而益州方面的军队也占领了西陵，桓氏的江陵越来越感到了压力。

江陵城内的居民就在这种压力中迎来了新年，但是，新年的到来，并没有给这里的人们带来好消息。义熙元年（公元405年）一月，南阳太守鲁宗之（《宋书》称为南郡太守）起兵偷袭襄阳，桓蔚逃归江陵。鲁宗之，字彦仁，本为扶风郿（今陕西省眉县人），晋孝武帝太元年间从关中逃往襄阳，被东晋任命为南郡太守。

与此同时，刘毅等人的征西军团也进抵马头，与江陵城隔江相望。

桓振挟持晋安帝司马德宗向西北逃往江津（今湖北省荆州市沙市区），并向刘毅等人派出使节，同意奉还晋安帝，但作为交换条件就是将江州和荆州地区割让给他。

刘毅等人不同意。

一月九日，鲁宗之率众进抵柞溪（源头出自今湖北省江陵县，东流至湖北省潜江县，现已不存），在那里击破桓振虎贲中郎将温楷，进据江陵西北的纪南。此时，益州方面的军队也已经进抵灵溪（今湖北省江陵县西），三方军队对江陵形成了合围之势。

为了打破被动局面，桓振让桓谦、冯该率军驻守江陵城，自己亲自率军进攻江陵西北的鲁宗之，大破鲁宗之所部。然而，看到桓振离开江陵以后，刘毅等人乘虚向江陵城发起了总攻，在豫章口（江陵东南）大破冯该所部。

桓谦得知冯该战败，吓得魂不附体，弃城而逃。

义军乘胜攻进了江陵城，活捉卞范之、羊僧寿、夏侯宗之、桓道恭等人，全部斩首。

桓振击败鲁宗之后，在回军的途中，看到江陵城火光冲天，知道江陵城陷，部众一时奔溃，桓振只好逃往涢中（今湖北省涢水流域）避难。桓玄堂兄、卫将军、新安王桓谦，桓谦弟弟、临原王桓怡，桓玄叔父桓秘之子、雍州刺史桓蔚，左卫将军桓谧、将军何澹之、温楷等人，均北逃到后秦。

当天，晋安帝司马德宗和弟弟琅邪王司马德文入驻刘道规的战船。稍后，振武将军刘道规又派遣建威将军刘怀肃率军在石城（今湖北省竟陵市）将逃亡至此的冯该及其儿子冯山靖诛杀。

正月十三日，晋安帝司马德宗下诏，军国大事全部交付冠军将军、兖州刺史刘毅处理。十六日，东晋宣布大赦，只有桓氏一族以及同党不予赦免，因为桓冲忠于王室，特地赦免了桓冲嫡孙桓胤；改元为义熙，晋封百官两级爵位，单身老人每人五斛粮食，并下令允许全体国民大吃大喝五天；任命鲁宗之为辅国将军、雍州刺史，封为霄城县侯，食邑一千五百户；任命毛璩为征西将军，加散骑常侍，都督益州、梁州、秦州、凉州、宁州五州诸军事，代理宜都、宁蜀太守；任命文处茂为辅国将军、西夷校尉、巴西梓潼二郡太守；任命毛璩的弟弟、西夷校尉毛瑾为持节、监梁秦二州诸军事、征虏将军、梁秦二州刺史、略阳武都太守；任命毛瑾的弟弟、蜀郡太守毛瑗为辅国将军、宁州刺史。

三七〇　明争暗斗

二月五日，建康的留守政府派出皇帝专用的仪仗，前往江陵迎接晋安帝司马德宗。

此时，新任命的荆州刺史司马休之，业已进入江陵，冠军将军刘毅与振武将军刘道规屯兵夏口，辅国将军、琅邪内史何无忌负责护送晋安帝返回建康。

三月，逃亡在涢中的桓振与苻宏一起率众从郧城（今湖北省安陆市）出发，奔袭江陵，荆州刺史司马休之战败，逃奔襄阳，桓振自称荆州刺史。建威将军刘怀肃从云杜（今湖北省京山县）驰击江陵，日夜兼行，七日即赶到江陵城下。

双方在江陵城北的沙桥会战，桓振聚集了三万之众，旌旗蔽野，只见他跃马横矛，身先士卒，亲自朝刘怀肃的军阵冲杀而来。鏖战中，一箭正中刘怀肃的脸颊，但他毫无惧色，依然怒目奋战，晋军士气大增，个个争先。正在此时，刘毅派遣广武将军唐兴率部也及时赶到了战场，临阵斩杀了桓振，并斩其辅国将军桓珍，江陵城再次回到了晋廷手中。

荆州刺史司马休之返回江陵城后，他紧紧地握着刘怀肃的手说："没有你，我就无家可归了啊！"其后，刘怀肃又进攻屯聚在江夏（今湖北省安陆市）的桓振辅国将军苻嗣、马孙，龙骧将军金符青、乐志等人，将诸人斩杀，加刘怀肃为都督江夏九郡，暂时驻守夏口；刘毅也攻下迁城，在临嶂斩杀桓振太守刘叔祖，其余十几个趁乱占山为王的，也都被刘毅讨平；据《宋书·刘道规传》记载，当时，荆州、湘州、江州、豫州，尚有很多桓玄的余党，他们屯结在一起，不服从朝廷，东晋政府以刘道规为都督江州的武昌，荆州的江夏、随郡、义阳、绥安，豫州的西阳、汝南、颍川、新蔡等九郡诸军事，"随宜剪扑，皆悉平之。"后，檀祇率军进攻长沙，相继平定了长沙的桓亮、湘东的苻宏，荆州、湘州、江州、豫州桓氏的残余势力，全部被平定。

三月十三日，晋安帝司马德宗回到了建康，距他从元兴二年底被迁出建康后已过去了一年多。这一年多的时间里，东晋大地上发生了太多太多的事情：先是桓玄称帝，继而是刘裕起义，然后是接二连三的战斗，最终以刘裕一方的获胜而告终。晋安帝司马德宗回到京师的第二天，朝廷百官全部到宫门前谢罪，晋安帝司马德宗下诏称："这不是你们的罪过，全部恢复原职。"由于刘裕等人的职务全部是晋安帝不在的时候，相互推举产生的，为了表示一种姿态，刘裕、刘毅、何无忌等人均以各种理由表示不遵守皇帝的诏书，坚决要求退位，晋安帝司马德宗不许。

三月十九日，晋安帝司马德宗下诏，任命弟弟琅邪王司马德文为大司马，武陵王司马遵为太保，刘裕为侍中、车骑将军、都督中外诸军事，刘毅为左将军，何无忌为右将军，都督豫州，扬州之淮南、历阳、庐江、安丰、堂邑五郡诸军事，豫州刺史，假节，甲仗五十人入殿；任命刘道规为辅国将军、都督淮北诸军事、并州刺史，义昌太守如故；晋魏咏之为征虏将军、吴国内史。

如果按照这一安排，东晋帝国主要区域的地方大员，将分别为荆州刺史司马休之、江州刺史刘敬宣、豫州刺史何无忌、兖州刺史刘毅、青徐二州刺史刘裕、扬州刺史王谧。

晋安帝司马德宗十九日的诏书，在某种程度上体现了司马氏皇族的利益。

第一，把上游的荆州交给了司马休之。司马休之被任命为荆州刺史，是桓玄尚未被灭的情况下由武陵王司马遵承制任命的，史书在记载这段历史的时候，对于刘敬宣等人的任命，均明确注明是刘裕所任，而对司马休之的荆州刺史之命，则明确说是武陵王司马遵之命，由此可见，这一任命不一定得到了刘裕的认可，如今，荆州业已平定，司马休之原来的虚授就变成了实授。

第二，刘裕、刘毅二人实力并没有因为桓玄被平定而得到扩大。根据晋安帝司马德宗的这一任命，虽然刘裕和刘毅分别被任命为车骑将军和左将军，但二人深知那都是虚号，实际上两人依然是青徐二州刺史和兖州刺史，这当然也体现了司马氏皇族平衡各派势力，以防一支独大的需要。

第三，魏咏之不升反降。魏咏之原本被刘裕任命为豫州刺史，但这次却被调任吴国内史，长期以来，三吴郡守均为世家大族控制，但如今的三吴地区已经今非昔比，豫州密迩京畿，地位要比吴国重要得多。司马氏把以忠直见称，并曾任东海王中尉的何无忌任命为豫州刺史，多少也符合皇室的利益。

对此，刘裕和刘毅等人的反应是强烈的。

刘毅在京口起事之时，是在服丧期间，他是穿着孝服出征的。这时，正好有了一个最恰当的借口，他上书朝廷，要求辞去官职，回家继续守孝。与此同时，刘裕对任命给自己的车骑将军等职，也坚决不予接受，晋安帝司马德宗又加录尚书事，企图笼络住刘裕，但是，刘裕要的绝非中枢这些虚名，因此，还是坚决不接受，只是多次请求让自己回到京口防地；双方僵持下来，晋安帝司马德宗要求百官前往刘裕府上敦劝，但刘裕仍然不答应，最终，司马氏皇族抬出晋安帝司马德宗，让这位哑巴亲自驾临刘裕府邸去“说服”刘裕。以皇帝之尊亲临刘裕府邸，要求他接受这一安排，刘裕如果再坚持下去，将十分难看，于是，他亲自到宫门前陈说表白。

在双方反复数次以后，终于达成了妥协：

一、晋安帝司马德宗同意刘裕回到了京口，改任其为都督荆州、司州、梁州、益州、宁州、雍州、凉州七州，再加上原来所督共计十六州诸军事，解除原来的青州刺史一职，加领兖州刺史。

二、将原本加给何无忌的豫州刺史一职，让给了刘毅：任命其为左将军，都督豫州，扬州之淮南、历阳、庐江、安丰、堂邑五郡诸军事，豫州刺史，持节，常侍，封南平郡公，兼都督宣城军事，给鼓吹一部。据《宋书·刘道规传》的记载，在平定江陵之役中，刘道规推刘毅为首功，何无忌次之，自己甘居第三，这是刘毅有此任命的基础，当然，里面有哥哥刘裕的安排，目的就是暂时拉拢刘毅共同对付司马氏。

三、改任魏咏之为荆州刺史。在双方博弈期间，就有御史中丞王镇之上书称司马休之丢掉防区，应予撤职，于是，在义熙元年三月，司马休之还未在荆州刺史的位置坐稳，就被吴国内史魏咏之所替代，这一任命是刘裕集团对司马氏皇族最大的打击。史书明确记载的与刘裕交好的人有四人：刘敬宣、何无忌、魏咏之、檀凭之，如今，檀凭之已死，剩余三人，刘敬宣在江州，魏咏之在荆州，何无忌虽然失去了豫州，但被改任为会稽内史，都督江东五郡诸军事，持节，将军如故，给鼓吹一部。

四、从整个布局上看，总体上司马氏皇族失去了全部方镇。在这一回合的交锋中，刘裕审时度势，采取以退为进的策略：他不要车骑将军名号，以免树大招风；都督十六州，与都督中外诸军事名称不同，但其实一样，都是东晋的总司令；

刘裕以豫州，换取了刘毅的兖州，得到了兖州和徐州两州，等于是将北府全部纳入自己的手中，他要先牢牢地巩固自己的基础，以静制动。如今，刘裕自领兖、徐二州，刘敬宣领江州，何无忌为会稽内史，魏咏之领荆州，这三个人都是刘裕的嫡系，且刘敬宣与刘毅关系不睦，以江州监视刘毅的豫州，以会稽稳定自己的后院，以荆州占据上游，想必刘毅也难以有所作为。

这是刘裕集团与司马氏皇族的第一次交锋，虽然司马氏皇族推出了晋安帝司马德宗，使用了身为皇帝能够采取的一切措施，但由于刘裕的坚持，司马氏皇族最终屈服，以失败告终。

虽然司马氏皇族被击败，但刘裕集团内部却并非是铁板一块，主要矛盾就集中在刘毅与刘敬宣二人身上。刘敬宣作为刘牢之的儿子，起家很早，刘毅年少的时候，曾为刘敬宣宁朔将军参军，是刘敬宣的下属。当时，有人曾在刘敬宣面前称赞刘毅是位豪杰之士，但刘敬宣却不以为然，他说："非常之才，当有不同寻常的胸襟，怎可就说这位是一代英杰呢？此人性格表面宽厚，而内心狭隘猜忌，自以为是又瞧不起别人，即使他一时取得富贵，也会因为喜欢犯上而遭到杀身之祸。"刘毅听到刘敬宣对自己的这种评价，一直怀恨在心。刘毅在西进前线上，听说刘敬宣归国，被刘裕任命为晋陵内史，后为江州刺史，他当即就给刘裕写信说："刘敬宣父子对国家并不忠心，又没有参与起义。猛将功臣，正需要犒赏，像刘敬宣这种人，应当稍后再说。如果您念及昔日友情，想提拔重用他的话，论资排辈，也只能让他做一个员外常侍而已。听说您将晋陵一郡授予他，实在是已经很优厚了，不久又听说任命其为江州刺史，更是惊骇失望！"这也是刘敬宣多次推辞的原因。如今，刘毅此语，以刘敬宣在江州，更是让他不能忍受，刘敬宣也内心不安，屡屡要求解职，于是，朝廷将其召回，改任其为宣城（今安徽省宣城市宣州区）内史。空下来的江州刺史一职，又经过了一番博弈，义熙二年，朝廷任命与刘裕、刘毅均交好的何无忌担任，何无忌的职务为：都督江荆二州江夏随义阳绥安豫州西阳新蔡汝南颍川八郡军事、江州刺史，将军、持节如故。以兴复之功，封安成郡开国公，食邑三千户，增督司州之弘农扬州之松滋，加散骑侍郎，进镇南将军。

何无忌接任江州刺史以后，司马氏皇族只好退而求其次，任命原来的荆州刺史司马休之为后将军，接任会稽内史，不久，御史中丞阮歆又上奏说，司马休之与虞啸父违犯禁令嬉戏，要求予以处分，这当然是刘裕集团企图拔掉司马氏在会稽这片最后领地的尝试，但司马氏没有让步，只是将司马休之的后将军军号降为征虏将军，以示薄惩，很快就又恢复了他的后将军之职。

三七一 危机四伏

在中枢为权力争斗不已的时候，刚刚平定桓玄之乱的东晋朝廷却并不安定。

在过去的一年里，东晋帝国发生了太多的事情，这给刚刚被刘裕击败南逃的卢循以喘息的机会，他率众乘船沿着海岸线一直南下，到元兴三年六月，当刘毅、何无忌、刘道规败还浔阳的时候，卢循即将进攻的矛头对准了广州。

此时的广州刺史是吴隐之。

吴隐之，字处默，是曹魏侍中吴质的六世孙。此人容貌俊美，善于清谈，博学多才，孝顺清廉。《世说新语·德行》记载，吴坦之、吴隐之兄弟二人年少时十分贫穷，居住在丹阳郡衙门后面，他们的母亲童夫人去世，兄弟二人日夜号啕痛哭，路人都为之伤心落泪。韩康伯当时是丹阳尹，母亲殷氏随着儿子住在衙门，每每听了吴隐之兄弟二人的哭声，也放下筷子，停下进餐，为他们感到悲伤，她对韩康伯说："以后你如果当上了选拔干部的官员，就要提拔这类人，一定要照顾他们兄弟。"韩康伯也非常赏识二人，后来，韩康伯果真当上了吏部尚书，吴坦之被任命为袁真功曹，吴隐之为征虏将军参军。桓温诛灭袁真后，吴坦之将连坐被杀，吴隐之面见桓温，请求代兄一死，桓温感动之余，释放了吴坦之。从此，吴隐之被桓温赏识，拜为奉朝请、尚书郎，后为晋陵太守。吴隐之担任晋陵太守期间，非常清廉，妻子亲自上山砍柴做饭。孝武帝司马曜时期，吴隐之被升为中书侍郎、国子博士、太子右卫帅、散骑常侍等，孝武帝曾想提拔他做黄门侍郎，因其相貌酷似自己的父亲简文帝司马昱而作罢。后升其为廷尉、秘书监、御史中丞，一直做到左卫将军。吴隐之的清廉源自天性，他担任高官以后，俸禄都散给了同族亲戚，自己还是像穷苦百姓一样，冬天连被子都没有，衣服洗了，只能披着棉絮。

东晋时期的广州，出产各种奇珍异宝，即令是一小箱宝贝，就可以让一家数代赖以生活，然而，那里山高林密，时常流行传染病，因此，一般人都不愿意冒险前去任职，只有那些家贫无以自立的人，才请求前去充任长史之类的官吏，因此，前后的广州刺史以及下属官员都十分贪婪，贪污成风。隆安末年，司马道子父子欲扭转广州官场的风气，任命吴隐之接替刁逵为广州刺史，任命其为龙骧将军、广州刺史、假节，领平越中郎将，吴隐之上任途中，走到距离广州二十里的石门，此处有一处泉水，取名贪泉，据说，喝了贪泉的水，会令人贪得无厌。吴隐之到此，喝了泉水之后，赋诗一首："古人云此水，一歃怀千金。试使夷齐饮，终当不易心。"吴隐之到任以后，反而比过去更为清廉，平常仅吃蔬菜和干鱼，元兴元年二月，朝廷为了表彰他的清廉，特地晋升其为前将军，赏钱五十万，谷一千斛。

元兴三年七月，卢循即发动了对广州的进攻，吴隐之率领当地军民固守城池，长达一百多天，其长子吴旷之战死。到了十月九日深夜，卢循令人翻越城墙，入城纵火，广州城内霎时一片火海，被焚烧了三千多家，死亡上万人，因此，广州陷落，吴隐之被俘。占领广州的卢循自称平南将军，暂时管理广州事务，他将尸体集中在小岛上一起火化，建造了一个庞大的坟墓，仅人头就有三万多颗。占领广州以后，卢循随即又命令徐道覆率军北上，进攻始兴（今广东省韶关市境），生擒始兴相阮腼之，占领了这一通往湘州的咽喉要道。

卢循担心受到东晋朝廷的征讨，他上书朝廷以吴隐之依附桓玄为由，请求将其诛杀，并向朝廷进贡，表示归顺。如今，桓玄刚刚被平定，东晋朝廷尚无力远征，只好顺水推舟，任命其为征虏将军、广州刺史、平越中郎将，任命徐道覆为始兴相，但是，没有同意其诛杀吴隐之的请求。然而，这仅仅是双方之间的权宜之计，这一点，交手多次的刘裕与卢循谁都清楚。卢循从遥远的广州给刘裕送来了一种名为"益智"的粽子，心领神会的刘裕针锋相对，给卢循还以名叫"续命"的汤羹。

我们知道，桓修的舅舅王诞曾是司马道子父子一党，桓玄得志以后，本欲杀死王诞，在桓修的苦苦请求下，王诞被流放到广州，此时，卢循任命其为平南将军长史，王诞深知，自己如果继续滞留广州，将与卢循一起玉石俱焚，他深知卢循不过是做一个广州王而已，因此，建议卢循说："我从未在行伍之间待过，在此没有用处。我与刘裕关系素来很好，如果能让我回去，肯定会被刘裕所用，到时候，一定会报答你的大恩。"卢循表示同意。刘裕写信给卢循，让其将吴隐之放还，卢循不从。王诞又劝说卢循："将军您如今留下吴隐之，于公于私，都不合适。孙策岂不愿意留下华歆？只是一山不容二虎啊！"于是，卢循将吴隐之、王诞二人礼送出境。吴隐之离境的时候，妻子带了一斤沉香，吴隐之知道后，当即将沉香扔到湖中。后为度支尚书、太常、中领军，依然清操自守，数亩小宅，篱笆低矮，茅屋六间，以竹蓬为屏风，座处没有席子，家人以纺织度日，有时两天才吃一顿饭。王诞北归之后，被任命为刘裕太尉长史，深得刘裕的宠信，这是后话。

除了卢循割去广州以外，益州也发生了突变。

话说益州刺史毛璩听说桓振重新占据了江陵，即动员三万人马顺流而下，将要讨平桓振。他命令弟弟、西夷校尉毛瑾、蜀郡太守毛瑗从外水（岷江）而下，命令参军谯纵、侯晖率领巴西、梓潼两郡氐人组成的军队从内水（涪水）而下，与毛璩所率本部兵马一起在巴郡（今重庆市）集合。在谯纵和侯晖所率的部队当中，有相当一部分士兵是来自去年毛璩刚刚征服的汉中地区，他们不愿意离开故土，远征荆州，当时，侯晖想利用士兵们不愿远征的情绪，企图消灭益州刺史毛璩，占据益州，等到部队抵达五城水口（今四川省中江县）的时候，他与巴西人阳昧密谋发动叛乱，两人共同推举谯纵作为盟主。

谯纵，是巴西南充人，出身蜀地大族，其祖谯献之，在蜀地享有大名，谯纵从小谨慎宽厚，在蜀民中也很有威望。听说侯晖和阳昧要发动叛乱，并要推举自己当首领，谯纵吓得魂不附体，跳到水中企图自杀，侯晖将他从水中救上岸，再三请求，而谯纵始终不从，侯晖无奈只好强行将他逼到轿子上，谯纵被逼上轿以后，他又从轿子上跳到地上，向侯晖等人磕头请求，坚决拒绝，但是众人不听，将他用绳子捆绑在轿子上。于是，这支部队向涪城（今四川省三台县北）进发，并偷袭涪城得手，斩杀了毛璩的弟弟、西夷校尉毛瑾，推举谯纵为梁州秦州刺史。事变发生的时候，毛璩正在涪城东北的略城（今四川省盐亭县），距离成都四百多里，听说此事以后，他一面命令参军王琼率领三千人前去平叛，又派遣弟弟毛瑗率领四千人马作为王琼的援军，一面率军从略城跑步赶回成都。谯纵派遣弟弟谯明子、侯晖率军在广汉（今四川省广汉市）与王琼的军队相持，王琼击破谯明子、侯晖的叛军，一直追杀到绵竹（今四川德阳市北）。谯明子在这里设下了两层伏兵，王琼的追兵毫无防备，落入了谯明子的伏击圈，结果大败，几乎全军覆没，叛军乘胜直抵成都城下。

益州营户（因犯罪而流配充军的人）李腾偷偷打开了成都城门，接纳谯纵的叛军，叛军涌入城中，斩杀了毛璩及其弟弟毛瑗，在蜀地的毛氏子侄全部被诛杀。毛璩死后，谯纵自称成都王，以堂弟谯洪为益州刺史，弟弟谯明子为镇东将军、巴州刺史，率领五千人马驻守益州的东大门白帝，这是晋安帝刚刚从江陵东归之时发生的事，当时，蜀地大乱，汉中空虚，仇池氐王杨盛趁机派遣侄儿、平南将军杨抚占领了汉中，自此，谯纵建立了存续八年之久的西蜀政权。

李雄的成汉帝国在公元 304 年立国，到公元 347 年被桓温所灭，又经过了二十六年，到了公元 373 年被前秦占领，淝水之战后，益州在经历了近两年的大乱之后，于公元 385 年再次回到了东晋的怀抱，二十年后，谯纵又独立了。

谯纵深知益州无力对抗东晋朝廷，到了第二年，他派遣使者向后秦姚兴称臣，表示将以讨伐刘裕为名，发兵顺流而下，并请求姚兴允许桓谦来到蜀国，利用桓氏家族在荆州地区的影响力，帮助自己夺取荆州，姚兴征求桓谦的意见，桓谦同意了，于是，桓谦带着逃往后秦的桓氏子弟又来到了蜀地。

本来，东晋朝廷经历隆安以来的多次内耗，早已疲惫不堪了，如今，广州、益州又分别从晋廷中分离出去，面对周遭异常险恶的局势，刘裕又将采取何等非常的措施让江东转危为安呢？

三七二 乱世恬淡

我们暂且将刘裕的打算放在一边，看一看在世事淆乱不堪的时候，还有哪些恬淡冲退的人？还有哪些别样的人生？

首先我们想到的是东晋的一代高僧、佛教净土宗始祖——慧远大师。

慧远，本姓贾，是雁门娄烦（今山西省朔州市朔城区）人，生于晋成帝咸和九年（公元334年），死于晋安帝义熙十二年（公元416年）八月六日，终年八十三岁。

慧远在十三岁的时候，随舅令狐氏一起游学许昌、洛阳，二十一岁时，与弟弟惠持前往恒山聆听道安讲《般若经》，豁然开悟，感叹说："儒道九流学说，皆如糠秕。"于是出家，师从道安。慧远与同门师兄慧永曾商议一起远去岭南罗浮山修行，因慧远被师父挽留，慧永先行，当慧永走到浔阳的时候，陶侃的第十子陶范（《世说新语·方正》"王修龄在东山"条上的陶胡奴）苦苦相留，于是，慧永就在庐山落下脚来。相传欧阳询题写的《西林道场碑》记载，晋太和二年（公元367年），西林寺是晋光禄卿浔阳陶范为慧永所建。慧永的到来，是庐山佛教兴盛的开始。

根据《高僧传》的记载，慧远是在慧永南下后不久即来到庐山，另据《晋书·陶范传》的记载，陶范担任光禄卿是在太元初年，且道安在晋哀帝兴宁三年（公元365年）才来到襄阳，"分张徒众"是在襄阳陷落之前的事情，因此，关于《西林道场碑》记载的晋太和二年建立西林寺，可能是古人将太元二年误记为太和二年了，也就是说，慧永应当是在晋太元二年即公元377年来到庐山，住在西林寺，到了公元378年、公元379年东晋襄阳陷落前，道安分张徒众，慧远即南下了。

众弟子在离别师父前，道安都要叮嘱几句，只有慧远离别的时候，道安什么也没有说。慧远十分不解，就跪下询问师父为什么，师父回答："像你这样资质的人，无须为师我浪费言辞了。”于是，慧远与数十位弟子一起南下，将去罗浮山。当他们行经庐山的时候，看到庐山风景绝美，足以息心，就住在了龙泉精舍。这里距离水源很远，慧远用木杖敲敲底下，说道：“如果这里能够让我们入住，可让土壤涌出清泉。”言毕，清泉从地下流出，最终成为清溪，这大约就是东林寺门前的虎溪。后慧永请江州刺史桓伊为慧远建东林寺，于是，慧远一直就住在东林寺内，三十年不出庐山，自此，庐山的东林寺与长安的逍遥园鸠摩罗什译场，成为南北佛教的两大中心。

慧远南来以后，发现江南的佛教典籍匮乏，就命令弟子法净、法领等人前往远方，搜寻众经，获得梵本，进行翻译。弗若多罗是专精《十诵律》的学者，曾与鸠摩罗什合译《十诵律》，未译完，就不幸去世。慧远派遣弟子昙邕入秦，亲笔致书昙摩留支，请他废心将未译出的《十诵律》剩余部分翻译过来，昙摩留支遂将弗若多罗《十诵律》译出，成为我国第一部完整的比丘律藏。慧远还多次与长安的鸠摩罗什通信，探讨在修证佛法过程中的疑难问题。慧远主张佛性之说，认为佛的精神实体是永恒存在的，人们应该把达到这一境界作为奋斗目标，他还认为儒、佛、玄三家基本立场是一致的，主张“内（佛）外（儒、玄）之道，可合而明”。

慧远还极力倡导“弥陀净土法门”，他在东林寺凿池种莲花，结莲社，晋安帝元兴元年（公元402年）七月二十八日，他约集信徒刘遗民、周续之、宗炳、雷次宗、毕颖之、张莱民、张季硕等名士一百二十三人，在精舍阿弥陀佛像前建斋立誓，共期死后往生西方佛国极乐世界，由刘遗民撰写《誓愿文》。《世说新语·规箴》记载：“远公在庐山中，虽老，讲论不辍。弟子中或有堕者，远公曰：‘桑榆之光，理无远照，但愿朝阳之晖，与时并明耳。’执经登坐，讽诵朗畅，辞色甚苦，高足之徒，皆肃然增敬。”他还根据佛经，创立了专念“阿弥陀佛”即可成佛的方法。

除了研究佛法，慧远还钟情山水，隆安四年（公元400年）夏天，慧远与众弟子三十余人一起畅游庐山石门涧，大家纷纷赋诗纪念，慧远不仅亲自作诗，而且还为大家的诗作写下《庐山诸道人游石门诗并序》，慧远写下这篇诗序，是一篇优美的山水游记，把石门涧的奇异美景如图画一样展现在人们的面前，被文学界认为是中国文学史上第一篇山水散文。

东晋南朝时期，士大夫与高僧交往蔚然成风，慧远也与殷仲堪、桓玄、王谧、刘裕、谢灵运等诸多权贵有过交往，但慧远神韵严肃，举止方正，令见到的人都肃然起敬，也赢得了当世权贵们的尊敬。桓玄在征讨殷仲堪之时，路过庐山，桓玄邀请慧远出山相见，慧远以疾病推辞，不出虎溪一步。桓玄只好亲自入山拜见，桓玄身边的人说："过去您嘲笑殷仲堪入山向慧远致敬，请大人不要对他礼拜。"桓玄回答："殷仲堪就是一个将死之人罢了，我岂能（像他一样）礼拜之理！"然而，当他见到慧远以后，不由自主地向慧远致敬。与慧远交谈以后，桓玄下山，对左右说："此人实在是平生所未见。"

晋成帝司马衍初期，庾冰辅政，认为和尚应当与百姓一样向皇帝行大礼，而尚书令何充等人则反对，长期以来，对此一直有着针锋相对的两种观点，等到桓玄辅政，打算下令让和尚对王者致敬，他写信征询慧远的意见，慧远表示反对，为此，慧远还撰写了《沙门不敬王者论》，促使在桓玄篡位后下诏确立了和尚不用致敬王者。自此，和尚不敬礼王者成为中国宗教的一条规则。义熙元年，辅国将军何无忌奉晋安帝司马德宗回銮路过庐山，他劝说慧远下到庐山山下迎接皇帝，慧远称疾不行。晋安帝司马德宗派出使者上山探望，并下诏说："阳中感怀，知所患未佳，其情耿耿。去月发江陵，在道多诸恶，情迟兼常。本冀经过相见，法师既养素山林，又所患未痊。邈无复因，增其叹恨。"谢灵运恃才傲物，可是，一见慧远，就肃然心服。

后来，卢循东下，占领了浔阳，慧远与卢循之父卢嘏曾是同学，卢循给慧远写信叙旧，有僧人劝说："卢循是国家的贼人，与其交往，恐让生疑。"慧远回答："我佛法中人，情无取舍，有见识的人岂能不知？"等到刘裕击败卢循的时候，手下有人对刘裕说："慧远与卢循关系密切。"刘裕却说："慧远公乃世外之人，必无彼此。"还派人上山送去书信致敬，并馈赠钱米。

东林寺门前的小溪之所以被称作虎溪，据说，每当慧远送客，一旦步出虎溪，就会有老虎吼叫，因此，慧远每每送客，无论贵贱，不过虎溪。据《庐山记》记载："虎溪，昔远师送客过此，虎辄号鸣，故名焉。时陶元亮居粟里山南，陆修静亦有道之士，远师尝送此二人，与语道合，不觉过之，因相与大笑，今世传《三笑图》，盖起于此。"慧远不慕权贵，甚至是皇帝也无法让其下山，但是，却因为陶渊明和陆修静二人步出了虎溪。据传说，慧远与陶渊明和陆修静关系最好，在他送客的时候，三人相谈甚欢，慧远也不知不觉地走出了虎溪，三人大笑而别，这就是著名的"虎溪三笑"的来历。陆修静，是陆凯的后人，道教徒，曾规范了天师道的斋戒和仪范，创立了南天师道，与北方寇谦之的北天师道相抗衡，但陆修静年龄与慧远和陶渊明相比，要年轻很多，因此，“虎溪三笑”的故事，也许只是一个民间的传说。

在慧远的周围有很多当时的名人：慧永、惠持、周续之、刘遗民、陶渊明、宗炳、谢灵运等人。据《高僧传》记载，慧永善于言谈，总是面带笑容，言语从不伤人，他精心修道，立志成佛，尤其奇特的是，他在山岭之上专门盖了一间用于修行的茅草屋，人们到这座屋里总能闻到奇异的香气，因此称之为“香谷”，慧永还与一只老虎同居一室，人们来之前，慧远就让老虎避开，等人们离去后，再让老虎回来。再者，就是慧远的弟弟惠持，惠持后来离开庐山，前往蜀地弘法，为蜀地民众所信服。还有所谓的“浔阳三隐”，即周续之、刘遗民和陶渊明。周续之，年少入豫章太守范宁创立的学校，学通五经，被人称为颜子；刘遗民原为柴桑令，他弃官与周续之一起上庐山隐居修道，当时，刘遗民曾招陶渊明一起入山，陶渊明没有答应，陶渊明的理想生活，并非离群索居，而是既不求显达，又不脱离人间。宗炳，南阳人，他善弹琴，工书画，好山水，爱远游，遇到名山，总是乐而忘归，他足迹遍荆湘，每游一处名胜，回家都画下来，挂在屋内，对人说：“在屋内抚琴，欲令众山皆共鸣。”

十余年后，到了义熙十二年八月六日，慧远病重，门徒请求他喝点豉酒，他没有同意，又请求喝点蜜水，他让人翻开经书查找是否可以，经书刚翻到一半，慧远就去世了。慧远临终前曾对弟子们说自己一生三次见到佛，并遗命死后依照古礼在松树下袒露尸体，然后，再由弟子们收葬，慧远死后，谢灵运为其撰写碑文，宗炳在寺门前立碑纪念。

三七三 遗世独立（一）

说到“浔阳三隐”，就不能不说陶渊明。

陶渊明，字元亮，也有说名潜，号五柳先生，私谥靖节先生。

关于陶渊明的生卒年和年龄，《宋书》、昭明太子所撰的《陶渊明传》均记载为刘宋元嘉四年（公元427年）去世，享年六十三岁；朱熹的《通鉴纲目》更是标明，陶渊明在此年的十一月去世。人们对于陶渊明确切的死亡年代，均无异议，而由于沈约《宋书》成书仓促，正如《南史·王僧孺传》所称其“伪状巧籍”，书中出现的错误较多，对于陶渊明的享年，学者们却颇有争议，由此又出现了七十六岁说、五十二岁说、五十六岁说等等，众说纷纭，莫衷一是。对此，我们不做深入分析，而暂采《史书》记载的六十三岁说。

根据史书记载，陶渊明的曾祖是东晋大司马陶侃，祖父为陶侃众多儿子之一陶茂，曾担任武昌太守，陶渊明父亲名讳不详，其母是曾担任桓温长史的孟嘉的第四个女儿。孟嘉，与陶侃、桓温均过从甚密，孟嘉的妻子就是陶侃的第十女，自己的女儿又嫁给了陶侃的孙子，也就是说，陶渊明的父母是表兄妹关系。

陶渊明作为隐士，史书对其生平介绍不多，后世的人们只能从陶渊明遗留下来的诗文中，大致勾勒出陶渊明生平中的一些蛛丝马迹。

陶渊明的一生是坎坷的，他似乎总在饥寒中挣扎。他八岁丧父，在他的幼年时代，家境十分贫寒，在他的《有会而作》写道：“弱年逢家乏，老至更长饥。菽麦实所羡，孰敢慕甘肥。”为了解决温饱问题，陶渊明在年少的时候，曾经短暂地出仕，充当低级官吏，这在他的《饮酒》十九有所反映：“畴昔苦长饥，投耒去学仕。”第十首也称：“在昔曾远游，直至东海隅。道路迥且长，风波阻中途。此行谁使然，似为饥所驱。倾身营一饱，少许便有余。恐此非名计，息驾归闲居。”后又被召为州祭酒，几天就因“不堪吏职”而辞职。

陶渊明像

虽然年少贫寒，但陶渊明却好读书，爱闲静，爱自然。他的《与子俨等疏》称：“少学琴书，偶爱闲静。开卷有得，便欣然忘食。见树木交荫，时鸟变声，亦复欢然有喜。常言五六月中，北窗下卧，遇凉风暂至，自谓是羲皇上人。”《归园田居》其一：“少无适俗韵，性本爱丘山。”《饮酒》十六：“少年罕人事，游好在六经。”《五柳先生传》中自称“闲静少言，不慕荣利。好读书，不求甚解，每有会意，便欣然忘食”。同时，他又有志向，有抱负。《杂诗》五：“忆我少壮时，无乐自欣豫。猛志逸四海，骞翮思远翥。”

陶渊明的坎坷还表现在他结婚不久就丧妻，继娶之后，很久都没有儿子，大约又丧妻或者继娶，终于有了五个异母的儿子：长子陶俨、次子陶俟、三子陶份、四子陶佚、少子陶佟。然而，这五个儿子的天分却并不尽如人意，在陶渊明的《责子》诗中，他这样写道：“虽有五男儿，总不好纸笔。阿舒（老大）已二八，懒惰故无匹。阿宣（老二）行志学，而不爱文术。雍端（分别为老三老四）年十三，不识六与七。通子垂九龄，但觅梨与栗。”可以说，陶渊明的五个儿子智商都不很高，后人猜测这也许与他嗜酒有关。

大约从隆安二年（公元 398 年）到隆安五年（公元 401 年）年底，陶渊明在江州、荆州刺史桓玄的幕府之中任职，这有隆安四年陶渊明所作的《庚子岁五月中从都还阻风于规林二首》和隆安五年《辛丑岁七月赴假还江陵夜行涂中》为证。

陶渊明何以要进入桓玄的幕府？

大约是因为：一是桓玄的个性。桓玄是一个性格多样、才气纵横的人，他善写文章，又会清谈，在江州刺史任上，十分注重拉拢各方人才，与庐山上的慧远也有过交往，因此，也许在当时的陶渊明看来，桓玄值得投靠。二是桓氏与陶渊明的关系。陶渊明的外公孟嘉与桓氏家族有很深的渊源。桓氏并非东晋一等一的高门，桓玄也一直处于被排挤的境地，这对于江南寒门的陶渊明而言，桓玄是能够投靠的。三是在东晋门阀政治格局中，地域政治的色彩十分浓厚，陶氏家族因陶侃统治荆州、祖籍江州，在荆江地区有一定的影响力，而桓玄则正是如今的荆江豪族，只有投靠桓玄，才有可能挤上政治舞台，实现自己的抱负。

然而，惊心动魄的政治变局、仕途俗务，也让重视亲情、眷恋平淡生活的陶渊明感到厌倦，他暗下“投冠旋旧墟，不为好爵萦”的决心，到了隆安五年年底，对于陶渊明来说，一个天大灾难的事情发生了，他的生母孟氏去世了，回家守丧给了陶渊明离开桓玄幕府的充分理由。也正是母亲去世这一重大的变故，让陶渊明没有参与到接踵而至的桓玄与司马道子父子交战、桓玄登基即位等大事中来，也没有卷入这一复杂多变的政治旋涡之中。到元兴三年，也许是胡藩的引荐，服丧期满的陶渊明再次出仕，他写下的《始作镇军参军经曲阿》一诗，证明了这一次的出仕。据学者考证，这次陶渊明所作的镇军参军，正是刚刚担任镇军将军刘裕的参军（整个东晋一朝，被进号为镇军将军的仅有六人，他们分别是：晋元帝司马睿之子司马晞、范汪、郗愔、王蕴、王荟和刘裕），陶渊明由服丧前的桓玄幕僚，如今到服丧后成为刘裕的参军，似乎完成了一次华丽的转身，然而，此时，昔日自己的上司桓玄业已被杀，一切都已物是人非。剧烈的政治动荡，让陶渊明寄予厚望的荆江集团毁于一旦，也使陶渊明的心中五味杂陈，又无可奈何，他在诗中写道：“目倦川涂异，心念山泽居。望云惭高鸟，临水愧游鱼。”表达了他暂时投身仕途、终归田园的思想，不足一年，陶渊明即又转投到建威将军、江州刺史刘敬宣的幕府。这大约与陶渊明不愿远离故土有关，义熙元年（公元405年）三月，陶渊明写下《乙巳岁三月为建威参军使都经钱溪一首》，诗中写道：“田园日梦想，安得久离析！终怀在归舟，谅哉宜霜柏。”

刘敬宣担任江州刺史，引起了刘毅的不满，于陶渊明写下这首诗后不久，刘敬宣就被迫离职了。在此期间，陶渊明对亲朋好友说：“想去做一名县令，以筹集隐居之资。”八月，陶渊明通过族叔、太常陶逵的介绍，担任了彭泽县令。这是袁行霈先生的论点。不过，考察《宋书》等有关史料，在此前后，充任建威将军的远非刘敬宣一人，据《宋书·刘道邻传》称，刘裕的同父异母弟弟刘道邻“寻迁建威将军、南彭城内史”；《资治通鉴》在义熙元年三月，也就是陶渊明做《乙巳岁三月为建威参军使都经钱溪一首》这首诗的时候，明确记载建威将军刘怀肃云云，《晋书·桓玄传》也有建威将军刘怀肃之语；《宋书·刘敬宣传》也记载，诸葛长民也曾任建威将军；《建康实录》称，刘裕在举义时的军号即为建威将军；

《晋书·魏咏之传》称，在刘裕拿下建康后，即任命魏咏之为建威将军、豫州刺史。因此，要断定陶渊明所当的建威将军参军就是刘敬宣的参军，还需要有充分的证据去排除其他人，这留待学者们再做深入的考证。

陶渊明担任县令的彭泽县隶属于浔阳郡。浔阳郡于永兴元年设立，当初下辖浔阳和柴桑两个县，永嘉元年又以原属豫章郡的彭泽县，隶属浔阳郡，到东晋司马睿渡江以后，又在浔阳郡增设了九江县和上甲县，不久又将九江县合并到浔阳县内，晋成帝时期，由于中原渡江之众日增，又在浔阳郡侨置了松滋郡，遥属扬州管辖，至陶渊明充任彭泽县令之时，浔阳郡共有四县，分别为浔阳县、柴桑县、彭泽县和上甲县。

到达彭泽以后，陶渊明让县里的公田全部种成酿酒用的酒谷，说："只要能让我常常酒醉就行了。"在妻子的坚决要求下，他才最终同意用两顷（《晋书》称是一顷）五十亩种酒谷，用五十亩种稻谷。在官八十余天，种下的稻谷还未曾入口，这时，县吏报告说郡里的督邮（检察官）要下县监察工作，并称按照现在的规矩，县令应当约束腰带，待装束整齐以后，才能拜见督邮，听完县吏的禀报，陶渊明叹息一声，说道："我不能为五斗米而向乡里小儿折腰。"当日，即解下官印离去。这就是著名的"不为五斗米折腰"的故事，也成了陶渊明不事权贵、清高孤傲的象征。陶渊明的这句话，也许是另有所指，因为，在刘裕当政以后，即开始整顿吏治，这里面肯定有明确上下级的礼仪的要求，陶渊明此语，似乎有借讽刺督邮，暗讽刘裕的味道。

三七四 遗世独立（二）

对于陶渊明辞官的原因，后人做出了种种猜测。

大致不外以下几点。

一、陶渊明的个性使然。陶渊明的个性是复杂的，他既有崇尚自然、自由的一面，又有大济苍生的抱负，但总体上讲，在陶渊明的性格中占有主导地位的还是顺其自然的恬淡。

二、仕途的无望。陶渊明入仕绝非仅仅满足于做一名低级官吏，然而，陶氏家族自陶侃去世后，迅速衰落，在东晋政权被高门垄断的情况下，要想登上与其曾祖陶侃一样的高位，势比登天还难。但是，在东晋末年各种势力角逐的舞台上，如果投靠了合适的人物，登上高位也并非不可能，这类例子比比皆是，如桓玄任用卞范之、刘裕任用刘敬宣等等，都是如此。陶渊明在桓玄篡位的时候，守丧在家，而等到服丧期满以后，桓玄就已经失败了，他转投的新主刘裕与其并没有多少渊源，在这种情况下，只能屈居下僚，这与陶渊明的初衷大相径庭。

三、可能存在贪渎行为。近来，有人对照陶渊明前后的诗文，提出了其在担任县令期间可能存在贪渎的可能。一是在司马道子父子执政期间，东晋官场纪律松弛，地方官员贪渎可能已经成风，这从刘裕掌权以后，“以身范物，先以威禁内外，百官皆肃然奉职”的史料中似乎可以得出一些线索，而这次督邮下县监察工作，也极有可能是刘裕自上而下整顿吏治的措施之一。二是陶渊明个人所说的辞官理由与实际情况有一定差距。陶渊明在《归去来兮辞序》上说，自己辞官的原因是：第一“质性自然”，第二“寻程氏妹丧于武昌”，然而，陶渊明辞官以后，并没有去奔妹妹之丧，而且在他的《归去来兮辞》中却充满着如释重负的喜悦，并没有多少奔丧的悲戚之感。第三陶渊明任县令目的就是要筹备隐居的钱财（“以为三径之资”），而对比陶渊明任职前后的经济状况，在他任职以前家境可以说是十分贫苦的，“余家贫，耕植不足以自给。幼稚盈室，瓶无储粟，生生所资，未见其术”。即便是在元兴二年（公元403年），陶渊明已出仕近十年后，他还在《癸卯岁十二月中作与从弟敬远》中说：“劲气侵襟袖，箪瓢谢屡设，萧瑟空宇中，了无一可悦。”然而，在他辞官回家以后，就有了“童仆欢迎”“有酒盈樽”“或命巾车，或棹孤舟”“方宅十余亩，草屋八九间，榆柳荫后檐，桃李罗堂前”的景象，另外，陶渊明前曾在桓玄、刘裕等人的幕府多年，幕僚拜见长官的事情，时有发生，为什么偏偏见到督邮才“不为五斗米折腰”？因此，有人揣测，陶渊明之所以辞官也许还有逃避罪责的可能，聊备一说。

不论怎么说，陶渊明的辞官，让东晋官场上少了一个可有可无的彭泽县令，却为历史造就了一位真正的隐士、一位伟大的田园诗人。

陶渊明辞官后，过上了三年平静安适、“躬耕自资”的田园生活，他亲自下地，从事农业生产，（“代耕本非望，所业在田桑。躬亲未曾替，寒馁常糟糠”）他的夫人翟氏，与他志同道合，“夫耕于前，妻锄于后”，在此期间，陶渊明创作了《杂诗十二首》《归园田居五首》《酬刘柴桑》《读山海经》等等，其中不乏脍炙人口的诗句：“人生无根蒂，飘如陌上尘。分散逐风转，此已非常身。落地为兄弟，何必骨肉亲！得欢当作乐，斗酒聚比邻。盛年不重来，一日难再晨。及时当勉励，岁月不待人。”“欲言无予和，挥杯劝孤影，日月掷人去，有志不获骋。”“今我不为乐，知有来岁不？命室携童幼，良日登远游。”“孟夏草木长，绕屋树扶疏。众鸟欣有托，我亦爱我庐。”而五首《归园田居》几乎字字珠玑，一字一句均发自天然，直出胸臆，平淡中显奇绝，没有切身体会的人无论如何是写不出来那种味道的。

陶渊明的情感是丰富的，在劳作之余，他还崇尚自然，与邻居一起出游，写下了著名的山水诗《游斜川》。陶渊明爱菊，他在自己的房前屋后都种满了菊花，“采菊东篱下，悠然见南山”。陶渊明不懂音乐，但却准备了一张没有琴弦的琴，每当朋友们聚会，总是抚琴唱和，说：“但识琴中趣，何劳弦上声！”陶渊明终生喜爱喝酒，年纪大了以后，他将家务都交给儿子们打理，只是遇到有酒就喝，每喝必醉，亲友以酒相招，招之即去，去了便喝，喝醉以后就走。到元熙元年（公元419年），王弘担任江州刺史，想拜见陶渊明，陶渊明说：“我本性不通人事，因疾病而退隐，并非是洁身自好，岂敢以王公大臣纡尊降贵拜访为荣！”称病推辞不见。王弘听说陶渊明将去庐山，就派陶渊明的老朋友庞通之等人携带酒肉，在半路上邀请他喝酒，陶渊明见到酒，就与大家一起在野外的亭子里喝了起来，也忘记了自己的行程。这时候，王弘才出来与陶渊明相见，于是，大家高兴地喝了一天的酒，陶渊明没有鞋子，王弘命令左右给陶渊明做双鞋，左右请求度量陶渊明双脚的尺寸，陶渊明就在座中伸出脚让人家量。后来，王弘想要与陶渊明相见，总是在林间等候，也时常馈赠陶渊明家酒米。一年的九月九日，陶渊明坐在家门外的菊花丛中，正好王弘派人送来酒，他就在菊花丛中喝了起来，直到醉了才回家。颜含的曾孙颜延之与陶渊明交好，等到他做始安太守时，路经浔阳，天天去陶渊明家喝酒，临走的时候，留下两万钱，而陶渊明将钱全部寄存在酒家，当作酒资。

义熙四年（公元 408 年）六月，陶渊明家遭遇火灾，房屋荡然无存，全家只好住到船上，七月，他写下《戊申岁六月中遇火》，后陶渊明家迁至栗里（今星子温泉栗里陶村），生活较为困难。如逢丰年，还可以“欢会酌春酒，摘我园中蔬”。如遇灾年，则“夏日抱长饥，寒夜列被眠”。越到晚年，陶渊明越贫困，陶渊明晚年曾到了一度乞讨的境地，“弱年逢家乏，老至更长饥。菽麦实所羡，孰敢慕甘肥！”（《有会而作》）“饥来驱我去，不知竟何之。行行至斯里，叩门拙言辞。主人谐余意，遗赠岂虚来。”“感子漂母惠，愧我非韩才。衔戢知何谢，冥报以相贻。”（《乞食》）这两首诗，字字血泪，为一餐饭，陶渊明甚至于感到今生今世无力报答，要来生相报，可见当时的他是多么的无奈和凄凉！

在陶渊明长达二十二年的隐居生活中，他亲自参加田间劳作，做一名真正的农夫，他为田间的收成而操心，“开春理常业，岁功聊可观。晨出肆微勤，日入负耒还。”（《庚戌岁九月中于西田获早稻》）“不言春作苦，常恐负所怀。”“饥者欢初饱，束带候鸡鸣。”（《丙辰岁八月中于下潠田舍获》）在隐居期间，他也曾感叹功名不就，他在《感士不遇赋序》中感叹道：“昔董仲舒作《士不遇赋》，司马子长又为之。余尝以三余之日，讲习之暇，读其文，慨然惆怅。”也有对功名如烟的自我安慰，“古时功名士，慷慨争此场。一旦百岁后，相与还北邙。松柏被人伐，高坟互低昂。”“荣华诚足贵，亦复可怜伤！”（《拟古之四》）表现出自己愿意过“亲戚共一处，子孙还相保”平凡生活的意愿。

陶渊明被公认为汉魏两晋南北朝八百年间最杰出的诗人，现存诗歌一百二十五首，大致分为饮酒诗、田园诗、咏怀诗三大类。陶渊明的诗歌之所以令历代推崇，就在于这些诗歌完全发自他的真心，有感而发，还在于陶渊明本人十分真实，保持着难得的真我，正如苏东坡评价的那样：（陶渊明）“欲仕则仕，不以求之为嫌；欲隐则隐，不以去之为高。饥则扣门而乞食，饱则鸡黍以迎客。古今贤之，贵其真也。”在我看来，陶渊明的诗风继承了古诗十九首那种看似平淡却隽永的风格，体现了作者本人极高的心境和驾驭语言的功力，这种浑然天成、毫无雕琢的质朴诗句，才最为耐人寻味，也才是诗歌的最高境界。除了诗歌以外，陶渊明还写下了我们熟知的《桃花源记》《五柳先生传》《归去来兮辞》等脍炙人口的散文，为中华文化增添了很多亮色。

刘宋文帝元嘉四年（公元427年），刘宋江州刺史檀道济前往探望贫病交加的陶渊明，并馈赠粱肉，陶渊明拒绝接受，“挥之而去”。这一年，刚刚诛杀了徐羡之等旧臣的宋文帝刘义隆派使者巡视四方，《建康实录》记载，前来江州巡视的陆子真向朝廷推荐豫章的雷次宗和浔阳的陶渊明，后雷次宗到建康开设儒学，而陶渊明却拒绝出仕。九月，自知不起的他写下《自祭文》一篇和《挽歌诗》三首，回顾自己贫穷而又乐天知命的一生，坦然面对即将到来的死亡，据朱熹《通鉴纲目》记载，在这一年的十一月，陶渊明去世了。

陶渊明为这个乱世带来了别样的人生，他是贫穷的，也是富足的；他是失落的，也是幸福的；经过艺术化的他的人格魅力，就像他的诗歌一样，穿越时空的阻隔，曾经、正在、必将永远感动和激励着每一个崇尚自由、心灵纯洁的人，也激励着我们每一个人努力去做一个纯粹的、简单的、大写的人。

三七五　乌衣之游

与恬淡的陶渊明相似，在东晋上层还有另一种味道的文化盛事，那就是所谓的“乌衣之游”。

魏晋南北朝时期，以曹操、曹丕、曹植父子与“建安七子”为主体的邺下文人经常聚集在一起，饮酒赋诗，他们聚会的地点多在文昌殿之西的铜雀园，当时也称西园，因此被称为“西园之会”。从此以后，比较著名的聚会尚有：西晋洛阳贾谧二十四友的“金谷之会”、东晋王羲之等人的兰亭之会、晋宋之交谢氏家族的“乌衣之游”以及南朝齐“竟陵八友”的“西邸之会”等。

《宋书·谢弘微传》称：“混风格高峻，少所交纳，唯与族子灵运、瞻、曜、弘微并以文义赏会。尝共宴处，居在乌衣巷，故谓之乌衣之游。”这是乌衣之游的出处。由此可知，乌衣之游是以谢混为主导，参与的人员主要是谢氏子弟，具体而言，就是谢混的同族侄儿们：谢灵运、谢瞻、谢曜、谢弘微等人，谢混所作的五言诗“昔为乌衣游，戚戚皆亲侄”，也说明了这一点。外姓名流，即使在当时非常有名气，也不敢厕身其间。他们在建康谢氏旧宅乌衣巷里清谈玄理、商较人物、吟诗作文、宴饮歌咏，从而形成了一个谢氏文人团体，被称为“乌衣之游”。

谢混，字叔源，小字益寿，他是谢安第二子谢琰的第三子，过继给谢安二哥谢据的第二子谢方为子。谢混自幼风流倜傥，多才善文，有很高的声誉，被目为“禁脔”，后娶孝武帝女晋陵公主为妻。

谢灵运，小字客儿，是谢安大哥谢奕的曾孙，谢玄的孙子。

谢瞻，字宣远，是谢安二哥谢据的曾孙，是刘宋初年卫将军谢晦的三哥。

谢弘微，本名谢密，字弘微，他是谢安四弟谢万的曾孙，过继给谢混的二哥谢峻为继子。

谢曜，是谢弘微的哥哥，生平不详。

谢灵运自幼好学，博览群书，文章之美，江左无出其右。据《释常谈》记载：他一边喝酒一边夸口说："魏晋以来，天下的文学之才共有一石其中曹植独占八斗，我得一斗，天下其他的人共分一斗。"在他十五岁到二十一岁，为人狂傲、自视甚高的他从钱塘来到建康，深得堂叔谢混的喜爱。谢灵运的到来，为乌衣之游增添了无穷的活力，据《南史·谢瞻传》的记载，谢瞻曾写下《喜霁诗》，谢灵运抄录，谢混朗诵。当时，王珣的儿子王弘在座，以为"三绝"。

乌衣之游，大约出现在元兴末年、义熙初年，其间，东晋政坛风云激荡，桓玄代晋，刘裕崛起，失去实力的东晋王、谢两大门阀士族都在寻找新的靠山，乌衣之游，就是在这一特定的历史时期出现的一场聚会，从政治层面上看，随着门阀士族阶层在政治上军事上的失势，他们需要依附于新兴的庶族人物，为自己为家族寻找新的庇护者，而乌衣之游正是门阀士族借以标榜自己富有文化内涵的一个平台，其目的是为了吸引新的庶族当权者的眼球，抬高家族的身价；从文化层面上看，以此可以排遣心中的郁闷，发泄他们的牢骚和不满，在诗情画意中寻求精神解脱。

谢混今仅存三首诗。钟嵘《诗品》评谢混诗，谓"其源出于张华，才力苦弱，故务其清浅，殊得风流媚趣"。萧子显《南齐书·文学传论》也说"谢混情新"。他的《游西池》云："迴阡被陵阙，高台眺飞霞。惠风荡繁囿，白云屯曾阿。景昃鸣禽集，水木湛清华。"其中的"景昃鸣禽集，水木湛清华"，胡应麟认为可与谢灵运"池塘生春草""清晖能娱人"等名句媲美，也可以说谢灵运是继承了谢混的诗歌风格一直走下去的。《宋书·谢灵运传论》称"仲文始革孙许之风，叔源大变太元之气"，到谢灵运的时候，彻底完成了以清新的山水诗取代了枯燥的玄言诗诗风的变革。

谢混曾在饮宴之余，写下一首勉励侄儿们的诗："康乐诞通度，实有名家韵，若加绳染功，剖莹乃琼瑾（谢灵运）。宣明体远识，颖达且沈俊，若能去方执，穆穆三才顺（谢晦）。阿多标独解，弱冠纂华胤，质胜诫无文，其尚又能峻（谢曜）。通远怀清悟，采采标兰讯，直辔鲜不踬，抑用解偏吝（谢瞻）。微子基微尚，无倦由慕蔺，勿轻一篑少，进往将千仞（谢弘微）。数子勉之哉，风流由尔振，如不犯所知，此外无所慎。"他对谢弘微评价很高，经常说："阿远（谢瞻）性格刚强，喜欢意气用事；谢灵运博学而没有选择；谢曜恃才而不能坚持；谢晦有自知之明，却不注意听取别人的意见。至于谢弘微，我就无话可说了。"

刘裕掌权以后对士族的限制和打击，主要表现在以下两个方面：第一是在经济上，禁止豪强隐匿户口、封占山泽。虞亮隐匿一千余人，被他处死，“豪强肃然，远近禁止”。第二是在政治上，要求按照九品中正制初置时的精神选拔人才，重用寒士，对士族则严加防范。一般来说，一向孤芳自赏的门阀士族一开始的时候，是很难主动与刘裕合作的，因此，谢混及其堂弟谢纯也都投靠到了“爱才”的刘毅的怀抱，并最终被刘裕诛杀；而谢纯的哥哥谢裕却因为与刘裕关系要好，而投靠了刘裕。在血的教训面前，谢氏子弟开始向刘裕表示衷心，谢晦、谢方明就是典型的例子。谢晦在刘裕讨伐司马休之战中，当刘裕发怒要亲自登岸与敌人搏杀的时候，他抱住刘裕不让上前，刘裕提刀要斩杀他，谢晦却说：“天下不可没有我谢晦，但不能一日没有主公您！”对刘裕的忠心表现得淋漓尽致，从此，步步高升；谢方明在族兄谢裕的提携下，成为刘裕的下属，他靠着勤勉敬业，赢得了刘裕的信任，也靠着适时纡尊降贵，靠拢刘裕的亲信刘穆之而得到重用。不过，这些都是后话。

乌衣之游，是东晋门阀士族在晋宋之交时期的一次华丽的谢幕，一腔无人喝彩的呢喃，一声孤芳自赏的叹息。乌衣之游后的谢氏子弟们，又随着激荡的岁月与世沉浮，上演出一场又一场悲喜交加的活剧，只有那位内心高傲却毫无生存技巧的谢灵运，在饱受生活磨难以后，转而寄情于山水之间，在许多年以后，这场乌衣之游给他的心灵深处或多或少还留下丝丝难忘的记忆，影响着他揭开了中国诗歌发展的新篇章。

三七六　北魏政局

北魏与后秦之间爆发的柴壁大战，发生在晋安帝元兴元年（公元402年）十月，在这一年，桓玄击败司马元显，夺取了东晋王朝的最高统治权，在接下来的两年多里，东晋政局发生了一系列巨大的变化，让我们似乎感到时光已经过去了好多年。那么，现在，就让我们回过头来，看一看在东晋桓玄篡位、刘裕起义、荆扬相斗中间，北方又发生了什么样的变化。

在柴壁大战的时候，上党地区群盗秦颇、丁零翟都等人聚众占据了壶关，十一月，当道武帝拓跋珪回师晋阳的时候，他命令左将军、代人莫题率领三千骑兵东下讨伐，莫题军进抵上党地区的时候，上党太守已经捕斩了秦颇，翟都逃入林虑山（今河南省林州市境）中，莫题进山追讨，将叛乱彻底平定。十二月十七日，魏主拓跋珪从晋阳回到云中（今内蒙古自治区托克托县）。

此时，柔然主社伦率军南下，越过参合陂（今山西省阳高县东北），进入代北地区，前锋一直抵达山西省右玉县北的豺山（即参合陂，在今内蒙古自治区乌兰察布市凉城县岱海东南天成乡）及附近的沼泽地带，而后退去。拓跋珪命令常山王拓跋遵率领一万骑兵追击，没有追上。同月，高车越勤莫弗率领本部一万余家归顺，拓跋珪下令让他们居住在五原北部。第二年一月，朔方尉迟部别帅也率领一万多家归顺，拓跋珪命令他们居住在云中。

拓跋珪在晋阳的时候，听到了司马休之等人原欲北逃北魏、后分别逃往南燕和后秦的消息，此时，他已经击败了后秦，慨然升起了欲荡平江南之志，晋安帝元兴二年（公元403年）五月，也就是在柴壁大战半年后，他下令在全国范围内简拔将士，准备南下，平定江南的桓玄之乱。然而，桓玄很快就稳定了朝局，并对外奉行和平策略，先后向后秦、北魏派出使者，对后秦，桓玄允许慧远与鸠摩罗什联络，他本人还写信给后秦主姚兴，请求归还曾经被俘的洛阳守将辛恭靖和何澹之。姚兴留下了辛恭靖，放还了何澹之，他对何澹之说："桓玄不明天命，将要篡逆，上天未忘晋德，必将出现义举，以我观察，桓玄一定会覆灭。你如今回去，肯定要遭遇他的失败，你我再次相见的日子，不会太久。"辛恭靖也趁机翻墙而去，果然，不久以后，桓玄覆灭，何澹之又随着桓谦逃归后秦。辛恭靖在回到江南以后，受到桓玄的宠遇，被任命为咨议参军，每每让其站在群臣前面，不久，辛恭靖就因病去世了。桓玄向北魏派出使者以后，拓跋珪也向东晋派出了使者公孙表，以窥探江南的虚实，一来二去，拓跋珪讨伐江南的计划就暂时搁置了下来。

拓跋珪在灭掉后燕以后，曾对后燕灭亡的教训进行了认真的分析，他认为，后燕之所以灭亡，就在于慕容垂的几个儿子均分掌朝廷大权，皇帝没有权威。同时，他还认为，北魏帝国原有的北方民族性格质朴，欲望不强，便于统治，绝不能让国人知道得太多，以致难以统治，在这种情况下，公孙表给拓跋珪奉上了《韩非子》一书，拓跋珪看后，连连称善，于是，在他的统治后期，开始逐步尝试以法家思想实施统治，具体表现就在于：一是严刑峻法；二是愚民政策。

拓跋珪严刑峻法的目的主要是提高皇帝的权威，改变拓跋部原始部落民主传统，于是，他首先从自己的功臣们开刀：前此，拓跋珪已经在灭燕前后诛杀了堂兄弟拓跋意烈（因与和跋不和）、功臣"仲兄"奚牧（因与姚兴通信不恭）、功臣李栗（因朝会吐痰）、汉族士大夫崔逞（因建议河北民众用桑葚充当赋税）、宠臣庾岳之兄、庾和辰家族（因庾和辰掌管财务，将北魏王室的私产与国家的公产分得很清，引起拓跋珪不满）等人，废黜了功臣、汉族士大夫张衮等人，然而，这仅仅是开始，在随后的几年里，拓跋珪更是大开杀戒，动辄废黜、诛杀朝廷重臣：就在拓跋遵率军赶跑柔然之后不久，到元兴二年七月，他的堂弟拓跋顺就被拓跋珪废黜了。据《魏书·毗陵王顺传》记载，拓跋珪喜欢黄老哲学，多次召集大臣一起谈论黄老，听讲的群臣无不严肃认真，只有拓跋顺昏昏欲睡，呵欠连连，随地吐痰。拓跋珪看到后，不禁大怒，将其废黜。其实，说拓跋珪喜欢黄老，那是骗人的，他对群臣讲黄老，无非是想让大家都清心寡欲，不要犯上作乱，这与他自己崇尚法家是殊途同归的，拓跋顺一副嗤之以鼻的态度，当然引起拓跋珪的强烈不满，另外，在拓跋珪柏肆之战存亡不知的情况下，拓跋顺又曾打算自立为王，新仇旧怨加在一起，就促使了拓跋珪将其废黜。

与拓跋珪对臣下提倡黄老哲学背道而驰的，还有曲阳侯元素延。元素延，是拓跋珪的爷爷拓跋什翼犍伯祖拓跋猗㐌的后代，与拓跋珪关系疏远，但元素延一直追随拓跋珪，在柏肆之战拓跋珪战败的谣言传来的时候，是他诛杀了叛乱的并州守将封窦真，魏军攻下中山以后，被拓跋珪任命为幽州刺史。崇尚黄老的拓跋珪，目的要让国民恢复曾经质朴无欲的状态，即使是马车、服饰都要去掉雕饰，然而，见到后燕豪奢的元素延，却十分奢侈，引起了拓跋珪的不满，将其召回赐死。

除去这两位宗室重臣以外，在此期间，被拓跋珪赐死的还有功臣和跋。

长期以来，和跋一直受到拓跋珪的宠信，镇守邺城，那时候，拓跋珪的堂兄弟拓跋意烈因与和跋不和，阴谋偷袭邺城，也被拓跋珪果断下令予以诛杀，然而，如今拓跋珪崇尚节俭、恭顺，而和跋却非常奢侈、荒淫，拓跋珪曾劝说和跋一次，但和跋并没有认真对待，晋安帝元兴二年（公元 403 年）七月，拓跋珪北巡犲山途中，逮捕和跋，就在路边执行死刑。临刑之际，拓跋珪让和跋的兄弟们与其诀别，和跋遗言："桑干河以北的土地贫瘠，可以居住在河南，开垦良田，置办家业，各自勉励。"并让兄弟们背朝自己，说："你们怎能忍心看我被杀！"和跋一番话的真实意思是暗示兄弟们南逃后秦，他的兄弟们当然理解了哥哥的微言大义，不久就假装为北魏使者，逃往了长安，闻讯后，拓跋珪大怒，随即就诛杀了和跋全家老小。

后来，拓跋珪的孙子、北魏太武帝拓跋焘西巡五原，回到犲山打猎，突然大风四起，浓雾四塞，拓跋焘很奇怪，群臣说和跋世代居住此地，也许能兴起此变，于是，拓跋焘派古弼前去祭祀，浓雾随即散去，以后，拓跋焘每次到这里打猎前，都要派人到和跋的祠堂里祭祀一番。

除了和跋、拓跋顺、元素延等人以外，拓跋珪还在杀人。

前秦猛将邓羌之孙邓渊，博览群书，严谨朴素，从未让拓跋珪不快，他曾为拓跋珪的吏部尚书郎，与崔宏一起草创北魏制度，拓跋珪命令邓渊撰写《国记》，邓渊的堂弟邓晖为尚书郎，与和跋关系密切，和跋被杀后，其兄弟逃往后秦，有人向拓跋珪密告邓晖将去护送，于是，拓跋珪怀疑邓渊知道内情，将邓渊赐死。有学者也推测，邓渊之死绝不是这么简单，可能是因为邓渊在撰写北魏前期历史时，触犯了拓跋珪的忌讳，才招致了杀身之祸；在此前后，拓跋珪继续扩建宫室，他知道莫含的孙子莫题心灵手巧，就委派莫题担任总设计师，多次召莫题入宫商量宫殿、城市的规划，时间一长，莫题做得非常疲惫，显得有些懈怠，拓跋珪大怒，将其赐死。

在这段时间里，拓跋珪开始在桑干河以南规划准备建设南平城，对着夏屋山，背靠黄瓜堆。在平城城内，又相继建筑了西昭阳殿、西宫。元兴二年十月二十五日，拓跋珪册立皇子拓跋嗣为齐王，加车骑大将军，位相国；皇子拓跋绍为清河王，加征南大将军；皇子拓跋熙为阳平王；皇子拓跋曜为河南王。封死去的同母异父弟弟、秦愍王拓跋觚的儿子拓跋夔为豫章王，死去的堂兄、猛将陈留王拓跋虔之子拓跋悦为朱提王。

拓跋嗣，是拓跋珪的长子，母亲是独孤部刘眷的女儿刘氏，因铸金人不成，而未被立为皇后；拓跋绍的母亲就是拓跋珪的姨妈贺兰氏；拓跋熙与拓跋曜之母均不详，拓跋曜五岁的时候，曾在拓跋珪面前射中雀，拓跋珪啧啧称奇，长大以后，武艺绝伦。同月二十七日，拓跋珪命令将军伊谓率领二万骑兵北上袭击高车残余袁纥部和乌频部，十一月十一日，魏军大破这两部。第二年一月到三月，也就是东晋刘裕起事之初，北魏离石护军刘讬率领三千骑兵偷袭后秦的蒲坂，三月生擒后秦宁北将军、泰平太守卫谭，俘获三千多人，由于郡县萧条，拓跋珪下诏对于人数不足一百户的县，予以裁撤。不久，柔然可汗社伦的堂弟悦代大那企图谋杀社伦，阴谋败露，逃奔北魏。

在这一年，拓跋珪还下令大赦，改元天赐，北魏进入拓跋珪最后一个年号天赐年间。在天赐元年，也就是晋安帝元兴二年，拓跋珪还分别于九月和十一月两次亲自选拔朝臣，要求按照宗族举荐才能之士，同时，确定了四等爵位：第一是王，封大郡；第二是公，封小郡；第三是侯，封大县；第四是子，封小县。除去中原王朝中的伯和男这两种爵位等级。《资治通鉴》称，第四是伯，错误。拓跋珪设计的官职名称，与中原王朝的官名不同，多效仿上古时期的龙官、鸟官之名，比如国务院各部的办事员，被称作“凫鸭”，意思是动作迅速；而前方担任侦察的官员，被称作“白鹭”，意思能够抻着脖子远望。

三七七　后凉灭亡

隆安五年（公元 401 年），就在柴壁之战打响前，后秦姚硕德的西征大军开始从凉州撤离。

姚硕德的大军东归以后，后凉姑臧城先后遭到南凉秃发傉檀和北凉沮渠蒙逊的轮番打击，城内一斗米价值一万钱，并上演了一场人吃人的惨剧，因饥饿而死的竟高达十万多人。吕隆担心姑臧军民逃离城池，下令城门紧闭，不允许城内居民外出砍柴，每天就有数百城内居民请求出城充当胡人的奴婢，吕隆以为这些人扰乱人心，下令将他们全部坑杀。看到姑臧城内岌岌可危，晋安帝元兴元年（公元 402 年）年初，北凉沮渠蒙逊率部东下，进攻姑臧，吕隆无力自存，向南凉秃发利鹿孤派出使节，请求解救。

秃发利鹿孤召集群臣商议，尚书左丞婆衍崘说："如今姑臧残破饥荒，一斗粮食价值万钱，野外连青草都没有，无法补充军粮。沮渠蒙逊千里而来，粮运不继，让两个敌人相互争斗，我们再伺机进取。即使是沮渠蒙逊占领了姑臧，也无力驻守，正是替我方夺取的，因此，不应相救。"

秃发傉檀说："婆衍崘只知其一，不知其二。姑臧城虽然残破凋敝，但却居形胜之地，是河西诸郡的首都，不可让沮渠蒙逊占据，应当迅速解救。"

秃发利鹿孤早已觊觎姑臧多时，岂能让沮渠蒙逊得手？

于是，他派遣秃发傉檀率领一万骑兵北上，解救吕隆。南凉援军尚未抵达，吕隆已经击败沮渠蒙逊，沮渠蒙逊请求与吕隆结盟，并留下一万多斛谷子后退军。秃发傉檀进抵昌松（今甘肃省武威市东南），听说了这个消息后，遂将凉泽（今甘肃省武威市东）、段冢（不详）两地的居民共计五百家迁回本国。

秃发傉檀回师后不久，哥哥秃发利鹿孤就身染了重病，遗命将国事交由弟弟秃发傉檀全权处理，同年三月，也就是在后秦与北魏柴壁之战前夕，在位三年的南凉王秃发利鹿孤就去世了，弟弟秃发傉檀继位，追谥秃发利鹿孤为康王。

秃发傉檀继位后，又将国都从西平（今青海省西宁市）迁到自己的防地乐都（今青海省海东市乐都区），改元弘昌。后秦主姚兴拜秃发傉檀为车骑将军、广武公。由于后凉吕隆与沮渠蒙逊结盟，秃发傉檀继位后不久，就出兵姑臧，进攻吕隆。后秦闻讯后，派镇远将军赵曜率领两万军队驻守金城（今甘肃省兰州市），又命令建节将军王松匆率领骑兵协防姑臧。王松匆的部队进抵魏安（今甘肃省古浪县东），却遭到了南凉秃发傉檀弟弟秃发文真的打击，活捉了王松匆。当时，虽然秃发傉檀对姑臧垂涎欲滴，并且，后秦军队刚刚遭遇柴壁惨败，但百足之虫，死而不僵，秃发傉檀还不敢正面与后秦为敌，当他得知弟弟发兵攻击后秦军队的时候，不禁大怒，写信给姚兴表示谢罪，并将王松匆送归长安。

在柴壁之战后的一两年内，凉州各个势力你争我夺，目标只有一个，那就是趁着后凉疲敝，一举夺占姑臧。而后秦由于刚刚经历了柴壁惨败，心有余而力不足，只好对凉州各个势力羁縻而已。在这种情况下，后凉面临着西北沮渠蒙逊和东南秃发傉檀的双重压力，与此同时，后秦群臣对姚兴建议说："凉州险要，不如趁着吕隆困窘，趁机取之。"于是，姚兴派出散骑常侍席确前往凉州征召吕超入京。

如今，吕隆困守姑臧一座孤城，城东南是南凉的地盘，城西北为北凉占领，他左思右想，感到在姑臧再也无法坚持下去了，就派吕超带着二百骑兵，携带大量珍宝，请求后秦发兵，将自己接回长安。姚兴闻信大喜，立即下令派遣尚书左仆射齐难、镇西将军姚诘、镇远将军乞伏乾归、镇远将军赵曜等率领步骑四万，前往河西迎接吕隆。南凉王秃发傉檀下令撤去昌松（今甘肃省武威市东南）、魏安（甘肃省古浪县东）两处守备，给后秦大军让出一条通道。齐难率领的大军抵达姑臧以后，吕隆素车白马立于路旁迎接，他劝说齐难趁势进攻沮渠蒙逊，齐难同意了，北凉军队在臧莫孩的率领下，击败了后秦的前锋，于是，双方结下和平盟约。其后，齐难以其司马王尚为代理凉州刺史，留下三千士兵镇守姑臧（今甘肃省武威市），以将军阎松为仓松（昌松）太守，郭将为番禾（今甘肃省永昌县）太守，分别戍守这两座城池，将吕隆及其宗室、部属共计一万多户全部迁往长安。姚兴任命吕隆为散骑常侍，建康公如故；封吕超为安定太守，后来，吕隆因儿子吕弼谋反受到牵连而被杀。自吕光太元十一年（公元 386 年）自称酒泉公开始，后凉一共存续了十八年，至此灭亡。

我们还记得，在郭麐之乱中，郭麐因为预测到"代吕者王"，所以，他起事之初，先奉王祥为主，后封王乞基为主，谁知，五年之后，入主凉州的竟然真的是一个姓王的！王尚作为后秦的凉州刺史，爱民如子，稳定了曾一度岌岌可危的姑臧，沮渠蒙逊也派遣弟弟沮渠挐贡献特产，北部鲜卑也派出使者贡献。

王尚镇守姑臧以后，凉州暂时恢复了一段时间的和平。

王尚派遣主簿宗敞前往南凉结好，宗敞的父亲宗燮，在吕光时代就与秃发傉檀相识，曾以宗敞兄弟托付秃发傉檀，如今，秃发傉檀见到宗敞以后，说："孤以平常之才，被你的父亲谬奖，等到我继承家业以后，一直不能忘怀，《诗》云：'中心藏之，何日忘之。'没有想到今日能见到你啊！"又说："你就是鲁肃一般的人才啊，只恨不能与你共成大业！"两人尽欢而散。

秃发傉檀虽然臣服于后秦，但一刻也没有忘记姑臧，也没有忘记姑臧西北的沮渠蒙逊，他表面上去掉年号，免去尚书等官职，但却认真备战，大兴土木，建设乐都。秃发傉檀曾派参军关尚入长安拜见姚兴，姚兴质问关尚："车骑将军尽忠国家，却擅自建造大城，为臣之道难道是这样吗？"

关尚不卑不亢："王侯设险自固，这是先王的制度，是为了安定民众，防备不测。车骑将军所处偏远，与劲敌毗邻，南边是未曾臣服的羌人，西部则是跋扈的沮渠蒙逊，之所以构筑大城，就是为了做好防御，没有想到陛下竟然产生猜疑。"

姚兴听罢，笑道："你说得对。"

在加封秃发傉檀为车骑将军、广武公的同时，后秦姚兴又派遣使者梁斐、张构加封沮渠蒙逊为镇西大将军、沙州刺史、西海侯。

沮渠蒙逊听说秃发傉檀被封为公，而自己却仅仅被封为侯，十分不满，他对梁斐、张构等人说："秃发傉檀位居上公，而我却被封侯，这是为何？"

张构回答："秃发傉檀狡猾不仁，对国家不十分忠诚，所以朝廷给他加封高位，是为了让他知道只要归顺就予以重用的意思。将军您忠诚贯日，朝廷岂能对您不信任呢？朝廷的制度，爵位一定要与功劳相称，官位也不越级提拔，比如尹纬、姚晁是佐命元勋，齐难、徐洛百战猛将，他们的官位不过二品，爵位也仅仅是侯伯，将军怎能超过他们？昔日，窦融还坚决推让，不愿意官居旧臣之上，我真是不明白将军怎么突然说出这样的话！"

沮渠蒙逊又说："朝廷为什么不把张掖封给我，却封到了远处的西海郡呢？"

张构回答："张掖，是将军您自己的领地，之所以将远处的西海郡封给将军，目的是为了让将军的领土扩大啊！"

沮渠蒙逊听了，转怒为喜，终于接受了后秦的官职。

王尚镇凉，让南凉的秃发傉檀和北凉的沮渠蒙逊都将目光暂时从姑臧移开。隆安四年（公元400年），西凉李暠从段业的北凉中分离出去，第二年，段业即被沮渠蒙逊设计诛杀，又过了一年，沮渠蒙逊任命的西郡太守梁中庸叛变，投奔敦煌的李暠，沮渠蒙逊听到这个消息后，笑道："我与中庸情谊深厚，如同一人，可是，他却不信任我，这是他自己辜负自己，我又有什么可奇怪的呢！"

于是，他将梁中庸一家老小全部放走。

李暠问梁中庸："我与索嗣相比谁强？"

梁中庸回答："我说不清。"

李暠说："索嗣才能如果超过我，我怎么能千里之外就将他绞杀？"

梁中庸说："智慧当然有高有低，命运也决定成败。殿下与索嗣之间的纠葛，我确实不知。不过，如果仅仅以生死为标准，那么，公孙瓒难道就比刘虞要贤明吗？"

一席话说得李暠哑口无言。

再回到北凉。

沮渠蒙逊在即位之初还下令："尊敬老人，征求直言，晋文公采纳车夫的建议，所以才能够招徕豪杰，建立功勋。何况孤德行不厚，智慧浅薄，岂能不听从直言！群臣要保举贤能之士，及时反映民情。"

沮渠蒙逊的伯父沮渠亲信为中田护军，沮渠孔笃为临松太守，两人都奢侈无度，侵扰百姓，沮渠蒙逊说："祸乱我国的，就是我这两位伯父，怎能让他们治理百姓！"

于是，责令两人自杀。

除了修明政治之外，沮渠蒙逊还命令辅国将军臧莫孩率军大破山北虏，袭击番禾（今甘肃省永昌县）的狄洛磐，将那里的五百多户居民迁往国内。

与沮渠蒙逊一样，在后秦派王尚镇守姑臧以后，秃发傉檀也派遣弟弟秃发文支率军进攻南羌、西虏，掠夺游牧民族的财富，以增加国力。

三七八 夺取姑臧（一）

义熙二年（公元406年），后秦凉州刺史王尚已经镇守姑臧三年有余。

还是在去年，西凉的李暠就改元建初，并派遣舍人黄始、梁兴不远千里辗转来到江南，表示归顺，与此同时，李暠还计划着将国都从偏远的敦煌迁到酒泉，以威逼北凉。

他对群臣说："过去，凉州大乱，群雄四起，我被大家推举为主，几年以来，我每每废寝忘食，思索着拯救黎民的良策。前不久还派弟弟宋繇率军东进，所过之处，无不归附。如今，只有沮渠蒙逊固守张掖一城，自张掖以东，晋朝旧民虽然被少数民族控制，但他们内心对晋室的向往，却十分强烈。因此，我计划迁都酒泉，以威逼沮渠蒙逊，大家的意见如何？"

张邈表示赞成，李暠大喜说："二人同心，其利断金。张长史与我的意见相同，我还疑惑什么！"

于是，李暠以张体顺为宁远将军、建康太守，镇守乐绾（今甘肃省高台县西南）；以弟弟宋繇为敦煌护军，与其子敦煌太守宋让一起，留镇敦煌，然后，迁都酒泉（今甘肃省酒泉市）。

李暠效仿江南的雅士们在上巳日曲水流觞，命群臣赋诗，自己则像王羲之那样亲自写序，并写下诸葛亮的诫子书，给诸子写下训谕："饮酒要节制，言语要谨慎，喜怒之前要深思，喜爱一人也要知道他的不足，憎恨一人也要明白他的好处，一举一动都要心存宽恕，三思而后行。对于众人都厌恶的人，也不要轻易为大家的意见所左右，自己要认真观察，远离佞臣，亲近忠臣。要忍受琐事的烦扰，存问老年人，抚恤病丧之家，勤于政事，亲自断案。在断案的时候，要和颜悦色，不要轻易发怒。赏赐不要有所遗漏，处罚不要宽容亲人……"

苻坚时期，曾经将长江汉水之间一万多户居民迁徙到敦煌，还有七千多户中原流民也被迁徙到此，郭麐之乱中，武威、张掖之民又有几千户逃难到敦煌，李暠迁都酒泉以后，又将这些人都迁到酒泉，设立会稽郡安置原籍长江以南的五千户居民，设置广夏郡安置五千户中原人，剩余的一万三千户分别设置武威、武兴、张掖三郡，予以安置。迁都酒泉以后，李暠保境安民，时时监视着张掖沮渠蒙逊的一举一动。

与李暠一样，南凉秃发傉檀的心里同样一刻也没有忘记姑臧城以及姑臧西面的沮渠蒙逊。

义熙二年六月，秃发傉檀上表后秦姚兴，请求姚兴将姑臧城让给自己。

那么，让我们顺着秃发傉檀的上表，看一看这些年来后秦的姚兴又做了些什么，他会答应秃发傉檀的请求吗?

后秦主姚兴自公元402年柴壁之战战败以后，于第二年将吕隆从姑臧迁至长安，在暂时安定了凉州以后，姚兴即将进攻的目标指向了半独立状态的仇池公杨盛。杨盛是杨定的堂弟，他自公元394年自称仇池公，晋安帝隆安二年（公元398年），杨盛投靠北魏拓跋珪，被拓跋珪封为征南大将军、仇池王，到隆安三年（公元399年），杨盛向东晋称臣，晋安帝以杨盛为辅国将军、平羌校尉、仇池公，元兴三年（公元404年），桓玄又晋封其为平北将军、凉州刺史、西戎校尉。杨盛这一系列举动，都将矛头对准了后秦，当然引起了后秦的强烈不满，到晋安帝义熙元年（公元405年），秦主姚兴命令姚硕德、姚敛成、姚寿都等率领三万大军，讨伐仇池杨盛。秦军兵分两路，由姚硕德、姚寿都率领西路军，从宕昌（今甘肃省岷县南）南下，一路由姚敛成率领从下辨（今甘肃省成县北）南下，合击仇池。杨盛派遣弟弟杨寿抵御东路秦军，派遣侄儿杨斌抵御西路秦军，西路秦军姚寿都率军迎击，临阵生擒杨斌，仇池军全军覆没；听说西线失败的消息，东线杨寿等人十分恐惧，率众请求投降，姚硕德等人接受了仇池的投降撤军。然而，秦军撤军以后，仇池公杨盛依然故我，不服从后秦，于是，姚兴再次派遣姚硕德、冠军将军徐洛生等率军第二次讨伐仇池，西路又派遣建武将军赵琨自宕昌（今甘肃省岷县南）南下，东路则派遣将军敛俱进攻仇池刚刚控制的汉中。姚硕德等多次击破仇池军，而东路的敛俱也攻下了成固（今陕西省城固县），将郭陶等三千多家流民迁到关中。七月，杨盛请求向后秦投降，并将儿子杨难当以及下属的子弟共计数十人送到长安做人质，于是，秦军退去。姚兴任命杨盛为使持节、散骑常侍、都督益州宁州诸军事、征南大将军、开府仪同三司、益州牧、武都侯。

暂时臣服了杨盛，姚兴又将注意力转移到研究佛经上来了。

我们知道，在姚兴消灭后凉以后，就将鸠摩罗什隆重地请到了长安，待之以国师之礼，让他入住西明园和逍遥园翻译经书，并让僧叡、僧肇等八百多人师从鸠摩罗什。鸠摩罗什给姚兴写了《实相论》二卷，姚兴奉之如神。在姚兴的倡导下，秦国上至公卿大臣，下到黎民百姓，无不信奉佛教，各地的和尚知道后秦崇佛，也都不远千里来到秦国，人数不下五千，地方郡县的百姓，十家就有九家信奉佛教。一次，鸠摩罗什曾在草堂寺讲经，突然从高座上下来，对姚兴说："有两个小孩登上了我的肩头，要想去除，必须要有女人。"于是，姚兴就送给了他一个宫女，交合以后，宫女生下了双胞胎。姚兴对鸠摩罗什说："大师聪明绝顶，天下第一，岂能让大师绝嗣？"又送给他十名伎女，并让他不住在僧舍。看到老师如此，很多僧人也都娶妻生子，鸠摩罗什拿出一个钵盂，里面盛满了钢针，他对众僧说："你们如果能像我所做的，就可以娶妻。"说毕，只见他拿起汤匙，像平常吃饭一样，一口一口地将钢针吃下，众人这才心服口服。

在佛教的熏陶下，姚兴谦恭仁爱，对待姚绪和姚硕德两位叔父都十分尊敬，衣服、车马都挑选最好的送给二位叔父，自己留下次等的，朝廷的大事必先咨询二人以后才实施，并颁布诏书，要求国内取名要为二位叔父避讳。姚硕德曾从自己镇守的秦州入朝，临别之时，姚兴一直将他送到雍（今陕西省凤翔县南）。当时，刘裕刚刚消灭了桓玄，为了营造一个和谐的外部环境，刘裕向后秦姚显派出使者衡凯之，要求和平相处，姚显派吉默回报，从此双方互通音信。稍后，刘裕即提出请求后秦将不久前占领的南乡、顺阳（今河南省淅川县）、新野（今河南省新野县）、舞阴（今河南省泌阳县）等原属东晋的土地，交还给晋朝，秦主姚兴也同意了。后秦群臣都表示反对，但姚兴却说："只要是善事，全天下都是一样的。刘裕从最卑微的阶层崛起，竟然能诛杀桓玄，兴复晋室，对内修明政治，对外整顿边疆，我岂能爱惜区区数郡，而不成全他的美事呢！"于是，他将南乡等十二郡都交还给了东晋。从以上姚兴的作为来看，自从柴壁惨败以后，姚兴开始将主要精力用在了安定国内上，这当然与后秦惨败以后国力不足有关。

当秃发傉檀请求姚兴让出姑臧的时候，姚兴当然不愿意看到南凉一支独大，破坏凉州力量的平衡，然而，后秦实在是没有实力强行制止。秃发傉檀在请求姑臧不得的情况下，率军西上，越过姑臧，进攻沮渠蒙逊，南凉军队一直推进到赤泉（今甘肃省武威市西北），沮渠蒙逊闭城固守。取得对北凉的胜利以后，秃发傉檀向后秦贡献了三千匹战马、三万只羊，并再次请求姚兴让出姑臧。姚兴认为秃发傉檀忠于后秦，就满足了他的要求，加封其为都督河右诸军事、车骑大将军、凉州刺史，镇守姑臧，而征召王尚回长安。仅凭秃发傉檀送上的这区区三千匹战马、三万只羊，姚兴就将姑臧城交给秃发傉檀，其实是意味着后秦将凉州拱手让给了南凉，似乎是得不偿失的，但是，对于当时的姚兴而言，也自有他的道理。

一是柴壁之战让后秦的整个战略态势起到了根本性的变化。自柴壁之战后，后秦领教了北魏拓跋珪的厉害，不敢再与北魏争锋，与此同时，在姚兴对外政策上，也发生了一次一百八十度的大转弯，他开始将注意力转移到佛教和国内安定上，对外则采取收缩政策，主动退还给东晋豫西南数郡之地，提出与北魏实现和解等等，在这种情况下，后秦姚兴要想占领凉州，实在是力不从心。

二是后秦对姑臧的占领只是象征性的，食之无味。后秦凉州刺史王尚仅仅占据姑臧城周围数城，城外东南不远为南凉占据，西北不远为北凉占领，姑臧城及其周边地区恰似孤岛，不论是北凉抑或是南凉，要想攻占姑臧，赶走后秦势力，可谓易如反掌。如果拒绝南凉秃发傉檀的请求，一旦南凉决心与后秦翻脸，强行夺占姑臧的话，后秦也是鞭长莫及，无可奈何，不仅如此，还在后秦西部边境无端生出一个敌人，这无论如何不是姚兴愿意看到的。

三是鱼与熊掌无法兼得。南凉给后秦贡献的马羊，都是国力处于恢复期中的后秦所急需的物资，既然接受了南凉的好意，也只好顺水推舟，答应南凉的请求。虽然让南凉在凉州一支独大绝非后秦所愿意看到的，但是，在目前的情况下，也只好将姑臧交给他了。

三七九 夺取姑臧（二）

晋安帝义熙二年（公元406年）六月，后秦主姚兴正式任命南凉秃发傉檀为使持节、都督河右诸军事、车骑大将军、领护匈奴中郎将、凉州刺史、散骑常侍，公如故，镇守姑臧（今甘肃省武威市），将凉州刺史王尚征召回长安。

王尚镇守姑臧三年多来，“轻身率下，躬俭节用，劳逸丰约，与众同之，劝课农桑，时无废业”，深得凉州各族民众之心。当听到姚兴将王尚召回，把姑臧让给秃发傉檀的消息，凉州人申屠英等二百余人，派遣主簿胡威前往长安，面见姚兴请求留下王尚，但姚兴没有答应。胡威拜见姚兴，哭着说：“臣州归顺陛下，已经有五年了，姑臧城地处偏远，与国家本土隔绝，军民之所以卧薪尝胆、独守孤城的原因，上赖陛下之威，下靠良臣贤明，一直维持至今。忽然听说陛下违背上天的旨意和百姓的民心，竟将中华之土地交给了夷狄，假如秃发傉檀的才能和名望足以代替王尚，那臣岂敢多言？臣私下听说陛下将臣等与三千匹马和三万只羊，与秃发傉檀交换，如果真是如此，这实在是看重牲畜，却贱视百姓之举。假如说国家需要战马，那只用尚书下发一道命令，姑臧三千多家每一家贡献一匹马，早晨传下命令，晚上即可办成，为何要将这一方热土交给奸猾的胡人！过去，汉武帝倾天下之力，才开拓了河西之地，这里就像是一把利剑，隔绝了胡人各部，斩断了匈奴的右臂，才终于得以诛灭大宛王毋寡。如今，陛下正要开拓西域，为何要将五郡之地交给胡人，把忠诚的华人留给凶残的异族！如果这样的话，不但臣凉州百姓将受到涂炭，而且，也会给陛下带来无穷无尽的忧患。”姚兴听了胡威的这一番肺腑之言，不禁动容，他派遣西平人车普飞马前往姑臧，制止王尚，又派遣使者去劝说秃发傉檀。

当时，秃发傉檀率领三万步骑，已经进抵姑臧城下的五涧（今甘肃省武威市南），车普先将情况向秃发傉檀通报。提前得到消息的秃发傉檀怎会把口里的肥肉再吐出来？他担心王尚固守姑臧，就留下车普，封锁了消息。不知就里的王尚派遣辛晁、孟祎、彭敏出城迎接，秃发傉檀威逼王尚退出姑臧，王尚从姑臧的东门（青阳门）出城，秃发傉檀命令弟弟、镇南将军秃发文支率军从姑臧的南门（凉风门）入城。宗敞以凉州别驾的身份护送王尚回长安，秃发傉檀对宗敞说："此番我得到凉州三千多家，但心中最看重的，唯有大人一人，为何要弃我而去？"

宗敞回答："今天我护送旧主，也是为了将来能够尽忠殿下啊！"

秃发傉檀又问："我如今刚刚接管贵州，应该用什么办法安抚远近？"

宗敞回答："凉州虽然凋敝，但是却是形胜之地，大道是靠人来弘扬的，办法全在殿下。段懿、孟祎二人，是武威的元老；辛晁、彭敏，是秦陇的人杰；斐敏、马辅，是中原的大族；张昶是凉国的豪族；张穆、边宪、文齐、杨班、梁崧、赵昌，武艺与张飞、关羽相当。大王对他们恩威并用，在凉州既重视农业，又兼顾战备，不仅可以纵横天下，平定整个凉州岂足挂齿！"

秃发傉檀听了，不禁大喜，赏赐宗敞二十四马，将王尚、宗敞等送走。于是，秃发傉檀在姑臧的谦光殿上大摆筵席，犒劳群臣，并派西曹从事史暠前往长安感谢姚兴。

失去姑臧的姚兴心中五味杂陈，他对史暠说："车骑将军不费吹灰之力，坐定凉州，衣锦还乡，他感谢我吗？"

史暠不卑不亢地回答："车骑将军一直在河西积德多年，年少之时即有英雄之名，国家之威不曾波及河西，而车骑将军却投身陛下，陛下以车骑将军为凉州刺史，这不过是国家选人用官的常态，又有什么可感谢的呢？"

姚兴反问道："朕不把姑臧城交给车骑将军，他又怎能得到？"

史暠回答："让后凉吕氏倾覆的人，正是车骑将军兄弟。陛下之威虽然能够远及边陲，但凉州的确在陛下所布的天网之外。所以，征西将军姚硕德以周公召公之位，却屯军于姑臧城下，无功而返；齐难以国家主力军队，却没有拿下张掖的沮渠蒙逊。王尚独守孤城，城外即为各族民众所占领，陛下如果要想真正得到凉州，没有十年的工夫，倾尽全国之力，是不容易办到的。如今，陛下将不属于自己的虚名让给他人，而实际上却得到了大利，我这才算是知道了陛下的一系列措置，均来自上天赐予您的谋略，与大道相合，您升任车骑将军，其实也是实事求是啊。"

史暠的话，正说出了当时的实际情况，也多少让姚兴挽回点面子，姚兴听了很是受用，即拜史暠为骑都尉。

秃发傉檀与群臣在姑臧的宣德堂宴会，席间，他抬头凝视宏伟的建筑，不禁叹息一声，说道："古人说过，盖屋的人却住不了房屋，住房子的却自己不盖屋，这话真是不假啊！"

孟祎进言："昔日，张骏兴建姑臧城，修缮宗庙，本打算能够开拓万代基业，但前秦军队一渡过黄河，前凉政权就顷刻瓦解了。前秦凉州刺史梁熙占据整个凉州，拥有十万之众，却在吕光的打击下，部队在酒泉一战而败，自己也身首异处。吕氏以排山倒海之势，在此称王，很快也土崩瓦解，投降后秦。宽饶说过一句话：'人的富贵没有常态，会突然改变。'这个宫殿从兴建之初到如今，已经将近一百年了，其间经历了张骏、张重华、张耀灵、张祚、张玄靓、张天锡、梁熙、吕光、吕绍、吕篡、吕隆、王尚等十二位主人，只有诚信相待、顺应民心的仁义之人，才能长久地居住在此，请大王好自为之！"

秃发傉檀说："没有大人你，我听不到这样的忠言。"

在占领姑臧一个月后，秃发傉檀即命令弟弟秃发文支代替自己镇守姑臧，而自己则回到了旧都乐都，虽然表面上秃发傉檀臣服于后秦，然而，他的车马仪仗、宫廷礼仪均与王者一样，他任命从长安复命回来的宗敞为太府主簿、录记室事。

占领姑臧以后，南凉秃发傉檀就将进攻的目标指向了西北的北凉沮渠蒙逊。他首先想到要联合北凉西面的西凉李暠。西凉李暠自隆安四年（公元400年）为当地群雄所推，从北凉独立出去以后，距今已逾五年，李暠也是雄心勃勃，自以为凉州可指日而定，前凉张氏的霸业可以在自己的手中重现，然而，当他听说秃发傉檀入居姑臧以后，不禁慨然叹息，写下《述志赋》，以表达心中的不平之气。李暠当然也愿意东进灭掉北凉，他将国都从偏远的敦煌迁往酒泉，就是为了威逼张掖的沮渠蒙逊，两者你情我愿，于是，就在秃发傉檀占领姑臧三个月后，南凉秃发傉檀就派遣使者与西凉李暠结下了盟约。

项庄舞剑，意在沛公。

被南凉和西凉夹在中间的北凉沮渠蒙逊也不傻，他当然知道秃发傉檀与李暠结盟的意思。为了避免张掖面临两面作战的危险，沮渠蒙逊趁着秃发傉檀与李暠之间的盟约刚刚缔结，即突然发兵偷袭酒泉，一直攻到安弥（今甘肃省酒泉市东）。李暠出战不敌，退回城中固守，沮渠蒙逊全师而退。

李暠战败的消息传来，秃发傉檀于同年十一月，即将国都从乐都迁往姑臧，从东面威胁张掖，以解李暠的压力。在迁都之前，秃发傉檀先要解决自己后方的稳定问题，他假装到浇河（今青海省黄河南岸贵德县境）巡视，却对西平、湟河各郡的羌族百姓发动突然袭击，将三万多户羌族百姓强行迁徙到武兴（今甘肃省武威市西北七十里）、番禾（今甘肃省永昌县西）、武威、昌松（今甘肃省古浪县西）四郡，以巩固新都的实力。第二年，也就是晋安帝义熙三年（公元407年）九月，经过大半年准备的秃发傉檀率领五万大军北上，在方亭（今地不详）举行盛大的阅兵仪式，正式讨伐北凉，推进到西陕（今地不详）。沮渠蒙逊率众抵御，双方在均石（今甘肃省张掖市东）展开了一场大战，结果，秃发傉檀的入侵军被北凉击败；沮渠蒙逊乘胜进攻秃发傉檀的西郡（今甘肃省永昌县西北），秃发傉檀的西郡太守是杨统，秃发傉檀亲自率领二万骑兵，运送四万石粮食接济西郡。当时，凉州地区发生了地震，山崩地裂，沮渠蒙逊的太史令刘梁说："辛酉，代表着金。地因金而动，而金动则克木，东方为木，这是大军东进有征无战的征兆。"张掖城内时常出现光芒，沮渠蒙逊对部下说："这是王气将成，百战百胜之象。"在沮渠蒙逊的鼓动下，北凉军队士气高涨，攻势如潮，一举攻陷了西郡，秃发傉檀的西郡太守杨统在日勒（今甘肃省永昌县）投降。杨统投降以后，沮渠蒙逊拜其为右长史，比对待旧臣还更为宠信。沮渠蒙逊在东线取得了大胜，然而，趁着他大军东去，张掖太守句呼勒却逃奔了西凉。沮渠蒙逊就任命伯父沮渠罗仇的儿子、堂弟沮渠成都为金山（今甘肃省山丹县境）太守，以伯父沮渠麴粥之子沮渠鄯为西郡太守，不久，句呼勒又从西凉逃归，沮渠蒙逊待之如初。沮渠蒙逊这次东征，不仅攻陷了西郡，他还率领二万骑兵，进抵丹岭，当地的鲜卑大人思盘率领三千部落投降。

三八〇 勃勃初起

就在北凉与南凉你来我往、鏖战不已之时，后秦帝国内部又出现了不稳的苗头。

首先，还是后秦帝国的西方。西秦乞伏氏于隆安四年（公元400年）被后秦姚兴灭亡，距今也已经有六七年之久，在此期间，原西秦主乞伏乾归率领旧部曾随后秦大将齐难前往河西迎接吕隆；在兹川讨伐羌族党龙头；进攻驻守皮氏堡的仇池公杨盛部将苻帛，他都圆满完成了任务。

吐谷浑王乌纥堤，又名大孩，是原吐谷浑王视罴的弟弟，当初，视罴被西秦大败以后，退保白兰，不久死去，视罴之妻念氏是位美女，乌纥堤就占有了嫂子，对念氏言听计从，沉溺酒色，视罴之子树洛干十岁就被称为世子。乞伏乾归投降后秦以后，乌纥堤经常抄掠乞伏部众，乞伏乾归大怒，率军进攻吐谷浑，俘获一万多人，吐谷浑投靠南凉，不久，乌纥堤死去，视罴之子树洛干继位。

在消除了吐谷浑的威胁之后，乞伏乾归又率军一举攻陷了杨盛部将杨玉驻守的西阳堡。义熙元年（公元405年），当杨盛投降后秦以后，乞伏乾归依然率军对仇池发起进攻，被杨盛击败。乞伏乾归的儿子乞伏炽磐在西秦灭亡以后，曾一度投靠南凉，不久，他就从南凉逃归，被姚兴任命为振忠将军、兴晋太守。

随着乞伏部在后秦内部实力增强，姚兴越来越感到不安，义熙二年（公元406年）十一月，就在南凉秃发傉檀迁都姑臧之时，乞伏乾归前往长安，拜见姚兴。姚兴担心将他放回，乞伏部会尾大不掉，就趁机将他留在了长安，任命其为主客尚书，而拜其世子乞伏炽磐为建武将军、行西夷校尉，让他回到了苑川（今甘肃省榆中县大营川）镇抚乞伏部众。乞伏炽磐回到苑川不久，业已占据姑臧的南凉秃发傉檀就密谋脱离后秦，他向乞伏炽磐派遣使者，鼓动乞伏炽磐背叛后秦。对于乞伏炽磐而言，如今的后秦帝国仍然比较强大，自己刚刚统领部众，而秃发傉檀在姑臧的统治也并不稳固，一旦自己背叛后秦，也许会立即遭遇灭顶之灾，况且自己的父亲尚在姚兴的手中，于是，他拒绝了秃发傉檀的劝诱。为了表示自己的忠心，乞伏炽磐还将秃发傉檀的使者斩首，将人头送到长安。

秃发傉檀除了招诱乞伏炽磐之外，还招诱后秦河州刺史彭奚念，彭奚念背叛后秦，投降南凉，后秦以乞伏炽磐为代理河州刺史。

其次是后秦的南方。仇池公杨盛虽然投降了后秦，后秦也占领了汉中，切断了仇池与东晋之间的联系，然而，氐王杨盛与前秦苻氏同种，与苻氏政权有着千丝万缕的联系，而后秦则是灭亡前秦的仇国，因此，杨盛投降后秦只是权宜之计。在他投降后秦一年多，到义熙三年（公元 407 年）年初，氐王杨盛就又做出了让姚兴闹心的事情，杨盛任命前秦王苻登的孙子苻宣为平北将军、梁州督护，率军进入汉中。当时，汉中地区刚刚被后秦占领，但统治并不稳固，后秦南梁州别驾吕莹、汉中居民徐逸、席难起兵响应苻宣。后秦南梁州刺史王敏进攻吕莹等人，情急之下，吕莹等人向杨盛求救，杨盛派军一直推进到涢口（今陕西省安康市境），王敏退到武兴（今陕西省略阳县），自此，后秦对汉中短暂的统治宣告结束，后秦与独立的西蜀谯纵政权的联系又被隔绝，而仇池公杨盛与东晋政权又恢复了联络，东晋朝廷任命杨盛为都督陇右诸军事、征西大将军、开府仪同三司，杨盛以苻宣为代理梁州刺史，镇守汉中。

杨盛以微弱之力，竟敢公开背叛姚兴，而姚兴却没有力量前去讨伐，其间的原因何在？这是因为，有比杨盛更让姚兴闹心的人，这个人就是长安以北的刘屈丐，也就是后来的赫连勃勃。

此时的刘屈丐，正以后秦平北将军、五原公的身份，镇守在朔方（今内蒙古自治区磴口县）。他率领的是三万多刘卫辰的残余部众和当地的杂种部族，其任务是作为伐魏的前沿侦察和预警。义熙三年，姚兴请求与北魏拓跋珪和好，并请以滞留在长安的北魏臣子贺狄干加上一千匹骏马交换柴壁之战中被北魏所俘虏的秦将狄伯支、唐小方、姚伯禽、姚良国、康宦等四十余人，拓跋珪为了离间刘屈丐与姚兴之间的关系，就表示同意，并派北新侯安同将唐小方送到了长安，而姚兴则将贺狄干放归。除了想要离间刘屈丐与姚兴之间的关系，拓跋珪的确也想让贺狄干回国，贺狄干曾为拓跋部的北部大人，在拓跋珪初起之时，就曾与长孙嵩平起平坐，处理政务，为拓跋部民爱敬。拓跋珪大封功臣的时候，曾遥封贺狄干为襄武侯，加秦兵将军。贺狄干被幽禁长安多年，他闲来无事，熟读《论语》《尚书》等经典，为儒家经典所熏染，等到归国以后，拓跋珪看到贺狄干言谈举止全无鲜卑之气，恼怒之下，将其与其弟贺狄归一并诛杀。

姚兴与拓跋珪之间的这次交换俘虏的行为，极大地刺激了朔方的刘屈丐。对他而言，与自己的敌人拓跋珪合作的人，无疑也是敌人。当时，柔然可汗社伦与后秦交好，给后秦送上八千匹骏马，柔然的这支献马队伍刚刚渡过黄河，走到大城（今内蒙古自治区杭锦旗），就被刘屈丐截留。然后，刘屈丐率领三万部众假装前往岳父没奕干的高平川围猎，一举将岳父袭杀，并兼并了鲜卑破多兰部。其实，刘屈丐对外宣称背叛后秦的理由是后秦与北魏通使，然而，从以后的历史进程上来看，刘屈丐一直对北魏畏敌如虎，他对自己的恩人姚兴、没奕干等却习惯于恩将仇报。

义熙三年（公元407年）六月，在兼并了破多兰部之后，刘屈丐自称大夏天王、大单于，大赦，改元龙升，设置百官，任命其长兄刘右地代为丞相，封代公；次兄刘力俟提为大将军，封魏公；哥哥刘叱阿利为御史大夫，封梁公；弟弟刘阿利罗引为征南将军、司隶校尉；弟弟刘若门为尚书令；刘叱以鞬为征西将军、左仆射；刘乙斗为征北将军、右仆射。后来，刘屈丐耻姓铁弗，自称是夏王朝的后裔，改姓赫连，取自徽赫与天相连，又改其皇族宗室姓铁伐，意思其宗族刚强如铁，能讨伐他人。自此，北方自五胡乱华开始，第十八个短命王朝建立，如今，中国的土地上十国并立，他们分别是：东晋王朝、后燕帝国、北魏帝国、后秦帝国、南凉王国、北凉王国、西凉王国、西蜀王国、南燕帝国、夏王国。

刘勃勃称王以后，立即开始他立国的步伐，对周围的部落进行兼并战争。义熙三年十月，他即征讨鲜卑薛干等三部，降服部众一万多人，接着，又开始骚扰进攻后秦三交城（今陕西省延安市东南）以北的各个堡垒，斩杀后秦守将杨丕、姚石生等人。刘勃勃手下的众将都劝说巩固根本，选择一个险要之地作为根据地，但刘勃勃却没有听从，于是，大家又建议说：“陛下要想经营大业，南取长安，应当先巩固根本，让统治区内的人心有所依靠，然后，大业才能成就。高平城高池深，山川肥沃，可以作为国都。”

而刘勃勃却说：“你们只知其一未知其二。我们的事业才刚刚开始，部队人数不多，而姚兴也算是一代英雄，关中之地暂时不是我们能得到的。况且，关中他的各个军镇士气高涨，如果我困守一城，敌人肯定会集中全力对付一点，敌众我寡，我们将很快就会灭亡。如今，我以迅捷的骑兵风驰电掣，出其不意掩其不备，他救援前面，我就攻击他的后方，他救援后方，我就打击他的前头，让他疲于奔命，而我则流动作战，不过十年，岭北、河东之地将归我所有。等到姚兴死后，我们再视情况伺机夺取长安。姚兴太子姚泓不过一平庸小儿，活捉他的计划早已在我胸中。过去，轩辕黄帝也曾经迁居不定二十多年，更何况我呢！”

于是，刘勃勃没有定居一处，而是采取游击战法，四处骚扰进攻后秦的岭北之地，岭北各个城池的城门白天都不敢打开。到这个时候，姚兴这才后悔没有听从弟弟姚邕的话，他叹息道：“我不用黄儿（姚邕的小字）之言，以至于此！”

飘忽不定的夏军似乎行将让历史重演。曾几何时，姚兴的父亲姚苌也是采取游击战法，在长安以北地区四处点火，弄得前秦苻坚疲于奔命，最后，导致了前秦的覆亡。刘勃勃此时的策略，与当年的姚苌几乎如出一辙。此时的刘勃勃已经公然与后秦为敌，为了拉拢秃发傉檀，他向秃发傉檀派遣使者，请求与南凉结为姻亲。刘勃勃的目的十分明确，那就是结好南凉，以共同对付姚兴，然而，对于刘勃勃的求婚，南凉秃发傉檀却意外地拒绝了。

究其原因，大致有二。

一是南凉现今的局势使然。如今，秃发傉檀业已占领姑臧一年有余，对于他而言，何尝不想脱离后秦？数月以前，他还暗中鼓动乞伏炽磐脱离姚兴，转投自己，就在十月份，他还鼓动后秦河州刺史彭奚念叛变，然而，就在这短短的数月，秃发傉檀南凉的周边形势却发生了巨大的变化。数月前，秃发傉檀与沮渠蒙逊在均石展开了一场大战，对于秃发傉檀而言，这场势在必得的大战的结局却出乎他的预料。均石大战南凉军队遭到了惨败，不仅没有拿下张掖的沮渠蒙逊，相反，姑臧近郊的西郡也被沮渠蒙逊攻陷，姑臧城陷于岌岌可危的境地。如果此时与刘勃勃结亲，无疑等同于向后秦姚兴宣战，届时，后秦大军自东向西，北凉军队自西向东夹击南凉，那么，南凉政权将面临灭顶之灾。

二是刘勃勃诡诈难信。刘勃勃品行不端，是典型的狡诈不义之人，不仅袭杀自己的恩人兼岳父没奕干，而且，又向同样是自己恩人的姚兴下手。而秃发傉檀则较为正直、宽厚，想当初，西秦灭后，扣押在南凉的乞伏乾归之子乞伏炽磐逃亡未果，秃发利鹿孤曾要杀掉乞伏炽磐，正是秃发傉檀对哥哥说儿子投奔父亲无可厚非，从而饶恕了乞伏炽磐；后秦凉州刺史主簿宗敞之父，曾将宗敞兄弟托付给秃发傉檀，秃发傉檀一直念念不忘此事，后来，他见到宗敞还说《诗经》上说过：“中心藏之，何日忘之。”因此，就个性而已，秃发傉檀对刘勃勃的所作所为，是看不上的。

然而，秃发傉檀的拒绝却让南凉雪上加霜。当得知自己的求婚被拒以后，恼羞成怒的刘勃勃随即就发起了对南凉的进攻。义熙三年（公元407年）十一月，也就是在均石大战结束一个月后，刘勃勃率领二万骑兵西击秃发傉檀，夏军自杨非（疑为杨非亭，在今甘肃省永登县境）进抵支阳（今甘肃省永登县东南），夏军所到之处杀伤一万多南凉百姓，俘获二万七千多人、牛马羊数十万头。

秃发傉檀率军追赶，其部将焦朗说："刘勃勃天资雄健，治军严整，不可轻敌。如今，敌人带着掳掠来的人畜，率领思归之众，人自为战，难与争锋。我军不如从温围（今甘肃省武威市北）北渡黄河，迂回至万斛堆（今宁夏回族自治区中卫市与甘肃省靖远县交界地区黄河北岸腾格里沙漠南缘），依托黄河扎营，扼守其东去的咽喉，这是百战百胜之道。"

而另一将领贺连大怒说："刘勃勃不过是一个国破家亡的余种，率领一群乌合之众，犯上作乱，侥幸占了点便宜。如今，他掠夺的牛羊布满了道路，夺得的财宝堆积如山，经历了困窘的人都心怀贪婪，不能都督将士以抵挡我军。我大军一旦临近，必然会土崩瓦解。如果率军避开敌人，那是示弱于敌。我军士气高涨，应当迅速追击。"

秃发傉檀接受了贺连的建议，他说："我决定了，再敢劝谏的一律斩首！"

于是，南凉军队尾追夏军而来。

刘勃勃得知这一消息，不禁大喜，他下令在阳武下峡（今甘肃省靖远县境黄河之上）凿开黄河上的冰凌，将车辆堵塞峡口，然后挥军迎战。

激战中，秃发傉檀命令神射手一箭射中刘勃勃的左臂，然而，这并没有扭转战局，夏军一举击败了南凉军队，追杀八十多里，杀伤南凉一万余人，南凉名臣勇将战死了十之六七，刘勃勃下令将尸体堆积成山，号为"骷髅台"。秃发傉檀与数骑仓皇南逃，几乎被夏军生擒。稍后，刘勃勃趁着得胜之威，又在青石原（今甘肃省泾川县西北）大败后秦将领杨佛生，斩首、俘虏五千余人。然后，将根据地迁往岭北。

三八一　木城惨败

秃发傉檀担心西面的沮渠蒙逊和东面的刘勃勃从两面侵扰本国，于是，他下令将姑臧城方圆三百里的百姓们都迁到姑臧城内，百姓安土重迁，命令下来，一片哗然。

屠各匈奴成七儿趁着百姓不安，率领三百多部众，占领姑臧北城背叛。成七儿推举梁贵为主，梁贵闭门不应，而成七儿的部众一夜之间就聚集了数千人之多。

殿中都尉张猛当众高呼："主上阳武之败，是因为依仗人多，轻视敌人罢了，现在主上已经深自谴责，这正是明君所为，大家为何要追随此等小人而做不义之事呢！殿中精锐部队马上就要到了，你们一会儿后悔都来不及了！"

刚刚聚集起来的数千人听了张猛的这一番话，又都四散而去，成七儿一看大势已去，仓皇逃奔晏然（今甘肃省武威市西北），殿中骑将白路等率军将其追杀。稍后，秃发傉檀的军咨祭酒梁裒、辅国司马边宪等七人谋反，秃发傉檀又将他们全部诛杀。

姚兴也听到了秃发傉檀阳武惨败以及成七儿、梁裒的叛乱，兼弱攻晦，他认为此时正是消灭秃发傉檀的良机，于是，就派遣尚书郎韦宗前往姑臧实地查看南凉的真实情况。

秃发傉檀亲自接见了韦宗，与其广泛探讨六国纵横的谋略、三国战争的得失，远则说到天命兴废，近则详谈人事成败，秃发傉檀言谈流畅，见解深邃，令韦宗折服，他退出后叹息道："命世大才、经纶名教的圣人，不一定非得是中原的汉人；拨烦理乱、澄气济世的人才，也未必要是通晓《八索》《九丘》的儒生。不必通晓五经，也不一定是汉族士大夫，这世上自有高人。车骑将军机敏灵秀，自然是一代伟人，秦国的由余、汉代的金日磾又能比他强多少呢！"

韦宗回到长安以后，对姚兴汇报说："凉州虽然残破，但是，民风并没有颓败，秃发傉檀权略诡诈，不可轻视。”

姚兴说：“刘勃勃凭借着乌合之众，尚且能够击破他，我以天下之兵，岂能失败？”

韦宗回答：“形势在不断变化，重要的是：仗势欺人的一方容易失败，谨慎自守的一方难以攻取。阳武之战，是因为秃发傉檀轻视刘勃勃才失败的。如今，我大军压境，秃发傉檀必然会谨慎求全，臣料定陛下的群臣谋略没有超过秃发傉檀的，即使陛下您亲自前往，臣也看不出必胜的迹象。”

姚兴没有听从。

在姚兴的心中，对于秃发傉檀和刘勃勃还是十分轻视的，他计划同时出动两支军队，一举消灭这两个敌人。

义熙四年（公元408年）六月，他命令儿子、中军将军、广平公姚弼，后军将军敛成，镇远将军乞伏乾归率领步骑三万西上偷袭秃发傉檀，命令尚书左仆射齐难率领两万骑兵北上进攻刘勃勃。

吏部尚书尹昭劝谏道：“秃发傉檀自恃路途遥远，所以才敢于违抗王命，不如下诏命令沮渠蒙逊和李暠进攻他，让他们之间自相残杀，不必使用国家的兵力。”

但尹昭的建议却遭到了姚兴的拒绝。

为了实现战役发起的突然性，姚兴派遣使者给秃发傉檀写信说：“我已经派遣尚书左仆射齐难前去讨伐刘勃勃，担心他西逃，因此命令姚弼等人率军，前往河西截击他。”

姚兴打击刘勃勃，能够解除秃发傉檀的东顾之忧，当然是秃发傉檀乐意看到的，因此，他信以为真，没有早做防备。

姚弼大军从金城（今甘肃省兰州市）渡口渡过黄河，姜纪对姚弼建议说：“如今大军声言讨伐刘勃勃，秃发傉檀犹豫不定，防守不严，趁此良机，请求分拨给我五千轻装骑兵，直抵姑臧城下，这样一来，姑臧城外的居民将全归我所有，姑臧孤城一座，失去了外援，可以坐定。”而姚弼不从。

后秦军队前突至漠口（今甘肃省永登县西南），南凉昌松太守苏霸闭城固守，姚弼派人前去招降，苏霸回答：“你们抛弃盟誓，偷袭盟国，天地有神灵，也不会保佑你们！我宁愿成为南凉之鬼，岂能投降！”

姚弼领军进攻，城陷以后，斩杀了苏霸。

秦军长驱直入，一直推进到姑臧城下，秃发傉檀固守城池，伺机从城内派出奇兵袭破秦军，姚弼退驻西苑（姑臧西城）。城内人王钟、宋钟、王娥等密为秦军内应，被巡逻兵抓获，开始，秃发傉檀只打算将主谋斩首，而将从犯予以赦免。

前军将军伊力延侯对秃发傉檀说："如今强敌就在城外，而城内却出现了内奸，这将十分危险，不如将他们全部活埋，以安定人心。"

秃发傉檀听从了他的话，将牵连到的五千人全部诛杀，并把他们的妻子女儿赏赐给将士们。

秃发傉檀命令各个郡县的军民都将牛羊放逐到田野中，后秦后军将军敛成果然纵兵抢掠。秃发傉檀看到时机成熟，立即下令镇北将军秃发俱延、镇军将军秃发敬归等十位将军分率骑兵出城进击，大破后秦军队，共斩杀七千多人。

秦军经此惨败，姚弼坚守营垒，拒不出战，秃发傉檀乘胜进攻秦军大营，没有攻克，就将秦军大营上游的水源切断，打算持久围困秦军。然而，出人意料的是，南凉构筑的堤坝刚刚建成，天上突然就下起了暴雨，将堤坝冲毁，秦军士气这才再次振作起来。

七月，姚兴命令卫大将军、常山公姚显率领两万骑兵作为各军的后援，以策应姚弼和齐难两路大军。当姚显行进到高平（今宁夏回族自治区固原市）的时候，听到了姚弼失败的消息，他倍道兼行，来到了姑臧城下，与姚弼军会师，秦军再次占据上风。姚显命令孟钦等五名神射手前往姑臧的凉风门挑战，弓弦未发，只见南凉材官将军宋益等将飞马出城迎战，阵斩孟钦等人。姚显担心无法收场，就将进攻姑臧的过错推到敛成的身上，派遣使者向秃发傉檀道歉，并发布文告安抚凉州的百姓，率军撤出了凉州。秃发傉檀也派出使者徐宿前往长安，向后秦谢罪，请求宽恕。

双方各自照顾了脸面，然而，谁都知道，姚兴这次讨伐姑臧之战，已经使双方撕开了脸面，连表面上的君臣关系也无法再维系下去了。到了这一年的十一月，秃发傉檀恢复了凉王的称号，大赦，改元嘉平，重新设置百官。他册立折掘氏为王后，世子秃发武台为太子，录尚书事，以左长史赵晁、右长史郭幸为尚书左、右仆射，以镇北将军、昌松侯秃发俱延为太尉，镇军将军秃发敬归为司隶校尉。

与姚弼失利几乎如出一辙，姚兴派出的讨伐刘勃勃的齐难军也遭遇了同样的命运。

刘勃勃听说齐难前来讨伐，他采取了诱敌深入、后发制人的策略，将部队退至河曲（此处当指今内蒙古自治区黄河拐弯处）。齐难以为夏军已经远遁，即放松戒备，放纵部队，四处抢掠。岂料刘勃勃时刻注视着秦军的一举一动，当他发现这一情况后，立即率军偷偷逼近秦军，对秦军发起了突然袭击，共俘获斩杀秦军七千多人，缴获秦军大量武器铠甲战马。齐难担心全军覆没，赶紧整军南撤，可是，刘勃勃不是秃发傉檀，他决心穷追猛打，吃掉这支秦军，他命令夏军紧紧追击，一直追到木城（今内蒙古自治区杭锦旗东南，即大城），夏军生擒齐难，俘虏秦军一万三千人，缴获战马一万匹，姚兴的这支北伐军还是没有逃脱全军覆没的命运。

木城惨败，让刘勃勃的实力大增，极大地打击了后秦的实力，自此以后，岭北（今陕西省西安市以北九嵕山以北）地区落入刘勃勃之手，当地各族民众投降刘勃勃的就有一万多人，刘勃勃分别设立郡守、县令进行管理。

秦军木城惨败，也让姚兴真正意识到刘勃勃的夏军是后秦的劲敌。

义熙五年（公元 409 年）一月，也就是在木城惨败半年以后，姚兴再次派遣弟弟、平北将军姚冲，征虏将军狄伯支，辅国将军敛曼嵬，镇东将军杨佛嵩率领四万骑兵讨伐刘勃勃。姚冲进军到岭北，打算回师偷袭长安，狄伯支不从，姚冲担心阴谋败露，就毒死了狄伯支。不久，姚兴从平凉（今甘肃省平凉市）前往朝那（今甘肃省平凉市西北），听说了姚冲的阴谋，想到姚冲是自己最小的弟弟，雄武过人，还打算隐忍不发，饶恕了他。

敛成哭着对姚兴说："姚冲居心险恶，每次他服侍在皇上身边，我睡觉都不安稳，还请皇上早早把他处理掉吧。"

姚兴说："姚冲又能有什么作为！只是他轻率地毒死名将，我要让天下人知道他的罪过。"

于是，下诏将姚冲赐死，以百姓之礼将其安葬。

姚冲的犯上作乱当然与后秦姑臧、木城之败有一定的关系，但是，姑臧、木城之败的影响远远不止这些。

除了南凉秃发傉檀恢复王位以外，原本从属于后秦的乞伏部也出现了离心离德的迹象。

木城之败不久，到该年即义熙四年（公元 408 年）十一月，乞伏炽磐看到后秦的统治逐渐削弱，又担心自己像秃发傉檀那样被后秦袭击，他将从属于自己的部落共计两万七千人统统集中在一起，在嵻崀山（今地不详）构筑城池固守；十二月，他率军进攻投靠秃发傉檀的枹罕彭奚念，没有得手，转眼到了第二年（公元 409 年）二月，当姚兴再次组织大军讨伐刘勃勃的时候，乞伏炽磐也被后秦太原公姚懿召到上邽讨论有关事宜。而枹罕的彭奚念则乘虚进攻乞伏炽磐的老巢，乞伏炽磐听到这一消息，不禁大怒，没有向姚懿辞行，即从上邽离开，击破彭奚念，并趁机包围了枹罕，很快地，乞伏炽磐就攻陷了枹罕。当时，乞伏炽磐的父亲乞伏乾归正随着后秦姚兴在平凉，乞伏炽磐将这一消息密报给了父亲，乞伏乾归也偷偷从平凉逃归了根据地苑川。鲜卑悦大坚听说乞伏乾归回到了苑川，率领五千部众从龙马苑前来投奔，同年四月，乞伏乾归来到枹罕，留下儿子乞伏炽磐镇守枹罕，自己则聚合了三万部众，将国都迁往度坚山。

脱离了后秦姚兴不久以后，乞伏乾归的部下都劝说他恢复称王，他以部众寡少不同意，部下恳请不已："上天护佑的国家，即使灭亡了也能够复兴，而图谶所抛弃的国家，即使暂时兴盛也终归灭亡。袁绍之众不是不多，却最终为曹操所灭；王寻、王邑不是不强，也被光武帝击败，因此，天命不可妄求。后秦国运将要终结，否极泰来，趁机而兴，全赖圣人。如今有现成的三万部众，力量足以平定秦州、陇西，陛下当应运复兴大业，岂能谦虚过度，不以社稷为念！请赶快登基即位，以宽慰部众之心。"

义熙五年（公元 409 年）七月，乞伏乾归重新登上了西秦王位，大赦，改元更始，公卿以下全部恢复原职。自隆安四年（公元 400 年）西秦被后秦姚兴灭亡到如今，西秦国祚在中断了十年以后，又重新在陇西得以复兴，而相反地，一度强盛的后秦则不仅失去了整个凉州，又因为西秦的复兴而失去了陇西，同时，姚兴还面临着盘踞在岭北越战越强的敌国——刘夏，一时间，貌似强大的后秦帝国的疆域大幅度缩水，而后秦帝国也面临越来越严重的考验。

三八二　道武之死（一）

当后秦姚兴在为刘勃勃、乞伏乾归、秃发傉檀焦头烂额的时候，北魏开国皇帝道武帝拓跋珪也走到了他生命的尽头。

我们一直疑惑，自公元402年柴壁之战以后，一代雄主道武帝拓跋珪却再也没有发动大的军事行动，这几乎与此前的他判若两人。从公元386年拓跋珪登上代王之位开始，在短短的十余年间，身处复杂代北之地的他，利用纵横捭阖之术，从无到有，建立起了一个庞大的帝国，更为重要的是，他用残忍和杀戮将处于原始社会的拓跋部强行带入到了封建社会，在过去的十余年间，拓跋珪几乎每年都在战斗：公元386年，他依靠后燕击败拓跋窟咄，稳定了王位；公元387年，他联络后燕，击破独孤部刘显，壮大了自己的实力；公元388年，他北征库莫奚，西征高车解如部；公元389年，他袭击高车叱突邻部等高车诸部；公元390年，他奔袭高车袁纥部，与后燕一起进攻贺兰部以及高车纥突隣部、纥奚部，进攻高车叱奴部、豆陈部；公元391年，他进攻高车黜弗部，大破柔然，再破铁弗部；公元392年，安定新收的刘卫辰所辖之地；公元393年，西征高车侯吕临部，解救西燕慕容永，征伐高车薛干部太悉伏；公元394年，开始屯田；公元395年，与后燕交战，取得参合陂大捷；公元396年，抵御慕容垂的进攻，讨伐刘亢泥，大举进攻后燕，顺利拿下并州，并包围后燕国都中山，继而，转兵信都、邺城；公元397年，攻陷中山；公元398年，占领邺城，扫清河北；公元399年，北征高车三十余部，邺城行台和跋占领滑台；公元400年，大兴土木，建设宫殿；公元401年，长孙肥南巡许昌、彭城；进攻破多兰部没奕干、黜弗部、素古延部；公元402年，柴壁大战爆发。在柴壁之战之前，拓跋珪几乎每年都在战斗，然而，自此以后，除了公元403年和公元404年，拓跋珪分别命令将军伊谓进攻高车、地方部队擒获后秦泰平太守卫谭之外，拓跋珪似乎已经停止了军事扩张。

认真研究柴壁之战后到拓跋珪死前这六年里的所作所为，我们发现，他主要做了三件事情。

一是继续大兴土木，建筑宫殿。公元 403 年十月，他下令建设昭阳殿，公元 404 年又下令建设西宫，公元 405 年建设灅南宫，公元 406 年建设北宫垣。

二是册立皇子，制定爵位。公元 403 年，他册立皇子拓跋嗣为齐王、拓跋绍为清河王等等，公元 404 年制定王、公、侯、子四等爵位，并大规模选拔朝臣，这些我们前面都已经说过。

三是有计划地诛杀对皇位有威胁的功臣和皇族成员。对此，我们也曾经说过一些，但是，到了拓跋珪执政后期，也就是道武帝天赐年间（公元 404 年到公元 409 年），拓跋珪的这一行为开始越发严重，致使北魏朝廷人人自危，笼罩在一片恐怖气氛中。史书上称，这是因为拓跋珪服用了寒食散，而太医令阴羌死后，无人再能有效地控制药物发作，拓跋珪开始变得烦躁不安，喜怒无常，加上到了公元 408 年、公元 409 年，天上不断出现奇异的星象，地上连续发生地震等灾难，占卜的人都报告说这预示着灾难将出现在身边，这更让拓跋珪忧惧不安，随意诛杀。这也许只是事情的一个方面，联系到前面的两个举措，拓跋珪诛杀功臣之举，也许正是他消除帝国隐患的又一个处心积虑的计划吧。

据不完全统计，前后被拓跋珪废黜或者诛杀的北魏重臣就有十六人之多，他们分别是：拓跋意烈（因与和跋不和），功臣“仲兄”奚牧（因与姚兴通信不恭），功臣李栗（因朝会吐痰），汉族士大夫崔逞（因建议河北民众用桑葚充当赋税）、宠臣庾岳之兄、庾和辰家族（因庾和辰掌管财务，将北魏王室的私产与国家的公产分得很清，引起拓跋珪不满），废黜功臣、汉族士大夫张衮，废黜堂弟拓跋顺（因呵欠连连，随地吐痰），曲阳侯元素延（奢侈），和跋（奢侈、荒淫），莫含的孙子莫题（懈怠），贺狄干兄弟（看不顺眼），废黜封懿（疏慢），叔孙建（以公事免），天赐四年（公元 407 年）五月和八月，拓跋珪又分别将常山王拓跋遵赐死，司空庾岳诛杀。《魏书·常山王遵传》记载，拓跋遵喜欢喝酒，这一年，拓跋遵因为酒醉对太原公主失礼而被赐死。而据《魏书·庾业延传》记载，庾岳（即庾业延）是因为有人向拓跋珪告发，庾岳穿着新鲜亮丽的衣服，如同君主一般，拓跋珪当时在病中，多所猜忌，即下令将其诛杀。这些宗室或者功臣，被杀的理由往往十分简单，很多原因仅限于个人品行或者礼仪方面，罪不至死，这就不能不让人感到这不过是拓跋珪的借口而已。结合拓跋珪确立“子贵母死制度”、大肆分封诸皇子、划分爵位等级等一系列举措，他诛杀宗室或者功臣的举动不过是为了树立以直系皇族为核心的权威，消除部落民主协商制度，建立封建君主的绝对权力，打破拓跋部长期以来残存的兄终弟及的继承模式。

拓跋部原始部落与拓跋珪试图建立的封建国家，差距太大，主要表现在：

一是君主没有绝对的权威，集合体往往以部落联盟的形式出现，决策采取民主协商的方式，各个部落首领在决策中拥有一定的发言权。

二是在君位继承方面，没有确立嫡长子继承制度，长子特殊地位观念虽然已经出现，但父子相承远没有得到广泛的认同，母族和妻族对于君位继承有较大的干预权，往往实力强大的母族妻族部落，会左右拓跋部继承人的人选，从而引发拓跋部内部的动荡。在拓跋部前期的历史中，兄终弟及以及来自母族、妻族对于拓跋部继承人的干预，比比皆是。比如，在力微和其长子沙漠汗死后，部落一分为三，沙漠汗之子并没有当然的继承权。再如，在拓跋猗卢死后，拓跋部的最高统治权在桓帝系与思帝系之间争夺不已，拓跋猗卢绝嗣，其兄桓帝拓跋猗㐌之妻祁氏害死侄儿、思帝拓跋弗之子拓跋郁律，立下自己的儿子拓跋贺傉，其后，君位变换频繁，主要是平文王后王氏与桓帝祁氏之争。与此同时，根据遗存的碑刻，北魏宗室子弟大多冠以“直勤”之号，而这个称号类似于汉语的宗室，它首先是对继承顺序的界定和认可，对君主之位存在一定程度的威胁，即便是到了拓跋珪时代，这种威胁依然存在，比如，在柏肆之战后，人们误传魏军战败、拓跋珪下落不明的情况下，拓跋顺就曾打算继位。

三是各个部落在经济上拥有专属于自己的权利和领民，具有一定自治权利。

这些传统，无疑与拓跋珪心目中想要建立的专制国家大相径庭，针对上述传统，拓跋珪有针对性地采取了一系列措施。

第一，提高君主的权威。通过诛杀功臣，制造恐怖气氛，在拓跋珪看来是提高个人权威的有效途径，比如，仅仅因为朝会吐痰就诛杀了李栗，自此以后，“威严始历，制勒群下尽谦卑之礼”。

第二，“离散部落”，建立郡县制度。此点前已论及，其目的就在于剥夺部落首领对部落的控制权，提高中央对国民的控制力，部落首领等同于“编户”。

第三，建立子贵母死制度。为了防止来自母族对嗣君的控制，杜绝母后干政情况的发生，对于皇位继承人，诛杀其亲生母亲。

第四，有计划地消灭可能威胁到皇位和中央集权的功臣。比如，拓跋遵的母族是平文皇帝的舅家，来自乌桓王氏，他的妻子是明元皇帝的姨母，来自独孤氏，为独孤大人刘眷之女，代郡王氏与独孤刘氏实力都十分强大，这种错综复杂的亲族姻族关系又带来更为复杂的社会关系，加上拓跋遵系昭成子寿鸠之子，属于“直勤”，对拓跋珪的皇位存在潜在的威胁，这也是他遭到杀身之祸的根本原因。

到了天赐五年即公元408年，又有人报告代人莫题居处傲慢，如同人主，这当然又是莫须有的罪名，拓跋珪让人拿出一支箭，对莫题父子说：“三岁的小牛犊，能不能承载重物？”我们知道，过去在拓跋窟咄之难中，莫题对拓跋珪怀有二心，曾给拓跋窟咄送去一支箭，把拓跋珪比作三岁的小牛犊，虽然后来莫题一直对拓跋珪忠心耿耿，在柏肆之战后，正是莫题制止了拓跋顺另立中央的企图，但是，拓跋珪却一直不能原谅他。当莫题接受诏书后，父子相对而泣，然后被杀。

据《魏书·刑罚志》记载：“太祖幼遭艰难，备尝险阻，具知民之情伪。及在位，躬行仁厚，协和民庶。既定中原，患前代刑纲峻密，乃命三公郎王德除其法之酷切于民者，约定科令，大崇简易。是时，天下民久苦兵乱，畏法乐安。帝知其若此，乃镇之以玄默，罚必从轻，兆庶欣戴焉。然于大臣持法不舍。季年灾异屡见，太祖不豫，纲纪褫顿，刑罚颇为滥酷。”

《魏书》对魏主的过恶虽然多所回护，但也不得不承认，在拓跋珪统治末年，刑罚既随意又严酷，北魏国内一片肃杀之气。

三八三　道武之死（二）

到义熙五年（公元409年）四月，天上打雷，将北魏天安殿的东墙震塌。拓跋珪心生厌恶，命令左工兵营（左校）用攻城的冲车，将东墙和西墙全部撞毁。

此时的拓跋珪诛杀了太多太多的人，精神已经陷入了崩溃的边缘，各地出现的异常现象都让他忧心忡忡，终日提心吊胆，尤其是占卜的人称，将要在身边发生不测事件，更让他如坐针毡，或者数天不吃一点东西，或者通宵不合眼，整夜回想起自己做过的事情，喃喃自语，仿佛对面坐着一个鬼物，与之对话。由于担心身边的人图谋不轨，他开始对任何人都不相信，每当群臣近前禀报公事，拓跋珪一旦回忆起此人过去曾经做过的错事，就立即下令就地斩杀；即使平时没有过错的，如果禀报的时候，脸色异常，或者气息不匀，或者走路不稳，或者言辞不畅，拓跋珪均认为此人因心怀不轨，才显示出外在的异常，往往亲自持刀上前将其斩杀，群臣的尸体就排列在天安殿的前面。

在这样一个杀人恶魔面前，北魏朝廷群臣人人自危，没人敢于管事汇报，致使京师盗贼纵横，人烟稀少。拓跋珪得知了这一情况，他自嘲地说："这是我故意纵容的，等到过了这个灾年，我会重新整治的。"群臣都担心无端被杀，不敢接近拓跋珪，只有吏部尚书崔宏、其子著作郎崔浩，从未冒犯过拓跋珪，也从不对其献媚，始终对工作兢兢业业，父子二人也从未受到过拓跋珪的指责，拓跋珪还经常赏赐给崔浩御用的稀粥吃。

"变起肘腋"，始终是此时的拓跋珪的一个心病。

虽然皇长子拓跋嗣并没有被他册立为太子，但是，在他的心目中，拓跋嗣就是自己的继承人，到了这一年的七月，他下令将拓跋嗣的母亲刘氏赐死。刘氏是独孤部大人刘眷的女儿，拓跋珪消灭了独孤部后，将刘氏纳为夫人，刘氏先为拓跋珪生下一女华阴公主，次生拓跋嗣。长期以来，刘氏打理后宫，位同皇后，因为筑金人不成，而一直没有登上皇后之位。后燕中山被攻陷后，拓跋珪将慕容宝的小女儿纳为夫人，因慕容氏筑成了金人而进位为皇后，但慕容氏并没有给拓跋珪生下儿女。

拓跋珪将处死刘夫人的决定告诉给了儿子拓跋嗣，他说："过去，汉武帝立谁的儿子，就杀死母亲，目的是为了防止以后女人干预朝政，让外戚扰乱天下。你将要继承大统，因此，我学习汉武帝的做法，也是为了国家的长治久安。"

拓跋嗣素来对自己的母亲非常孝顺，听了父亲的这一番话，不啻于晴天霹雳，顿时哀伤痛哭不止，弄得拓跋珪十分恼火。

拓跋嗣回到家中，仍然悲不自胜，日夜哭泣。

拓跋珪听了，又传令召他入宫。

拓跋嗣身边的人劝说道："孝子侍奉父亲，打得轻了，就忍受；打得重了，就逃跑。如今，陛下盛怒，入宫则有可能身遭不测，那样就会把陛下陷于杀子的不义之地。不如暂时逃脱，等到陛下息怒以后，再回来不迟。"

拓跋嗣也担心被自己的父亲杀死，于是，逃出京城避难，当时，追随拓跋嗣的只有身边两个亲信：一个是王洛儿，另一个叫车路头。王洛儿，擅长骑射，在东宫服役，一次，拓跋嗣打猎，踏冰过桑干河，马到河中，河冰却开裂了，拓跋嗣连人带马掉入刺骨的河中，王洛儿奋不顾身跃入河中，将拓跋嗣拖出，而王洛儿则几乎被冻死，自此，深得拓跋嗣的赏识。而车路头则忠诚谨慎，一直是拓跋嗣帐下的亲兵头领。拓跋嗣出城逃难期间，白天就在山中盘桓，夜里则住在王洛儿的家中，王洛儿的邻居李道暗中前往照料，当地群众也都知道了此事，暗自欢喜。

拓跋嗣下落不明，北魏高层局势岌岌可危，也让不少野心家蠢蠢欲动，在这些人当中，就有一个叫拓跋悦的人。

据《魏书·昭成子孙·陈留王虔附悦传》记载，拓跋悦的父亲就是陈留王拓跋虔。拓跋虔是昭成子纥根之子，英勇无敌，在慕容垂进攻平城时被杀。因为其父的缘故，拓跋悦深受拓跋珪的宠爱，被封为左将军。拓跋悦恃宠而骄，常常对自己的亲信王洛生等人说："一旦皇帝驾崩，我只避让卫公，除此而外，还有谁能比得过我？"

拓跋悦所说的卫公，就是拓跋珪的同母异父弟弟卫王拓跋仪。

拓跋仪容貌奇伟，是个美髯公，骑射为当时之冠，是北魏都督中外诸军事、左丞相，为拓跋珪的大业立下了不世之功，并且，拓跋仪深通韬略，爱才好士，当时的汉族士大夫如张衮、许谦等人，博古通今，入魏之后，都先拜见拓跋仪，拓跋仪指点山河，畅谈要害之地，应对策略，许谦等人都心服口服，说："平原公有不世大才，我等甘心情愿跟从。"可以说是北魏帝国的中流砥柱。

然而，拓跋珪却不这么看，在他看来，拓跋仪不论从能力上，还是宗室的亲近程度上，都是自己孩子们最强有力的竞争者，也是一个最大的威胁，必欲除之而后快。本年天文多变，占卜的人说："当有逆臣伏尸流血。"因此，拓跋珪大肆杀戮大臣，拓跋仪担心被杀，单人匹马逃出京师，被拓跋珪抓获以后，于八月赐死。另据《魏书·穆崇传》记载说，穆崇原先曾与拓跋仪密谋谋反，事情败露后，拓跋珪一直隐忍不发。按：穆崇已于公元406年七月去世，死无对证，这大约也是无中生有的一个借口吧。假如拓跋珪此时身死，北魏帝国将面临一场极大的危机，而实际情况则是，这场难以捉摸的危机恰恰正朝着北魏帝国缓缓而来。

人们都预感到这一年似乎真的要降下巨大的灾难。

据《魏书·天象志》记载："及六年七月，宣穆后以强死，太子微行人间，既而有清河、万人之难。"另据《宋书·索虏传》记载，当时，有一个女巫对拓跋珪说必须杀清河诛万人，才能免除这场大灾。拓跋珪对此深信不疑，他立即下令将清河一郡的百姓全部杀光。在当时，北魏占领下的河北地区十分萧条，天赐元年（公元404年），北魏政府就曾经发布一条命令，将全县不满一百户人家的县予以裁撤，由此可知当时的萧条程度，因此，即使诛灭清河一郡的百姓，也不一定能够凑够一万人。为了凑够人头，拓跋珪经常坐着小轿，手持宝剑，随意砍杀抬轿的人，杀死一个，再换一人，每次出行，总要采取这种手段杀死几十人。为了担心自己被杀，拓跋珪还行踪诡秘，晚上经常转移住处，只有一位名叫万人的爱妾知道拓跋珪的下落。

我们知道，拓跋珪的次子清河王拓跋绍，是拓跋珪的姨母贺兰夫人的儿子，当初，拓跋珪刚从独孤部逃往母族贺兰部的时候，见到美丽的姨母贺兰氏，就要娶其为妻，他不顾母亲贺兰氏的反对，竟然暗杀了姨夫将姨母搞到手，生下了拓跋绍。这位拓跋绍完全继承了其父残忍的本性，平日里游手好闲，不听教训，喜欢四处游荡，以射杀狗猪为乐。拓跋珪的爱妾万人与拓跋绍私通，因担心事情败露，打算杀掉拓跋珪，而恰在此时，即十月十三日，拓跋绍的母亲贺兰氏因为过错而被拓跋珪囚禁，将被处死。夜幕降临，拓跋珪还没有下令诛杀贺兰氏。

贺兰氏偷偷给儿子拓跋绍传话："你打算怎么救我？"

拓跋绍当年年仅十六岁，血气方刚，听了母亲的求救，他深夜带着帐下亲信及宦官数人，令万人为内应，找到了拓跋珪独处的住所。

拓跋珪左右高呼："有贼人！"

拓跋珪从床上惊起，却找不到弓箭宝刀，于是，被儿子拓跋绍杀死。

临死之际，拓跋珪这才恍然大悟，他说道："清河、万人之言，竟然是指你们两个！"

拓跋珪囚禁贺兰氏也许是因为拓跋嗣出逃以后，决定册立拓跋绍为继承人，于是，要按照子贵母死的制度要杀死贺兰氏吧。

一代雄主道武帝拓跋珪就这样死在了自己亲生儿子之手，死时年仅三十九岁。儿子弑杀父亲，的确令人扼腕，不过，暴君怎么样被杀，都是他自己咎由自取，对于百姓来说也都是一件幸事。拓跋珪杀掉姨夫而强娶姨母，然后，又被自己与姨母所生的儿子杀掉，这难道真的是佛家所说的报应吗？

十月十四日，即拓跋珪被杀的第二天，北魏皇宫的宫门一直等到中午还没有打开。拓跋绍从宫中传出命令，谎称拓跋珪有诏书传达，将百官集合在端门前。等百官集合完毕，拓跋绍只将端门打开了一个小缝，他从内探出头来，对大家说："我有叔父，还有哥哥，你们拥护谁？"

这句没头没脑的话，让群臣愕然失色，无人说话。

过了很久，南平公长孙嵩才说了声："服从大王。"

大家这才知道拓跋珪已经去世，但却不知道死因，都不敢吱声。只有拓跋珪的同母异父弟弟、阴平公拓跋烈大哭而去。

得知拓跋珪死讯后，平城谣言四起，人心浮动，北魏帝国面临它建立以来一次最大的危机。肥如侯贺兰护在平城东面的安阳（今河北省阳原县）城北，举起烽火，贺兰部众全部都聚集到了那里，而其他各部的头领也命令子弟，前去招徕旧部，按照原来的部落体制聚集在一起，北魏帝国随时有可能瓦解。拓跋绍听到外面人心不稳，下令向王公大臣颁发布帛，最多的数百匹，最少的也有十匹，只有吏部尚书崔宏没有接受。

拓跋绍打听到了哥哥拓跋嗣的行踪，将李道逮捕，斩杀。猎郎叔孙俊与远支宗室拓跋磨浑自称知道拓跋嗣的下落，拓跋绍命令两名武士随同两人前往，四人出城以后，即将那两人带到了拓跋嗣跟前杀掉。叔孙俊是叔孙建的儿子，而拓跋磨浑则是远支宗室拓跋屈的儿子。叔孙俊、拓跋磨浑二人的到来，让拓跋嗣身边的卫士成了四人，也让拓跋嗣得知了城内的具体情况。他命令王洛儿冒死前往城中，四处联络王公大臣，深夜告知北新侯安同，让其再通知他人，并组织各种工匠人才，大家听到拓跋嗣就在城外，纷纷响应。当天夜里，拓跋嗣一行人行进到平城城西，拓跋烈假装依附拓跋绍，请求一起出门活捉拓跋嗣。拓跋绍相信了拓跋烈的话，走出了延秋门，当即被逮捕。拓跋嗣见到弟弟以后，对着他大哭道："人生最为看重的是生身父亲啊，为何要做此忤逆之事！"于是，逼迫拓跋绍及其母亲贺兰氏自杀，并杀死了拓跋绍帐下亲信以及内应的宦官宫女十余人。对于最先动手杀死拓跋珪的，群臣将他的肉生生地寸割下来吃掉。

十月十七日，时年十八岁的拓跋嗣登基继皇帝位，大赦，改元永兴。追尊生母刘氏为宣穆皇后，对于前此废黜在家的大臣全部重新起用，下诏命令南平公长孙嵩、北新侯安同、山阳侯奚斤、白马侯崔宏、元城侯拓跋屈等八人坐在止车门右边，总揽朝政，选拔贤能，被称为"八公"，由南平公长孙嵩、北新侯安同两人全权负责处理民间的纠纷。他还命令尚书燕凤与都坐大官封懿等元老重臣入宫，侍从读书，议论朝政。加封亲信王洛儿为散骑常侍，赐爵新息公，加直意将军；封车路头为散骑常侍，赐爵金乡公，加忠意将军，后改为宣城公；封叔孙俊为卫将军，赐爵安城公；封拓跋磨浑为尚书，赐爵长沙公，后出为定州刺史。

拓跋嗣询问亲信旧臣中哪位最受先帝信任，王洛儿回答："李先。"

拓跋嗣召见李先问道："你有什么才能，被先帝所赏识？"

李先回答："臣愚蠢无能，只是忠诚正直，没有别的特长。"

拓跋嗣再问："你给我说说过去的事。"

李先回答："臣听说尧舜教化万民如同自己的儿子，如今陛下亲临万机，天下无不欢喜。"

不久，拓跋嗣又让李先读《韩非子》《太公兵法》等书，拜其为安东将军、寿春侯。

北魏也进入了拓跋嗣时代。

三八四　后燕灭亡

刘勃勃夏国的建立，改变了关中、凉州地区的政治格局，让后秦姚兴承受了更大的压力。不过，我们暂且将姚兴下一步的动作放在一边，先看看我们一直搁置一边的两个燕国的局势。

我们知道，局促于辽西之地的后燕帝国跨入慕容熙时代，是在新世纪的第二年，即晋安帝隆安五年（公元 401 年）。在这一年，后凉吕纂被吕隆所杀，北凉段业被沮渠蒙逊所杀，也就是在这一年，后秦姚硕德进攻姑臧，逼降了吕隆。慕容熙是慕容垂最小的儿子，由于他与丁太后叔嫂私通，在侄儿慕容盛死后，被册立为帝。

慕容熙继位以后，迎娶前中山尹苻谟的两个女儿，姐姐叫苻娀娥，被封为贵人，妹妹叫苻训英，被封为贵嫔。慕容熙对苻氏姐妹十分宠爱，尤其对妹妹更是视为掌中之宝。自从慕容熙得到了苻氏姐妹以后，就开始对丁太后疏远起来，这让丁太后恼羞成怒，她因爱成恨，私下与侄儿、七兵尚书丁信密谋，废黜慕容熙，另立章武公慕容渊为帝。不料，事情败露，慕容熙听说以后，不禁大怒，逼令丁太后自杀，以皇后之礼安葬，谥号为献幽皇后，并诛杀了慕容渊和丁信。这是晋安帝元兴元年即公元 402 年十一月的事，距离慕容熙登基仅仅过去一年零三个月。

三天以后，慕容熙率众出城到龙城（今辽宁省朝阳市）北郊打猎，石城县令高和与京师卫戍部队一起，袭杀了司隶校尉张显，关闭龙城城门发动叛乱，大肆劫掠宫廷，夺取武库的武器，胁迫军民，登城抗拒慕容熙。慕容熙闻变，立即赶回，城墙上的守军看到皇帝赶回，都纷纷丢掉武器，大开城门。慕容熙入城以后，诛杀了参与政变的骨干，只有主谋高和脱逃。慕容熙下令大赦，并在东宫召见各州郡的地方官和单于八部的老臣，询问民间的疾苦，为政的得失。

不过，这只是慕容熙亲民爱民的姿态而已。

为了讨好苻氏姐妹，慕容熙下令征发两万军民构筑龙腾苑，方圆十多里，在苑内又修建了一座人工假山，周长五百步，峰高十七丈，取名为景云山；除此之外，在苑内又建起了逍遥宫、甘露殿及几百间附属楼阁，开凿天河水渠，将苑外的河水引入宫中，并特意给姐姐苻娀娥开凿了曲光海和清凉池。两万军民在盛夏劳作，不得休息，中暑而死的就有一万多人。慕容熙到龙城城南游玩，在一棵大柳树下歇息，恍惚中，他似乎听到有人说了一声："大王你停下来！"慕容熙心生厌恶，下令砍倒柳树，柳树倒掉以后，一条一丈多长的大蛇从树中出来。

元兴二年（公元403年）十二月，慕容熙尊奉自己的亲生母亲段氏为皇太后，册立苻氏姐妹中的妹妹苻训英为皇后，姐姐苻娀娥为昭仪。苻氏二姐妹喜欢出宫四处游宴，慕容熙也不禁止，二人有所请求，慕容熙必然听从，后燕帝国的军国大事全由二姐妹掌控。姐姐苻娀娥被封为昭仪数月之后，就生病了。龙城人王荣（《晋书》称王温）自称能够治愈昭仪的病，没过多久，苻娀娥还是病故了，慕容熙大怒，认为王荣欺骗了自己，将其在公车门肢解以后，焚尸。苻娀娥死后，被谥为愍皇后，追其父苻谟为太宰，谥号为文献公，她的妹妹、皇后苻训英更是被慕容熙宠爱异常，苻训英特别喜欢打猎，慕容熙也是言听计从，晋安帝元兴三年（公元404年）年底，两人曾经率领大军，登上白鹿山（今辽宁省喀喇沁左旗县内，即白狼山），向东翻越青岭（今河北省迁安市北），然后，又一直向南走到海阳城（今河北省滦县），这才返回，一路上士兵被虎狼吞噬或者被冻死的，就多达五千多人。

听说慕容熙率军南下，高句丽趁机骚扰后燕的燕郡，杀死掳掠一百多人。回到龙城的慕容熙得知这一消息以后，立即部署对高句丽发动大规模的进攻。

晋安帝义熙元年（公元405年）一月二十六日，后燕军队开始对辽东（今辽宁省辽阳市）发起进攻，在后燕军队的打击下，辽东城即将陷落。而这时，慕容熙却下令："将士们任何人不得最先登上敌城，要等到我军用冲车撞击、开挖地道，铲平此城以后，朕与皇后一起坐着八抬大轿，大家一起入城。"慕容熙这道混账命令一下，后燕将士进攻也不是，后退也不能，让城内的守军有充足的时间加强防御，最终后燕无法攻下辽东城。

当时，时值严冬，天上雨雪交加，冻死了很多士兵，慕容熙只好快快而退。

慕容熙的生活几乎全部是围绕着苻训英皇后的。

他从前线回来以后，又开始大兴土木，下令模仿邺城的凤阳门，在龙城修建三层城楼弘光门；为苻皇后修建承华殿，比承光殿高一倍，命令军民从北门背土，致使当时龙城土的价格与粮食相同。典军杜静实在是看不下去了，他抬着棺材来到宫门前，直言劝谏，慕容熙大怒，当即下令将杜静斩首。苻皇后曾经在盛夏想吃冻鱼干，深冬又想吃二八月才有的生地黄，慕容熙有求必应，立即下令官员们四处寻找，可是，这些个有违时令的东西，叫人何处得到？官员们找不到，全部都被慕容熙视为无能，残暴地予以诛杀。晋安帝义熙元年（公元 405 年）十二月，慕容熙带着苻皇后率军北上，袭击契丹，发现契丹人数众多，慕容熙心生怯意，打算班师，可是，苻皇后却说部队出来一趟，不能无功而返。慕容熙只得硬着头皮，下令丢下辎重，全军东进，轻装奔袭高句丽，部队由北而东，走了三千多里地，将士们非常疲惫，忍饥挨饿，沿途饥冻而死的，比比皆是。后燕军队进攻高句丽的木底城（辽宁省新宾县境），又没有攻下，只好撤退。

由于慕容熙的暴虐，后燕帝国民心思乱，义熙元年八月，辽西太守邵颜犯法，聚众背叛，慕容熙命令中常侍郭仲率军扑杀，将叛乱平息了下来。为了巩固自己的统治，慕容熙将哥哥慕容宝现存的儿子们全部诛杀，与此同时，他还整修肥如（今河北省卢龙县北）和宿军（今地不详），任命仇尼倪为镇东大将军、营州刺史，镇守宿军；上庸公慕容懿为镇西将军、幽州刺史，镇守令支（今河北省迁安市西）；尚书刘木为镇南大将军、冀州刺史，镇守肥如。

晋安帝义熙三年（公元 407 年）四月，后燕皇后苻训英去世。惊闻噩耗，慕容熙悲恸欲绝，捶胸顿足，号啕大哭，就像是自己的父母去世一样，他抚摸着皇后的尸体，喃喃自语着说道："身体已经发凉了，皇后的性命就此完了呀！"说毕，昏倒在地，很久才苏醒过来。苻训英的遗体被大殓以后，慕容熙还命人打开棺材，与之性交。在服丧期间，慕容熙穿上了只给过世的父母才穿的最重的孝服——斩缞（不封边的粗麻丧服），只喝稀粥，下令全体官员都到宫中哭泣，和尚们也要身穿白色衣服服丧。他还命人查看官员们是否是真的悲痛，发现眼中含泪的，就认为是忠孝之人，眼中无泪的，就要被处罚。于是，群臣无不口含辣椒，辣出眼泪来。高阳王慕容隆的妻子张氏，是慕容熙的嫂子，长得十分美丽，心性乖巧，慕容熙打算让其为苻皇后殉葬。欲加之罪，何患无辞？他命人检查张氏特地为送葬缝制的靴子，发现里面垫有旧毛毡，于是，以大不敬之罪将其赐死。张氏的三个女儿跪地苦苦哀求，慕容熙也没有答应。他还下令后燕帝国上自公卿大臣，下到每一个百姓，家家户户都要为营建皇后的陵墓出力，国家府库为之一空。苻皇后的坟墓方圆数里，深达底下泉水，坟墓之内则画上宫廷百官的画像，慕容熙在巡视坟墓的时候说：“你们要好好营建，朕随后也将住这里。”听到的人们都以为慕容熙此言非常不吉利。这场声势浩大的造坟运动，让后燕百官个个提心吊胆，生怕哪天也会被勒令殉葬，尚书右仆射韦璆等人每天出门前，都要沐浴更衣，随时等待着死亡。

经过紧张的施工，到当年的七月，苻皇后的陵墓终于建成了，慕容熙将其命名为徽平陵。七月二十六日，后燕帝国举行盛大的安葬皇后仪式，慕容熙自己披散着头发，光着脚丫，徒步跟随灵车，从城中出来，一直走了二十多里。由于灵车又高又大，无法通过城门，于是，慕容熙下令将龙城的北门拆毁，这才抬出。一些老人们窃窃私语道：“慕容氏自己将自家的大门毁掉，看来不会长久了。”

由于冯跋当初有金龙之兆，慕容熙还未上台的时候，听说过此事，曾找到冯跋的弟弟冯素弗询问，但冯素弗故作不知，慕容熙怀恨在心，等到上台以后，一直打算将冯跋兄弟杀掉了事。后来，时任中卫将军的冯跋又违犯了禁令，他担心被杀，就与弟弟、侍御郎冯素弗，左卫将军张兴，流亡在外。

慕容熙统治下的后燕帝国劳役繁重，民不聊生，冯跋兄弟与冯跋的堂兄（《资治通鉴》称作堂弟）冯万泥等二十二人密谋说：“慕容熙统治残暴，且猜忌我们兄弟，如今，我们已经走投无路，不如趁着百姓的怨气，发动政变，推翻慕容熙，成功了，就能享尽荣华富贵，失败了，再死也不迟。”决心已下，他们钻进女人驾驶的车子，混入龙城城内，藏匿在北部司马孙护的家中。

冯跋过去就与慕容云（高云）私交很好，此时，冯跋看到慕容熙出城送葬，以为时机已到，他找到了慕容云，告诉了将要发动政变的计划，慕容云听了，脸色大变，推脱道：“我已经病了多年，这你们都是知道的，请再找别人吧。”

冯跋逼迫着说：“慕容氏国运衰败，慕容熙残酷暴虐，被荒淫的妖女所迷惑，乱了纲常，百姓苦不堪言，十分之九的人都想作乱，这是上天要灭亡他啊！你自是高氏子孙，为何要做他人的养子！机会难得，千载一时，岂能容你推辞！”

于是，将慕容云从屋里推出来，慕容云还在说：“我已经久病，多日不理俗务，如今你们要建立功业，推举我为主，完全错了。之所以犹疑不定，不是我明哲保身，而是我没有德行来安定百姓啊！”

冯跋等人再三逼迫以慕容云为盟主，冯跋弟弟冯乳尘等人率众进攻弘光门，禁卫军一哄而散，冯跋等人遂占领了宫城，打开武库，分发武器，又征发五千多京师留守部队，关闭龙城城门固守。

中黄门赵洛生从城内逃出，向慕容熙报告，慕容熙听了说道："这些不过是些毛贼而已，朕这就回去扫平他们！"

他收拢头发，换上铠甲，将皇后的灵柩暂时放在南苑，率军回师龙城。

深夜，慕容熙进抵龙城，进攻北门却没有攻下，就在门外安营扎寨，等待天明。

天明之后，城内的慕容云被推举为后燕皇帝，大赦，改元正始，而城外的慕容熙则退到了龙腾苑。城内留守部队的士兵褚头翻越城墙来见慕容熙，向慕容熙报告城内的士兵仍然效忠皇上，只等皇上率军到来。

不知是慕容熙神经错乱，还是高度紧张，抑或是耳朵完全失灵，他听到了这个令人鼓舞的消息后，不仅没有喜出望外，相反却失魂落魄，惊恐不安，夺路而逃，身边的亲随也不敢跟随。慕容熙顺着水沟偷偷一路狂奔，很久，身边的人不知道皇上的下落，四处寻找，只在水沟附近找到慕容熙的衣服和帽子，根本找不到他的人影。

中领军慕容拔对中常侍郭仲说："在这紧要关头，我们皇上却无缘无故地自行惊恐，的确十分奇怪。不过，城内的忠义之士都期待着我们的到来，事不宜迟，我们一去，一定会成功，不能再耽误了。我将率军先去城外，你留在这里等着皇上，见到皇上，速速前来；即使找不到皇上，我击败乱军，安定了城内，再慢慢寻找皇上不迟。"

于是，分给慕容拔两千壮士进攻龙城的北城。

城内将士听到皇上亲自到来，都扔下武器，纷纷投降。

占领了北城城墙的慕容拔士兵们一直没有见到慕容熙的踪影，而且发现慕容拔并无后援部队，军心动摇，纷纷从城墙上下来，逃回龙腾苑内，慕容拔也被城内之兵杀死。

七月二十九日，慕容熙一个人身穿平民衣服，在树林里被人发现，被扭送给慕容云，慕容云当面斥责他一通以后，将其诛杀，连同慕容熙被杀的还有他的几个儿子，慕容云在龙城城北将他们入殓，下葬在徽平陵，谥号为昭文皇帝，此时距离慕容熙说要追随苻训英入葬不过数月。

慕容熙死时年仅二十三岁，在位七年。后燕从慕容垂晋孝武帝太元九年（公元 384 年）立国至此灭国，历经四位皇帝，前后共计二十四年。

当初，就有童谣这样唱道："一束藁，两头然，秃头小儿来灭燕。""藁"

（旧体藁）字上有草，下有禾，两头燃烧，预示着禾草都没有了，只剩下了一个“高”字；而高云的父亲名叫高拔，小字秃头，高云在兄弟们中排行老三。虽然慕容云继承了后燕的衣钵，对外仍然称国号为燕，但由于他是高句丽人，且很快就恢复了原有的姓氏，因此，史家将他建立的燕国称为北燕。

高云登上北燕皇帝宝座以后，即任命冯跋为侍中、都督中外诸军事、征北大将军、开府仪同三司、录尚书事、武邑公，封伯、子、男、乡、亭侯的共计五十多人，立妻子李氏为天王后，儿子高彭为太子。由于高云的特殊身份，北燕与高句丽的关系开始转暖，两国互派使节，然而，高云仅仅是个傀儡，北燕的军政大权全都掌握在冯跋兄弟们的手中，冯跋的堂兄冯万泥为幽州冀州牧，镇守肥如（今河北省卢龙县），冯跋侄儿冯乳尘（又作冯乳陈）为并州牧，镇守白狼（今辽宁省喀喇沁左旗西南），冯跋的另一个弟弟冯素弗为司隶校尉。

义熙五年（公元409年），高云刚刚当上北燕皇帝一年有余，冯跋感到自己走上前台的时机已经成熟，一次，冯跋设宴款待群臣，席间，冯跋的左臂突然流出鲜血，这令他十分讨厌，从事中郎王垂趁机劝说他要上应天命。高云自从登上王位以后，时常心怀忧惧，就选用了很多武士作为自己的爪牙，其中离班、桃仁最受高云的宠信，赏赐巨万，衣服饮食与高云一样。

但是，离班和桃仁却贪得无厌，这一年的十月十三日，也就是在北魏道武帝拓跋珪被弑杀的同一天，高云驾临东堂，离班、桃仁怀揣宝剑，手捧纸张，宣称有事禀报。近前以后，离班抽出宝剑就向高云砍来，匆忙中，高云抓起几案抵挡，桃仁从旁边将高云击杀。冯跋作为丞相，并没有前去讨伐叛贼，而是登上宏光门观察情况。帐下督张泰、李桑对冯跋说：“这两个小丑，想要闹腾到什么程度，我替大人将他们杀了！”于是，两人下楼，李桑在西门将离班诛杀，张泰在院中将桃仁杀死。

很难说离班、桃仁弑君，不是冯跋幕后指使的，而如今又被冯跋灭口。大家一致推举冯跋当王，冯跋在昌黎（今辽宁省义县）即天王位，改元太平，尊母亲张氏为太后，妻子孙氏为王后，儿子冯永为太子，以弟弟冯素弗为车骑大将军、录尚书事，孙护为尚书令，张兴为尚书左仆射，冯弘为尚书右仆射，冯万泥为幽、平二州牧，冯乳尘为并、青二州牧。

三八五　南燕内讧

昏虐的慕容熙让慕容氏的后燕灭国，而南燕慕容超也让慕容氏残存在中原的那点国祚，很快走到尽头。

义熙元年（公元 405 年），当东晋刘裕的义军将晋安帝司马德宗从江陵迎回建康后不久，南燕主慕容德也走到了他生命的尽头。在桓玄篡晋中曾逃奔南燕的司马休之等人，也曾经鼓动慕容德趁乱派军南下，占领东晋的淮南地区，当时已经确定了出师的日期，但终因慕容德病重而作罢。

义熙元年八月，汝水（今河南省汝河）干涸断流，慕容德心生厌恶，随即又发病了。北海王慕容超请求到寺庙里祈祷，慕容德说："君主的性命长短全在上天的掌握之中，并非汝水所能影响的。"

慕容超再三请求，慕容德就是不从。

夜里，病中的慕容德梦见自己的父亲慕容皝对自己嘱咐道："你既然没有儿子，何不早早册立慕容超为太子，以免恶人心怀不轨。"

睡醒之后，他对妻子段氏说："先帝神灵告诫，从此梦看来，大约我将不久于人世了。"

九月，他在东阳殿召见群臣，商议册立太子的事情。大家正在商议之时，突然发生了地震，宫殿摇动，百官吓得魂飞魄散，慕容德也十分惊恐，还未商议妥当，就匆匆作罢，慕容德回到了后宫。

当夜，慕容德就进入弥留状态，双目紧闭，无法言语。

段后在床边大声呼喊道："如今召中书下诏册立慕容超，可以吗？"

慕容德睁开双眼，微微地点了点头，表示同意。

于是，册立慕容超为皇太子，并宣布大赦，全国百姓家的嫡长子均赐爵二级。不久，慕容德就驾崩了，当夜，准备了十几个棺材，分别从广固城的四门运出，秘密埋葬在深谷中，没有人知道尸体真正葬在何处。

第二天，慕容超继皇帝位，改元太上，尊称段氏为皇太后，以北地王慕容钟为都督中外诸军事、录尚书事，慕容法为征南大将军，都督徐州、兖州、扬州、南兖州诸军事，加慕容镇为开府仪同三司，以尚书令封孚为太尉，鞠仲为司空，潘聪为左光禄大夫，封嵩为尚书左仆射。三天以后，将慕容德虚葬在东阳陵，谥号为献武皇帝，庙号世宗，共在位七年，终年七十岁。

慕容超将自己的亲信公孙五楼引为心腹。

公孙五楼是何许人？我们还记得，慕容垂和慕容纳兄弟的母亲公孙氏，是慕容超的祖母，而公孙五楼当属公孙氏家族的人，因此，慕容超作为一名在南燕帝国毫无根基的新君，任用自己的亲信，原无可厚非，然而，慕容超的这一举措，立即引起了慕容德的旧臣北地王慕容钟、段宏等人的不安，纷纷请求到外地任职。

慕容超任命慕容钟为青州牧，任命段宏为徐州刺史，任命公孙五楼为武卫将军，领屯骑校尉，参与政事。封孚劝谏道："臣闻不应该将亲戚安排在外地，不应该将羁旅之臣安排在朝廷。所谓的'五大不在边，五细不在廷'。（孔颖达疏引贾逵云：五大为太子、母弟、贵宠公子、公孙、累世正卿也；五细为：出身贱、年辈小、关系远、资历浅、地位低的人）慕容钟是国家的宗室重臣，社稷的依靠；段宏是外戚中的最具威望的人，都应该留在中央辅佐皇上，不应让他们镇守外地。如今却将他们二人安排到外地，留下公孙五楼在中央，臣私下十分不安。"慕容超征求公孙五楼的意见，公孙五楼想在朝廷专权，他屡屡说慕容钟和段宏的坏话，慕容超就没有听从封孚的意见。慕容钟和段宏内心都十分不满，他们私下说："黄狗的皮恐怕终究要用来补貂皮大衣的啊！"公孙五楼听到二人的嘲讽，更是心怀不满。

慕容超登基以后，逐渐猜忌暴虐，南燕政权被一些亲信的奸臣把持，而慕容超本人则终日沉溺于打猎游玩之中，封孚、韩倬屡屡劝谏，可是，慕容超就是不听。一次，慕容超在大殿之上询问群臣："朕与前朝什么样的君主相似？"

封孚回答："夏桀和商纣。"

慕容超听了，又羞又怒。

封孚说罢，神色不变，缓步退下。

鞠仲对封孚说："与天子对话，怎能这样？还是应该回去谢罪才是。"

封孚说："老夫年将七十，只求死得其所。"竟拒绝谢罪。

慕容超因为封孚威望很高，不得不宽恕了他。

慕容超继位数月之后，南燕帝国的内讧就爆发了。

兖州刺史慕容法得罪过慕容超，因此，在慕容德去世的时候，不敢前往广固奔丧，慕容超派遣使者责备慕容法，慕容法担心被杀，就秘密与慕容钟、段宏策划谋反。

慕容超得知以后，派人征召慕容钟，慕容钟谎称生病拒绝奉命，于是，慕容超就将京师中慕容钟等人的同党侍中慕容统、右卫将军慕容根、散骑常侍段封等人逮捕，杀掉。

征南将军司马卜珍告发尚书左仆射封嵩多次与慕容法往来，怀疑双方有阴谋，慕容超将封嵩打入大牢。

皇太后段氏恐惧，她哭泣着对慕容超说："封嵩多次派黄门令牟常对我说：'皇帝不是太后所生，恐怕永康时代慕容宝杀母之事将要重演。'我一个妇道人家，没有见识，恐怕被皇帝所杀，就将情况告诉给了慕容法，慕容法为我设计，以致被误入歧途，现在我还有什么可说的。"慕容超大怒，即在东门之外将封嵩处以车裂极刑。

西中郎将封融侥幸逃出广固，投奔北魏。

紧接着，慕容超下令慕容镇率军进攻青州（州政府在东掖，今山东省莱州市）的慕容钟，慕容昱进攻徐州（州政府在莒城，今山东省莒县）的段宏，右仆射济阳王慕容凝、韩范进攻兖州（州政府在梁父，今山东省新泰市）的慕容法。

慕容昱率先攻下了莒城，南燕徐州刺史段宏逃奔北魏。先期逃奔北魏的西中郎将封融又聚集了变民，袭占了石塞城（今山东省济南市长清区境），斩杀了南燕镇西大将军余郁，南燕全国震恐，人心不定。负责进攻兖州慕容法的主将慕容凝，密谋诛杀韩范，还军偷袭广固。韩范得到消息，进攻慕容凝，慕容凝不敌，逃奔慕容法。韩范兼并了慕容凝的部队，继续进攻梁父，慕容凝逃奔后秦，慕容法逃奔北魏。慕容镇也攻克了东掖，慕容钟斩杀了妻子儿女，从地道中逃离，与高都公慕容始一起投奔后秦。后秦姚兴任命慕容钟为始平（今陕西省咸阳市）太守，慕容凝为侍中。

平定了国内的叛乱以后，慕容超多变更原有的制度，还打算恢复过去的肉刑，他的诏书中以封嵩为例，说道："比如像封嵩这样不忠不孝之辈，斩首也不足以解除人心头之痛，应当施以烹杀之法"云云，这当然是慕容超欲以严刑峻法树立个人权威的举措，然而，他的这一提议却又遭到了群臣的一致反对，慕容超只好作罢。

慕容超的亲生母亲和妻子呼延氏均在后秦，慕容超派遣御史中丞封恺出使秦国，请求迎回。后秦姚兴说：“过去，前秦苻氏灭亡以后，皇家乐师和女伎都落入了燕国，如今，要想让我们满足你们的要求，只要向我国称臣，并送上乐师、女伎或者送来一千名东晋吴地的居民才可以。”

慕容超与群臣商议怎么办。

尚书左仆射段晖说：“陛下继承大业，不应该因为私情而向他人称臣；况且，皇家的音乐是历代流传下来的，不可以送给别人，不如率军掳掠一些吴地军民，以满足后秦的要求。”

尚书张华提出异议，他说：“入侵他国，将兵连祸结，我们既然能去，晋人也会来我们这里，这不是国家之福。陛下的母亲在他人手中，怎能看着虚名，而不暂时委曲求全呢！中书令韩范曾经与秦王姚兴都做过前秦苻氏的太子舍人，如果让他前往后秦，肯定能够办妥此事。”

慕容超大喜，于是，他命令韩范再次前往后秦，向后秦称臣。

三八六　首启战端

韩范使秦，这是晋安帝义熙三年（公元 407 年）的事。

韩范抵达后秦后，姚兴问道："封恺前来，燕王与朕平起平坐，等你来的时候，就向朕称臣了。这是你们燕国依照《春秋》以小事大的规矩办的呢？还是因为孝敬母亲不得已而侍奉我呢？"

韩范回答："周朝的爵位有五等，大小之礼，由此而生。陛下龙兴于西，我皇定鼎于东，相互结好，崇尚谦让，如今，您却骄傲自大，可以说我们双方都做错了，我很不安。"

姚兴大怒道："假如真如你所说的，就不是为《春秋》以小事大而来？"

韩范回答："虽然我们也是以小事大，但也是因为我国国君对母亲孝顺之故，请陛下体会我国国君的拳拳之心。"

姚兴说："我很久没有见到贾生（将韩范比作贾谊）了，自以为已经超过他了，如今看来还是不如啊。"

于是，给韩范设下宴会，畅叙平生，他说："燕王在长安的时候，我也曾经见到过他，仪表尚可，只是说到机敏就不行了。"

韩范回答："大辩不言，就像口拙之人，这都是圣人所称道的。况且，当时我主不过是一个平头百姓，如果不和光同尘，现在也不可能会继承大统。"

姚兴大笑道："你可真是会夸奖人啊！"

韩范趁机劝说放回慕容超的母亲和妻子，姚兴十分高兴，当即表示同意，并赏赐给他一千金。

慕容凝对姚兴说："燕王称臣，本来也不是真心真意，只是因为母亲的缘故暂时委屈自己罢了。古代的帝王尚且要求提供人质，如今岂能就此将其母亲送回？他的母亲回去以后，必然不再向我们称臣了。应当先责令他送上女伎，然后再放归他的母亲。”

姚兴对韩范说：“朕是肯定会送还燕王的家属的，如今天气还十分炎热，等到秋天以后吧。”

八月，后秦命令员外散骑常侍韦宗前往南燕，慕容超与群臣商议以什么礼节见面，尚书仆射张华说：“陛下此前已经对其称臣，就应当面向北方，接受诏书。”

封逞说：“大燕数代为帝，为何向一名无名小辈低头？”

慕容超说：“我是为了太后而委曲求全，大家都不要多说了。”

于是，他面向北方接受了后秦的诏书。

随后，慕容超派遣尚书仆射张华、给事中宗正元来到长安，向后秦送上一百二十人皇家歌舞伎，姚兴大喜，设宴款待张华一行。

酒酣耳热之际，姚兴说：“过去，商朝将亡的时候，乐师逃往周朝；如今，秦国强盛，燕国的乐师来到秦国。兴废的兆头，全在于此啊。”

张华回答：“自古帝王兴盛的道理，各不相同，权变之术，全是为了成功。因此，老子说过：‘将欲取之，必先予之。’如今乐师西入秦国，像由余那样的贤士们肯定要回到东方。究竟是祸是福，这也是个征兆啊。”

姚兴怒道：“过去齐国与楚国在言辞上一争高低，引来了两国交兵，你不过是小国之臣，怎敢与我辩论！”

张华赶紧解释：“奉命之初，使命就是为了结好两国，陛下所云侮辱了我国国君和我国社稷，臣也不得不对答啊！”

姚兴这才将慕容超的母亲和妻子放回。

慕容超率领群臣亲自到马耳关（今山东省章丘市境）隆重迎接。

义熙四年（公元 408 年）一月，南燕主慕容超追尊其亡父为穆皇帝，尊其母段氏为皇太后，妻子呼延氏为皇后。

慕容超亲自到广固的南郊祭祀上天，将要登坛的时候，突然出现一头野兽，身形与马一般大小，样子却长得像老鼠，全身通红，一直走到祭坛的旁边，不一会儿又突然消失了。又过了一会儿，天上突然刮起了大风，一时间飞沙走石，白昼如同黑夜，慕容超的皇帝仪仗全都被这场大风刮烂。

慕容超十分恐惧，他偷偷询问太史令成公绥，成公绥回答：“陛下信任奸臣，诛杀贤良，赋税繁重，民间愁怨，上天这才降下灾祸。”

慕容超听了，下令大赦，并谴责公孙五楼等人，这当然是慕容超平衡新旧势力的权宜之计，毕竟，以北地王慕容钟为首的旧势力被驱逐了，然而，这只不过是表面现象，旧势力盘根错节，难以彻底根除，慕容超在南燕所实施的一系列政策都得不到有效的推行，比如，他想恢复肉刑就遭到群臣的一致反对而夭折，这都说明旧势力的力量还十分强大，为了避免他们借天变伺机反扑，兴风作浪，慕容超不得不暂时将公孙五楼予以撤职，不过，不久又将他恢复了原职。这一年，广固又发生了地震，有些地方发生井水涌出，而有些地方却异常干旱。

义熙五年（公元409年）正月初一，南燕主慕容超在东阳殿举办招待宴会，宴请群臣，席间，他听到音乐响起，不禁叹息乐师稀少、舞女不全，后悔一年前将一百二十名太乐女伎送给了后秦，提议入侵东晋，掳掠晋人作为歌伎。

领军将军韩倬说："先帝因为旧京倾覆，而驾临山东，因为时运不济，而抱负没有实现。陛下继承大业，应当闭关自守，休养军民，等待魏国的内乱，以恢复旧业，不应该与东晋结怨，无端树立很多敌人。"

慕容超不从，他说："我的决心已下，不和你多说。"

二月，南燕派遣将军慕容兴宗、斛谷提、公孙归等人率领骑兵部队南下入侵东晋的宿豫（今江苏省宿迁市东南），攻陷宿豫以后，生擒东晋阳平太守刘千载、济阴太守徐阮等人，大肆掠夺而去。回到广固以后，从掳掠来的晋人中间挑选了两千五百人，交给皇家音乐主管部门，负责将他们调教为合格的乐师和女伎。

当时，慕容超在南燕的地位已逐渐稳固，公孙五楼为侍中、尚书、领左卫将军，总揽朝政；他的哥哥公孙归为冠军将军、常山公；叔父公孙颓为武卫将军、兴乐公，公孙五楼的亲戚宗党均占据南燕帝国的高位，南燕群臣对他们无不既尊敬又害怕。宿豫之战胜利以后，慕容超将参战将领斛谷提等人加官晋爵，都封为郡公和县公，慕容镇劝谏说："臣听说高悬重赏以待战功，没有功劳不可以封侯。如今，公孙归等人首开战端，将给国家带来大祸，残害百姓，而陛下却给他们封侯，是不是做得不妥？忠言逆耳，不是至亲不会说出这些话，臣虽然老朽，但却是国家的宗室，请求陛下多多考虑。"慕容超大怒，默然不答，从此以后，南燕群臣都不敢再提异议了。

尚书都令史王俨巴结公孙五楼，被加官为尚书郎，很快就外派为济南太守，不久又被召回中央，担任尚书左丞，当时的人们都说："欲得侯，事五楼。"

得到便宜后不久，慕容超又派遣公孙归等人率领三千骑兵进攻东晋的济南郡，抓获东晋太守赵元，掳掠东晋一千多百姓。从彭城（今江苏省徐州市）以南的东晋军民，都屯聚在坞堡自守，东晋朝廷下诏命令并州刺史刘道邻率军驻守淮阴（今江苏省淮阴市），以抵御南燕的侵扰。

南燕对东晋这两次进攻的后果是十分严重的，它直接导致了东晋刘裕决心北伐，消灭这个残存的政权。实际上，从地缘政治的角度上看，东晋要想实施北伐，首当其冲需要解决的就是南燕，只有消灭了南燕，东晋军队才有可能兵临黄河南岸，伸出自己的右拳。

然而，在义熙元年慕容超登基的时候，刚刚迎回晋安帝的刘裕还有更重要的事情要做，东晋朝廷内部争斗不已，这包括伺机夺回权力的司马氏皇族与刘裕起义集团新贵之间的争斗，也包括刘裕集团内部之间的争斗，还有东晋朝廷与桓氏家族残余势力的争斗。

司马氏皇族与刘裕起义集团新贵之间的争斗，主要表现在晋安帝回到建康以后，对刘裕采取了明升暗降的办法，给予其车骑将军的虚名，而仍然让他做徐州青州刺史，对此，刘裕十分不满，经过几番较量，终于他让出了车骑将军的虚名，而将刘毅原有的兖州拿到了自己的手中，从而全取了建康下游的军事指挥权。

这一争斗还外化为与桓氏家族有姻亲关系的司马氏皇族与刘裕集团的斗争。

义熙元年（公元405年），当桓振战败被杀后不久，桓振的妹夫、章武王司马秀和益州刺史司马轨之即阴谋发动政变，被刘裕所杀。同年十一月，东晋荆州刺史魏咏之去世，江陵县令罗修阴谋举兵偷袭江陵，奉戴太原王愉之孙王慧龙为主，没有成功，罗修与王慧龙又逃往后秦。继而，到了第二年年初，又发生了河间王司马昙之之子司马国璠、司马叔璠对刘裕集团的进攻。司马昙之是河间王司马钦之子，是司马懿弟司马馗之后，司马昙之曾以游击将军的身份参与了淝水之战。他的两个儿子司马国璠和司马叔璠与司马秀之间是堂兄弟关系，他们两人在桓玄之乱中逃往南燕，义熙二年二月二十八日，两人率众攻陷了东晋的弋阳（今河南省潢川县）。不久，二人与桓振叔父桓石绥、陈袭合众聚集在胡桃山（今地不详），刘毅派遣司马刘怀肃将其击破，义熙四年（公元408年），司马叔璠又从蕃城（今山东省藤州市）进攻邹山（今山东省邹县），东晋鲁郡太守徐邕弃城而逃，车骑长史刘钟将其击退。

司马国璠兄弟依托南燕对东晋的进攻，既有桓氏余党的色彩，也有司马氏皇族对刘裕集团反击的意味。

桓氏余党的反抗还表现在殷仲文等人身上。

在桓玄失败前夕，殷仲文因及时脱离桓玄集团，送归晋穆帝、晋安帝两位皇后而侥幸没有被杀，反而被任命镇军长史，转为尚书。殷仲文一直拥有盛名，自以为当执掌朝政，而谢混等人素来被其轻视，却与自己官位相当，所以，常怏怏不乐，一次，月初的时候，与大家一起去大司马府，府中有一棵大槐树，殷仲文看了很久说："这树虽然婆娑，却再也没有了生机。"突然被外调为东阳（今浙江省金华市）太守，心中更是不满。刘毅爱才好士，对他十分看重，临别之日，欢宴多日。殷仲文走到富阳的时候，慨然说道："看着如此秀美的山川，理当再出一个孙策！"何无忌为都督豫州及扬州五郡诸军事，东阳是其辖区，殷仲文曾答应顺路前去拜见，何无忌一直对殷仲文仰慕之至，提前让手下的文士殷阐、孔宁子等人撰写文章，等待殷仲文的到来。殷仲文却因为官场失意的缘故，神情恍惚，竟然忘记前往拜见何无忌的事。何无忌以为殷仲文瞧不起自己，又羞又怒，开始盘算着伺机中伤殷仲文。

当时，南燕已经开始与东晋为敌，何无忌对刘裕说："桓胤、殷仲文等人才是心腹之患，南燕不足忧虑。"义熙三年（公元 407 年）闰二月，刘裕府将骆冰阴谋作乱被杀，借此，刘裕谎称殷仲文、弟弟殷叔文、桓石松、曹靖之、卞承之、刘延祖等人与其暗中勾结，阴谋拥立桓胤（桓冲之孙）为主，将这些人全部灭门，至此，桓玄的余党全部被铲除干净。

刘裕集团内部的争斗，比较明显的是刘毅与刘敬宣之间的矛盾，两人之间的矛盾固然有刘毅心胸狭隘，睚眦必报的因素，但在二人的争斗中，刘裕明显偏袒刘敬宣一方，其用意就在于培植自己的势力，以压制刘毅。刘毅当然对此心知肚明，义熙三年（公元 407 年）十二月，侍中、领扬州刺史、录尚书事王谧去世，扬州刺史一职空缺，刘毅等人不愿意刘裕入朝辅政，商议以中领军谢混为扬州刺史，退而求其次，即使让刘裕担任扬州刺史，还让他在丹徒遥领，而具体工作由尚书仆射孟昶负责。义熙四年（公元 408 年）一月，朝廷派遣尚书右丞皮沈前往丹徒，将朝议通报给刘裕，听取意见。皮沈先去见刘裕记室录事参军刘穆之，说明了来意，刘穆之假装出去方便，偷偷写下便函派人提前告知刘裕："皮沈刚到，他说的话不可听从。"

刘裕接见皮沈后，先让他出去歇息，然后，将刘穆之唤入，问道："你说皮沈的话不可听从，是什么原因呢？"

刘穆之回答："晋室失去权柄，已非一日，加之桓玄篡位，天命已经转移。

大人兴复晋祚，功勋高过万代。既建立了大功，就应当有大位。功高而位大，不能持久。大人如今已经骑虎难下，以大人现在的形势，岂能谦虚自弱，永做一名寻常的方面大员呢？刘毅、孟昶等人与大人一样出身平民，共行大事，本心是想辅佐晋室，求取富贵而已。举义有先后，因此，他们才临时推举大人为主，并非心服口服，昔日就已经定下了主仆之分的。如今双方力量相当，终究会相互吞并。扬州是国家的根本所系，不可以交给别人。过去将扬州交给王谧，不过是权宜之计，岂是本来就该如此？如今如果还将扬州交给别人，势必要受制于人。一旦失去了权力，就再也无从取得。可是，大人功高勋重，朝廷又不能熟视无睹，会对大人既畏惧又猜忌，各种流言将纷纷而起，大人将来的危难，要深思熟虑啊。对于目前朝廷的两种意见，应当妥善应答，如果直接索要，我方又确实难以启齿。只说：'宰相是国家的根本，应当认真研究，此事关系重大，不能以书信讨论，将暂时入朝，当面共同商议。'大人一旦入京，他们必然不敢越过大人而将扬州交给他人了。"

刘裕入朝，朝廷征召其为侍中、车骑将军、开府仪同三司、扬州刺史、录尚书事，徐、兖二州刺史如故，刘裕上表解除兖州刺史职务，以诸葛长民为青州刺史，镇守丹徒，刘道邻为并州刺史，镇守石头城。

至义熙四年（公元 408 年），东晋各大方镇大员分别为：扬州刺史、徐州刺史刘裕，荆州刺史刘道规（刘裕同父异母少弟，魏咏之接替司马休之上任九个月即去世），江州刺史何无忌（接替刘敬宣担任），兖州刺史刘藩（刘毅堂弟，接替刘裕），豫州刺史刘毅，青州刺史诸葛长民（由宣城内史接替刘裕），并州刺史刘道邻（刘裕同父异母二弟），雍州刺史鲁宗之，梁州刺史杨思平，益州刺史鲍陋（遥领），广州刺史卢循，宁州刺史毛璩被卢循所杀，刺史一职缺，交州刺史杜瑗，会稽内史司马休之。

由此看来，虽然东晋朝廷中还有着错综复杂的各种矛盾，但截至慕容超屡屡入侵前夕，刘裕基本上已经巩固了自己的地位，具备了动员全国力量对南燕实施灭国性打击的条件。

三八七 北伐南燕

其实，从义熙元年晋安帝安全回到京师以后，东晋朝廷除了内部政争、讨平桓玄余党以外，已经开始对外进行战争了。

义熙元年年初，就在晋安帝从江陵东返之时，由于益州刺史毛璩动员益州梁州军队准备打击桓玄，从而诱发了谯纵反戈一击，蜀中大乱，东晋自此失去了益州，谯纵自立为王，建立了西蜀政权。毛氏家族在益州的，全部被诛杀，而毛璩的弟弟毛瑾之子毛修之此前任桓玄的屯骑校尉，诱杀了桓玄，继而，桓振复起，毛修之、巴东太守柳约之司马时延祖、涪陵太守文处茂等人退保涪陵（今重庆市涪陵区）。当刘裕听说谯纵背叛以后，即于第二年九月命令龙骧将军毛修之与益州刺史司马荣期（司马懿四弟司马馗之后）、涪陵太守文处茂、巴东司马时延祖等人率众西上，讨伐成都的谯纵。毛修之等人推进到宕渠（今四川省渠县）的时候，司马荣期被其参军杨承祖所杀，杨承祖自称镇军将军、巴州刺史，毛修之只好退还白帝（今重庆市奉节县），杨承祖亲自率军东下进攻白帝，没有攻下。毛修之命令参军严纲等人搜集余众，汉嘉太守冯迁率军会合，一起讨伐杨承祖，将其斩杀。

当时，文处茂仍然在巴郡，毛修之派遣振武将军张季仁率领五百人增援文处茂，荆州刺史刘道规又派遣奋武将军原导之率领一千部队，接受毛修之的指挥，毛修之派遣原导之与张季仁一起西上。对于毛修之而言，谯纵既是国贼，更是仇人，因此，他执意西上讨伐，而当时的益州刺史鲍陋却无意西上。义熙三年（公元 407 年），毛修之上书东晋朝廷，声泪俱下，强烈要求讨伐叛贼谯纵，刘裕对毛修之的遭遇十分同情，即命令襄城太守刘敬宣为监征蜀诸军事，率领五千人马，并统领时延祖、文处茂等诸军一起伐蜀，以荆州刺史刘道规为诸军统帅。刘裕以刘敬宣担任征讨都督的原因，主要在于想让他立下战功，以便再次提拔。

对于这次伐蜀行动，不是没有不同意见，国子博士周祗上书说："自从义旗建起以来，攻无不克，战无不胜，真可谓是上天与民心一起帮助，如今大乱已经逐渐平定，君臣都很安泰。不久前，粮食生产也开始丰沛，人民也脱离了饥饿之苦，四处的强盗也逐渐没有了，国家将慢慢恢复正常。蜀贼谯纵固然应当消灭，只是古人说过，天时不如地利，地利不如人和。如今，前往伐蜀，逆流而上，行程将近万里，部队要长途跋涉近一年之久，如果伐蜀军能够直抵成都，生擒谯纵，这固然是快事。然而，益州土地荒芜，田间连野草都没有，成都城内居民也所剩无几，计算得到益州的利益与行军的费用，得不偿失。况且，如今正值雨雪到来之际，让东吴子弟西上巴蜀，其间疾病死亡的，又会不少，这是其一。其二，敌人以逸待劳，一旦战事失利，后果将不堪设想。其三，千里运粮，将士们是吃不饱的，况且，部队经过的地方并没有我方的粮食储备，全靠万里运粮，假如战事胶着，粮运不继，即使有韩信、白起那样的名将，也无能为力。如今，大家都说谯纵众叛亲离，其实不然，谯纵本一介百姓，而能登上大位，如果众叛亲离，怎能成功？如今招募的将士都是素无训练之人，没有勇往直前的决心。治国的肯定是要先安定内部然后再对付外部，先安定近处再招怀远方。近一段时期，反叛不停，诛杀不断，不可以说是人和；蜀地天险，不可以说地利；毛修之家遭不幸，不应该以得到死亡为幸事，刘敬宣蒙再生之恩，也要保全性命以报答国家，如今将军派遣这两位视死如归之人，而忘记了国家的大局，这让人实在不安。"

怎奈刘裕决心已下，拒不听从。

听说东晋开始伐蜀，谯纵于义熙三年九月向后秦称臣，又派人与广州的卢循暗中勾结，谯纵上表姚兴，请求姚兴归还桓谦，想利用桓氏家族在荆州的影响力，以对付晋军。姚兴征询桓谦的意见，桓谦说："臣家世代在荆州，对荆州百姓素有恩惠，如果凭借巴蜀的力量，顺流而下，荆州之民必然会望风响应。"

可是，姚兴却表达了不同的意见，他说："小河容不下大船。假如谯纵的能力足以办成事，也不需要借重你的力量，你要自求多福。"

于是，同意将桓谦送到了西蜀。

桓谦来到成都以后，虚怀若谷，很受欢迎，谯纵开始生疑，将其安置到龙格（今四川省成都市双流区），软禁了起来。桓谦哭着对几位兄弟说："秦主真是神人啊！"

经过一年左右的长途跋涉，义熙四年七月，刘敬宣的这支远征军终于进入三峡，他派遣振武将军、巴东太守温祚率领两千人扬言从外水（岷江）进军，而自己则率领益州刺史鲍陋、辅国将军文处茂、龙骧将军时延祖等主力军团从垫江由内水（涪江），身先士卒，转战而前。谯纵向后秦求救，后秦姚兴派遣平西将军姚赏、南梁州刺史王敏率领两万秦军南下救援。刘敬宣的远征军推进到黄虎（今四川省绵阳市境），距离成都五百多里。

谯纵辅国将军谯道福率领蜀国几乎全部的军队，扼守险阻，抵御晋军。

两军相持六十多天，经过了大小十几次战斗，西蜀军队固守险要，不敢出战，而晋军也无法通过。晋军军粮吃完，军中又发生了传染病，死亡的士兵超过一多半，于是，刘敬宣只好率军撤退。谯纵将毛璩一家以及死难的士人的灵柩、毛氏妻女、文处茂母亲何氏都放到河中，由晋军承接运回。

此次伐蜀失利，刘敬宣被免职，封地削去三分之一，荆州刺史刘道规也因此而被降号为建威将军。九月，刘裕提出引咎辞职，晋安帝下诏将其军号降为中军将军，开府如故。刘毅想趁机严惩刘敬宣，刘裕庇护着刘敬宣，并命何无忌前去解劝刘毅，何无忌对刘毅说："为何要以私怨而失去公平！如果你固执己见，我只有将此议交付朝廷，由朝廷重臣共同决定。"刘毅只好作罢。

刘裕起事以来，除去何无忌灵溪之败之外，就是这次刘敬宣伐蜀失利，不过，上次何无忌灵溪失利，统帅是刘毅，而这次刘敬宣伐蜀失败，最高决策者则是刘裕，当然刘裕难辞其咎。

对于刘裕而言，他亟须一次由其亲自指挥的全胜，来挽回自己的声誉，而恰恰就在这时，南燕的慕容超给了他一次机会。然而，当刘裕决策伐燕的时候，群臣大多提出了反对意见，刘毅当时镇守姑孰，他给刘裕写信说："苻坚入侵的时候，谢太傅尚且不亲自领兵出战。宰相远出，将动摇根本。"只有左仆射孟昶、车骑司马谢裕、参军臧熹（刘裕内弟）以为必定能够胜利，劝说刘裕亲征。

谢裕是谢安二哥谢据第三子谢允的儿子，他与谢琰的儿子谢混是堂兄弟关系，谢裕与刘裕关系密切，刘裕还是桓修抚军中兵参军的时候，曾前去谢裕那里问事，谢裕与刘裕交谈以后，相见恨晚，并留下刘裕共餐。饭还没有做好，桓玄就派人召见谢裕，当时桓玄性格急躁，不一会儿，又来人催促。刘裕屡屡要求离去，而谢裕却说："皇上看重我，我有办法。我正想与客人一起吃饭，皇上岂能不耐心地等一会儿。"竟然与刘裕吃饱喝足以后，才去见驾。对此，刘裕一直十分感激，逢人便夸奖谢裕是谢太傅孙子。其实，谢裕是谢安的侄孙。谢裕还有一个怪癖，那就是吐痰的时候，喜欢吐到下人的衣服上，吐到谁的衣服上，就给谁放一天假，让其在家洗衣、休息，因此，每当看到谢裕要吐痰，下人们就争着用衣服承接。后来，谢裕的女儿嫁给了刘裕的儿子庐陵王刘义真，这是后话。

谢裕是支持北伐的，他对刘裕说："大人建立齐桓公、晋文公一样的功业，符合上天和百姓的心愿，匡扶社稷，扫清叛逆，应当树立起个人的威信。南燕临近国境，多次入侵，吊民伐罪，正在于此。平定南燕以后，养精蓄锐，然后再进军洛阳，修复先帝陵墓，岂能无所作为，养痈成患呢！"

谢裕的话坚定了刘裕北伐的决心，他任命孟昶为监中军将军留府事，同时，担心晋安帝的弟弟司马德文在后方会有什么动作，又任命谢裕为大司马左司马，以监视司马德文的举动。

义熙五年（公元409年）三月，江南下起了罕见的大雪，平地积雪数尺。就在这一片白雪笼罩下，刘裕上书晋安帝要求组织北伐南燕，晋安帝同意，并于四月在西堂为刘裕壮行，十一日，东晋帝国中军将军刘裕率领北伐舰队，从建康出发，从淮河进入泗水，正式开始了北伐南燕之战。五月，东晋的北伐军推进到下邳（今江苏省睢宁县），部队弃舟登岸，留下辎重，从陆路徒步北进到琅邪（今山东省临沂市北十五里），晋军所到之地，都构筑城池，留下部队驻守。

三八八　南燕灭亡（一）

听说晋军大举北伐，慕容超于东阳殿上与南燕群臣商议对策。

南燕侍中、尚书、领左卫将军公孙五楼建议说："吴军轻率果敢，利在速战，其刚刚前来，军锋锐利，不可与之争锋。应当占据大岘要隘，阻挡吴军，不让敌人进入我国腹地，拖延时日，挫其锐气。然后，选拔两千精锐骑兵，沿着海岸线向南穿插，断绝吴军的粮道；另外，再命令段晖率领兖州（今山东省泰安市南）的部队，顺着梁父山东下，对晋军前后夹击，这是上策。命令各地郡守，依托险要严密防守，留足必要的粮食以外，剩余的全部焚烧，拔掉田野里的秧苗，使敌人抢不到粮食，坚壁清野，以等待敌人转入劣势，敌客我主，没有军粮，又无法与我决战，十天半月即可瓦解，这是中策。让敌人通过大岘险要，我与其在城下决战，这是下策。"

慕容超回答："京师人口众多，一时之间难以全部入城固守；青苗遍野，也不是顷刻之间就能完全割完。假如像你说的那样，将庄稼都割完，大家也都避敌不战，固守城池，以保全性命，这不是朕能做到的。如今，岁星在齐国之地，以天道推算，我必不战自克晋军；再从人事上说，朕占据五州之地，有山川河流之固，战车上万，铁马无数，为何要不战就先自我伤害？即便是让晋军度过大岘险要，进入平原，我以精锐骑兵践踏蹂躏，何愁不能将其击败！"

辅国将军贺赖卢苦苦劝谏，慕容超执意不从，退下后，他对公孙五楼说："圣上不用我的计策，很快就要灭亡了啊！"

太尉、桂林王慕容镇建议："陛下真的打算在平原地带用铁骑进攻晋军，那么，就应当南出大岘，即使经过战斗不能取胜，还能够退守大岘固守，不该令敌人顺利越过大岘天险。过去，成安君没有固守井陉关，最终被韩信生擒；诸葛瞻没有抢占束马悬车的险要，而被邓艾击败。臣以为天时不如地利，固守大岘，的确是上策。”

慕容超没有听从。

慕容镇退下后，见到韩倬说：“主上既不能坚壁清野，固守险要，又不肯迁徙军民，简直就是刘璋第二。今年国家灭亡以后，我身为异族，肯定会被处死，卿等身为中原汉人，却不得不断发文身了！”

慕容超听了，不禁大怒，将慕容镇投入监牢。

于是，慕容超下令撤防莒城（今山东省莒县）、梁父（今山东省泰安市）两城，将部队全部集中到京城，加强京师的防御，修缮城墙，养精蓄锐，以待晋军。

南燕君臣提到的大岘，其实就是穆陵关，它位于大岘山与龙山的接合部，是山东南面的一道天然屏障，在今山东省临朐县东南一百五十里与临沂市沂水县交界处。

刘裕大军北伐之初，东晋也有部分朝臣担心，南燕听说晋军大举北伐，必然不敢应战，如果不固守大岘，一定会固守广固，坚壁清野，断绝晋军粮道，如此一来，晋军不仅难以取胜，而且还有覆灭的危险。刘裕回答：“对此，我也考虑了多时了。鲜卑贪婪，没有深谋远虑，侵袭的时候，只希望多多抢掠，防守的时候，又怜惜庄稼。他们肯定认为我军深入敌国，不能持久，因此，燕军最多会前进到临朐，要么就退守广固。我军一旦度过大岘，则置之死地，人人再无后退之心，我驱赶着怀揣必胜决心的将士，去迎击怀有二心的敌人，不用担心不会胜利。他慕容超肯定不会坚壁清野，我可以与大家打赌。”

义熙五年（公元409年）六月，刘裕率领北伐军一路北上，没有遇到南燕军队强有力的抵抗。等到晋军越过大岘的时候，刘裕喜形于色，他以手指天，庆幸地说道：“我成功了！”

身边的人说：“大人尚未见到敌人，却乐成这个样子，到底是怎么回事？”

刘裕回答：“我晋军已经越过了天险，将士们个个都有了必死的决心；田野里到处都是粮食，我军再无断粮的忧虑。南燕君臣已经在我的掌握之中了。”

同月十二日，晋军进抵东莞（今山东省莒县）。

不久前，南燕主慕容超命令左军将军段晖、辅国将军贺赖卢等六位将军率领步骑五万，南下驻守临朐（今山东省临朐县），听说晋军已经越过了大岘天险，慕容超亲自率领四万部队，增援段晖等人，一时间，临朐的燕军兵力达到了十万之众。临朐城南四十里，有一条河流，叫巨蔑水。

慕容超抵达前线督战以后，对公孙五楼说：“应当占据巨蔑水（临朐以南），晋军前来没有水源，也难以作战。”于是，公孙五楼率领骑兵前往驻守。

晋军前锋官为刘裕参军、龙骧将军、广川太守孟龙符和沈田子，孟龙符是孟怀玉的弟弟，二人均为孟昶的族弟，孟龙符武艺绝伦，此时他率领晋军步骑混合兵团也已经到达巨蔑水附近，于是，两军当即就发生了一场遭遇战。孟龙符跨马挺枪，单身匹马冲入敌阵，杀死了很多燕军士兵，燕军遂败退而去，晋军就此占领了水源地。孟龙符乘胜飞马追击，后面的骑兵没有及时跟上，被燕军数千骑兵团团围住，孟龙符每一回合总要杀死几名燕军，但终因寡不敌众而战死沙场，终年二十三岁。孟龙符战死后，刘钟率领身边的亲随冲入敌阵，夺回了孟龙符的尸体而去。

放眼望去，一马平川，临朐城就在晋军的眼底。

当时，晋军共有四千多辆战车，刘裕下令将这四千辆战车一分为二，放置在部队的左、右两侧，以北燕军铁骑的冲击，战车之上全部布上帷幔，车上的士兵均手持长矛，又在车辆的外围布置了游动骑兵。就这样，晋军大部队号令严整，队形整齐，缓缓向临朐城黑压压地压来。当晋军行进到距离临朐数里的地方，一万多鲜卑铁骑从前后左右朝晋军杀来，刘裕命令兖州刺史刘藩，并州刺史弟弟刘道怜，咨议参军刘敬宣、陶延寿，参军刘怀玉、慎仲道、索邈等人率军全力迎击。刘藩为刘毅堂弟；刘道怜是刘裕的弟弟；刘敬宣此时加冠军将军，统领孟龙符的部队；陶延寿是陶侃的玄孙，为陶渊明的族子，陶渊明《赠长沙公族孙一首》即是写给陶延寿儿子的；刘怀玉出身不详，当为刘裕从母兄弟刘怀肃同族；慎仲道、索邈二人身世不详。

两军一直在临朐城南激战到中午过后，仍然不分胜负。

参军胡藩对刘裕建议道：“南燕军队驻守屯军城外，城内守军必然空虚，如今，派军掩袭临朐城，拔掉燕军城上的旗帜，这就是韩信井陉关攻克赵军曾用过的计策。”我们知道，胡藩曾做过殷仲堪、桓玄的幕僚，一直忠于主人，现为刘裕参军。刘裕立即采纳了胡藩的建议，他命令檀韶率领胡藩、向弥等五十人偷偷从小路迂回到临朐城（《宋书·檀韶传》称为“五十人”，疑为五千人之误）。向弥，本名向靖，小名向弥，因与刘裕的爷爷同名而以小名称。

这支突击部队偷偷来到临朐城下，宣称是从海路上增援的轻装部队。向弥最先登上城墙，砍掉了燕军大旗，一举占领了临朐，夺取了燕军的全部辎重。在临朐城内静等捷报的慕容超不禁大惊失色，单身匹马逃出城南，投奔段晖的军队。

临朐失守，南燕军队顿时军心大乱，刘裕趁机指挥晋军向燕军发起总攻击，他亲自擂鼓，晋军如入无人之境，燕军段晖之军再次战败，段晖本人也临阵被杀，燕军大败。除段晖之外，晋军共斩杀燕军大将十余人，慕容超率领残兵败将仓皇逃回广固，晋军缴获了南燕皇帝玉玺、御用车辆及悬挂在御车后面的豹尾。

晋军乘胜一直追击到广固，六月十九日，攻陷广固外城，对外城实施屠城。慕容超率众退守内城，刘裕命令在广固内城外开挖三道壕沟，构筑一道高三丈的长墙，然后，派遣使者到齐地各地招抚百姓，齐地各族民众都十分欢迎晋军，刘裕下令暂停从江南运送粮草，军队就地征集当地的粮食。

慕容超退回广固后，一方面派遣尚书郎张纲前往后秦，请求增援；另一方面下令赦免了慕容镇，并加封其为录尚书事、都督中外诸军事。慕容超召集群臣商议对策，他首先向大家道歉说："朕继承大业以后，不能任用贤良，却刚愎自用，覆水难收，如今后悔又如何来得及！智士提出奇计，必在最危难的关头，忠臣显示气节，也是在国家危难的时候，大家认真思考一下，我们共赴国难。"

慕容镇建议说："百姓之心，都在乎陛下一人。陛下既然亲自统率大军，却一战脱逃，群臣离心，军民丧气，民心士气已经难以依靠。我听说后秦国内正有刘勃勃的内患，他们自顾不暇，恐怕无力来救援我们，此时，我们只能依靠自己，与晋军决一死战。如今尚有数万剩余的部队，陛下可以将宫中金银、布帛、宝贝、宫女，全部拿出犒赏将士，让部队出城与刘裕一战。假如上天保佑我国，自可战胜敌人；即使失败被杀，也死得壮烈，不可以困守孤城，被动挨打。"

司徒慕容惠反驳道："不对。如今晋军大胜以后，士气高涨，我败军之将，如何能够抵御！后秦虽然与刘勃勃相持，但不足为患，况且，两国结好，有唇齿之依，今我国有难，后秦必然会救。但是，自古以来，向别国求救如果不派遣朝廷重臣前往，就招不来大兵，尚书令韩范德高望重，被燕秦两国所尊重，应当派遣他前去长安一趟。"

于是，慕容超再派韩范与王蒲一起，前往后秦请求救援。

三八九 南燕灭亡（二）

韩范与王蒲离开广固不久，晋军就完全包围了广固城。

慕容超的亲信、南燕尚书垣遵及其弟弟、京兆太守垣苗越城投降了晋军，刘裕任命两人为代理参军，此时，东晋朝廷又加封刘裕为北青州、冀州二州刺史。晋军在广固城下制造攻城器具，城上的燕军看到以后，说："你们得不到张纲，造这些东西都是没有用的。"慕容超派往后秦乞师的尚书郎张纲，工于制造各种兵器，因此，南燕人才这样说。此时的张纲正从长安归来，正如慕容惠所说的那样，张纲此行空手而归，姚兴假装同意救援南燕，但并没有派军前来。刘裕得知张纲是位能工巧匠以后，即命令泰山太守申宣在张纲的必经之路上拦截，将其抓获。

晋军抓住张纲以后，刘裕命人将张纲带上高车之上，让他对城上的燕军高呼："刘勃勃已经大破秦军，无兵可救。"城上燕军无不面面相觑，大惊失色，慕容超大怒，命人朝张纲射箭。在此期间，晋军又抓获了南燕尚书右仆射张华、尚书中丞封恺，刘裕命令二人给慕容超写信，劝说他投降，于是，慕容超给刘裕回信，请求作为属国，以大岘山为两国的边界，并请献上一千匹良马，两国和好，但遭到了刘裕的拒绝。

此时，刘勃勃刚于去年七月取得了木城大捷，生擒后秦大将齐难，后秦北伐军两万余人全军覆没，到了这一年年初，恼羞成怒的姚兴即部署发起对刘勃勃的全面进攻，而就在姚兴纠集后秦大军准备大举讨伐刘勃勃的时候，不仅少弟姚冲试图背叛，而且，原西秦王乞伏乾归也从后秦逃归，脱离了后秦的掌控，不久，乞伏乾归就恢复了西秦政权。与此同时，到了这一年的四月，就在刘裕挥师北上的时候，夏王刘勃勃又率领两万骑兵南下到平凉（今甘肃省平凉市），俘获七千多户各族民众，夏军一直推进到依力川（今甘肃省平凉市东南）。姚兴进抵贰城（据胡三省注：在杏城西北，平凉东南），命令安远将军姚详及敛曼嵬、镇军将军彭白狼分头督运粮草。当刘勃勃看到秦军尚未完成集结，即抓住战机，率先对秦军发起了攻击。当时，姚兴身边的部队人数很少，不禁心生恐惧，他打算留下步兵驻守贰城，而自己则带着骑兵投奔到敛曼嵬的大营，后秦群臣都不同意，但姚兴不从。

尚书郎韦宗顺着姚兴的意思，劝姚兴赶紧行动，兰台侍御史姜楞说："韦宗内心险恶，应当腰斩以谢天下，假如陛下车驾一动，必然全军大乱，只用派出使者迅速调集部队勤王。"

姚兴沉默不语，尚书右仆射韦华等人苦苦劝谏说："如果陛下车驾一动，我军必然会不战自溃，即使是敛曼嵬的大营，也未必能够安全到达，请陛下深思。"

姚兴这才派遣左将军姚文宗率领禁卫军与夏军交战，另派中垒将军齐莫率领氐族士兵作为后援，姚文宗与齐莫二人均为猛将，他们率军与夏军死战，终于打退了夏军的进攻。

刘勃勃退去以后，姚兴又派遣将军姚榆生等人追击夏军，结果，又中了刘勃勃的伏击，姚榆生等人被夏军活捉。姚兴留下五千禁卫军交给姚详，驻守贰城，自己则回到了长安。刘勃勃从贰城退去以后，又进攻敕奇堡（今甘肃省平凉市西北）的王奚，王奚骁勇善战，聚集三千多户羌胡驻扎在此，夏军一时没有攻下，刘勃勃下令切断了坞堡的水源，堡垒内部自乱，王奚被生擒，刘勃勃对他说："你是忠臣啊，朕将与你一起平定天下。"

王奚说："如果你给我恩惠，就让我速死。"于是，与数十名亲信自刎而死。

接着，刘勃勃又进攻后秦黄石固（今宁夏回族自治区固原市东南）的金洛生、我罗城的弥姐豪地，将平凉附近七千多家后秦居民都迁到大城（今内蒙古自治区杭锦旗），而以丞相刘右地代为幽州牧，镇守在大城。刘勃勃在平凉附近的侵扰，已经威胁到了后秦秦州重镇上邽，这就是南燕张纲、韩范等出使后秦时后秦的局势。不过，当韩范见到姚兴之时，姚兴正在部署对刘勃勃的大举进攻，他还是派遣姚强率领一万步骑，随着韩范一起前往洛阳，与驻守洛阳的姚绍一起发兵救援南燕。然而，平凉战事瞬息万变，洛阳的秦军尚未上路，姚强就接到了火速回援长安的命令。韩范听到这一消息，不禁叹息道："上天这是要灭亡南燕啊！"

而就在这时，从长安东返的南燕尚书张俊投降了晋军，他建议刘裕说："如今南燕之所以还固守穷城，就是寄希望于韩范能够带来后秦的援军。韩范不仅名重一时，而且与姚兴又是老朋友，如果刘勃勃失败，后秦必然会出兵救援南燕。

应该给韩范送去密信，许以高官厚禄，一旦韩范投降了，那么，广固城自然就降了。”于是，刘裕给韩范写信，答应任命其为散骑常侍，韩范得到了刘裕的书信，即投降了晋军。

刘裕见到韩范后，调侃着说：“大人将要建立申包胥那样的功劳，为何空手而归呢？”

韩范回答：“我爷爷以来，我家一直受到燕国的大恩，因此，我愿意尽我所能解救国家之难，只是因为后秦国内动荡，以致我没有完成使命，可以说这是上天要灭亡我国而帮助大人建功立业啊！智慧的人能够见机行事，因此，我敢不听从大人之命！”

第二天，刘裕带着韩范绕着广固城巡视，城上的燕人看到韩范被俘，更是斗志全无。

刘裕对韩范说：“你应该对着城内，晓谕祸福，让他们投降。”

韩范说：“虽然我蒙受了您的大恩，但不忍再图谋母国。”

刘裕对韩范的气节十分赞赏，也不勉强。

城内的人劝说慕容超诛杀韩氏家族，慕容超也预感自己气数已尽，再加上韩范的弟弟韩倬一直尽忠王室，因此没有答应。相反地，张纲为晋军制造了各式精良的攻城器械，张纲所制造的新型冲车，上面有木板屋盖，覆盖着皮革，城上的滚木礌石打上去毫发无损，还建造了飞楼、悬梯、木幔等，高过城墙，居高临下进攻城内。慕容超大怒，将张纲的母亲放置到城墙之上，残忍地将其肢解。

如今，晋军已经包围了广固半年之久，在这一年，南燕的东莱（今山东省莱州市）下了血雨，广固夜里听到城门外有鬼在哭泣。

虽然姚兴没有及时派遣援军，但他还是派来了使者，对刘裕说：“慕容氏与我国是友邦，如今晋军进攻如此凌厉，我已经派遣十万大军，屯驻洛阳，如果晋军不撤，我将长驱而来。”

刘裕对秦使者说：“告诉你家姚兴：‘我灭亡南燕以后，休兵三年，就要夺取关中洛阳。如今你胆敢自己送上门来，那你就快来！’”

当时，刘穆之一直跟随大军，当他听说秦国的使者来到以后，赶紧来见刘裕，当他见到刘裕以后，秦国使者已经离去了。

刘裕把自己的话告诉了刘穆之，刘穆之埋怨道：“平时大人有什么事情，都要与我商议，这件事非同小可，为何仓促答复！你说的话不仅不能威胁对方，相反会激怒人家。如果广固拿不下来，而秦军又突然到了，那该如何是好？”

刘裕笑着说：“这是军事谋略，你不懂，所以没让你知道。兵贵神速，假如他姚兴真的能够前来救援，肯定担心我知道秦军的行踪，哪有预先通知我的道理！这正说明他不过是说大话而已！我晋军很久都没有出师了，后秦见我讨伐南燕，他自顾不暇，岂能救别人！”

义熙五年（公元409年）的整个下半年，晋军一直牢牢地围困着广固，而燕军也死死地驻守在城内不降，南燕灵台令张光劝说慕容超投降，慕容超大怒，亲手将其杀死。在此期间，晋朝廷从后方源源不断地派来增援部队，每一支部队前来，刘裕就事先派出现有部队与增援部队会合，第二天，再敲锣打鼓声势浩大地来到前线，在晋军的威势下，城内人心惶惶，城外百姓也纷纷向晋军送来粮食，每天都有上千人。

义熙六年（公元410年）元旦，慕容超登上广固内城的南门，在城楼上接见群臣，宰马犒赏将士，给百官加官晋爵。第二天，他与自己最宠爱的魏夫人一起登上城墙，看见威武雄壮的晋军，两人不禁握手相对而泣。韩倬劝谏说：“陛下遭遇危难之际，正是丈夫努力之时，却像妇女一般悲伤哭泣，这是多么可耻啊！”慕容超当即擦去眼泪，向韩倬道歉。尚书令董锐劝说慕容超投降，慕容超大怒，将其投入大牢。于是，南燕君臣做殊死搏斗，贺赖卢、公孙五楼率众从城内挖掘地道，燕军从地道突出城外，与晋军交战，但却无法击退晋军。

河间人玄文给刘裕献计说：“过去，后赵进攻曹嶷，望气的术士认为，渑水围绕着广固城，城池无法攻陷，如果将五龙口堵塞，那么，城池必然会自行陷落。石虎听从了，曹嶷很快就投降了。后来，慕容恪进攻广固的段龛，也是如此。段龛投降后不久，五龙口又因地震而打开了，现在过去的基础还在，可命人将其堵塞。”

刘裕听从了他的话，而恰在这时，城中百姓一大半都得了软脚病，出城投降的一个接着一个。

慕容超登上城楼，尚书悦寿对慕容超说：“天地不仁慈，助纣为虐，城内战士疾病疲惫，我们困守穷城，毫无外援，天时人事，由此可知。假如天命终结，即使是尧舜也要让位，转祸为福，以保全宗庙为重。”

慕容超当然知道他的意思，他叹息一声说道：“国家兴废，这都是命啊！我宁愿手握宝剑与敌人决斗而死，也不能口含玉璧跪着求生！”

义熙六年（公元410年）二月五日，在经历了大半年的围困以后，晋军统帅刘裕决定攻城，在总攻命令发出前夕，晋军众将齐聚中军大营接受命令，突然，一只如鹅一般大小的黑色大鸟，闯进大帐，大家都以为这是不祥之兆，胡藩却说："黑色是胡人之色，胡人投奔我大帐，正预示着我军大吉大利。"

刘裕发起了总攻的命令，这时，又有人说："今天是惊蛰以后的第十四日，叫往亡日，主前往必亡，不利出征。"

刘裕回答："我往彼亡，有什么不利！"

于是，晋军从广固城的四面八方一起进攻，南燕尚书悦寿打开了城门迎接晋军，晋军将领向弥第一个冲进城中。慕容超与数十名亲信骑马逃跑，被晋军征虏贼曹乔胥追上活捉。

慕容超被押到刘裕跟前，刘裕斥责他为何不早早投降，慕容超神情自若，只是将自己的老母托付给刘敬宣，始终一言不发。

刘裕将他押送到建康，在建康街市上，慕容超被斩首示众，时年二十六岁，在位六年。南燕政权自慕容德在晋安帝隆安四年登基至今，共存续了十一年。

刘裕消灭南燕以后，无法存身的司马国璠、司马叔璠、司马叔道兄弟又逃往后秦，姚兴问他们："刘裕已诛杀了桓玄，正辅佐晋室，你们为何而来？"

司马国璠等人回答："刘裕削弱王室，臣宗族稍有能力的人都被他一一剪灭，他将成为晋室最大的敌人，比桓玄有过之而无不及。"

姚兴大喜，任命司马国璠为扬州刺史，司马叔道为交州刺史。

义熙五年、义熙六年尤其是义熙五年，可谓是一个大乱之年，在这一年里，西秦乞伏乾归复兴了西秦，北魏的拓跋珪被亲生儿子拓跋绍弑杀，北燕的高云也在同日被杀，后秦面临着刘勃勃无情的打击，而南燕也被刘裕围困大半年。到了第二年，原后秦境内的夏国、西秦、南凉、仇池与后秦之间还在进行着你来我往的角逐，西凉、北凉、南凉、吐谷浑也在不时发生着冲突，北魏、柔然、北燕之间也在相互博弈，而此时的东晋刘裕即在该年的年初就消灭了南燕，当时的北魏拓跋嗣刚刚继位，而后秦的姚兴也被刘勃勃弄得焦头烂额，因此，刘裕还想驻军南燕，趁势沿着黄河向西向北横扫过去，然而，一件突如其来的事情却不期而至了。

三九〇　卢循叛乱

义熙六年（公元410年）二月初，东晋帝国刘裕终于攻陷了广固，平定了山东。

据《宋书·武帝本纪》记载："六年二月丁亥，屠广固。"而据《资治通鉴》的记载，当日，晋军攻下广固之后，刘裕对固守七个多月的广固军民十分恼火，计划将城内军民全部活埋，将妇女全部赏赐给将士。

韩范劝谏说："晋室南迁，中原陷落，百姓无援，谁强就归顺谁，既然成为君臣，就理当为其效力。这些人都是中原的遗民，国家的赤子，如今王师吊民伐罪，战胜以后却全部坑杀，以后北方的百姓们还能逃到何处！我担心西北的民众再也不指望王师前去解放他们了！"

韩范的一席话让刘裕不禁动容，他向韩范表示道歉，不过，刘裕仍然下令将南燕王公以下三千多人，把一万多家属没为奴仆，缴获两千匹战马，将广固城墙拆毁。

就在刘裕处理南燕遗留事务、考虑将大本营设置在下邳（今江苏省睢宁县西北）的时候，一道加急诏书送到了他的手中，诏书写明：广州刺史卢循业已发动叛乱，挥师进攻荆州、江州，命令刘裕即刻率部保卫京师！

其实，早在徐道覆听说刘裕北伐的消息以后，就劝说卢循乘虚奔袭建康，但是，卢循没有听从。自元兴三年（公元404年）年底，卢循占领广州，到第二年即义熙元年（公元405年）四月，他被东晋朝廷正式任命为广州刺史，屈指算来，业已近五年之久，在此期间，东晋朝廷一直忙于讨平桓玄余党，讨伐西蜀，恢复农业，无暇顾及偏远的广州。卢循深知刘裕这个老对手难以对付，自己的部队战斗力也无法与刘裕重新组织起来的北府兵抗衡，这是他没有立即同意徐道覆建议的主要原因。然而，在徐道覆看来，刘裕一刻也没有忘记广州，如果不抓住这次机会，奋力一搏，等到刘裕腾出手来，后悔就来不及了。

义熙六年（公元410年）一月，就在刘裕将要攻破广固之时，徐道覆亲自从始兴前往广州，面见内弟卢循，说道："我们蜗居在此，岂是心甘情愿，要居住到老，传给子孙吗？只是因为刘裕太强，我们打不过他而已。朝廷一直把我们作为心腹之患，今刘裕屯兵于坚城之下，回京遥遥无期，我们率领这些江浙的思乡之众，掩袭何无忌、刘毅等人，将易如反掌！不抓住这一千载难逢的战机，却苟安岭南，等到刘裕平定南燕以后，休整一年多，向大人发出征召的命令，刘裕亲自屯军豫章（今江西省南昌市），派遣将帅越过五岭，届时，即使以将军的英勇神武，恐怕也无能为力了。现在的机会万万不可白白丢掉。如果我军一举攻克了建康，占领了他们的巢穴，即使刘裕南下，也没有用了。大人如果不同意，我将单独率领我始兴（今广东省韶关市东南）之军，直接进军浔阳（今江西省九江市）。"

徐道覆的正式职务是始兴相，在他担任始兴相期间，他早就在暗中备战，他让人去大庾岭上砍伐能够制造战舰的木材，然后，到始兴街上贱卖，当地居民争相购买，囤聚在家中，此时，徐道覆下令将各家各户的木材全部征收，制造战舰，十多天就全部组装完毕。

卢循本意不想主动出兵，但又无法说服徐道覆，只好勉强同意。

在讨论进攻方向上，卢循没有与徐道覆合军一处，并力进攻一个方向，两人做出以下分工：由徐道覆率领本部人马从始兴向东北进攻赣州（今江西省赣州市），然后，顺着赣江一路而下，进攻江州；卢循率领本部人马从始兴北进，进攻湘州，然后转攻江陵，占领大荆州地区。鱼与熊掌不可兼得。卢循的这一战略思路，是求稳，而徐道覆则是拼力一搏。于是，卢循之军北上进攻长沙，而徐道覆之军则进攻南康（今江西省赣州市南康区）、庐陵（今江西省吉安市西南）、豫章（今江西省南昌市）各郡，当地郡守县令无不望风奔溃，徐道覆顺流而下，战舰声势浩大。徐道覆北上的消息传到建康的时候，刘裕攻克广固的捷报尚未传来，当刘裕接到朝廷的诏书以后，他命令韩范为都督八郡诸军事、燕郡太守，封融为渤海太守，檀韶为琅邪太守，（《建康实录》称，刘裕以刘敬宣为青州刺史）义熙六年二月二十六日，在刘裕攻克广固二十天后，他下令班师回朝。后来，刘穆之诬陷韩范、封融谋反，两人全部被诛杀。

镇南将军、江州刺史何无忌从浔阳率军前往抵挡，长史邓潜劝谏道："如今以神武王师抗拒叛逆之众，如同泰山压卵一般，但是，国家安危，在此一举。听说徐道覆战舰声势浩大，且顺流而下，应当将豫章南部的南塘掘开，让赣江水位下降，这样徐道覆的大船就要搁浅。我们则严密防守豫章、浔阳两座城池，敌人肯定不敢绕过我们，去进攻建康。我们则养精蓄锐，等待敌人筋疲力尽，然后再对其发动进攻，这是万全之策啊。如果与敌人决胜负于一战的话，万一失败，后悔都来不及了！”

参军殷阐也说：“卢循所率领的部众，都是三吴的老贼，身经百战，始兴当地的土著，也矫健善斗，不可轻视。将军应当坐镇豫章，征调各地的军队，待军队到齐以后，再与之会战也不晚。如果仅以现有的部队轻率出战，肯定会后悔的。”

何无忌不从，亲率江州水军前往迎战。

三月二十日，何无忌的江州部队与徐道覆之军在豫章遭遇。徐道覆命令数百神射手攀登赣江西岸的小山，向官军的小船放箭。正在这时，天上突然刮起了大风，大风从西面刮来，将官军的船只刮到了赣江的东岸。徐道覆看准时机，立即下令自己的大船借着风势，朝官军的小船压来。由于官军船只较小，顿时崩溃，何无忌厉声说道：“取我的苏武节来！”手下将他的符节拿来，何无忌手持符节，亲自指挥士兵们作最后的抵抗。不一会儿，叛军将何无忌的小船团团包围，登上船的敌人就有数十人，何无忌大义凛然，毫无惧色，临阵被斩杀，他死的时候，手里还紧握着符节。

豫章败报传来，东晋朝廷上下一片惊恐，当时有人提议带着晋安帝弃城，渡江北投刘裕，后来，发现叛军距离建康尚远，这才稍稍安定了下来。

刘裕率军南撤到下邳，用船只装运辎重，自己则率领精锐部队从陆路南下。当刘裕抵达山阳（今江苏省淮安市）的时候，何无忌兵败被害的消息传到了刘裕的军中，刘裕担心京师失守，他下令将士们卷起铠甲，日夜兼程南下。刘裕与数十名亲随率先抵达长江北岸，向路人探听京师的消息。路人回答：“敌人尚未抵达，刘公如果回来，就没有什么可担忧的了。”刘裕闻言大喜。将要渡江的时候，正值天上刮起了大风，风大浪急，大家都十分担心，刘裕说：“如果上天保佑国家，风自然会停息，如果不保佑的话，船翻淹死又有什么！”当即就命令登船，刘裕所坐的船刚刚离岸，大风就停了下来。刘裕过江以后，抵达京口（今江苏省镇江市），这时，帝国的人心才算安定了下来。

四月二日，刘裕抵达建康，由于江州陷落，刘裕向朝廷提出引咎辞职，晋安帝司马德宗不许。

此时，青州刺史诸葛长民、兖州刺史刘藩、并州刺史刘道怜也都率领本部人马，入卫建康。还在何无忌三月二十日战败以后，豫州刺史刘毅就决定率领豫州之军前往迎敌，可是，就在出师之日，刘毅却得了重病，部队无法按原计划成行。过了几天，刘毅痊愈了，将要出师。

刘裕给他写信说：“我过去与妖贼交战多次，深知他们的习性，他们刚刚得手，其锋锐不可当。如今，我即将修整好船只，马上就可以与弟一起前往扑灭贼寇。胜利以后，上游荆州之地全部交付老弟。”

刘裕又派刘毅的堂弟、兖州刺史刘藩亲自前往姑孰（今安徽省当涂县），说服刘毅。

刘毅听了，不禁大怒道：“当初起义的时候，不过是临时推举他为盟主，你真的以为我就不如他刘裕嘛！”

说完，将刘裕的书信扔到地上，即刻率领二万水军从姑孰出发，西上进攻徐道覆。

徐道覆听说刘毅之军西上的消息，立即向卢循派出使者说：“刘毅之军人数众多，成败在此一举，我们两军应当合兵一处，全力对付他。”

徐道覆连克江西各郡的同时，卢循之军也在长沙击败了荆州刺史刘道规派来迎战的部队，一直推进到巴陵（今湖南省岳阳市），正准备进攻江陵（今湖北省江陵县）。

徐道覆还在信中说：“如果此战胜利，则天下无忧了。已经安定了根本，上游的荆州就不忧不会平定。”

卢循即日率军从巴陵顺流东下，与徐道覆之军会师东下。卢、徐之军共计士兵十万余人，战舰上千艘，另有九艘高十二丈的四层战舰，十分威武。

五月七日，卢、徐之军与刘毅的部队在桑落洲（今鄱阳湖口长江江心小岛）水域遭遇。由于寡不敌众，刘毅水军大败，全军覆没，刘毅本人与数百人弃船步行，狼狈逃离战场，剩余部队全部被俘虏，晋军丢下的辎重堆积如山。刘毅这数百人从崎岖的山路上跋涉，路经很多山蛮的聚居区，途中因饥饿疲惫而死的就有十之八九，参军羊邃一路竭尽全力照顾着他，这才得以安全回到京师。

刘裕见到他以后，并没有过多地责备他，而是将其恢复了原职。七年前的晋安帝元兴三年四月，何无忌等也是在桑落洲大破桓玄庾稚祖、桓道恭所部，解除了建康西面的威胁，而七年后的今天，由于刘毅桑落洲惨败，使得卢循、徐道覆之军打开了通往建康的门户，那么，下一步他们又将采取什么样的军事行动呢？

在桑落洲之战前，无论是卢循还是徐道覆都不知道刘裕从伐燕的前线已经回到了建康，桑落洲之战以后，他们在俘虏的口中这才得知刘裕已经回到建康一个多月了！原本二人盘算击败刘毅之后，建康就唾手而得了，当听到这一消息以后，大家都不禁面面相觑，大惊失色。

刘裕就在建康，这预示着东晋帝国最精锐也是最强大的军队，就在建康严阵以待！

卢循的意见是：退回浔阳，西上进攻江陵，占领荆州、江州二州，以对抗朝廷，而徐道覆则坚持联兵而下，乘胜与刘裕决一死战，两人争执了多日，这才一起东下。

三九一　建康之战

义熙六年（公元410年）五月八日，也就是在刘毅桑落洲惨败后的第二天，东晋朝廷实施大赦。

刘裕下令招募军队，对于参军的士兵将来的犒赏与六年前京口参加义军的犒赏相同，并征发百姓修筑石头城，在京师实施戒严。当时，不少人建议要分兵防守各个交通要道。

刘裕却说："敌众我寡，如果分兵把守各处，则敌人极易看出我们的虚实。并且，一旦一处失守，将影响全军的士气。如今，将重兵全部集中在石头城，根据战场情况的变化而进行调动，既让敌人无法了解我军的虚实，又不分散兵力。等到后续部队集中以后，再说下一步的打算。"

据《资治通鉴》《宋书·武帝本纪》《宋书·王懿传》等史料记载，刘毅桑落洲惨败的消息传来，建康人心不稳。当时，北伐南燕的军队刚刚回师，将士们多半负伤或者染病，建康城内能战之士仅有数千人，而卢循之军则高达十万之众，桑落洲败还的人都极言乱军声势浩大。虽然各处均说建康城内守军仅有数千之众，但仔细研究下来，这里的记载似乎是有问题的。

一是，刘裕北伐之军的总数不详，但仅从临朐会战中，南燕慕容超投入的军队就有九万之众，刘裕北伐南燕进行的是一场灭国之战，人数当不在慕容超之下，即便是考虑到刘裕善于以少击众，但兵力也不会少于南燕军队很多。慕容超溃败以后，晋军包围了广固，兵法十则围之，假如晋军兵力过少的话，公孙五楼等人从广固城内向外突击，也不可能不会得手。

二是，刘裕得知卢循、徐道覆叛乱以后，即命令全军卷甲兼行，而此时刘裕已经到达建康一个多月，北伐的精锐部队大部已经撤回，在这些部队中，不仅有刘裕的北伐军，而且还有降服南燕的鲜卑骑兵，这在《宋书·武帝本纪》《宋书·刘敬宣传》等多处均有提及，因此，史书说建康守军仅仅数千之众，是不可信的。

三是，在刘裕回到建康前后，青州刺史诸葛长民、兖州刺史刘藩、并州刺史刘道怜等人也已经率领本部人马入卫京师，现在说兵力仅有数千，更是离谱。《宋书》之所以这样记载，大约也是中国惯常的“造神”情结在作怪吧。宋武帝以一介布衣跻身于门阀意识浓厚的东晋高层，不人为地制造一些神迹，就难以服众吧。

在何无忌和刘毅迎战卢循、徐道覆的时候，孟昶就预测到要失败，后来二人果然兵败。如今，孟昶再次预测刘裕抵挡不住卢循的大军，因此，孟昶的话在东晋朝廷上具有一定影响力。孟昶和诸葛长民都提议放弃建康，迁都江北，在孟昶的蛊惑下，不少人也表示同意，但刘裕不从。大敌当前，孟昶、诸葛长民等人的这一提议，在一定程度上自乱了朝廷的阵脚，他们在这个时候提出这一动议，一方面是出于害怕；另一方面也许另有隐情。我们说过，据《宋书·自序》记载沈约的上表中称，刘毅、何无忌、魏咏之、檀凭之、孟昶、诸葛长民六人，虽然与刘裕一起在京口起义，但他们“志在兴复，情非造宋”，与刘裕及其亲信如刘穆之等人是完全不同的，孟昶此时提出撤出建康，也许有出于打击刘裕的考虑。由于撤守建康的呼声很大，以致这一争论提交到朝廷公开讨论，在朝堂之上，只有刘裕的亲信、龙骧将军虞丘进当众与孟昶等人辩论，刘裕非常高兴。刘裕的中兵参军王懿（王仲德）对刘裕说出了迁都之议将对东晋朝廷，尤其是对刘裕本人所产生的严重后果，他说：“如今天子正值壮年，大人为帝国的宰相，刚刚建立了灭国的大功，威震四方。妖贼趁我远征，前来入侵，听说大人凯旋而归，必然会惊恐败散。现在，如果先行逃亡到草莽之间，大人您将形同一介百姓，一介百姓去发号施令，还有什么威严？届时，义士豪杰就会各自投靠自己的主子去了，谁还会再听您的呢？如果听从了他们的这一提议，我将立即与您辞别。”

刘裕听了王懿的话，十分高兴，就命令他率军驻守越城（今南京市中华门外）。

然而，孟昶却一直坚持他的意见，刘裕说：“如今，帝国的重镇（指江州、豫州之军）在外倾覆，强大的敌人一直威胁到京畿，人心大乱，毫无信心。如果一旦迁都，就会即刻土崩瓦解，即使是长江以北岂能安全到达！假设能够到达江北，也不过是苟延残喘而已。如今军队人数虽然不多，但尚足够与敌决一死战。如果取胜，君臣同庆；假设厄运降临，我将以死捍卫社稷，死在宗庙门前，也完成了我长久以来以身许国的志愿，我决不会在草莽之间苟活偷生！我的决心已下，你就不要多说了！”史书称，孟昶对自己的建议不被采纳十分恼火，又预感到刘裕注定要失败，就上书晋安帝说：“刘裕北伐，所有的人都不同意，只有我孟昶赞同，致使卢循妖贼趁机叛乱，国家社稷处于危难境地，这都是臣的罪过。今臣将自杀以谢罪！”写完奏表以后，孟昶即喝毒药而死。

孟昶死得很奇怪，有人以为，这是刘裕诛杀功臣的开始，他们从史书透露的一些蛛丝马迹，认为孟昶不是自杀而是被刘裕所杀，一是，因为《宋书》和《建康实录》对孟昶的死有不同的说法，一个说是喝毒药，一个说是上吊，让人怀疑都是史官风闻记事；二是，早在义熙三年，刘裕的心腹刘穆之就曾对刘裕说过，刘毅与孟昶等人“非为委体心服”，“力敌势均，终相吞咀”。

五月十四日，卢循的军队推进到秦淮河注入长江之处——淮口。晋安帝之弟、琅邪王司马德文都督宫城诸军事，屯驻中堂皇（宫城中堂），刘裕屯守石头城，其余众将各自驻防四处。刘裕的儿子刘义隆刚刚四岁，刘裕命令刘毅族弟、咨议参军刘粹辅佐，镇守京口（今江苏省镇江市）。刘裕看到京师百姓前往长江边上眺望卢循军队，感到十分奇怪，他询问参军张劭是怎么回事，张劭回答：“假如大人没有回到京师，百姓们逃跑都不及，谁还敢去江边看热闹？看样子，现在人们都不再担心了。”

张劭是吴郡人，其父张敞曾为桓玄的尚书，因为过错而被降为廷尉卿，刘裕起义包围建康的时候，张劭劝说张敞暗中投靠刘裕，刘裕大喜，命令在张家大门写上：“有敢于到张家打劫的，以军法论处。”因此，张裕、张劭兄弟对刘裕十分感激，一直对刘裕忠心耿耿，后来，刘毅爱才好士，朝廷中的才能之士大都与刘毅结交，只有张劭不去，有人询问原因，他说：“明公刘裕乃一代豪杰，何须多问！”自此，张劭兄弟更是被刘裕所看重。

当时，刘裕的重兵部署在石头城，卢循大军如果停驻在石头城对面的蔡洲，要想进攻建康，就必须先拿下石头城，而刘裕在建康南面部署的兵力则十分薄弱，假如卢循大军弃舟登岸，以新亭堡垒为依托，从陆路直插建康南面，势必会调动刘裕弃守石头城，回援建康，那样的话，就等于让石头城处于无用之地，而卢循大军从建康南、西等多个方向向建康发起进攻，这样一来，守军将备多力分，一旦一处被突破，整个战局就会一败涂地，后果不堪设想，而战事的前景就难以逆料了。

因此，刘裕对众将说：“敌人如果从新亭（今南京市南，依山而建的堡垒），一直向前推进，其军锋将锐不可当，我们要暂避其锋，双方谁胜谁负，还不好说。

假如敌人将战舰从淮口退回，停泊在长江中的蔡洲，就是死路一条。”

果然，徐道覆请求在新亭与白石（今南京市北，即白石垒，建康以北十四里）之间，焚烧船只，率军登岸，多路向刘裕之军发起进攻，对建康实施多点突破，不仅南北夹击建康，而且，还切断建康与外界的联系。徐道覆建议的核心就是，趁着东晋军队尚未完成部署和内部人心不安，充分发挥己方兵力占优的优势，利用初到建康的锐气，以迅速行动化优势为胜势，取得建康之战的胜利。

然而，卢循却不敢冒险，他对徐道覆说：“我大军尚未到达，孟昶即吓得自杀，以目前的形势看来，建康不久就会不战自溃。现在想通过一次决战就定下胜负，既没有必胜的把握，又杀伤士兵，不如暂时按兵不动，等待对方内乱。”徐道覆以为卢循的这一决策，会给刘裕以充足的准备时间，他要求率领自己的本部人马单独行动，但卢循又没有同意。徐道覆对卢循多疑少决十分不满，不禁叹息道：“我到头终会被卢公所误，此事肯定不会成功，假如让我为英雄效力，则天下不愁不能平定。”

开始的时候，石头城上的刘裕看到卢循的军队向新亭方向移动，不禁看看左右，脸色大变，不久，又看到卢循的部队撤回到蔡洲，这才不禁大喜，于是，他命令将分散在各处的守军开始向石头城集结。刘裕还担心卢循突袭，就采纳了龙骧将军虞丘进的建议，砍伐树木，将石头城和淮口均用树桩制成栅栏围起来，整修越城，构筑淮口附近的查浦（在石头城以南十里，属于建康西南秦淮河南岸屏障）、药园（据《读史方舆纪要》，即“乐游苑”，在覆舟山南，也就是建康以北，属于淮口后面防卫建康的第二道屏障）、廷尉（在建康以北，旧廷尉府，一说堡垒即在淮口附近）等三处堡垒，拱卫秦淮河沿岸。从刘裕的兵力部署上看，他是以石头城（今南京市清凉山）为中心，在石头城以东以北地区设置了药园和廷尉两个堡垒，防守建康的北面，也就是说刘裕最为担心的还是淮口方向，他担心卢循之军从北面攻击建康，而以查浦乃至越城（建康以南六里秦淮河南岸）一线，背靠秦淮河，防守建康的南面。

十余天以后，卢循非但没有等来建康守军的内溃，相反地，刘裕不仅在建康南部、秦淮河南岸构筑了坚固的阵地，而且，各地的军队也源源不断地会集到了建康，这中间包括东晋地方部队，也包括灭南燕以后降服的鲜卑突骑。刘裕将晋军主力部署在建康北面，他命令冠军将军刘敬宣率领鲜卑“虎班突骑”屯驻在北郊，青州刺史诸葛长民与豫州刺史刘毅的军队也被部署在此地，辅国将军孟怀玉率军屯驻在丹阳郡（建康南门外）西，建武将军王仲德率军驻守建康南面的越城，堂弟、广武将军刘怀默驻扎在建阳门外，除此之外，刘裕还命令宁朔将军索邈率领一千多鲜卑“具装虎班突骑”，都身披五彩皮甲，北从淮口，一直巡行到南面的新亭，这当然是刘裕在打心理战，从心理上威慑卢循士兵，卢循士兵都远远地观望，十分畏惧。

但是，卢循还是希望建康能够自动内溃，或者三吴之地有趁机发动叛乱、响应他的人。果然，刘毅败还以后，豫州刺史主簿袁兴国发动了叛乱，率众占领江北的历阳（今安徽省和县），以响应卢循。前荆州刺史魏咏之之弟、琅邪内史魏顺之命令部将谢宝率军迅速讨平了袁兴国的叛乱，将袁兴国斩杀，然而，袁兴国的司马又偷袭谢宝，魏顺之没有及时救援，刘裕大怒，将其诛杀。魏咏之很早就与刘裕“游款”，并参与了刘裕的起义，桓玄被击败以后，即被委以重任。刘裕诛杀魏顺之，让过去的功臣们都十分震恐，大敌当前，无不谨慎遵守刘裕的将令。

卢循没有在进抵建康之初即发起全面的进攻，致使刘裕得以加强了建康周边地区的防御，聚集了充足的防御部队。卢循看到建康并没有发生内乱，即于数日以后，派出十余艘战舰对石头城附近的木栅进行试探性的进攻，刘裕在木栅后面配置了射程较远、攻击力很强的神弩，当敌舰即将靠近木栅的时候，一时间弩箭齐发，“发辄摧陷”，于是，卢循下令停止了对木栅的进攻。进攻受挫以后，卢循看到刘裕重兵防守建康北部，于是，又心生一计，他采取声东击西之法，提前将主力部队埋伏在秦淮河的南岸，而让老弱全部乘上战舰北上，对外扬言要大举攻击白石垒，从北面进攻建康城。刘裕果然中计，他留下参军沈林子、徐赤特率军驻守长江南岸，切断通往查浦的道路，并严令两人不得主动出战，而刘裕则与刘毅、诸葛长民一起率领主力部队，北上抵御将要进攻白石垒的卢循军队。

沈林子对刘裕说：“妖贼此言，未必就是实情，应当严密防守石头城一线。”

刘裕回答：“石头城城池险要，况且秦淮河沿岸的木栅十分牢固，将你留着此地，足以守住。”

沈林子，字敬士，他是《宋书》作者沈约的祖父，沈林子的父亲沈穆夫，在隆安三年孙恩之乱的时候，被孙恩任命为余姚令，后被高素之军所杀。沈穆夫被杀以后，其五子沈渊子、沈云子、沈田子、沈林子、沈虔子逃难获全，后投靠刘裕，深得刘裕的赏识，刘裕北伐之时，沈田子、沈林子参加北伐军，并屡立战功。当卢循准备起兵的时候，曾派出密使企图说服沈氏兄弟反戈，但遭到沈林子的拒绝，刘裕知道以后，曾将他比作忠心耿耿的曹操部将李通。

刘裕率领大军北上以后，卢循之军果然从南线发起了猛攻。五月二十九日，也就是在卢循之军进抵建康近郊半个月后，卢循大军突击石头城西南的查浦，将查浦纵火焚烧，并一直推进到建康张侯桥（建康以南长干里附近，据说吴国张昭曾住在附近）。徐赤特将出兵迎战，沈林子说："敌人声称北上进攻白石，然而，却屡屡前来挑战，由此可见他的本意。敌人已经养精蓄锐多日，而我军人数却不足千人，进攻难以奏效。如今，我军据守险要，足以防守。如果敌人的声东击西之计无法得逞，我大军马上就会回来救援我们，你还有什么可担心的呢？"

徐赤特回答："如今，敌人主力全部都北上进攻白石了，留下的肯定都是些老弱病残，我以精锐之军前往迎击，没有不成功的道理。"

他率军高呼冲出营垒，卢循的伏兵一起出来，将徐赤特之军击败，死伤一百多人，徐赤特乘坐一艘小船，狼狈逃往秦淮河北岸，沈林子搜集残兵败将，与刘钟凭借木栅殊死搏斗，刘钟身受重伤，这才将卢循之军击退。徐道覆又率领精锐部队，绵延数里列阵。

沈林子说："敌人沿着池塘结阵，而真正能作战的不过一队。如今，我固守要道，即使他有那么多军队，也不可能越过我们，敢于向东突进。"

三九二 退守浔阳

卢循佯攻白石而强攻南面的消息传来，刘裕赶紧率领大军又撤回到了石头城。

当时，众将均担心卢循叛军渡过秦淮河，直接攻击建康城，因此，都要求刘裕立即率军前往抵挡。然而，刘裕却没有听从，而是让回到石头城的将士们解下铠甲，洗洗澡，换换衣，吃饱喝足，好好休息一番，然后，才率军从石头城上下来，渡过秦淮河，在秦淮河南岸列阵。刘裕以徐赤特违反军令，将其诛杀，然后，他命令中军咨议参军褚裕之、朱龄石率领一千多精锐的鲜卑长枪队，火速南下救援。朱龄石援军渡过秦淮河，与沈林子、刘钟之军合势，与卢循叛军殊死搏战，在长枪面前，卢循之军的短刀立刻失去了威力，被斩杀了数百人，击退了卢循的这次进攻。

褚裕之，字叔度，是褚裒的曾孙，晋康帝司马岳的皇后褚蒜子是他的姑奶，而他的妹妹褚灵媛又是司马德文的妻子，虽然褚氏与司马氏皇族有千丝万缕的关系，但是，褚裕之及其长兄褚秀之、次兄褚淡之、弟弟褚湛之等人，却见风使舵，与刘裕关系密切。后来，在刘裕将要弑杀司马德文的时候，褚秀之、褚淡之借口探望妹妹，将妹妹褚灵媛引开，让刘裕得手；为了报恩，刘裕先后将自己的两个女儿都嫁给了褚裕之的弟弟褚湛之，不过，这是后话，暂且不提。

如今，刘裕的大本营从石头城转移到了南塘，而卢循则将自己的大本营安置到了秦淮河南岸的丹阳郡。六月，东晋朝廷任命刘裕为太尉、中书监，假黄钺。刘裕接受了黄钺，就等于可以像皇帝一样进行诛杀，所以，他对其余任命一概推辞。在两军相持阶段，为了打击卢循的后方，刘裕任命前豫州刺史庾准的儿子、车骑中军司马庾悦为都督江州，豫州以西的西阳、新蔡、汝南、颍川，司州的弘农，扬州的松滋六郡诸军事，江州刺史，以虞丘进为鄱阳太守，龙骧将军如故，率领十八队步骑兵，从东阳（今浙江省金华市）率军前往豫章（今江西省南昌市）。

当时，卢循任命部将英纠为上饶县令，他率领一千多人，驻守在上饶旧城，切断了五亩峤（今地不详），庾悦命令虞丘进对英纠所部发起进攻，一举将其击败，晋军这支奇兵从东门插入江西。为了保卫自己的后方，卢循又派遣童敏之任鄱阳太守，占领了鄱阳郡（今江西省鄱阳县），虞丘进率军从余干（今江西省余干县）步行进攻鄱阳，童敏之望风溃退，被斩杀了数百人。于是，庾悦占领了豫章（今江西省南昌市），切断了卢循从南方而来的粮道。

建康附近大规模的战斗就此停止。由于粮道被切断，卢循军开始面临缺粮的状况，于是，他命令部队分散四出，到建康附近郡县抢掠粮食，并远出进攻建康东面的京口，均没有斩获。卢循对徐道覆说："部队已经十分疲惫了！再也无法重新振作。不如固守浔阳，然后，集中兵力进攻荆州，占领荆州以后，拥有晋国三分之二的领土，再慢慢与京师抗衡，这样以来，说不定还有一线希望。"

事已至此，徐道覆只好同意。

七月十日，卢循之军开始从建康附近撤离，回到浔阳，与此同时，他留下部将范崇民率领五千人马，战舰一百余艘，驻守南陵（今安徽省贵池市），以抵御来自建康的进攻。七月十四日，刘裕即命令辅国将军王仲德（王懿）、广川太守刘钟、河间内史蒯恩、中军咨议参军孟怀玉等将，率军西上跟踪追击，但被范崇民阻挡在南陵附近。

蒯恩，在刘裕东征孙恩的时候，被招募为兵，充当部队的马夫，他常常叹息："大丈夫能挽起三石的弓，却让我做马夫！"刘裕听说后，就命人发给他武器，让其做一名正式的士兵。蒯恩作战勇猛，又忠诚谨慎，深得刘裕信任，在娄县之战中，被敌军射瞎了左眼。虽然如此，他依然屡立战功，曾生擒桓玄部将桓仙客，从平江陵，并在不久前的查浦之战中击退了卢循军的进攻。

建康之围解除，在派遣王仲德等人率军追击以后，刘裕还料定卢循肯定会西上进攻荆州，又派遣淮陵内史索邈率领骑兵部队，从陆路日夜兼程西上增援荆州。在做好了上述部署以后，刘裕从建康回到了东府（今江苏省镇江市），开始下令大规模建造高大的战舰，并派遣建威将军孙处、振武将军沈田子率领三千人马，从海路长途跋涉前往广州，进攻卢循的老巢。

沈田子就是沈林子的哥哥，孙处，字季高，是刘裕的旧部。当时，大家都认为："海路遥远难行，无法确保一定抵达，况且又分散了目前的兵力，不是如今的急务。"但刘裕不从，他命令孙处说："敌人即将失败。应当提前将其老巢端掉，让其失败以后无处藏身，除了你，无人能担此大任。”

也就在这期间，西蜀主谯纵向后秦姚兴派遣侍中谯良等人，请求出兵讨伐东晋。谯纵任命桓谦为荆州刺史，谯道福为梁州刺史，率领两万人马一路东下，进攻荆州，而后秦主姚兴也派遣前将军苟林率领骑兵协助蜀军一起东下，而此时索邈的援军在中途被卢循军队截断，无法前行一步，东晋荆州又处于岌岌可危的境地。自四月底五月初卢循大军从巴陵东下以后，到如今已经过去了两个多月，荆州与建康之间的通信联络完全中断，荆州军民完全不知道建康的任何消息。刘裕少弟、荆州刺史刘道规派遣司马王镇之、扬武将军檀道济、广武将军到彦之等率军东下，增援建康。

王镇之，是王廙的曾孙，此时，刘道规加其为建威将军，统率檀道济、到彦之一起东下，王镇之以未曾经历战阵而坚决推辞，但刘道规不从。檀道济，是檀韶最小的弟弟，卢循起事以后，东晋荆州各地盗贼纷纷而起，郭寄生等人聚集在作唐对抗政府，刘道规以檀道济为扬武将军、天门太守，将叛军讨平。到彦之，《宋书》有名而缺传，《南史》有传，称其为彭城人，字道豫，因错过刘裕起义而被刘裕责备，仅作为代理镇军参军。

荆州这支东下增援建康的军队行进到浔阳，被后秦苟林率领的秦军击破，王镇之因此被免官，以百姓身份暂时履行职责。卢循听说这一消息后，即任命苟林为南蛮校尉，并给其分拨一部分军队，让其乘胜西上进攻江陵，并对外宣称徐道覆已经攻克了建康。

与此同时，桓谦率领的蜀军也顺流而下，进入荆州地界。桓氏家族久居荆州，门生故吏遍于荆州大地，荆州军民大都怀有二心。桓谦之军驻扎在江陵西北的枝江（今湖北省枝江市东百里洲上），苟林所部也进抵江津（今湖北省江陵县南），大敌当前，荆州内部又危机四伏。

刘道规大会将士，他对大家说：“桓谦就在城郊，听说你们都心怀异志。我东来的文武将士，足以抵御敌人。你们如果真心愿意投靠桓谦，我不会阻挠大家的，你们请便！”于是，深夜大开城门，通宵不闭，这样一来，江陵城内的军民对刘道规是又敬又服，反而没有一个人出逃的。

雍州刺史鲁宗之听到江陵危急的消息，亲自率领数千人马从襄阳南下，增援江陵。有人对刘道规说鲁宗之此行居心叵测，难保不是来趁火打劫的，但刘道规却深信不疑，他单身匹马前往迎接襄阳军队，鲁宗之是既感动又高兴。江陵得到了鲁宗之的这支援军以后，刘道规即决定率领荆州军队西上攻击桓谦。荆州幕僚们认为，应当让檀道济、到彦之与鲁宗之一起前去担任攻击任务，但刘道规却说："卢循断绝长江航运，桓谦、苟林更是首尾相应，荆州人心浮动，成败之机，在此一举。如果我不亲自出战，此事难以成功。"他推心置腹，让鲁宗之担任江陵城的留守，而自己则亲自率领大军西上攻击桓谦的西蜀军。

诸将又劝说道："如今，您远离江陵进攻桓谦，不一定能够取胜。苟林之军又近在咫尺，伺机进攻江陵，假如苟林前来攻城，而鲁宗之未必能够坚守，一旦有个闪失，将大事去矣！"

刘道规回答："你们都看不清战机啊。苟林不过是一个愚蠢的小子，没有什么计谋，他想到我军出城不远，一定不敢直接攻城。如今我率军进攻桓谦，一定能够取胜，苟林犹豫之际，我军就已经凯旋而归了。击败桓谦以后，苟林就吓得破胆了，怎敢再来攻城！况且鲁宗之在此固守，怎么说也能坚持几天啊！"

临行之际，刘道规将身上佩戴的南蛮校尉印绶交给咨议参军刘遵，让其与鲁宗之一起防守江陵。

刘道规率领荆州水路大军火速西上，进攻枝江的桓谦西蜀军。双方在枝江展开激战，檀道济身先士卒，率先杀入敌阵，桓谦军大败，桓谦本人乘坐一只小船，将要东下投奔苟林，被晋军追上斩杀。枝江大捷以后，刘道规率军乘胜东下，进抵涌口（湖北省华容县涌水注入长江处）攻击苟林所部，苟林率众逃跑。刘道规命令刘遵率军追击，九月，刘遵在巴陵追上苟林，将其斩杀，荆州暂时转危为安。当荆州危急之时，不少江陵城内军民都偷偷与桓谦通信，充当桓谦的内应，透露城内的虚实。刘道规击败桓谦以后，参军曹仲宗从桓谦那里缴获了大量这样的书信，书信上呈给刘道规以后，他一封也不打开，而是下令统统焚毁，于是，荆州军民这才安定了下来。

三九三 卢循败亡

其实，刘裕举兵北伐南燕，也是一桩冒险之举。

南燕君主慕容超不仅未作任何抵抗，即放弃了大岘天险，而且又没有实施坚壁清野，这才让刘裕得以顺利进入南燕腹地，率领必死之士，决胜于临朐、广固城下。假如当时慕容超采纳了公孙五楼的上中之策，固守大岘，坚壁清野，晋军前有险要难以突破，后有奇兵骚扰粮道，随着时间的推移，必将不战自溃。然而，历史是残酷的，也是现实的，它不容假设，亦无从追悔，南燕就这样灭亡了。

同样地，在刘裕北伐南燕之时，东晋朝廷没有人预见到卢循竟然敢于主动向建康发起突然袭击，这在刘裕也是始料不及的。

卢循本有苟安岭南之心，只是在徐道覆的坚决要求下，才黾勉起兵，卢、徐起兵以后，兵分两路，沿湘江、赣江顺流而下，很快就取得了长沙、豫章等地的胜利，尤其是在击败何无忌、刘毅之军以后，兵威甚盛，然而，当桑落洲之战击败刘毅后，卢循在审问俘虏时才得知刘裕已经回师建康，他又开始犹豫不定，在浔阳滞留数日以后，大军才决定继续东下建康。即便是此时，建康的守备还非常薄弱，人心不稳，各地响应卢循的也不乏其人，建康城的确是危如累卵，而卢循却没有必胜的决心和勇气，没有趁着初来之兵锋，趁着刘裕立足未稳，以压倒优势与晋军决战，反而给了东晋朝廷十余日部署的良机，等到卢循随后再发起进攻的时候，已经难以得手。继而，卢循之军的粮道又被庾悦、虞丘进之军切断，部队在建康近郊又抢劫不到粮食，士气已经低落，无奈卢循只好选择放弃强攻建康，退守浔阳，谋求夺占荆州。退回浔阳的卢循，计划在刘裕反攻之前，夺下荆州，既能避免两面作战，又可以占据上游优势，以此为根据地，再慢慢与东晋朝廷对抗。

在苟林失败以后，卢循即命令徐道覆率领三万大军再次西上，进攻荆州。徐道覆之军突然出现在江陵东南的破冢，当时，鲁宗之已经率军返回了襄阳，江陵城内谣言四起，有人说卢循已经攻克了建康，派遣徐道覆前来荆州担任荆州刺史，然而，荆州军民都对刘道规烧毁大家的通敌书信十分感激，不再存有二心。

大敌当前，刘道规不愧为一代名将，他命令刘遵率领一支游击部队迂回到战场的侧翼，他亲自率领荆州主力部队在豫章口（江陵东南），迎战徐道覆的军队，两军立即展开了一场激战，荆州前锋失利，眼看就要溃败，就在这时，刘遵的这支奇兵突然从侧翼杀出，拦腰夹击徐道覆所部，正在追赶的徐道覆之军顿时被打得晕头转向，很快就溃败了。此战荆州军队斩杀敌军一万多级，剩余敌人几乎全部都投水而死，徐道覆的这三万人马全军覆没，徐道覆本人乘坐小船仓皇逃往溢口（今江西省九江市）。卢循企图夺取荆州的第二次努力又失败了。

而此时的刘裕经过了三个月的忙碌，业已做好了对卢循全面反攻的准备工作，也不再给卢循继续休整的时间。孙子曰："夫善战者，求之于势，不责于人。"如今，荆州依然还在东晋手中，刘裕派出的庾悦和孙处两支奇兵，庾悦已经占据鄱阳，切断了卢循与后方的联系，孙处之军也行将到达广州，倾覆卢循的老巢，事已至此，卢循的失败已经是早晚的事了。刘毅多次请求率军追击卢循，刘裕迟疑不决，长史王诞秘密对刘裕说："大人平定南燕，再灭掉卢循，将功盖天下，如此大功，岂能与他人分享。刘毅与大人一起以百姓之身起事，推举大人为主，不过是权宜之计罢了，如今的刘毅已经蒙受桑落洲惨败，名誉受到损失，就不应再让他立下大功。"刘裕采纳了王诞的建议，命令刘毅作为太尉府总监，全权负责后方事宜。十月十四日，刘裕率领兖州刺史刘藩、宁朔将军檀韶、冠军将军刘敬宣等人率领大军从建康出发，西上进攻卢循。

义熙六年（公元410年）十一月，当王懿等人听说刘裕的大军即将西上的消息，他们决定在刘裕到来之前，对扼守南陵的卢循军范崇民部发起进攻。当时，范崇民所部一百多艘战舰分据长江两岸，天降大雾，刘钟亲自率领部队前往侦察，敌人用长钩将刘钟乘坐的小船钩住，刘钟趁势率领士兵进攻敌舰的船门，敌人赶紧将船门关上，刘钟因此撤回。王懿命令众将一起向范崇民所部发起进攻，范崇民不敌，败退西撤。晋军追赶一百多里，烧毁了敌人大量战舰。晋军取得南陵大捷的同时，建威将军孙处、振武将军沈田子这支远征军也经过了三个多月海上跋涉，于十一月二日突然来到广州城下。卢循留守在广州的部队根本没有想到晋军会从海上长途奔袭而来，也没有做任何战斗准备，晋军距离广州十余里的时候，卢循之军还未发觉。当时，广州城内尚有数千守军，城池坚固，但正巧当天是大雾天气，孙处下令将己方的战舰全部焚毁，全军弃船登岸，从四面全力攻城，经过一天的激战，终于攻陷了广州城。卢循的父亲卢嘏、长史孙建之、司马虞尪夫等，坐着小船逃奔始兴。孙处安抚居民，诛杀卢循同党，坚守城池，并命令振武将军沈田子等人率军平定了始兴（今广东省韶关市）、南康（今江西省赣州市）、临贺（今广西壮族自治区贺州市）、始安（今广西壮族自治区桂林市）等岭南诸郡。

王懿等人为刘裕大军扫清了西进的障碍，刘裕大军顺利西上，抵达浔阳以东以北的雷池地区。卢循军自撤离建康以后，连续遭到惨败，急于与刘裕展开一场决战，以重振士气，扭转战局，而刘裕则驻军雷池，不急于对卢循发起进攻。卢循扬言将置刘裕雷池之军于不顾，率领主力部队径行东下，再次攻击建康。刘裕深知卢循本意是想决战，但是，又拿不定卢循的真实意思，担心卢循真的东下以后，建康出现意外，或者卢循战败，顺流东下进入大海，于是，他提前命令王懿率领二百战舰东下，驻扎在吉阳（疑为今安徽省东至县一带），以备不测。十二月二日，卢循、徐道覆率领数万大军顺流而下，战舰蔽塞江面，一眼望不到尽头。刘裕提前让一支奇兵渡过长江，登上长江南岸的山岭，然后，他亲自挥舞战旗，敲动战鼓，命令全军出击，与敌决战。右军参军庾乐生的战舰畏敌不进，刘裕下令将其斩首，传首全军，于是，全军将士个个奋勇争先，向敌人杀去。刘裕在军中配备了大量威力巨大的弩箭，一时间，万箭齐发，敌人死伤惨重。就在这时，突然刮起了东北风，将卢循军的战舰都刮到了长江南岸，而早已在南岸埋伏的晋军，提前准备好了各类火器，从山岭之上向敌舰投掷火把、火箭，霎时，狼烟四起，烟炎张天，烧毁了大量敌舰，江面上的晋军趁势朝敌人猛攻，卢循大败，狼狈逃回浔阳，晋军一直追杀到傍晚，这才凯旋而归。

刘裕将王懿从吉阳召回，命其重新担任前锋，留下辅国将军孟怀玉驻守雷池，大军随后向浔阳扑来。卢循听说刘裕将强攻浔阳，不敢恋战，打算向豫章（江西省南昌市）南撤，在左里（今江西省都昌县境）全力构筑防御工事，切断鄱阳湖的航道，以阻挡晋军南下。

十二月十八日，雷池大战半月以后，晋军被阻挡在左里。刘裕将下令出战，而手持的令旗旗杆却突然折断，令旗也掉到了水中，将士们都十分害怕，以为这是一个不祥之兆，而刘裕却朗声笑道：“昔日覆舟山之战的时候，旗杆也曾经折断过，如今旗杆又断了，肯定能够取得大胜！”命令晋军朝敌人的营栅发起猛攻。卢循守军虽经殊死搏战，但依然无法击退晋军的进攻，卢循乘坐一只小船狼狈而逃，被斩杀及投水而死的卢循士兵一万多人。战后，刘裕命令兖州刺史刘藩、中军咨议参军孟怀玉率领轻装部队，跟踪追击卢循残余部众，而刘裕则从左里回到建康，晋安帝派遣侍中、黄门侍郎犒劳刘裕。

雷池和左里两次决战，基本上消灭了卢循的主力，卢循搜集散兵游勇，尚有数千人之众，他带着这数千人马一路朝广州逃去，徐道覆则退往始兴。刘裕临时指令建威将军褚裕之为广州刺史，朝廷任命其为都督交州、广州诸军事，建威将军，领平越中郎将，广州刺史。

第二年即义熙七年（公元 411 年）一月，刘藩率领孟怀玉等诸将追到岭南，二月五日，孟怀玉所部经过一个月的围攻，终于攻陷了徐道覆固守的始兴，将徐道覆斩杀。与此同时，卢循一路南撤，路上收拢残兵败将，行至广州，将固守此地的孙处包围了二十多日。当时，沈田子所部已经加入刘藩战斗序列，协同刘藩、孟怀玉进攻始兴，听说广州孙处被围的消息，沈田子对刘藩说："广州城池虽然坚固，但却是敌人的老巢，如今卢循前去围困，也许城内会发生变故。况且，孙处兵力薄弱，难以坚持很久。假使卢循再度占领广州，将恢复元气。下官与孙处患难与共，远渡大海，历经千难万险，才攻克广州，岂能坐视不救！"

四月，沈田子率领本部人马南下增援。孙处看到沈田子的援军到来，不禁大喜，城内守军士气随之大振。沈田子背水列阵，身先士卒，朝卢循军发起进攻，一战将其击溃，杀死敌军一万余人。沈田子与孙处合兵一处，追击卢循残部，又分别在苍梧（今广西壮族自治区梧州市）、郁林（今广西壮族自治区桂平市）、宁浦（今广西壮族自治区横县），三战三捷，将卢循赶出了广州地界。此时，孙处却身染重病，于是，部队停止追击，回到了广州，不久，孙处即在广州病死。当时，兵荒马乱之后，盗贼四起，沈田子率军四处出击，经过一个多月的战斗，将广州各处盗贼全部平定，等广州刺史褚裕之来到广州以后，沈田子这才率军返回京师。

当初，九真（今越南河内以南、顺化以北地区）太守李逊发动叛乱，东晋交州刺史杜瑗将其诛杀，杜瑗死后，东晋朝廷即任命其子杜慧度继任交州刺史。此时，朝廷的诏书尚未送达，而卢循却已经袭占了合浦（今广西壮族自治区合浦县），向交州（治所龙编，今越南河内市）杀来。杜慧度率领交州地方部队在河内东北的石碕击败卢循军，生擒卢循长史孙建之。卢循虽然战败，但仍有三千部众，均是百战余寇，而李逊的儿子李弈、李脱等人也召集当地山民，发动叛乱。卢循得知李奕等人与杜氏有仇，就派出使者请求与李奕等人联合，于是，李奕等人率领五六千当地山民，接受卢循的指挥。四月二十四日清晨，卢循所部推进到龙编（今越南河内市）南郊渡口，此时，卢循、李奕之众将近万人，龙编城岌岌可危，而对于卢循而言，也是势在必得，他下令全军攻陷城池以后，再吃早饭。杜慧度将家中的财产倾囊拿出，以犒赏全军，然后，率军出城与卢循所部交战，杜慧度的弟弟交趾太守杜慧期、九真太守杜章民率领水陆混合军团，杜慧度则亲自登上舰桥指挥，向卢循战舰发射火箭、投掷火炬，陆军在两岸乱箭夹击，一时间，卢循战舰全部起火，彻底崩溃。卢循中箭，自知难以逃脱，先将妻子和十余个儿子毒死，然后，招来姬妾问道："谁能随我而死？"多数人说："鸟雀尚且偷生，一起去死，实在很难。"也有的姬妾说："大人尚且要死，我岂能苟活！"卢循下令将不愿从死的姬妾全部毒死，自己则投水而死。杜慧度将其尸体从水中捞出，斩首，并斩杀了卢循之父卢嘏，卢循的两个儿子，亲属录事参军阮静，中兵参军罗农夫、李脱等人，全部将人头传到建康。东晋朝廷加封杜慧度为龙编县侯，食邑千户。

持续十一年之久的孙恩、卢循之变，就此被平定。

三九四　解决刘毅（一）

卢循被击败以后，刘裕的威望达到了顶峰。义熙七年（公元 411 年）一月，东晋朝廷任命刘裕为大将军、扬州牧，给班剑二十人，本官如故，刘裕感觉时机尚不成熟，坚决推辞。

刘裕上台以后，就严令地方豪强不得隐匿流民，至此，地方上报会稽的虞亮隐匿了一千多流民，刘裕下令将虞亮斩首，并因此追究会稽内史司马休之的领导责任，将司马休之罢免。罢免了司马休之，到第二年，刘裕即让自己的亲信孔靖担任会稽内史。

义熙七年三月，刘裕才接受了此前被任命的太尉、中书监一职，他任命刘穆之为太尉司马，以殷景仁为初级参军。殷景仁是殷融的曾孙，是殷浩的侄孙，前司徒王谧的女婿。他建议百官举荐贤才，以被举荐的人士是否称职，作为对举荐人褒贬的依据。

刘裕问刘穆之："孟昶的参佐中，有谁可以延聘到我的府中？"刘穆之当即举荐前建威中兵参军谢晦，刘裕当即就任命谢晦为参军。

谢晦，字宣明，他是谢安的二哥谢据的曾孙，我们知道，谢据生子谢朗、谢方、谢允，谢朗就是谢家"封胡羯末"中的胡，后为东阳太守，也被称为谢东阳。谢朗生子谢重，谢重为会稽王司马道子长史，谢重生子谢瞻、谢晦等五子，从辈分上讲，谢晦是被称为"禁脔"的谢混的堂侄，是谢裕的侄儿。刘裕曾经审问犯人，当天，主管刑狱的参军有病请假，刘裕临时让谢晦代理。谢晦在途中的车上将诉状大致看过一遍，当即就做出判决。当时，相府中事务繁多，案件堆积如山，谢晦随机应变，对答如流，毫无差错。刘裕十分惊奇，当日即任命其为刑狱贼曹。谢晦容貌俊美，口齿伶俐，博学多识，深得刘裕的赏识。

最受刘裕信任的，非刘穆之莫属。

刘穆之对刘裕忠心耿耿，外间听到的见到的新鲜事，不论大小，即便是民间的戏谑之词，刘穆之都会一一向刘裕汇报，刘裕经常对大伙提及一些民间发生的隐秘之事，以示聪明，都有赖于刘穆之的密报。刘穆之为人好客，自己的府上总是高朋满座，他则广布耳目，因此，朝中大臣中间一些最为隐秘的言语，刘穆之都会得知，并向刘裕报告。有人嘲讽刘穆之，而刘穆之则说："以刘大人的聪明才智，这些内情终究都会知晓，我深受刘大人厚恩，当然不会有所隐瞒，这也与张辽对曹公汇报关羽将要背叛的道理，是一样的。"

对于刘裕的一举一动，刘穆之都要暗中指点。刘裕素来书法不行，刘穆之建议道："书法虽然是小事，但要宣示远近，请大人您稍微留意。"刘裕既没有空闲去练字，再加上没有这方面的天赋，效果不佳，于是，刘穆之又建议刘裕写大字，他说："一字直径一尺，没关系。字大以后，不仅会包容一些欠缺之处，而且字体也好看。"后来，刘裕采纳了他的意见，一张纸上不过只写六七个字。

刘穆之与朱龄石两人都善于写信，一天，两人当着刘裕的面，代替刘裕给人写回信，从早晨到中午，刘穆之共写了一百封信，朱龄石写了八十封，而且，刘穆之还一面写信，一面与刘裕交谈，两不耽误。

卢循之乱被平定以后，东晋朝廷暂时渡过了一次灭顶之灾，但内部的权力斗争却再次凸显了出来，而这场斗争主要来自刘毅与刘裕之间。

刘毅性格刚愎自用，自视甚高，本来，他与刘裕一起在京口起兵，同为兴复晋室的功臣，虽然暂时推举刘裕为主，但一直以来，对刘裕心存不服。然而，桑落洲惨败却让他名望大损，而相反地，刘裕却接连取得了灭亡南燕、讨平卢循的大功，这让两者之间的声望出现了巨大的差距。桑落洲惨败以后，刘裕虽然没有追究他责任，仅将其降号为后将军，但他也开始知道自己已经难以与刘裕匹敌，更是十分激愤，他每次阅读《史记》，看到蔺相如对廉颇屈节一事，总以为是不可能的，还常常说："可恨不能生在刘邦、项羽之际，与两人一起逐鹿中原！"刘裕没有读过多少书，而刘毅却自认为是个风雅士人，因此，朝廷中不少士大夫都与他倾心结交，刘毅与朝中的尚书仆射谢混、丹阳尹郗僧施结为同党。

郗僧施，字惠脱，是郗超堂弟郗俭之之子，因郗超没有子嗣，郗俭之以郗僧施为其子嗣，袭爵南昌公。郗僧施年少即与王绥、桓胤齐名。刘毅曾对郗僧施说："过去，刘备得到孔明，好比鱼之有水，今我与你二人虽然才能比不过古人，但道理是一样的。”

附庸风雅，这是当时特定的大环境所决定的，谁都不能免俗。《艺文类聚》卷一四沈约《（梁）武帝集序》说：刘裕虽阙章句之学，却“好清谈于暮年”。《南史·郑鲜之传》也记载，刘裕为宰相后“颇慕风流，时或谈论”。这都说明，即便是刘裕也必须周旋于当时的文化氛围中。

长期以来，刘毅一直与刘裕作梗，起初，刘裕想依靠王谧，而刘毅却向王谧发问玉玺何在，吓得王谧弃官东逃；继而，刘毅阻挠刘裕任命刘敬宣为江州刺史，在刘毅的一再坚持下，刘裕只好将刘敬宣罢免，刘敬宣伐蜀失败后，刘毅一直要借刘裕之手杀死刘敬宣；刘裕决定北伐南燕，而刘毅却坚决阻止；当刘裕劝阻刘毅进攻卢循，刘毅也是置之不理，这里面当然有二人不愿对方建功立业、提高声望的因素，也有不断打击对方下属、削弱对方势力的目的，刘毅不断找事，刘裕也不甘示弱。御史中丞郑鲜之是刘毅的舅舅，他性格刚直，不避权贵，与刘毅不和，却与刘裕关系甚好。义熙六年（公元410年），在刘毅处于最低谷的时候，郑鲜之命令治书侍御史丘洹弹劾刘毅“任居次相，既杀之非己，无缘生之自由”，要求罢免刘毅的官职，但刘裕没有同意。

如今，在卢循被平定下来以后，两人又产生了矛盾，刘毅将矛头对准了刘裕的亲信、江州刺史庾悦。

刘毅当初在京口的时候，家境贫寒，一次，他与一批亲朋好友来到东堂（演武厅）比赛射箭。当时，庾悦身为司徒右长史，正巧也来到了这里，刘毅等人先到，而庾悦后来，要占用东堂。

刘毅说：“我辈地位低贱之人，能凑在一起射箭很难，而大人到任何地方射箭都可以，请将今天让给我们吧。”

庾悦不同意，与刘毅一起的众人都纷纷避让，只有刘毅心存不满，拒不离去。庾悦随身携带着厨师在东堂大摆筵席，却不理会身边的刘毅。刘毅向庾悦索要一只烤小鹅，而庾悦不禁大怒，就是不给，对此，刘毅一直怀恨在心。

此时，刘毅上书朝廷，请求朝廷让自己加督江州，朝廷同意了，任命其为卫将军、开府仪同三司、江州都督。刘毅顺便上书称：“丧乱以来，江州作为主战场，已经变得十分残破，且江州身处帝国腹地，户口不满数十万，地域不过数千里，却层层配置各类军府，因此，建议解散军府，令刺史府迁往豫章，而原刺史府所在地浔阳，接近山蛮，应当有所防备，建议刺史留下一千兵力驻守。”刘毅的目的就是将刘裕的心腹庾悦解除军职，自己则吞并江州部队，刘裕当然明白刘毅的用心，但他采取了以退为进、后发制人的策略，一概同意刘毅的请求，于是，庾悦被解除了都督、将军官职，而以单车刺史的身份迁往豫章，刘毅命令自己的亲信赵恢率领一千人马驻守浔阳，原庾悦军府中三千将士全部划归刘毅卫将军府中。刘毅如今是庾悦的顶头上司，他不断向庾悦发号施令，督促严急，庾悦又气又怕，当行至豫章后不久，就背上生疽而死。庾悦死后，刘毅又要求朝廷将江州交给自己，于是，刘毅拿到了豫州、江州两州的军政大权。

这是义熙七年（公元 411 年）四五月间的事。

在接下来的大半年里，刘裕与刘毅之间似乎相安无事。

到第二年即义熙八年（公元 412 年）四月，刘裕的弟弟、荆州刺史刘道规因病请求返回京师。朝廷改授其为都督豫州、江州二州，扬州之宣城、淮南、庐江、历阳、安丰、堂邑六郡诸军事，豫州刺史，持节，常侍，征西大将军如故，也就是说，将刘毅与刘道规对调。然而，由于刘道规病重，未能接受豫州刺史一职。刘道规在荆州数年，秋毫无犯，临行之前，两名随身卫士将府中的凉席拿到船上，刘道规即将二人拖到街市中斩首，到同年闰六月，刘道规病死，终年四十三岁。

刘道规的死，让东晋朝廷又开始进行了新一轮的权力博弈。

经过一番讨价还价，刘裕以豫州、江州刺史刘毅接替荆州刺史；刘毅腾出的江州刺史一职，交给了孟怀玉；豫州刺史一职交给了青州刺史诸葛长民；诸葛长民的青州刺史，交给了宣城内史檀祗；冀州刺史则由刘穆之改为刘敬宣；去年，刘裕消灭南燕以后，在淮河以北设立了北徐州，任命哥哥刘道怜为北徐州刺史，驻防彭城，此时不变。

刘毅以朝廷近畿的豫州、江州二州换取上游荆州，表面上看，得大于失，但实际上是得不偿失。这是因为，刘裕、刘毅二人的根本在于北府，义熙元年（公元 405 年），刘裕即以豫州换取了刘毅的兖州，牢牢地控制了北府旧地，而将刘毅调往密迩京畿的豫州，虽然豫州从地理上更加接近京师，但却失去了旧有的根据地，如今，八年过后，刘裕故技重演，又将刘毅从他经营了七年多的豫州调往上游荆州，而刘道规在荆州已经苦心经营了七年之久，且刘道规离去之后，未带走一位荆州故吏，表面上看，这是刘道规高风亮节，而实际上，未尝不是牵绊刘毅的一种策略，刘裕从刘毅的手上拿到了豫州和江州，将下游完全控制到自己手中，而刘毅则将要前去陌生的荆州，并且，失去了朝廷内权。那么，对于刘裕而言，趁着刘毅前往荆州上任、在荆州立足未稳之际，对其实施突袭，将是解决刘毅问题的一个最佳时机。

也许此时，一个彻底解决刘毅的计划，早已在刘裕的胸中成形了。

三九五 解决刘毅（二）

东晋朝廷授予刘毅的官职为：都督荆州、宁州、秦州、雍州四州，司州之河东、河南、广平、扬州之义成四郡诸军事，卫将军、开府仪同三司、荆州刺史，持节，公如故。刘毅接受任命以后，尚且不知危险就在眼前，他志得意满，为了扩大自己的势力范围，他又上书朝廷称，荆州户口不足十万，兵器缺乏，广州虽然萧条，但能够出产颜料，请求加督交州和广州。刘裕当然对刘毅的意图心知肚明，但他欲擒故纵，麻痹敌人，于是，他同意了刘毅的请求。

除了要求加督交、广二州，刘毅还对左卫将军刘敬宣念念不忘。刘毅与刘敬宣之间的过节路人皆知，刘敬宣伐蜀失利后，刘毅曾千方百计欲将其置之死地，后经何无忌强力劝解，这才作罢。即便如此，刘毅还是对刘裕说："生平旧交，怎能一直信任？光武帝后悔看错了庞萌，曹操也曾没看准张邈，请大人三思。"将刘敬宣比作背叛刘秀的庞萌、背叛曹操的张邈，可谓居心叵测。此时，刘毅又对刘敬宣说："我将去西部上任，想以你为长史、南蛮校尉，有辅佐我的意思吗？"一旦刘敬宣成为刘毅的下属，势必会被刘毅借故杀死，因此，刘敬宣十分担心，他向刘裕说出了自己的担心，刘裕笑道："老兄放心，我保证老兄平安。"不久，刘裕就任命刘敬宣为使持节、都督北青州军郡事、征虏将军、北青州刺史，领清河太守，很快又升领冀州刺史。北青州治所在东阳城（今山东省青州市广固城以东），是刘裕平定南燕后，命令北青州刺史羊穆之构筑的。

刘毅桑落洲惨败以后，豫州部队几乎全军覆没，留后的主簿袁兴国又在历阳发动叛乱，可以说，刘毅的政治资本受到了空前的打击。在刘毅看来，刘裕此举未必不是一桩釜底抽薪之计，为了巩固自己的地位，以防万一，刘毅在西上之际，带走了一万多人的豫州旧部和江州部队，与此同时，他还请求朝廷允许丹阳尹郗僧施为南蛮校尉、后将军司马，以毛修之为卫将军司马、辅国将军、南郡太守，刘裕也都答应了，以刘穆之代替郗僧施为丹阳尹。

刘毅在西上以前，请求回到京口向祖先的坟墓辞行，他从姑孰东下，路过建康，却未入京朝见皇帝，刘裕前往建康东南的倪塘与刘毅会面。

宁远将军胡藩对刘裕说："大人自忖刘毅终究甘愿服从您吗？"

刘裕听了，默然良久，他反问胡藩："那你说该怎么办？"

胡藩回答："豁达大度，功高天下，统领百万之众，攻必取，战必胜，这点刘毅佩服大人。至于涉猎文史书籍，一句奇崛之语，一首惊艳之词，他则自认为是一代英豪，因此，士大夫们都争相归附于他，这就是他内心不服大人的原因。恐怕此人终究不会甘愿服从大人，不如趁着这次会面，在筵席上将其诛杀。"

刘裕回答："我与刘毅两人均建立了兴复之功，他的过错尚未十分明显，暂时不可自相残杀。"

刘裕在京口、刘毅在广陵，两人相互配合，起义之功大致相当，刘毅也一直因此而对刘裕心中不服；桑落洲惨败后，刘毅名望大损，然而，当时大敌当前，如果内讧等于是自杀，因此，刘裕继续隐忍不发。这时，虽然时机成熟，但在筵席上袭杀刘毅，不仅名不正言不顺，而且极易走漏风声，反而会弄巧成拙。不过，此时的刘裕也意识到了刘毅绝不会成为自己忠诚的下属，也开始秘密策划着讨伐刘毅的计划。

义熙八年（公元412年）八九月，刘毅抵达江陵以后，大量调整荆州原有的地方官员，安插自己的亲信。当时，正值刘毅病重，郗僧施等人担心刘毅一旦去世，在荆州的刘毅一党将群龙无首，面临灭顶之灾，于是，他们让病中的刘毅请求朝廷允许自己的堂弟、兖州刺史刘藩西上荆州，作为自己的副手，太尉刘裕也假装同意了。

九月初，刘藩从治所广陵（今江苏省扬州市）前往京师朝见，刘裕当即下令将其逮捕，一同被捕的还有刘毅的另一位同党、尚书仆射谢混。

九月十二日，刘裕以晋安帝司马德宗的名义下诏，公布刘毅的罪状，称："刘毅骄傲凶残，中间覆败，应当予以斩首，我朝法律宽厚，既往不咎，反而给其高位。竟然不反躬思过，却更加怨恨。宰相宽宏大量，又给予他荆州刺史的重任，希望他能改过自新。然而，此人却怙恶不悛，阴谋叛乱。解除江州以后，擅自将江州部队带走，还带去军需物资，到荆州以后，斥去原有文武官员，到处安插自己的亲信。豫州西府文武将近一万，全部带走，未向朝廷报告只言片语，随心所欲，无视朝廷。又与堂弟刘藩相互勾结，外托西上探病，其实包藏祸心，阴谋割据荆州。尚书左仆射谢混依靠祖上的影响，被朝廷宠遇，却轻佻浮躁，煽动内外，与刘毅同谋，士可忍，孰不可忍！”

于是，下令将刘藩、谢混二人赐死。我们知道，谢安有二子谢瑶、谢琰，谢瑶早死，生下四子：谢该、谢模、谢澹、谢璞，谢琰生三子：谢肇、谢峻、谢混，因此，谢澹与谢混均属谢安这一门的堂兄弟关系，当初，他看到谢混与刘毅关系密切，常常担忧大祸临头，故意疏远谢混，还经常对自己的弟弟谢璞和堂侄谢瞻（出自谢安二哥谢据一门）说：“谢混这样，终究会家破人亡。”

诛杀谢混以后，刘裕还有更妙的一手：那就是下令谢混的妻子晋陵公主与谢氏离婚，并命令公主改嫁到琅邪王氏，而且指定改嫁给王珉的儿子王练！我们知道，王珉曾是谢安的女婿，后因为王珉与哥哥王珣同情桓温而与谢氏交恶，谢安让女儿与王珉离婚，从此王、谢两个大族成为世仇。如今，刘裕让谢安的孙儿媳妇改嫁给与谢氏断交的谢安外孙王练，当然用心险恶：一是进一步加深王、谢两个大族之间的隔阂，以免大族之间合作，以达到刘裕分而治之的目的；二是从目前的情况看，王氏更倾向于自己，王诞、王弘都是自己的得力助手，刘裕以此更能换取王氏的忠心。

晋陵公主不从，怎奈王命难违，只得服从，九年以后，当刘裕篡夺了东晋政权、建立刘宋王朝以后，彼时，谢混的族侄谢晦得到了刘裕的青睐，在这种情况下，刘裕才以谢混一事发生在前朝，可以既往不咎，才将晋陵公主放归谢氏。

处死兖州刺史刘藩前后，刘裕即任命自己的哥哥北徐州刺史刘道怜改任青州、兖州二州刺史，镇守大本营京口，以姨表兄弟刘怀慎接任北徐州刺史，镇守彭城；以青州刺史诸葛长民为豫州刺史，而以檀祗为青州刺史。从整个安排上看，北有镇守东阳城的北青州刺史刘敬宣，中间是驻守彭城的北徐州刺史刘怀慎，然后是自己的亲哥哥刘道怜驻守京口根据地，而以檀祗镇守京口对岸的广陵，可以说，这都是刘裕的心腹。刘敬宣不用说是刘裕的心腹，檀祗是檀凭之的侄儿，名为侄儿，其实由于檀祗、檀韶兄弟亲生父亲早死，兄弟几个均由檀凭之抚养成人，恩同父子，而檀凭之与刘裕私交甚深，既是同乡，又多次一起东征，“情好甚密”。至于说诸葛长民，同属中兴功臣，但此人性格贪婪，聚敛大量美女财宝，为地方之患。将其从青州调离，入主豫州，名义上看是提拔了，但实际上，刘裕是将异己势力赶出了北府旧地，而且，豫州一万多文武将士均被刘毅带走，豫州实力已大不如前了，虽然密迩京师，但不足为惧。

第二天，晋安帝下诏大赦，以前会稽内史司马休之为都督荆州、雍州、梁州、秦州、宁州、益州、六州诸军事，荆州刺史，以豫州刺史诸葛长民监太尉留府事务，以甲仗五十人入殿。刘裕此时分别将司马休之和诸葛长民抬出，目的就是最大可能地巩固自己的阵营，团结一切可以团结的人，授予王室代表司马休之以荆州刺史一职，不过是为了安抚司马氏，而以诸葛长民为监太尉留府事，也不过是让中间力量别在自己的后方添乱。刘裕一方面做出信任、重用诸葛长民的姿态；另一方面却在内心深处对诸葛长民很不放心，他又给太尉司马、丹阳尹刘穆之加以建武将军军号，配备军队，以防范诸葛长民起异心。

九月十五日，刘裕即率领各路大军从建康出发，西上讨伐刘毅。参军王镇恶请求拨付给自己一百艘轻型战舰，担任大军的先锋。九月二十九日，大军到达姑孰，刘裕即以王镇恶为振武将军，与龙骧将军蒯恩率领一百艘轻型战舰，作为前锋，率先向西进发。

刘裕对王镇恶说："敌人即使知道我将亲自西上，但是，在你们的军队到荆州的时候，肯定没有做好准备，也可能正在岸上整顿军队，尚未下到舰船上出征。你们到了以后，遇到敌人，能攻击的，即行发起攻击；如果难以攻击，就先烧毁他们的战舰，然后，你们停泊在岸边，等待我的大军到来。你们去了以后，还有一个任务就是要慰问当地百姓，宣传朝廷的诏书、赦文以及我给荆州文武们的书信，要宣布朝廷只追究刘毅一人，其余人员一概不予追究。你们此行，对外只说是刘藩西上的队伍，你们如果能瞒天过海，进抵江陵城下，那么，能够袭取江陵就果断袭取。"

王镇恶的这一百艘战舰昼夜兼行，对外宣称是兖州刺史刘藩西上的部队。

王镇恶，是前秦名相王猛的孙子，他五月初五出生，家人都以为不吉利，想将其送人。王猛却说："这是一个不同寻常的孩子，过去，孟尝君也出生在不详之月，却最终成为齐国宰相，这个孙儿一定会大兴我家。"因此，给他取名镇恶。王镇恶十三岁的时候，前秦大乱，流落到渑池一带，曾在渑池人李方家寄食，后随叔父王曜来到荆州。王镇恶不会骑马，又不善射箭，但却熟读兵法，果决能断。刘裕北伐南燕的时候，有人给刘裕举荐王镇恶，刘裕一见之下，十分爱赏，对众将说："王镇恶是王猛之孙，可谓是将门有将。"即任命为青州治中从事史，行中军太尉军事，署前部贼曹。

王镇恶接受命令以后，在鹊洲、浔阳、沔口、巴陵四地因遇到大风共耽误了四天，到十月二十二日，他们来到豫章口，距离江陵城仅仅二十里。

三九六　解决刘毅（三）

王镇恶、蒯恩这支突袭部队，一路上均对外宣称是兖州刺史刘藩的军队，因此没有人怀疑，连刘毅也信以为真。

抵达豫章口以后，王镇恶、蒯恩率领部队弃船登岸，分为两队，蒯恩在前，王镇恶居后。停泊在岸边的每艘船上都留下一两人，岸上则插六七面大旗，放置一面战鼓，王镇恶对留守的士兵说："估计我们抵达城下，就擂鼓，好像后面有大军到来的样子。"另外分出一支军队，前往江津水上要塞，烧毁荆州船只。王镇恶率军径直前往偷袭江陵，他对前军说："如果有人问及，就只说是刘兖州到了。"荆州百姓和荆州守军都对此深信不疑。

这支偷袭部队离江陵城还有五六里的样子，正巧遇到了刘毅部将朱显之与十几个骑兵，带着几十个步兵前往江津。朱显之问是何人的部队，士兵们回答是刘兖州到了。朱显之非常警惕，他飞马向前逼问刘兖州在哪里，士兵们回答在队伍的后面。朱显之来到后队，没有发现刘藩，却看到士兵们携带着攻城器械，同时又看到江津方向火光冲天，而江上也传来了阵阵战鼓之声。朱显之意识到这绝非刘藩之军，他掉转马头，飞马回城，向刘毅报告："城外出现大军，似乎是从下游而来，即将进城，江津的船只已经被烧毁！"

刘毅立即传令关闭城门。

然而，城门尚未来得及关闭，王镇恶率领晋军已经尾随而至，闯入了外城。

大城之内，刘毅有八队士兵一千多人，已经集合。蒯恩率军从东门入城以后，即向北进攻射击厅，向前进攻内城的东门；王镇恶从东门入城以后，便进攻内城的西门，又分兵进攻内城的南门，与此同时，还纵火焚烧了外城的南门和东门，又派人将诏书、赦文、刘裕写给刘毅的书信都传给刘毅，刘毅看也不看，全部将其烧毁。在内城以内，刘毅尚有广陵、京口旧部六队一千多人，豫州西府旧部两千多人，守军还不相信刘裕会亲自前来，于是，双方展开了激烈的战斗。

卫将军长史谢纯，是谢安二哥谢据少子谢允的二儿子，谢纯的大哥谢裕，与刘裕关系甚深，而谢纯却是刘毅的长史，对刘毅忠心耿耿。谢纯的少弟谢述，就是后来大名鼎鼎的“小谢”谢朓的爷爷。当时，谢纯正要前往拜见刘毅，听到出事，手下劝说他赶紧回家避难，谢纯斥责道：“我是人家的下属，要逃到哪里呢！”进入州政府。

当天中午饭的时候，双方发生战斗，战斗一直持续到下午四点左右，最后，荆州守军逃的逃，降的降，内城守军逐渐稀少。有一个叫王桓的人，家住江陵，曾经亲自斩杀桓谦，被刘裕赏识，作为亲随。前不久，王桓请求回江陵探亲，迎接家眷上京，这时，他也率领十几个人协助王镇恶进攻内城。王桓熟悉地形，他在内城东门以北三十步的地方挖掘了一处通进内城的洞穴，王桓最先进入，王镇恶率众从后跟进，于是，突入内城，与内城守军短兵相接。

王镇恶所率将士与刘毅从下游带来的将士，很多是表兄表弟等中表亲戚的，王镇恶让士兵们边打边谈，告知荆州守军这次是刘裕亲自率领大军前来，于是，内城守军军心大乱，斗志全无。

战斗到傍晚，内城衙门堂前守军战线被攻破，刘毅猛将赵蔡被斩杀，而刘毅的亲兵却仍然关闭东西厢房，固守死战。王镇恶担心深夜不分敌我，自相残杀，就率军退出内城，只是将其包围，打开南门，给刘毅留下逃路。

刘毅担心南门外有伏兵，半夜三更，他率领身边三百多人打开内城北门逃出。刘毅常骑的战马拴在外城，仓促之间，无马可骑，刘毅索要儿子刘肃民的马，刘肃民竟然不给。部将朱显之对刘肃民说：“人家要取你父亲的人头，你竟然怜惜马匹不给，如今你自己逃亡，将逃到何处？”朱显之将马夺来，交给了刘毅。

刘毅等人突出北门后，正遇到王镇恶的部队，无法突破，又转而冲击蒯恩所部。经过一天的战斗，士兵们均已筋疲力尽，于是，刘毅得以突出包围，从外城东门逃奔城外的牛牧佛寺。毛修之对谢纯说：“你只需随我而去。”谢纯不从，被乱军所杀。

义熙元年年初，刘毅占领江陵，桓氏子弟桓蔚也曾从江陵逃往牛牧佛寺，然后，北逃到后秦，当时，刘毅得知该寺叫昌的僧人隐匿了桓蔚，就将僧昌诛杀。如今，刘毅来到寺外，请求入寺避难，寺庙的僧人回答：“过去，亡师隐匿桓蔚，而被刘毅将军所杀，如今，实在是不敢再容留外人了。”

刘毅叹息道："为法自弊，竟到此等田地！"

走投无路的他只得上吊而死。

十月二十三日，当地的居民向政府报案，王镇恶将刘毅的尸体在江陵街市上再行斩首，并将在江陵的刘毅儿子、侄儿们全部斩杀，刘毅的哥哥刘模北逃到襄阳，雍州刺史鲁宗之将其斩首。

当初，刘裕击败卢循凯旋而归后，晋安帝在西池设宴犒劳，群臣赋诗助兴，刘毅曾作诗："六国多雄士，正始出风流。"自知武功不敌刘裕，而故作风雅，要盖过刘裕。后来，在刘裕的京口东府聚众大赌，一注高达百万钱，当时，他们玩的是五木赌博，用五块短木，每块分正、反两面，一面为白色，一面为黑色，其中两枚除了颜色以外，还有图案，白色的一面画鸡，黑色的一面画牛。规则大致为：最高采称为"卢"，五木全黑；次为"雉"，即画有两个鸡的白色和三个黑色，再次为两个画有牛的黑色和三个白色，被称为"犊"。其他人都掷了，最高的是"犊"，只剩下刘毅和刘裕二人，刘毅一掷得到了"雉"，大喜，撩起衣服，绕着床对大家夸耀道："不是我投不出'卢'，只是不愿意投卢罢了！"

刘裕听着心中不快，他拿起五木，掂量了很久，说："老兄我试着给你投一个。"

一掷下去，四子全都是黑色，只剩下一子旋转个不停，刘裕厉声呵斥，只见那一子终于停了下来，竟然也是黑色，凑成了最高奖"卢"！刘毅看了，心中十分不快，只好讪讪而言："知道大人不想将钱借给我啊！"

刘毅被杀后二十日，刘裕的大军才到达江陵城，时间是十一月十三日，这里面当然有刘裕对建康方面不放心的因素。

刘裕抵达江陵以后，将郗僧施诛杀。当初，毛修之担任刘毅的卫将军司马，但却一直结好刘裕，虽然在江陵之战中，毛修之与刘毅的咨议参军任集之等人拼死抵抗，但刘裕还是赦免了他。

刘裕以王镇恶平定刘毅之功，封其为汉寿县子，食邑五百户。

刘裕询问刘毅府咨议参军申永："如今，该怎么样做才好？"

申永回答："消除仇恨，施以恩德，根据门第，提拔贤才，如此而已。"刘裕采纳了他的意见，他下书确定：一是停止在荆州核查户口，赋税以现有登记户口为准；二是州县屯田，除非涉及军国大事的，全部废止；三是州郡官吏员额以民户多少确定；四是停止原有部分赋税、劳役；五是宽恕五年有期徒刑以下的罪犯；六是对于原来被沦为奴仆的罪犯家属，全部释放。与此同时，刘裕还将荆州十郡划出来，重新设立了湘州，由他自己亲自管理。

诛杀刘毅以后，驻节江陵的刘裕一方面安抚荆湘民众；另一方面在密谋趁势发兵消灭西蜀。

然而，就在刘裕为讨伐西蜀做着积极准备的时候，京师建康的诸葛长民却蠢蠢欲动。

长期以来，诸葛长民贪婪不法，常常害怕刘裕追究自己的责任，等他听说刘毅被杀的消息，对亲信说："去年杀彭越，前年杀韩信，大祸将至了啊！"阴谋作乱，而犹豫未发，他试探着询问刘穆之道："世间盛传太尉与我有隔阂，是什么原因呢？"

刘穆之回答："相公西征，将老母、幼子托付给将军，如果心存丝毫不平，怎会如此？岂能说有隔阂！"

听了刘穆之的这番话，诸葛长民心中稍微安定一些。

然而，树欲静而风不止，诸葛长民的弟弟、辅国大将军诸葛黎民轻率好利，他反复劝说哥哥道："黥布、彭越情形各不相同，而均遭到杀身之祸，今刘毅被杀，诸葛氏也是唇亡齿寒，应该趁着刘裕离开京师，发动政变！"

诸葛长民左右为难，犹豫不定，最后他叹息道："贫贱之时，常常想得到富贵，可是，富贵之地却危机四伏。如今，我想再做一个丹徒的平头百姓，又如何能够做得到！"

忧惧交加，诸葛长民又给冀州刺史刘敬宣写信，探听刘敬宣的口风，他说："盘龙（即刘毅的小名）凶狠恣肆，自取灭亡，异己将被诛灭殆尽，世道将要恢复正常，富贵之事，将与大人共同享有。"

刘敬宣回信说："下官自义熙以来，前后将近十年，历任三州七郡。如今杖节在此，常恐富贵过头，祸患将生，内心实在是经常思量着躲避满盈，宁愿受损吃亏，至于富贵之意，实不敢当。"

于是，刘敬宣将诸葛长民的书信全部秘密送交荆州的刘裕，刘裕对长史王诞说："我就知道阿寿（刘敬宣的小名）不会辜负我的！"

此时建康的局势十分紧张，刘穆之一直担心诸葛长民会发动政变，他偷偷询问太尉初级参军何承天说："太尉此行能否成功？"

何承天回答："荆州战事不必担心不会马上了结，只是尚有另一件值得忧虑的事。太尉昔年左里大捷以后，回到石头城戒备松弛，这次回京师，应当谨慎对待，周密安排啊。”

刘穆之回答：“不是你，我听不到此种忠言。如果处置不当，我以后想做丹徒刘郎，也不能了啊。”

何承天的堂祖就是西晋末年太傅司马越的右卫将军何伦。

建康暗流涌动，让江陵的刘裕十分焦虑，长史王诞（王导曾孙，王恬之孙）自从投靠刘裕以后，对刘裕忠心耿耿，这次讨伐刘毅，王诞还在服丧，他身穿孝服从行。刘毅被平定以后，王诞请求先行东下，刘裕说：“诸葛长民似乎有自疑之心，你岂能随便东下？”

王诞回答：“诸葛长民知道大人对我十分信任，如今，我单人东下，令他感到大人对其并无疑虑，这样一来，也能稍稍让他安心。”

刘裕笑着说：“你的勇气可谓是超过了古代的猛士孟贲、夏育了啊！”

于是，王诞先期东下。

三九七　灭亡西蜀

刘裕这次讨伐刘毅所带的总兵力有四万多人，他决定分出一半兵力，作为消灭西蜀谯纵的部队，自己则率领剩余的两万人马回到京师，去应付诸葛长民。

计划确定以后，但行军元帅一职却找不到合适的人选，假如没有诸葛长民在建康蠢蠢欲动，刘裕势必会亲自率军西上，而此时，他却要回去安顿好后方。思来想去，刘裕选定了一个人，他就是朱龄石。

朱龄石自刘裕举义即加入刘裕的部队，参加了讨伐南燕、建康保卫战，被升为西阳太守、宁远将军、宁蛮校尉，当刘裕提议朱龄石担任西征军统帅的时候，大家都认为朱龄石的资历较轻，并不是合适的人选，但是，刘裕不从。义熙八年十二月，也就是在刘裕诛灭刘毅一个月后，他即任命朱龄石为建威将军、益州刺史，率领宁朔将军臧熹、河间太守蒯恩、下邳太守刘钟、龙骧将军朱林等人筹备进攻西蜀。刘裕与朱龄石密谋，说："刘敬宣往年西征，从黄虎（今四川省绵阳市境）方向进攻，无功而返。敌人认为我军此次进攻理应从外水（岷江）发起进攻，而我方会出其不意，继续从内水（涪江）方向发起进攻。因此，敌人肯定会以重兵继续防守涪城（今四川省三台县境），防守内水。如果我军主力还去进攻黄虎的话，将正中敌人的圈套。如今要以主力部队从外水进攻，以疑兵从内水北上，这是战胜敌人的一条奇计。"这就是兵法上所谓的虚虚实实。

刘裕担心消息提前泄露，专门写了一封命令信，封好以后交给朱龄石，在信的封面上注明："部队抵达白帝城以后再打开。"毛修之坚决要求从行，但刘裕考虑到毛修之到蜀地以后，肯定会滥杀无辜，以报灭门之恨，并且，如果当地人听说毛修之在军中，必然会誓死抵抗，因此，刘裕没有听从，而是将他带回京师，任命为黄门侍郎，不久转为右卫将军。

部署停当以后，刘裕并没有立即让西征军出发，这是因为，他还担心京师的事情有变，十二月，东晋朝廷以讨平刘毅之功，晋封刘裕为太傅、扬州牧，加羽葆鼓吹，班剑二十人，也就是在此前后，刘裕率领大军开始东下了。刘裕这次东下，应该是采纳了在建康刘穆之的建议，经过了精心的策划，他提前将部队的辎重等船只隔三岔五地运回建康，造成不日就会回到建康的假象，与此同时，刘裕还多次派人通知朝廷自己抵京的确切日期，以致诸葛长民等朝廷百官数次前往新亭迎接，却屡屡落空。刘裕的这一举措，无非是为了迷惑诸葛长民，尽可能打乱他孤注一掷的决心，争取宝贵的时间。

义熙九年（公元 413 年）二月三十日，刘裕神不知鬼不觉地乘坐轻快小船，进入建康，潜入东府（原司马道子府邸），第二天一早，诸葛长民惊闻刘裕已经回到京师，赶忙前去东府见驾。刘裕提前将武士丁旿等人埋伏在幕后，然后，引诸葛长民进屋交谈，刘裕生平从未吐露出的隐私都和盘托出，诸葛长民也非常高兴，两人晤谈甚欢。交谈许久，丁旿等人从幕后走出，从背后将诸葛长民抓住。诸葛长民素来骁勇，但是，好汉不敌四手，他从床上落地，丁旿等人又在地上拳脚交加，活活将其打死在床边。然后，刘裕命令将尸体送交廷尉处理，并诛杀了其弟诸葛黎民、诸葛幼民，堂弟诸葛秀之。丁旿异常骁勇，当时有俗话说："勿跋扈，付丁旿。"说的就是此人。

诛杀诸葛氏以后，刘裕推辞了太傅、扬州牧，却接受了诸葛长民遗留下来的豫州刺史一职，此时，刘裕的职务是：太尉、中书监，徐州刺史、豫州刺史，这次，当然还是刘裕避虚就实的一贯做法。

于是，刘裕开始着手整顿帝国的经济秩序，开始了一次更为严格的"义熙土断"。

"土断在西晋时期就已经出现了，其核心在于以居民的实际居住地编定户籍，东晋时期，由于东晋政府为了吸引北方流民，特意制定了设立侨郡、侨民不负担赋役的优惠政策，这一政策对于吸引北方流民，壮大东晋势力起到了积极的作用，但是，随着侨郡的大量设立，机构重叠，侨民与土著没有什么区别，可是又不负担国家赋税，影响到了帝国的国家收入。东晋第一次土断发生在晋成帝咸和年间，到兴宁二年（公元 364 年），桓温主持了庚戌土断，搜查出不少大户隐瞒的户口，增加了东晋的国力。其实，早在桓玄时期，桓玄就已经发现百姓流离失所，大户兼并土地，隐瞒庇护大量人户，造成帝国收入锐减，社会矛盾加剧，曾经尝试着进行治理，但由于桓玄统治时期极短而没有取得效果，在义熙土断的前两年，刘裕就因会稽大户虞亮藏匿一千多户而将其诛杀，并捎带着将会稽内史司马休之罢免，也显示了他治理此事的决心。此时，当卢循、刘毅、诸葛长民等内患悉数消除以后，刘裕立即就将整顿帝国经济秩序纳入到了议事日程，雷厉风行地开始了一场轰轰烈烈的大规模土断。

义熙九年三月，刚刚诛杀了诸葛长民的刘裕即上书晋安帝司马德宗，称："永嘉年间，皇室迁往江南，朝廷有匡复的计划，百姓有思乡之心，因此，没有实施长治久安之策，到大司马桓温时代，认为百姓没有固定下来，对于国家危害最大，于是，实行了庚戌土断，因之国家富强。从那时到现在，已经过去近五十年，当时确定下来的规矩逐渐废弛了。"因此，请求晋安帝下令全国各地按照庚戌土断之法，重新按照居民定居的地方纳入当地郡县管理，废除大量侨置郡县，不过，为了照顾刘裕北府兵源的利益，刘裕特地下令徐州、兖州、青州的流民居住在晋陵（今江苏省镇江市）的，不进行土断，继续允许他们享受流民特殊的待遇。

大约在刘裕顺利处理了诸葛长民以后，他才下令西征军向蜀地进发，这可以从《宋书·朱龄石传》中称朱龄石开始伐蜀是在义熙九年这一记载中得到印证。两年前，当刘裕全力对付卢循之时，荆州刺史刘道规虽然击败了西蜀先头部队桓谦、苟林，但是，西蜀后继部队谯道福却攻陷了巴东（今重庆市奉节县），斩杀了巴东守将温祚、时延祖，将势力范围向东推进到了白帝。

义熙九年六月，朱龄石率领的西征大军进抵白帝，此时，西蜀势力大约已经从白帝退去，在进军途中，各军将领均不知道自己的攻击路线，到了白帝以后，朱龄石打开了刘裕的书信，只见信中写道："主力部队全部从外水（岷江）进攻成都，臧熹、朱林从中水（沱江）进攻广汉（今四川省广汉市），命令老弱病残之兵乘坐十几条高大的战舰，从内水（涪江）向黄虎（今四川省绵阳市）进发。"于是，西征军按照刘裕的指示，倍道兼行，分头向成都扑来。

谯纵果然命令谯道福率领重兵防守内水上游的涪城（今四川省三台县境），而派遣征讨都督谯亢、前将军、秦州刺史侯辉，尚书仆射、蜀郡太守谯诜等率领一万人马，驻守在外水上游的彭模（今四川省眉山市彭山区境），设置层层木栅，夹水为城。

同月，朱龄石的主力部队即迅速推进到了彭模，距离成都仅二百多里。当时，蜀军号称三万，分据岷江南北两座城池，北城驻扎有重兵，而南城则兵力薄弱，属于牵制部队。宁朔将军刘钟当时患有脚病，不能行动，朱龄石亲自找到刘钟商议，他说："如今天气炎热，则敌人固守险要，我军强攻，不一定能够得手，只会徒增我军将士的疲劳。我想，考虑到敌人人心不稳，势必将出现内讧，而且，我们也应养精蓄锐，等待敌人有隙可乘，这样方保成功。不过，决策于两军之间，主公本有既定的方针，你有什么看法？"朱龄石深知刘钟是刘裕的心腹旧将，所以才有此问。

果然，刘钟回答："你说得不合适。前不久，我军声称主力从内水北上，谯道福不敢舍弃涪城，如今，我主力大军突然出现在此，出其不意，敌人早已惊慌失措。他们固守险要，就是因为害怕与我决战，并非能够坚守此地。趁着敌人方寸已乱，全力发起进攻，一定能够战胜。攻克平模以后，我军再乘胜进攻成都，成都也难以固守了。如果迟疑不进，敌人将知道我军的虚实，届时，涪城之兵南下增援，合兵一处与我相抗，敌人人心安定，良将又到，这样一来，我军求战不能，粮食吃完，肯定会被蜀人活捉啊！"

朱龄石听了刘钟的一席话，感觉有理，于是，决定立即部署对面前蜀军的进攻。在决定打击方向时，晋军众将均认为北城地势险要，敌人众多，不如先弱后强，率先进攻南城。但是，主帅朱龄石却说："你们说得不对。虽然敌人在北城，如今即使消灭了南城，也不足以影响到北城的防御；如果拼尽全力拿下北城，则南城就不攻自破了。"

七月，晋军投入全部精锐对北城从四面发起了总攻，战斗从当天清晨开始，一直持续到太阳偏西，经过将近一整天的苦战，晋军终于攻陷了平模北城，焚烧了蜀军大量战舰，阵斩了蜀军大将侯辉、谯诜，然后，晋军回师再进攻南城，南城守军登时奔溃，此战晋军共斩杀十五员蜀军大将，平模附近蜀军的各个堡垒顿时土崩瓦解，于是，晋军丢下战舰，从陆地朝成都挺进。与此同时，从中水而上的刘裕妻弟、龙骧将军臧熹，也进抵广汉城下。谯纵命令大将谯纵大将谯抚之率领一万多人，驻守在牛脾城（今四川省简阳市西），另外派遣谯小苟固守打鼻（疑在今四川省眉山市彭山区岷江西岸）。臧熹、朱林率军进攻牛脾城，谯抚之战败被杀，谯小苟听说谯抚之战败，也仓皇退去，不久，臧熹即在牛脾城得病去世，年仅三十九岁，其子即为刘宋时期的大将臧质。

七月五日，得知各处均遭到惨败的消息，西蜀主谯纵仓皇逃离成都，西蜀尚书令马耽封好府库，以待晋军。七月九日，朱龄石大军兵不血刃顺利进入成都，诛杀了谯纵同一个爷爷以下的近亲，其余人员一个不杀，恢复正常生活。谯纵逃离成都以后，先拜别祖先的坟墓，他的女儿说："我们逃跑是肯定逃不掉的，只会自取其辱罢了。同样是死，就死在祖先的坟墓旁吧。"

谯纵不从，继续北上前往涪城，打算投奔谯道福。

然而，驻守涪城的谯道福听说平模惨败之后，即率领五千精锐部队火速南下，准备协防成都，双方在途中相遇，谯道福看到谯纵竟然弃城而来，不禁大怒，说道："大丈夫拥有如此功业，岂能白白丢掉！如今，即使要当俘虏，怎能当成！人生谁不会死，又有什么可怕的啊！"

谯道福愤怒至极，竟朝谯纵扔来宝剑，刺中了谯纵的马鞍。谯纵脱离谯道福，逃入山林上吊而死，巴西百姓王志将其头颅割下，送交朱龄石。

谯道福看到谯纵已死，为了稳定军心，他对部下说："我豢养你们，就是为了今天！蜀国的生死存亡，全在于我，而不在谯王。谯王虽然自杀了，但我谯道福尚在，我们还能继续战斗！"大家都表示同意。

谯道福将随身的金银布帛全部散给将士们，然而，成都陷落、谯纵身死，已经让大家丧失了信心，再无战心，人们接到赏赐以后，都四散而去。谯道福只身逃往獠人部落，被巴西人杜瑾逮捕，将他送交朱龄石，朱龄石下令在军营门前，将其诛杀。朱龄石将马耽流放到越嶲（今四川省西昌市东南），途中，马耽对家人们说："朱龄石不将我送归京师，是担心我向朝廷反映他盗取大量西蜀财宝，这是要杀人灭口啊，此行我必死无疑。"他洗漱完毕，安详地躺在床上，自杀而死。马耽刚死，朱龄石派来的追兵就到了，将其斩首。桓谦的弟弟桓恬时任西蜀宁蜀（今四川成都市双流区境内）太守，此时也被斩杀。朱龄石任命司马沈叔任（沈劲之孙）为西夷校尉、巴西梓潼太守，率军驻守涪城，征蜀主力撤离以后，当地人侯产德等人聚集一万多人作乱，进攻涪城，当时，沈叔任的守军不足五百人，他激励将士，出城迎战，一举大破叛军。原本朱龄石占领成都以后，没有大开杀戒，侯产德叛乱以后，朱龄石严加追究，牵连、诛杀了很多人。

东晋朝廷以平蜀之功，加封朱龄石为辅国将军、监梁州之巴西梓潼宕渠南汉中、秦州之安固怀宁六郡诸军事，丰城县侯，食邑千户。

三九八 痛失姑臧

历史就像万花筒，你方唱罢我登场。

就在刘裕逐渐坐大的义熙五年（公元409年），北中国另外一位雄主北魏道武帝拓跋珪去世了。与北魏道武帝崛起之初的情形一样，从义熙五年开始，刘裕也是一年一个新台阶：义熙五年，讨伐南燕；义熙六年，消灭南燕，击败卢循；义熙七年，消灭卢循；义熙八年，消灭刘毅；义熙九年，义熙土断，灭亡西蜀。这让我们没有时间去顾及在这五年中，北中国究竟又发生了何等天翻地覆的变化，如今，我们趁着东晋刘裕暂时消停下来的机会，回过头来再看一看北中国境内诸国的变化。

我们说过，义熙四年（公元408年）的十一月，秃发傉檀恢复了凉王的称号，大赦，改元嘉平，重新设置百官。到义熙五年（公元409年）七月，乞伏乾归也重新登上了西秦王位，西秦中兴。于是，在狭小的凉州和秦州西部，仍然存在着四个王国：李暠的西凉，沮渠蒙逊的北凉，秃发傉檀的南凉和乞伏乾归的西秦，李暠的西凉在努力东进，企图消灭北凉，而南凉的秃发傉檀早就与北凉的沮渠蒙逊结下了深仇，他们之间还将为争夺姑臧而相互撕咬，西秦在中兴以后，一方面巩固国内，兼并周边弱小的部落，也确定了暂时不与东面的后秦为敌，全力西进的策略，因此，在凉州这一地区，四个国家还将进行越来越复杂，也越来越激烈的争夺。与此同时，后秦姚兴还在与大夏刘屈丐缠斗，后秦和大夏，乃至青海的吐谷浑、仇池的杨氏也时不时地与秦凉四国发生这样那样的关系，让这一地区的局势更为错综复杂。

不过，复杂归复杂，几年下来，这一地区最重大的事件却是：那个曾经最为强盛的秃发南凉却日渐衰落，并最终被西秦灭亡了！那么，就让我们顺着这条主线，将故事慢慢道来。

我们知道，义熙二年（公元 406 年）秃发傉檀从姚兴手中骗取了姑臧，那时，是南凉最为强盛的时期，占领姑臧之后，雄心勃勃的秃发傉檀就立即结好西凉李暠，企图夹击北凉沮渠蒙逊。然而，好景不长，第二年，秃发傉檀率领大军进攻北凉，却在均石遭到惨败，紧接着，他又与刘屈丐翻脸，在阳武下峡再次惨败，两次战败以后，屠各成七儿又趁机叛乱，第三年，即义熙四年（公元 408 年）后秦姚兴又趁机进攻姑臧，虽然后秦军无功而返，但是，由于姑臧城内王钟、宋钟、王娥等人密谋响应秦军，秃发傉檀大开杀戒，将被牵连到的五千人全部诛杀，并把他们的妻子女儿赏赐给将士们，这一系列事件都极大地削弱了南凉的实力。后秦进攻姑臧以后，秃发傉檀即撕掉臣服后秦的面纱，公开称王，并册立夫人折掘氏为王后，世子秃发武台为太子、录尚书事，左长史赵晁、右长史郭倖为尚书左、右仆射，镇北将军秃发俱延为太尉，镇军将军秃发敬归为司隶校尉。即位后的秃发傉檀一直要报均石惨败之仇，义熙五年（公元 409 年），当东晋刘裕大举进攻南燕的时候，南凉秃发傉檀命令左将军枯木、驸马都尉胡康西上进攻沮渠蒙逊，掠取北凉临松（今甘肃省民乐县南）一千余户居民而还。沮渠蒙逊大怒，他亲自率领五千骑兵报仇，一直前突到显美（今甘肃省永昌县东南）方亭，击破臣服于南凉的车盖鲜卑而去。南凉太尉秃发俱延率军再次讨伐北凉，却又是大败而归。

双方的仇隙再也无法解开。

第二年，即义熙六年（公元 410 年）三月，当东晋江州刺史何无忌在豫章与徐道覆激战的时候，南凉王秃发傉檀决定要亲自率领五万骑兵西上进攻沮渠蒙逊，尚书左仆射赵晁及太史令景保都劝谏道："如今太白星没有出现，岁星又在西方，天象显示我国只能防守，而不可主动进攻他人。近年来，天象错乱，大风大雾不合时令，只有修德责己，才能确保帝国安宁。"

秃发傉檀反驳道："前些时候，沮渠蒙逊恶贯满盈，进攻我京师，掠夺我边疆，摧残我庄稼，我枕戈待旦，就是要报仇雪耻，如今大军已经集结，你要乱我军心吗？"

景保回答："陛下没有认为我无能，让我负责观察天象，如果我发现问题却不报告，这不是大臣应当做的。天象非常明白，出师不利。"

秃发傉檀说："我以五万骑兵前往讨伐，沮渠蒙逊如果用骑兵与我对敌，他寡不敌众；如果他有骑兵又有步兵，那么，敌人行进的速度就有快有慢，他救援左边，我们就进攻他的右翼，他向前进攻，我则攻击他的后面，我军始终不与敌死磕，你害怕什么呢？”

景保依然坚持说：“天象之事并非瞎话，肯定会出现意外。”

秃发傉檀闻言大怒，将其捆绑起来，说：“假如我军胜利了，就杀了你传示三军；假如有什么意外，就封你做百户侯！”

沮渠蒙逊率众前去迎战，双方在穷泉（今地不详），南凉军再次惨败，秃发傉檀单人匹马逃回姑臧，而景保也被沮渠蒙逊生擒。

沮渠蒙逊责备景保说：“你深通天文，被你的国家委以重任，却违背上天，你的智慧何在？”

景保回答：“臣不是愚蠢，只是主上不采纳我的忠言。”

沮渠蒙逊又说：“昔日汉高祖刘邦被匈奴围困在平城，刘邦逃归以后，重赏了曾劝谏的娄敬；而袁绍在官渡之战惨败后，却诛杀了劝谏的田丰。你的建议与娄敬和田丰相似，但你主上的胸襟却不好说了。假如你肯定会受到娄敬一样的赏赐，那么，我就放你回去，只是我担心今天我将你放归，你要遭受田丰一样的灾祸啊！”

景保回答：“臣的主上才能虽然比不过汉高祖刘邦，但还是与袁绍不同的，也许我不会受到封侯之赏，但也不至于被杀啊。”

沮渠蒙逊就释放了他。

景保回到姑臧以后，秃发傉檀向他道歉说：“你是我的指南针，但我却不能听从，这都是我的罪过啊！”将其封为保安亭侯。《晋书·沮渠蒙逊载记》对此战的前因，记载的与此不同，说的是：当时是沮渠蒙逊率领三万步骑先行进攻南凉，驻扎在西郡（今甘肃省山丹县东南）。这时，大风从西北而来，天空上出现五色之气，一会儿，天上全暗了下来，北凉军队一直进抵显美（今甘肃省永昌县东南），掳掠了一千多户南凉居民。秃发傉檀一直追到穷泉，沮渠蒙逊将对南凉军队发起进攻，众将都说：“敌人业已安营扎寨，不好得手。”而沮渠蒙逊却说：“秃发傉檀认为我长途奔袭，必然疲惫不堪，他肯定没有料到我会主动发起进攻，一定没有什么防备，趁着敌人营垒尚未完全建好，可以一举将其击败。”于是，就发生了穷泉之战。

穷泉之战后，沮渠蒙逊乘胜东下，包围了姑臧。由于两年前，秃发傉檀曾经诛杀了宋钟等五千百姓，当北凉军团包围姑臧以后，城内城外百姓纷纷逃亡，垒掘、麦田、车盖等鲜卑各部近一万户民众都投降了北凉。秃发傉檀这才害怕起来，他派遣使者请求与北凉实现和解，沮渠蒙逊同意了，派司隶校尉秃发敬归和他的儿子秃发佗作为人质。沮渠蒙逊接受了两个人质以后，率军撤离，将南凉八千多户居民迁往本国。秃发敬归与秃发佗走到胡坑（疑为胡阬，在今甘肃省武威市西），趁机逃还，而秃发佗却被北凉追兵捉回。

经过这次打击，南凉内部又发生了内讧。右卫将军折掘奇镇又占据石驴山（今青海省门源县境），公开背叛。秃发傉檀担心沮渠蒙逊再次进攻姑臧，还生怕折掘奇镇会征服洪池岭以南地区，他忍痛割爱，只好放弃姑臧，将国都迁回旧都乐都，而留下大司农成公绪驻守在姑臧城。秃发傉檀刚刚离开姑臧，魏安（今甘肃省古浪县东）人侯谌等人就聚合三千多户人家，关闭城门发动叛乱，变民占领姑臧南城，推举焦朗为大都督、龙骧大将军，侯谌自称为凉州刺史，向北凉投降。

焦氏当为姑臧豪族，是他曾派遣使者请求姚硕德进攻吕隆，后来，又归降了秃发傉檀，此时，虽姑臧谦光殿上大宴群臣，以敦煌张穆博通经史，辞藻华丽，升任其为中书侍郎，参与军国大计，又任命弟弟沮渠挐为护羌校尉、秦州刺史，封安平侯，镇守姑臧。十余天后，沮渠挐病死，沮渠蒙逊又任命从祖沮渠益子为镇京将军、护羌校尉、秦州刺史，镇守姑臧。

至此，秃发傉檀的南凉政权也在拿到姑臧五年以后，又丢掉了这个凉州政治中心，不仅如此，版图又退缩到了六年前的范围，而沮渠蒙逊的北凉则成为地区强国，步入它的全盛阶段。在占领姑臧以后，沮渠蒙逊马不停蹄，率军继续南下，将南凉旧都乐都包围。听说沮渠蒙逊南下，秃发傉檀命令安北将军段苟、左将军云连乘虚向番禾（今甘肃省永昌县）进击，偷袭北凉的后方，将三千余家居民迁往西平（今青海省西宁市）。沮渠蒙逊包围乐都一月之久，却难以攻下，派遣使者对秃发傉檀说："如果送上儿子作为人质，我将退军。"

秃发傉檀回答："是否撤军，那看你自己的情况，你违背盟约，不讲信义，我决不送人质！"

沮渠蒙逊大怒，在乐都城外修筑房屋，实行屯田，打算长期围困。南凉王群臣都非常担心，苦苦劝谏，秃发傉檀这才将儿子秃发安周交给北凉作为人质，沮渠蒙逊率师退去。

三九九 炽磐继位

墙倒众人推。

就在北凉进攻乐都前后，吐谷浑王树洛干也趁火打劫，进攻南凉，秃发傉檀派遣太子秃发武台率军抵御，被树洛干击败，雪上加霜的是，秃发傉檀还派镇军将军秃发敬归讨伐盘踞在石驴山上的叛将折掘奇镇，却被折掘奇镇击败，秃发敬归阵亡。吐谷浑王树洛干十六岁继位，自称大都督、车骑大将军、大单于、吐谷浑王，号为戊寅可汗，原有部众数千余家，迁居莫何川（今青海省乌兰县境），洮河流域的各族民众也都臣服于他。年轻的树洛干一心想建功立业，也走上了对外扩张的道路，这次进攻南凉就是吐谷浑向东发展的一次尝试。

沮渠蒙逊刚刚退去，秃发傉檀就要实施反击。邯川护军孟恺劝谏说："沮渠蒙逊刚刚吞并姑臧，气焰十分嚣张，我们应当固守国境，伺机再动。"

但秃发傉檀不从，于是，南凉军队兵分五路，朝西北扑来，一直推进到番禾（今甘肃省永昌县）、苕藋（今甘肃省张掖市），掳掠了北凉五千余户居民。

部将屈右对秃发傉檀建议："陛下转战千里，抢掠了大量财产，充盈道路，应当倍道兼行，快速通过险关。沮渠蒙逊善于用兵，部队善战，如果他率领轻装部队突然来到，打我个措手不及，迁徙的居民与敌人里应外合，这将非常危险。"

卫尉伊力延却说："我军士气正盛，将士勇气百倍，敌人是步兵，我们是骑兵，敌人显然是追不上的，如果倍道兼行，仓皇撤军，肯定要扔下财物，也向敌人示弱，这不是什么好主意。"

屈右退下后，对弟弟们说："主上不听我言，这也是天意啊，这里就是你我兄弟们的死地。"

不久，天上突然大雨倾盆，浓雾四塞，狂风大作，北凉军队随之而来，南凉军队再次被打得大败。沮渠蒙逊再次将乐都包围，秃发傉檀固守不战，将儿子秃发染干送给北凉作为人质，沮渠蒙逊这才退去。虽然如此，双方之间还是不时发生摩擦。

前门送虎，后门迎狼。沮渠蒙逊刚刚退去，西秦军队又从东面来了。

西秦自义熙五年重新建立以后，西秦王乞伏乾归不久就册立夫人边氏为王后，世子乞伏炽磐为太子，都督中外诸军事、录尚书事；他还任命屋引破光为河州刺史，镇守枹罕；任命焦遗为太子太师，参与军国大谋，并对太子乞伏炽磐说："焦遗不仅是一代名儒，而且还有辅佐王者之才。"让乞伏炽磐在床下向焦遗叩拜。

焦遗的儿子焦华十分孝顺，乞伏乾归想将自己的女儿嫁给他，焦华推辞说："娶妻是为了侍奉双亲，如今公主下嫁，确实门不当户不对，我担心公主嫁给我以后对我的双亲会缺少礼数。"

乞伏乾归也不勉强，他说："你的举动是古代贤人所为，我不再勉强。"还任命其为尚书民部郎。

立国以后，乞伏乾归即开始兼并周边部落，他派太子乞伏炽磐进攻薄地延，大军进抵烦于（今地不详），薄地延投降，乞伏乾归任命其为尚书，将其部落迁往苑川。义熙六年（公元410年），当沮渠蒙逊将秃发傉檀赶出姑臧城的时候，乞伏乾归则派遣陇西羌昌何率军攻克了尚属后秦的金城郡（今甘肃省兰州市），夺占了这座通往凉州的桥头堡，他以骁骑将军乞伏务和为东金城太守。不久，到了该年八月，乞伏乾归将国都又定在旧都苑川，并率军攻克了后秦的略阳（今甘肃省秦安县东北）、南安（今甘肃省陇西县）、陇西（今甘肃省陇西县西南）诸郡，讨伐越质屈机等十多个部落，收降降众二万五千户，将他们全部迁往苑川和枹罕。后秦姚兴正被刘屈丐弄得六神无主，无力讨伐，又担心乞伏乾归正式与己为敌，只好顺势任命其为使持节、散骑常侍、都督陇西岭北匈奴杂胡诸军事、征西大将军、河州牧、大单于、河南王。乞伏乾归也正想进攻凉州，于是，接受了后秦的任命，向后秦称臣。在此前后，鲜卑仆浑部、羌族句岂部、输报部、邓若等四部也都归降了西秦，乞伏乾归将仆浑部三千多户民众强行迁徙到度坚城（甘肃省靖远县西），任命儿子乞伏敕勃为秦兴太守，镇守此地，不久，他又将羌族句岂部强制迁徙到叠兰城（甘肃省临夏县东南），以侄儿乞伏阿柴为兴国太守，监护他们，又任命儿子乞伏木奕干为武威太守，镇守嵻崀城（今地不详），此时，正值沮渠蒙逊两次包围乐都前后。

南凉秃发傉檀一败再败，国威大减。

就在沮渠蒙逊第二次包围乐都后不足半年，西秦（目前对外宣称为后秦河南王）王乞伏乾归趁火打劫，派遣两个儿子平昌公乞伏炽磐、中军将军乞伏审虔一起西进进攻南凉。义熙七年（公元411年）八月，乞伏炽磐率军渡过黄河，南凉王秃发傉檀命令儿子秃发虎台在洪池岭以南地区，与西秦军队接战，南凉军队战败，西秦掳掠十余万头牛马，凯旋而归。得手以后，乞伏乾归转兵东进，又攻下了后秦略阳太守姚龙驻守的柏阳堡，同年十一月，再度进攻后秦南平太守王𤩽驻守的水洛城（今甘肃省庄浪县），把三千多户后秦居民迁徙到了谭郊（今甘肃省临夏县西北），十二月，西羌彭利发偷袭枹罕（今甘肃省临夏市），自称大将军、河州牧，乞伏乾归率军讨伐，部队推进到奴葵谷（今地不详），彭利发弃军南逃，乞伏乾归命令侄儿振威将军乞伏公府一直向东追到清水（今甘肃省清水县），将其斩杀，此战西秦获得了一万三千多户羌族部众，乞伏乾归任命儿子乞伏审虔为河州刺史，镇守在枹罕。不久，乞伏乾归为了配合自己的西进战略，将国都从苑川迁往谭郊，而让儿子乞伏炽磐镇守旧都苑川，乞伏乾归亲自率领二万骑兵西上进攻吐谷浑所属部落阿若干，在赤水（今地不详）将其俘获。乞伏炽磐又进攻南凉三河太守吴阴驻守的白土（今青海省化隆县东南），西秦军队一举攻克白土，乞伏乾归以乞伏出累为太守。

自此，西秦势力已经打到了南凉首都乐都的近郊。

就在雄心勃勃的乞伏乾归企图一口吃掉南凉的时候，一件突如其来的内讧却发生了。义熙八年（公元412年），乞伏乾归在五溪（疑为五溪聚，在今甘肃省陇西县东）打猎，有一只枭落到他的手上，乞伏乾归感到这是一个不祥之兆，心里非常忌讳。六月，乞伏乾归的侄儿乞伏公府突然发起政变，弑杀了乞伏乾归以及他的十几个儿子们，然后逃奔大夏（今甘肃省广河县北），二十五年前，乞伏公府的父亲乞伏国仁去世，由于当时乞伏公府年幼，西秦群臣就推举乞伏国仁的弟弟乞伏乾归为主，如今，乞伏公府业已长大，在他看来，西秦王的王位原属于他，叔父乞伏乾归不过是暂时代理，理应在自己成人以后交还给自己，然而，乞伏公府却根本看不到任何希望，因为，叔父已经册立了太子乞伏炽磐，心生怨恨的他决定铤而走险。乞伏炽磐听说父亲被杀的消息，命令弟弟广武将军乞伏智达、扬武将军乞伏木奕干率领三千骑兵前往镇压，为防不测，乞伏炽磐命令弟弟乞伏昙达为镇东将军，镇守谭郊（今甘肃省临夏县西北），骁骑将军乞伏娄机镇守苑川（今甘肃省榆中县），自己则率领西秦文武百官和两万多户居民迁往枹罕。乞伏智达等人在大夏击败了乞伏公府的叛军，乞伏公府逃奔叠兰城，投奔弟弟乞伏阿柴。乞伏智达等人转兵进攻叠兰城，斩杀了乞伏阿柴父子五人。乞伏公府又逃往嵻崀南山，乞伏智达等人将其父子五人追上抓获，在谭郊处以斩断四肢处死的酷刑。

在西秦内乱的时候，后秦群臣纷纷劝说姚兴派军趁乱消灭西秦，姚兴却说："趁着别人遇到丧事，却去讨伐，这不合礼仪。"大夏刘屈丐也想进攻乞伏炽磐，军师中郎将王买德说："乞伏炽磐与我国是友好邻邦，如今国家内乱，我既然不能抚恤，反而想趁机讨伐，一个平头百姓尚不齿这样的行为，何况是一位君主呢！"说得刘屈丐满脸通红，这才作罢。经过一个多月的平叛，八月，乞伏炽磐正式继位，他自称大将军、河南王，大赦，改元永康，将父亲乞伏乾归安葬在枹罕，谥号为武元王，庙号高祖。署翟勍为相国，麹景为御史大夫，段晖为中尉，弟弟乞伏延祚为禁中录事，樊谦为司直。撤销了尚书令、仆射、尚书、六卿、侍中、散骑常侍、黄门郎官，设置中左右常侍、侍郎各三人。

乞伏炽磐是乞伏乾归的长子，史书记载，他"性勇果英毅，临机能断，权略过人"。十余年前，西秦被后秦灭亡之时，乞伏炽磐与父亲一起逃往南凉，不久，乞伏乾归再投奔后秦，而乞伏炽磐则留在了南凉，辛苦备尝，他也曾计划逃奔后秦，却被南凉抓获，当时的南凉主秃发利鹿孤曾想将其诛杀，幸赖秃发傉檀搭救，乞伏炽磐才免于一死。后来，他还是逃到了后秦，被姚兴任命为振忠将军、兴晋太守，又拜建武将军、行西夷校尉，镇苑川乞伏部旧众，为西秦中兴奠定了基础。

乞伏炽磐继位以后，加速了统一陇西的步伐，第二年，即义熙九年（公元413年）年初，就在东晋帝国太尉刘裕平定刘毅返回京师前后，河南王乞伏炽磐命令弟弟镇东将军乞伏昙达、平东将军王松涛率部东进，攻击休官部休官权小郎、吕破胡的游牧区白石川（今甘肃省清水县境），俘获一万多人，进而，占领白石城（今甘肃省清水县境）。显亲（今甘肃省秦安县西北）的休官权小成、吕奴迦等两万多户占据白坑（今地不详），拒不投降，乞伏昙达攻破白坑，斩杀休官权小成、吕奴迦共计四千七百人，余众全部投降，至此，陇西的休官部落均投降了西秦。后秦太尉索稜也献出他驻守的陇西（今甘肃省陇西县），投降了西秦，乞伏炽磐将其任命为太傅，此时的西秦已经将后秦势力从秦州赶出，基本上恢复到了被后秦灭亡以前的疆域。

与此同时，乞伏炽磐看到吐谷浑树洛干日渐强盛，有东进的意图，对此，他十分忌惮，在乞伏智达等人东进前后，他还派二人率军向西进攻吐谷浑，在浇河

（今青海省贵德县境）大破吐谷浑王树洛干，生擒吐谷浑将呼那乌提，俘获三千余户而还，不久，乞伏炽磐又派遣安北将军乌地延、冠军将军翟绍率军再次讨伐吐谷浑的别部，在泣勤川（今地不详）大破句旁，俘获甚众；乞伏炽磐亲自率军分别在长柳川（今青海省东南部）、渴浑川（今甘肃省靖远县西南）击破吐谷浑别部支旁和掘达，前后俘获两万八千余人。

四〇〇 南凉灭亡

南凉主秃发傉檀注定要成为一位悲剧性的人物。

想当初，乞伏乾归父子如丧家之犬，落难到南凉，当时秃发俱延就曾建议秃发利鹿孤将其迁往西方乙弗部之地，却遭到拒绝，后来，乞伏乾归果然逃奔后秦；后来，乞伏炽磐再次叛逃，被抓获以后，秃发利鹿孤决定杀死他，还是秃发傉檀将其从刀下解救出来，数年之后，乞伏炽磐最终还是逃往了后秦，秃发傉檀还将他的妻子送还，然而，世易时移，虽然在秃发利鹿孤末年，南凉国力极盛，但是到了秃发傉檀执政时期，尤其是在南凉占领姑臧以后，由于秃发傉檀接连惨败于北凉沮渠蒙逊，加之国内内讧、民变不断，南凉已经处于四面楚歌的境地。也就是在这个时候，西秦乞伏炽磐将要恩将仇报，把矛头对准这个曾经施予其父子大恩的人。

史书上说，秃发傉檀是个穷兵黩武的君主，这的确不假，反观近年来南凉与周边国家持续不断的争斗，即可得出这样的结论。然而，从这一系列的战争中，我们还可以得出，秃发傉檀是一个意气用事的人，有些时候，对于军事斗争形势表现得过于盲目乐观，他往往因一言而改变主意，不过，此人尚有仁者之风，对于自己的错误还能够反躬自省，虽然如此，过后又忘，在与沮渠蒙逊北凉不断的交手中，他一直不甘心失败，一而再，再而三地企图挽回自己的面子，却一再遭到惨败，最终让自己的国家堕入万劫不复的深渊。到义熙十年（公元 414 年），在南山之上出现五彩祥云，乞伏炽磐认为是一种吉兆，他说：“今年，我的王业将会成功！”遂厉兵秣马，时刻准备对南凉发起致命的一击。

与秃发傉檀相反，北凉的沮渠蒙逊却从最初遭受西凉、南凉两面夹击的窘境中走出，越战越强，最终将南凉从姑臧城赶出，并两次包围乐都，在与秃发傉檀的数次交手中，沮渠蒙逊用兵如神，罕有败绩。

义熙七年（公元 411 年）沮渠蒙逊第二次包围乐都，逼迫南凉议和以后，到了这一年的八月，他又挥师西上，率领轻装骑兵奔袭西凉的李暠。西凉李暠建立西凉以后，本以为凉州指日可定，将国都从敦煌迁往酒泉，以威逼北凉，但是，在与北凉的交战中，却一直处于下风，如今，北凉沮渠蒙逊又占领了姑臧，这让他更加郁闷。面对北凉的进攻，李暠对部下说："兵法称，可不战而将敌人击败，就在于挫败敌人的锐气。沮渠蒙逊新近与我结盟，却背信弃义偷袭我国，我闭门不战，等到他锐气丧失以后，再攻击他们，可以全胜。"不久，沮渠蒙逊就因军粮吃完而撤军，李暠命令太子李歆率领七千骑兵追击，大败北凉军队，生擒北凉大将沮渠百年。在无法吃掉西凉的情况下，义熙八年（公元 412 年）十月，沮渠蒙逊将国都迁往姑臧，即河西王位，大赦境内，改元玄始，比照后凉吕光当年称三河王的规矩，设置百官，修缮宫殿，立其子沮渠政德为世子，加镇卫大将军、录尚书事。

咄咄逼人的沮渠蒙逊，让秃发傉檀如坐针毡，但是，他的臣下却并非都忧国忧民。

邯川（今青海省化隆县境）护军孟恺上书秃发傉檀称，镇南将军、湟河太守秃发文支酗酒废事，刚愎自用，秃发傉檀对伊力延说："如今，国难当头，我所依靠的就是我这个弟弟，这该如何是好？"

伊力延回答："应当将其召来，教训教训，希望他能改过自新。"

于是，秃发傉檀把弟弟叫来，责备他说："两位兄长都已经去世，我继承大业以来，国家却弄成这个样子，我如今已心如死灰，度日如年。我听说你整日酗酒，不问政事，我年龄已老，你却还是这个样子，祖宗的大业将依靠谁啊！"

秃发文支磕头谢罪。

此时，西秦的乞伏炽磐已经将触角伸向乐都以南地区，邯川卫章等人阴谋刺杀孟恺，引来西秦军队。

当地人郭越制止他们说："孟大人宽以待人，有什么罪过，你们要杀死他！"

于是，将他们的计划秘密报告给了孟恺，孟恺引诱卫章等人喝酒，在酒席上将其诛杀，牵连诛杀了四十多人。孟恺担心西秦军队前来，飞马向秃发文支报告，秃发文支派遣将军匹珍率军增援，西秦军队进抵邯川，听说南凉援军到来，只好撤离。

经过一年多的休整，义熙九年（公元 413 年）四月，秃发傉檀置西秦于不顾，再次率军北伐河西王沮渠蒙逊，沮渠蒙逊在若厚坞（大约在今青海省西宁市以北），将南凉军队击败，北凉乘胜进击，又在若凉坞（疑在今青海省乐都附近）再次将秃发傉檀打败，第三次包围了乐都，包围二十余天，没有攻下乐都。不过，在这次讨伐南凉之战中，南凉湟河（今青海省化隆县）太守秃发文支、护军成宜侯投降了北凉，沮渠蒙逊任命秃发文支为镇东大将军、广武太守、振武侯，成宜侯为振威将军、湟川太守，并以殿中将军王建为湟河太守，并把当地五千户居民迁往姑臧。

沮渠蒙逊为了庆贺这次胜利，专门下书称："秃发傉檀在姑臧东门坑杀数千百姓，罪行超过秦将白起长平坑杀赵国降卒，因为我每每想到百姓所遭受的苦难，所以才不避风尘，连年与敌角斗，如今，他的弟弟秃发文支追踪项伯归汉的故事，大义灭亲，归顺我国，从西平以南，南凉归降的城池比比皆是，只剩下秃发傉檀还困守乐都孤城，做困守之斗，但他的灭亡不久将要到来，届时，我将放马南山，刀枪入库，与民休息。"打得秃发傉檀无力还手以后，沮渠蒙逊又率军西上苕藋（今甘肃省张掖市东），派遣冠军将军伏恩率领一万骑兵，偷袭在居延海游牧的鲜卑卑和、乌啼两部，俘获了两千多户居民。

在对外军事连连取胜的情况下，一件突发事件却差点要了沮渠蒙逊的性命。他在皇宫新台休息，一名叫王怀祖的宦官不知出于什么样的仇恨，向他发起突然袭击，但仅仅伤及他的脚部，沮渠蒙逊的妻子孟氏将王怀祖抓获，斩杀，并将其三族全部杀死。

稍后，沮渠蒙逊再次南下讨伐南凉，秃发傉檀送上太尉秃发俱延作为人质，北凉军队这才撤离。

四面楚歌的南凉秃发傉檀一心想要咸鱼翻身，为了壮大国力，他将目光投向了在青海湖一带的游牧部落——唾契汗部和乙弗部。这两个部落在南凉兴盛的时候，曾一度归顺南凉，如今，又都背叛了，秃发傉檀意欲通过掠夺两部，以渡过难关。

孟恺劝谏道："国家连年收成不好，百姓饥饿疲惫，南面有西秦相逼，北方又有北凉压制，民不聊生。如今，大王远征，即使能够成功，也有很大的危险，倒不如对外与西秦结盟，互通贸易，对内抚慰附属部落，积攒力量，待机而动。"

秃发傉檀不从，他对太子秃发虎台说："如今我国连年粮食歉收，百姓困顿，因此，我决定率军西征，以解决目前的问题。沮渠蒙逊刚刚退军，不会马上到来，我唯一担心的就是乞伏炽磐。不过，乞伏炽磐兵少将寡，容易抵御，我不出一个月，即能率军返回，你要好生防守乐都。”

他率领七千人马偷袭乙弗部，大获全胜，缴获牲畜四十余万。

听说秃发傉檀率军远出，主簿焦袭对乞伏炽磐说：“秃发傉檀不顾近忧而贪图远方的利益，我趁机讨伐他，将其从西回师的道路切断，那么，秃发虎台就困守乐都孤城了，拿下乐都，如探囊取物一般容易，这是上天要灭亡他，机不可失！”

西秦群臣都不同意，但是，一直等待时机的乞伏炽磐早有此意，他将宝剑扔到地上，唰地站起身来说：“可以出发了！”

于是，他亲自率领两万步骑偷袭乐都。

乞伏炽磐来袭的消息传到乐都，抚军从事中郎尉肃对太子秃发虎台说：“外城太大，不易防守，应将鲜卑族人全部集中到内城，我则率领汉人在外城与敌人搏战，即使无法取胜，还不至于一败涂地。”

谁料秃发虎台本事不大，却与其父一样骄傲轻敌，他说：“乞伏炽磐不过是个毛贼，很快就会退去，你多虑了！”他不仅没有采纳尉肃的建议，相反，尉肃的建议却让他担心汉人会趁机背叛，就将尉肃、孟恺等有威望的汉人将领召来，软禁在内城。

孟恺哭着说：“乞伏炽磐无道，人神同愤，我等既深受国家大恩，又安土重迁，有妻子儿女，岂能怀有二心！如今事情危急，人人都要誓死报效国家，为何心生猜疑啊？”

糊涂的秃发虎台说：“我岂能不知大人的忠心，只是担心其他人会有别的想法，这样是为了让你们安定人心。”

秃发虎台率军防守外城，西秦军队从四面朝乐都发起猛攻。

经过十天的围攻，终于在一天晚上，乐都一处城墙失守，西秦大军随之攻进了城池！

乞伏炽磐命令平远将军乞伏犍虔率领五千骑兵西上，进攻秃发傉檀，任命镇南将军乞伏谦屯为都督河右诸军事、凉州刺史，镇守乐都；以秃发傉檀大哥秃发乌孤之子秃发赴单为西平太守，镇守西平（今青海省西宁市）；以赵恢为广武太守，镇守广武（今甘肃省永登县东南）；曜武将军王基为晋兴太守，镇守浩亹（今甘肃省永登县东南）；将南凉太子秃发虎台、南凉文武百官、百姓共计一万多户全部迁到枹罕（今甘肃省临夏市）。

乐都陷落以后，南凉安西将军秃发樊尼从西平西上，他找到了秃发傉檀报告消息。

此时，秃发傉檀已经击破乙弗部，惊闻乐都陷落的消息，他对大家说："如今乐都已经陷落，我们的男人们均被西秦杀死，妇女们全部都被赏赐给西秦将士，你们即使要投降后秦，也毫无用处。大家如果能够与我一起凭借掠夺来的乙弗部的物资，再去进攻唾契汗部，用得来的战利品前去换回自己的妻子，这是我希望看到的。如果不这样的话，你们即使回到乐都，也成了西秦的奴仆，怎忍心看到自己的妻子在他人的怀抱中啊！"

于是，他率领部队转而向西。

然而，此时南凉军心已乱，大约乞伏炽磐任命秃发赴单为西平太守的消息也传到了军中，人们似乎感到秃发傉檀的话并不一定就是真的，于是，将士们在途中纷纷逃散，秃发傉檀命令镇北将军段苟前往追赶，可是，段苟也逃走了。

众叛亲离的秃发傉檀身边只剩下了中军将军秃发纥勃、后军将军秃发洛肱、安西将军秃发樊尼、散骑侍郎阴利鹿四位。万念俱灰的秃发傉檀沉痛地对大家说："沮渠蒙逊和乞伏炽磐都曾经臣服于我，如今再去投降他们，不是太可耻了嘛！四海之大，却没有我的容身之地，这是何等悲哀啊！沮渠蒙逊与我的名望和年龄都大致相当，乞伏炽磐虽是我秃发家的女婿，但却少年得志，我们投靠他们两家，都不会有好结果。大家与其聚在一起被杀，倒不如各分东西，或许有一线生机。樊尼，你是我大哥秃发乌孤的儿子，是我们宗族的希望，我秃发部在北凉国中尚有两万部众，沮渠蒙逊正在招抚各族民众，存亡继绝，你去北凉吧！纥勃、洛肱，你们两个也与樊尼一起去。我已经老了，即使不被乞伏炽磐所容，也宁可能见到妻子儿子之后再死！"

他只身东还，只有阴利鹿一人陪伴着他，秃发傉檀对他说："避开危险，到安全的地方去，这是人之常情。我的亲戚们都离我而去，你为何还要追随我呢？"

阴利鹿回答："我的老母亲还在家中，我的心中早已方寸大乱，但是，忠孝不能两全，虽然我不能像申包胥那样去北凉那里哭泣，请求沮渠蒙逊发兵挽救我国，也不能像毛遂自荐前去后秦，唤来后秦的援军，但是，身披枷锁，侍奉陛下，这是为臣我的本分啊！"

深受感动的秃发傉檀不禁长叹一声，说道："了解一人的确不容易，同样地，人们也不容易让他人了解啊。大臣、亲戚都弃我而去，始终不改的，只有您一个人。像青松一样岁寒而不凋谢的高贵品质，体现在您的身上！”

与阴利鹿一样具有这种品质的还有浩亹守将尉贤政。

乐都陷落以后，南凉其余城池都纷纷投降，只有尉贤政固守浩亹不降，乞伏炽磐派人对他说：“乐都已经陷落，你的妻子都在我的手中，你独守孤城，是什么道理？”

尉贤政回答：“我受凉王厚恩，为国家一方镇将，虽然知道乐都沦陷，妻子被擒，也知道先投降的人将受到重赏，后归顺的人将被诛杀，然而，我不知道凉王的生死，不敢投降，妻子不过是小事一桩，岂能让我改变主意！为了一时的尊荣而忘记主上委以的重任，我以为是可耻的，这种情况下，即使大王得到了我，我还有什么价值！”

乞伏炽磐命令秃发虎台给尉贤政写信劝降，尉贤政回信道：“你作为国家的储君，不能殉国，却投降了敌人，抛弃君主和父亲，丢掉万世基业，我尉贤政是位义士，岂能像你一样！”

不久，就传来秃发傉檀到了左南（今青海省海东市乐都区东南）的消息，这时他才投降。

乞伏炽磐听到后，派出使者到城外迎接，以最尊贵的礼节进行招待，任命其为骠骑大将军，封左南公。对于投降的南凉文武，也都安排了不同的官职，至此，存续十九年的南凉政权灭亡了，此时，北中国剩下了七个国家：北凉、西凉、后秦、西秦、北魏、北燕、夏。

一年后，乞伏炽磐将秃发傉檀毒死，身边的人劝秃发傉檀喝下解药，秃发傉檀早已视死如归，他说：“我这个病岂是解药能救得了的！”于是死去。他的儿子秃发虎台也被乞伏炽磐所杀。秃发傉檀另外两个儿子秃发保周、秃发贺（又名秃发破羌），秃发俱延的儿子秃发覆龙，秃发利鹿孤的孙子秃发副周，秃发乌孤的孙子秃发承钵等人，都逃往河西王沮渠蒙逊，又过了很久，他们又逃往同族北魏，北魏加封秃发保周为张掖王，秃发覆龙为酒泉公，秃发贺为西平公，秃发副周为永平公，秃发承钵为昌松公。秃发贺长得十分伟岸，北魏太武帝拓跋焘（《资治通鉴》称是明元皇帝拓跋嗣，错误）一见之下，对其十分器重，对他说：“你与朕是同族，祖上因故分开，现在可改姓源氏。”源贺后来成为历经北魏太武帝拓跋焘、文成帝拓跋濬、献文帝拓跋弘、孝文帝拓跋宏的四朝元老。

造化弄人。

秃发思复鞬一直看好秃发傉檀这个儿子，秃发乌孤、秃发利鹿孤这两个兄长也一直以为自己不如这个弟弟，对弟弟言听计从，他们都遵从亡父的遗愿，确立了兄终弟及的继承法则，目的就是想把王位最终传给这个弟弟，然而，南凉政权却恰恰在秃发傉檀的手里走到了极盛，也在他的手里灭亡。

四〇一　顾此失彼

义熙六年（公元 410 年）年初，当东晋的刘裕得知卢循、徐道覆大败何无忌的时候，也就是南凉秃发傉檀为北凉沮渠蒙逊所逼，主动放弃姑臧的时候，夏王刘勃勃仍然在派军不断骚扰后秦帝国的边境。

就在这一年的三月，刘勃勃派遣尚书胡金纂率领一万骑兵进攻平凉（今甘肃省平凉市）。后秦姚兴亲自率军解救，他率领大军驻扎在贰城（据胡三省注：在杏城西北，平凉东南），出兵大破夏军，生擒胡金纂。刘勃勃又派侄儿、左将军罗提攻陷后秦定阳（今陕西省延安市境），坑杀后秦将士四千多人，活捉后秦北中郎将姚广都。为了躲避刘勃勃，后秦将领曹炽、曹云、王肆佛等人各率领数千户向南迁徙，姚兴将王肆佛所部安置在湟山泽（今地不详），把曹炽、曹云所部安置在陈仓（陕西省宝鸡市）。刘勃勃深谙用兵之道，他先在后秦西北部发起攻击，失利以后，又转到北部，得手后，他再次回到西北，率军进攻后秦陇右地区（今甘肃省东部），强攻白石崖（今甘肃省清水县境），攻下白石崖以后，夏军一直推进到清水（今甘肃省清水县）。后秦略阳（今甘肃省秦安县境）太守姚寿都弃城而逃，退往上邽（今甘肃省天水市）。刘勃勃将略阳一万六千多户居民迁往大城（今内蒙古自治区杭锦旗）。后秦姚兴从安定（今甘肃省泾川县）率军追击，秦军一直追到寿渠川（胡三省注称：在安定西北），没有追上，只好回师。

刘勃勃依然采取以往的游击战术，以掠夺后秦人口、资源为目标，一点一点消耗后秦的国力。也就是在这一年，西秦的乞伏乾归也趁火打劫，进攻后秦的略阳、南安等地，试图将后秦势力彻底逼到陇山以东，赶出秦州。

在这种情况下，后秦姚兴对西北的刘勃勃、乞伏乾归，河西的秃发傉檀、沮渠蒙逊这四股势力十分忧虑，义熙七年（公元 411 年），他召集群臣商议挑选得力干将，镇抚边疆。

陇东太守郭播建议说："岭北二州户口各有数万，如果能够选拔出文武全才，前往镇抚，就足以消除隐患。"

姚兴说："我常想能够得到廉颇、李牧一样的将才，为帝国镇抚边疆，可是总是得不到良将，致使我军败多胜少，你就举荐一个吧。"

郭播回答："清廉而又善于安抚边疆的人选，是王元始；雄武而又多奇略的将才，则是建威将军王焕；勇敢善战，赏罚严明的是奋武将军彭蚝。"

姚兴却说："彭蚝的确赏罚严明，但却不是安抚边疆的最佳人选；王元始和王焕都还年轻，我还不十分了解。"

郭播又推荐道："广平公姚弼文武全才，应命其镇抚一方。"

姚弼是姚兴之子，原为雍州刺史，镇守安定，后凉尚书姜纪原投降南凉，后改投了后秦，是他建议姚硕德当年进攻姑臧，秃发傉檀占领姑臧后，姜纪又曾随姚弼大军偷袭姑臧。姜纪看到姚弼深受姚兴宠爱，就极力巴结姚弼。姚弼为了回到朝中，就命令姜纪结好常山公姚显，在姚显的帮助下，姚兴刚刚于年初将姚弼召回，任命其为尚书令、侍中、大将军，入朝以后的姚弼倾心结交群臣，拉帮结派，暗中想取代太子姚泓之位。郭播提出仍然让姚弼出镇在外，就是为了防止姚弼夺嫡，然而，姚兴并没有听从，他自己选任太常索棱为太尉，兼陇西内史。索棱到任以后，结好西部的西秦乞伏乾归，乞伏乾归深受感动，接受了后秦的官爵，送还劫掠的后秦官员，两国实现了短期的和平。

西秦与后秦实现短暂的和平，除了索棱个人魅力的因素以外，更重要的是西秦此时的国策是向西发展。虽然秦州方向暂时消除了来自西秦的压力，但是，后秦帝国整个西北、北部边境却遭到夏军持续不断的打击，后秦的边境也一再向南退缩。就在义熙七年年初，后秦镇守杏城（今陕西省黄陵县）的安远将军姚详再次被刘勃勃进攻，秦军粮尽，姚详只得弃城向杏城以南的大苏撤退。刘勃勃命令平东将军鹿奕干率领夏军跟踪追击，秦军溃散，姚详被夏军生擒，刘勃勃见到姚详以后，把姚详斥责一番，然后将其诛杀。刘勃勃得胜以后，并没有固守杏城，而是率领三万骑兵转兵西南，进攻安定去了。得知夏军进攻杏城的消息，姚兴命令卫大将军姚显率军救援，姚显的援军尚未到达杏城，姚详就战败被杀了，姚兴即任命姚显为都督安定岭北二镇事，驻守在杏城。刘勃勃在安定以东的青石北原击败后秦尚书杨佛嵩，又取得了青石北原大捷，俘获秦军四万五千余人，缴获战马两万匹。紧接着，他率领夏军又攻陷了东乡（安定以东），招降了秦将党智隆，将三千多户居民迁到了贰城（杏城西北）。后秦镇北将军参军王买德投奔夏国，夏王刘勃勃询问灭秦之策，王买德回答："秦国虽然衰败了，但是，各地军镇仍然很强，请暂时积蓄力量，伺机而动。"刘勃勃以其为军师中郎将。也许是听从了王买德的建议，在随后的一年多时间里，夏军对后秦的攻势明显减弱。

当时，正值刘裕讨伐刘毅前后，也许是刘裕担心大军西上荆州以后，秦军可能对淮河下游发起进攻，为了防患于未然，他曾下令在芍陂（今安徽省寿县南）囤聚军备物资。这一消息很快就传到了驻守在许昌（今河南省许昌市）的后秦颍川太守姚平都的耳中，姚平都回到长安述职，对姚兴汇报说："刘裕胆敢心怀奸计，在芍陂囤聚粮草，有骚扰我边疆的打算，应当立即派军将晋国的军粮烧毁。"

而姚兴丝毫没把刘裕放到眼里，他说："刘裕兵寡将少，岂敢骚扰我国边境？假如他有什么奸计，也许会等到死后了吧。"

他召见尚书杨佛嵩，对他说："吴儿没有自知之明，却生非分之想，等到冬季到来的时候，打算命你率领三万骑兵，将他们的粮草烧毁。"

杨佛嵩回答："陛下如果派我前去，我将从淝水注入淮河的入口处渡过淮河，直指寿春，大部队驻守城池，用轻装骑兵蹂躏田野，让淮河以南生气全无，让吴儿兵丁与粮草悉数完蛋，足以让他们唉声叹气，神情恍惚。"

姚兴听罢，浮想联翩，喜上眉梢。

然而，姚兴安生的日子并没有过得太久。

义熙八年（公元412年）十月，也就是在刘裕刚刚讨平了刘毅，原本臣服于后秦的仇池公杨盛又公然背叛，率军骚扰祁山（今甘肃省西和县东北）。姚兴命令建威将军赵琨率领五千骑兵为前锋，立节将军姚伯寿率领步兵随后进发，前将军姚恢、左将军姚文宗率军从鹫峡（今甘肃省成县西北）南下，镇西将军、秦州刺史姚嵩率军从羊头峡（大约在今仇池以东地区）包抄，右卫将军胡翼度率军从阴密（今甘肃省灵台县）出发，经过汧城（今陕西省陇县），一起南下讨伐杨盛。姚兴亲自率领五千轻装骑兵，从雍城（今陕西省凤翔县）出发，与关中诸将一起在陇口（疑为陇关，陇山东坡）会师。

天水太守王松忩对姚嵩说："先皇姚苌神机妙算，威武冠世，冠军徐洛生武力超群，却两次进攻仇池，都是无功而返。这并非是他杨盛文武双全，只是因为地势险要而已。如今，依靠赵琨区区五千之众，与大人的威猛，与先皇相比起来，实在是看不出有胜利的把握。大人对此心知肚明，为何不如实上报皇上？"

但是，姚嵩却没有听从。

果然，杨盛率军与赵琨的先头部队相持不下，而姚伯寿却畏敌如虎，进军缓慢，赵琨寡不敌众，被杨盛击败。姚兴深知，自己的心腹之患还是北面的刘勃勃，因此，他并不敢全力南下对付杨盛，虽然他看似气势汹汹而来，其实不过是为了先声夺人而已，如今前军失败，这次讨伐仇池之役也就到此结束，姚兴将姚伯寿斩首，即下令撤军了。

讨伐杨盛之战草草收场后不久，后秦姚兴即任命杨佛嵩为都督岭北讨虏诸军事、安远将军、雍州刺史，命令他率领岭北的现有部队北上讨伐刘勃勃。

杨佛嵩出发几天以后，姚兴对群臣说："杨佛嵩骁勇果敢，每次临阵，常常无法自制，我给他的部队常不过五千人马。这次我给他的部队这么多，遇到敌人肯定会失败。现在部队已经走远了，我非常担心。"群臣都不以为然。

杨佛嵩果然兵败被俘，杨佛嵩自刎而死。

杨佛嵩没有等来他计划中的寿春之战，姚兴也无暇再顾及南面了。

四〇二　夺嫡之争

一个国家将要衰亡，内忧外患就会纷至沓来，各种矛盾集中爆发，相互作用，最终使得国家百病缠身，即使是华佗再世，也无力回天。这也就是当局者必须朝乾夕惕，兢兢业业，防患未然，每当出现一个问题或者问题的苗头，即要以最快的速度采取最得力的措施予以及时解决的原因。

后秦帝国如今面临的正是这种局面。数年前，南凉背叛，北凉坐大，西秦中兴，大夏崛起，后秦军队在战场上连连失利，帝国一下子盛极而衰，疆域大为缩水。为了应对不利态势，姚兴调整了战略，将大夏作为最重要的敌人，做出了与北魏实现和解的决策。义熙七年（公元 411 年）六月，即北魏明元帝拓跋嗣永兴三年，后秦姚兴向北魏派出使者，自此以后，两国交往不断，直至到义熙九年（公元 413 年）双方定亲，义熙十一年十月，姚兴将自己的女儿西平长公主送到北魏，嫁给了北魏明元帝拓跋嗣。

姚兴在外交上虽然努力解除了北魏对后秦的威胁，但是，并没有起到与北魏一起夹击大夏的预期目的，这是因为：

一是在义熙五年（公元 409 年）北魏道武帝拓跋珪被弑杀的时候，由于道武帝晚年政治黑暗，滥杀无辜，人人自危，各部分崩离析，北魏帝国已经到了崩溃的边缘，刚刚继位的明元帝最大的任务就是要巩固国内的统治，修明政治，尚无暇对付大夏。

二是对于北魏帝国而言，最现实的威胁还是北方的柔然，而不是大夏。就在明元帝拓跋嗣继位一个多月后，柔然就南下对北魏发起了进攻，第二年春，明元帝拓跋嗣下令南平公长孙嵩等率军北上，五月，当长孙嵩等人南撤的时候，柔然却尾随而至，在北魏帝国的家门口牛川（今内蒙古自治区锡拉木林河）将长孙嵩军包围。明元帝拓跋嗣亲自率军增援，听到明元帝亲自前来，柔然这次北撤。在随后的日子里，柔然一直是北魏帝国的劲敌，让拓跋嗣无法分心在西方另外开辟对大夏的战场。

三是明元帝拓跋嗣继位后，国内民变不断，如义熙六年春，平阳民黄苗等人依托汾河，接受后秦的官职，被北魏并州刺史元六头讨平；同年八月，章武民刘牙聚众造反，被山阳侯奚斤讨平；同年十二月，西河离石山胡不稳，明元帝下令将军周观率军前去镇抚。国内的情况如此，明元帝也没有多余的力量帮助后秦。

四是姚兴结好北魏的决策也引起了一系列连锁反应，首先是柔然与后秦的关系发生了变化，柔然结好后秦的前提条件是，双方有共同的敌人北魏，如今后秦结好北魏，柔然当然不会再与姚兴结盟了，后秦也就失去了来自柔然的战马；其次柔然在失去后秦这一盟国以后，开始与北燕接援，共同对付北魏；最后仇池本向北魏称臣，至此，随着东晋刘裕攻下了益州，仇池公杨盛开始向东晋示好，东晋朝廷以索邈为梁州刺史，仇池杨盛撤出了驻守汉中的苻宣，将汉中还给了东晋。北魏拓跋嗣求婚之初，正巧后秦平阳太守姚成都来朝，姚兴曾询问他道："你一直镇守东方，与北魏相邻，应当熟悉对付的情况，如今他们前来求婚，我已经答应了，两国结亲以后，能否起到分灾共患、相互支援的目的？"姚成都回答："北魏自柴壁大捷以来，部队未遭到什么损失，军队十分强盛，如今两国和亲，不仅能够分灾共患，而且还能使我国长治久安啊。"姚成都的着眼点仅仅在于北魏军力，而没有考虑到北魏国内的政治经济状况和柔然对其的威胁，实践证明，北魏对于后秦的帮助是十分有限的。

除了在外交上作出调整以外，后秦姚兴实施了一系列巩固国本的措施：他册立昭仪齐氏为皇后；又下书以前丞相姚绪、太宰姚硕德、太傅姚旻、大司马姚崇、司徒尹纬等二十四人配飨于父亲姚苌的庙堂。与此同时，为了维系人心，姚兴一改每逢大臣去世，皇帝只在朝廷东堂发丧的旧制，而是亲自驾临大臣的家中，以示慰问。然而，姚兴的这些小动作，都无法改变大夏刘勃勃在帝国北部越来越严重的威胁和随之而来引发的帝国北部日益严重的离心倾向。姚兴派遣姚绍与姚弼率领禁卫诸军镇抚岭北，辽东侯弥姐亭地率领族人南居阴密（今甘肃省灵台县），劫掠百姓。姚弼将其抓获，斩杀七百余人，将二千余户迁往郑城。义熙十年，贰县羌背叛后秦，姚兴派遣后将军敛成、镇军将军彭白狼、北中郎将姚洛都率军讨伐，敛成战败，他担心被杀，逃往赵兴太守姚穆那里归罪。而姚穆却打算将其诛杀，送交长安，欲送杀之，敛成脱身逃奔了刘勃勃。与此同时，姚兴生病了，李弘与氐族仇常也在贰城谋反，姚兴带病亲自出征，将仇常斩杀，活捉了李弘，将仇常部落族人五百余户迁往许昌。

这些零散的变民对于姚兴而言，还仅仅是疥癣之疾，而对后秦内部威胁最大的则是姚兴的爱子姚弼与太子姚泓之间的夺嫡之争。

姚泓，字元子，是姚兴的长子。史书记载，他为人“孝友宽和，而无经世之用”，并且，身体不好，又多疾病，当初姚兴为立嗣问题，也犹豫不决了很长时间，直到柴壁大战前，即晋安帝元兴元年（公元402年），十五岁的姚泓终于被父亲册立为皇太子。在姚泓被册立为太子不久，姚兴还一口气将自己的其他十一个儿子姚懿、姚弼、姚洸、姚宣、姚谌、姚愔、姚璞、姚质、姚逵、姚裕、姚国儿都封为公。

姚泓是一位典型的文士，他博览群书，善于清谈，尤其喜欢吟诗作赋。因此，在他的身边聚集的都是一些文臣，尚书王尚、黄门郎段章、尚书郎富允文与姚泓一起研究儒学，胡义周、夏侯稚等人与姚泓一起谈论诗文。博士淳于岐曾教授过姚泓经书，淳于岐生病后，姚泓前往探病，曾于师傅的床头行拜谢大礼，自此，后秦王公见到自己的师傅也都行此大礼。姚泓还十分仁爱，当时，后秦尚书王敏、右丞郭播认为国家的刑罚太宽和了，商量着严刑峻法，但姚泓却表示反对；姚兴前往平凉抵御刘勃勃，刘厥聚众数千，据万年（今陕西省西安市临潼区北）造反。姚泓派遣镇军将军彭白狼率领东宫禁兵前去讨伐，斩杀了刘厥，而赦免了余党，大家都劝姚泓多杀立威，但姚泓却不同意。即便是弟弟姚弼有夺嫡之心，姚泓仍然对其友爱如初，姚泓的叔祖姚绍是姚弼一党，姚泓还是对姚绍非常敬重，心中毫无芥蒂，等到姚泓继位以后，还将兵权交给姚绍，姚绍因此非常感动，转而为姚泓尽节。

哥哥姚泓如此，但三弟姚弼却不是这样。

左将军姚文宗是太子姚泓的亲信，姚弼十分忌惮，就诬蔑姚文宗口出怨言，并引侍御史廉桃生做证，姚兴大怒，将姚文宗赐死。姚文宗被赐死以后，后秦群臣都噤若寒蝉，再也不敢向姚兴汇报姚弼的短处了。慢慢地，姚兴对姚弼是言听计从，十分宠爱，姚弼请求任命自己的亲信尹冲为给事黄门侍郎，唐盛为治书侍御史，姚兴身边掌握朝廷机密的人，都是姚弼一党。

尚书右仆射梁喜、侍中任谦、京兆尹尹昭瞅准时机，对姚兴说：“父子之间，外人难以说长道短。然而，如果父子之间又是君臣关系的话，为了社稷安危，臣等就不得不说话了。自古以来，朝中出现与皇后和太子地位相同的人，没有不淆乱天下，危及国家的。广平公姚弼包藏祸心，暗中有夺嫡之志，陛下对其宠爱过分，授予他权势，一些心怀叵测之人莫不会聚在他的身边。街头巷尾都传言陛下将要废黜太子，另立姚弼为太子。假如真是这样，臣等唯有一死。”

姚兴说：“这是哪有的事！”

尹昭等人接着说：“如果陛下没有打算废黜太子，那么，陛下这么做恰恰是害了姚弼，请求陛下减少他的权势，这样一来，不仅姚弼个人将非常安全，就是江山社稷也会转危为安。”

姚兴听后不言。

大司农窦温、司徒左长史王弼等人党附于姚弼，他们也都暗中上书，请求姚兴册立姚弼为太子，姚兴虽没有采纳，但也不加责备。

义熙十年（公元 414 年）五月，姚兴病重，太子姚泓在东华门屯兵，以备非常，平时则在咨议堂侍奉病中的父亲。抚军将军姚绍、侍中任谦、尚书右仆射梁喜、冠军将军姚赞、京兆尹尹昭、辅国将军敛曼嵬都如临大敌，率领禁卫军驻扎在皇宫以内。此时，姚弼也在他的府邸内聚集了数千人，暗中密谋作乱。姚泓的十一弟姚裕向驻守各地的诸位哥哥写信，痛陈三哥姚弼的忤逆之状，于是，姚泓的二弟、驻守蒲坂的姚懿流着眼泪对将士们说：“陛下如今重病，臣子应当心急如焚，而姚弼竟然在私邸拥兵自守，企图发动叛乱，此时正是孤殉国之时！”将士们都表示愿意追随姚懿，于是，姚懿将数万匹布帛赏赐给将士，打开监狱，释放囚徒，准备兵向长安。镇东将军、豫州牧姚洸是姚泓的四弟，在洛阳起兵；姚泓六弟、平西将军姚谌也在雍城（今陕西省凤翔县）起兵，一场可能让后秦覆灭的大乱，即将爆发。

万幸的是，姚兴的病竟然逐渐痊愈了。

痊愈后的姚兴召见群臣，征虏将军刘羌哭着对姚兴说：“陛下生病数十天，天下为何竟出现此等事！”

姚兴说：“这是朕教导无方，诸子之间不和睦，我有愧啊。你们都说说各自的心里话。”

尹昭说：“姚弼恃宠不法，竟敢心怀二心，密谋不轨，应当交付法庭，依法处罚。假如陛下不忍杀掉他，也要将其免职。”

姚兴不得已，将姚弼免去尚书令一职，以将军、公的身份回到王府，姚懿等人也都各自罢兵了。

不久，老二姚懿、老四姚洸、老六姚谌和老五姚宣一起入朝，他们让老十一姚裕向姚兴通报，要面见父亲。

姚兴回答："你们不过是想说姚弼的事情，我已经知道了。"

姚裕说："假设姚弼之事确实值得讨论，陛下就该耐心听听。假如姚懿等人所言无理，就将他们依法惩罚，为何拒绝见他们呢！"

于是，姚兴在咨议堂上接见这几个儿子。

姚宣流泪对父亲说："国家社稷岂容姚弼倾覆，臣等以死请求陛下诛杀姚弼。"

但姚兴却说："我自己会处理好的，这不是你等担忧的事。"

抚军东曹属姜虬上疏称："广平公姚弼长期以来心怀不轨，陛下应当大义灭亲，将其明正典刑。"

姚兴拿着姜虬的奏表让梁喜看，并说："天下之人都拿我儿说事，我该如何是好？"

梁喜回答："假如真像姜虬说的那样，陛下应该早作决断。"

姚兴再次沉默不语。

很显然，姚泓并非一位拨乱反正的英主，而姚弼却是文武兼备，对此，不仅姚兴心知肚明，而且后秦群臣也不是不知道。那么，为什么后秦群臣对姚弼的崛起却侧目而视呢？说是儒家立嫡立长传统的影响，似乎太抽象了，究其原因则在于，姚泓已经被册立为太子十年有余，身边早已培植了自己的势力，姚弼突然横空出世，位为尚书令，这当然触及了一些既得利益者的利益，在利益面前，谁又能权衡一下到底是姚泓还是姚弼更适宜做储君呢？

在第一个回合的较量中，姚弼输了，不过，父亲还保留了爱子的将军、公爵的称号，姚弼似乎还有卷土重来的机会。

四〇三 隆基固本（一）

后秦姚兴在这些年来，一直是乱蜂蜇头，而刚刚继位的北魏拓跋嗣也好不到哪去。

晋安帝义熙五年（公元 409 年），当东晋刘裕北伐南燕、北燕第一任君主高云被弑、后秦姚兴与大夏刘勃勃缠斗不已、西秦乞伏乾归再次对外称王之时，北魏道武帝拓跋珪被儿子拓跋绍所杀，经过一番内乱，拓跋珪的长子拓跋嗣诛杀了弟弟拓跋绍，顺利登上了北魏皇帝的宝座，史称明元帝。

由于道武帝晚年的滥杀，北魏帝国已经呈现出解体的趋势，史称："朝野人情各怀危惧。有司懈怠，莫相督摄；百工偷劫，盗贼公行，巷里之间人为稀少。"公卿大臣各怀畏惧，卫王拓跋仪被杀以后，此前已经被赐死的常山王拓跋遵之子拓跋素等三十多位宗室，因担心被杀而打算逃往柔然，而拓跋珪死后，各部纷纷聚众，随处屯聚，一场内乱已经一触即发。

明元帝拓跋嗣就是在这种危机四伏的情况下登上了帝位的，刚刚继位的他还要对付内心狠毒的朱提王拓跋悦。

朱提王拓跋悦是陈留王拓跋虔的儿子，拓跋虔是拓跋珪的堂兄弟，素以英勇善战著称，死于慕容垂进攻平城之战。由于拓跋虔死于国事，因此，拓跋珪生前对拓跋悦非常宠爱，任命其为左将军，后任命其为拓跋皇族的宗师。拓跋悦恃宠而骄，一直以来就密谋夺取北魏皇位，等到拓跋嗣继位以后，拓跋悦为了火中取栗、趁火打劫，劝说拓跋嗣："京师各族民众，难以确保他们忠诚，应当将拓跋族以外的人全部诛杀，另外，雁门人多怀异心，也可一并诛杀。"拓跋嗣没有听从，拓跋悦内心恐惧，身藏匕首前来见驾，阴谋杀死拓跋嗣，侍卫叔孙俊（叔孙建之子，拓跋嗣登基的功臣之一）发觉拓跋悦举止异常，夺步上前，扯开拓跋悦的衣服，果然发现内藏两刃匕首，于是，拓跋嗣下令将其赐死。

此事发生在义熙五年（公元409年）十一月，即拓跋嗣继位不足一个月。

在处理了拓跋悦的谋逆事件，拓跋嗣的当务之急就是如何缓和北魏统治阶级内部的重重矛盾，稳定人心。对此，拓跋嗣采纳了几项措施：一是起用重臣。他继位之初，就命令南平公长孙嵩、北新侯安同等八位前朝重臣在止车门外共听朝政。二是重赏亲信。对于自己的亲信如王洛儿、车路头、叔孙俊等人，都大加封赏。三是对拓跋珪废黜或者冤杀的大臣，进行平反昭雪。如拓跋嗣继位后，很快就追录被杀的卫王拓跋仪的功绩，将拓跋仪的二儿子拓跋良拜为内将军、都将，掌管禁军；对叔父、阴平公拓跋烈晋爵为王；晋封高凉王拓跋乐真为平阳王。拓跋乐真是拓跋什翼犍弟弟拓跋孤的孙子，按辈分是拓跋嗣的族叔。同时，拓跋嗣还下诏，对于北魏朝廷中以前被拓跋珪免职的所有公卿大臣，全部官复原职。通过上述措施，明元帝迅速稳定了北魏政局，巩固了统治阶级内部的团结。

巩固了上层的团结，北魏还面临三大严峻的问题，那就是：柔然的威胁；民众的叛乱；吏治的黑暗。对此，拓跋嗣分别采取了不同的应对措施，对于柔然的威胁，北魏军力足以抵御，他将国防的重心放在了北方。柔然可汗社仑，在义熙五年拓跋嗣刚刚继位的时候，发起了他对北魏最后一次进攻，第二年，拓跋嗣率军北伐，社仑在北逃途中死去，社仑的儿子度拔年少，部众就推举社仑的弟弟斛律为可汗，号为蔼苦盖可汗，意思是风度美好的可汗。斛律继位后，北并贺术也骨国，东破譬历辰部落。义熙七年（公元411年）十二月，柔然宗室悦侯咄触千等数百人投降北魏，斛律时代，柔然惧怕北魏，一直不敢主动南下。虽然如此，北魏拓跋嗣却丝毫没有对北方的柔然掉以轻心，在他当政时期，他多次北巡，义熙七年（公元411年），他命令鸿飞将军、朿州侯尉古真率领五千部队，镇守西部边境太洛城。据《方舆胜览》称，太洛城俗名大骆城，即今内蒙古自治区呼和浩特市旧城。

第二年（公元412年）七月，拓跋嗣整顿军制，设置四厢大将，又设十二小将，任命山阳侯奚斤、元城侯拓跋屈为左右丞相。义熙九年初，拓跋嗣举行盛大的阅兵仪式，命令京畿以内十二岁的男子悉数应征，并下令各州每六十户人家贡献一匹战马，组成了一支拥有十五万之众的骑兵部队，以奚斤统兵三万为前锋，以弟弟、阳平王拓跋熙等十二将各统领一万。四月，他下令郑兵将军奚斤、鸿飞将军尉古真、都将闾大肥等人率军西进，进攻高车越勤倍泥部。

闾大肥，是柔然人，拓跋珪时代，他与弟弟大泥倍颐率宗族一起投降北魏，拓跋珪将女儿华阴公主嫁给了他，华阴公主是拓跋嗣的同母同父姐姐，因此，身为姐夫的闾大肥在拓跋嗣时代深受信任，被拓跋嗣任命为内都大官、都将。

当时，高车越勤倍泥部的主要游牧区在跋那山（今内蒙古自治区乌拉特前旗中部）以西一带。七月，魏军大破越勤倍泥部，缴获五万匹马，二十万头牛，将越勤倍泥部两万余家部众迁往平城东北的大宁（今河北省怀安县）。对高车越勤倍泥部的讨伐，既巩固了北线西部，又增加了北魏帝国的国力。总体而言，拓跋嗣将着眼点主要放在国内治理上，北魏对于柔然进行的一般都是防御性战争，这一点，同样适用于大夏。刘勃勃建立大夏政权以后，虽然他与北魏是世仇，但却将打击的重点放在对付后秦姚兴上，很少对一河之隔的北魏发起大规模的战争。然而，到了义熙九年（公元413年）十月，此时，北魏主力部队刚刚大破高车越勤倍泥部，并州吐京（今山西省石楼县）胡和离石（今山西省吕梁市离石区）胡头领出以眷背叛北魏，他联络河西的刘勃勃，拓跋嗣命令元城侯拓跋屈率领会稽公刘絜、永安侯魏勤率众讨伐。并州胡人与刘勃勃同种，且仅仅一河之隔，极易发动叛乱，拓跋嗣继位的第二年就曾下诏命令将军周观前往离石，镇抚山胡，以防不测；然而，先是西河张外、建兴王绍却屯聚一方，拒不服从北魏统治，继而，就爆发了出以眷的叛乱。也就是在这一年，拓跋嗣分别下令元城侯拓跋屈率领三千部队前往并州，后又派遣会稽公刘絜、永安侯魏勤率领三千部队镇守西河。拓跋屈，就是拓跋磨浑的父亲，由于拓跋磨浑在拓跋嗣继位时立下大功，因此，拓跋嗣对拓跋屈也十分看重。会稽公刘絜和永安侯魏勤前来的最初目的是为了剿灭张外和王绍，谁知两人还没有被讨平，出以眷又反叛了。魏军转而进攻出以眷，而出以眷却引来了刘勃勃的骑兵，截断山岭，包围了魏军。刘絜丢失了马匹，他登上山岭，与敌人搏战，弓箭射完，刀枪用尽，最终被俘，被送到刘勃勃那里。刘絜见到刘勃勃以后，毫无惧色，与刘勃勃交谈直呼其名，刘勃勃很佩服他的胆气，就将他释放了，很久以后，刘絜才回到北魏。魏勤在此战中也战死沙场，魏军大败，只有拓跋屈侥幸逃脱。明元帝以拓跋屈丧失两员大将，本想将其诛杀，但考虑到当时的并州刺史元六头荒淫误事，就赦免了拓跋屈，让其代替元六头代理并州刺史，谁知拓跋屈到任以后，也犯了同样的错误，酗酒成性，明元帝追论前后过失，将其逮捕回京，在街市上予以斩首。

魏军失利，激起了刘勃勃夺占北魏河东地区的野心。义熙十年（公元414年），刘勃勃进攻河东蒲子（今山西省隰县），杀掠北魏吏民，三城护军张昌率军将其击退，不久，西河胡曹成、吐京民刘初原自发起来，攻杀了大夏设置的吐京护军和三百多名留守夏军。

这一年，也就是北魏明元帝的神瑞元年，柔然斛律可汗与北燕冯跋和亲，冯跋迎娶斛律的女儿为妻。

斛律长兄的儿子步鹿真对叔父斛律说："您的女儿年纪尚小，却要远嫁他国，容易得下思乡病，可以将大臣树黎、勿地延等人的女儿作为公主陪嫁的妾。"斛律没有同意。

然而，步鹿真退下后却对树黎等人谎称："斛律将让你们的女儿作为陪嫁，远去他国。"

树黎等人与步鹿真合谋，命令壮士趁夜前往斛律的营帐，将其逮捕后，把斛律与他的女儿一起送到了北燕，于是，步鹿真当上了柔然的可汗。

步鹿真继位以后，将国政全部交给树黎处理，而自己则与社仑的儿子社拔四处饮宴，荒淫无度。

当初，一个叫叱洛侯的高车人背叛本部，投靠柔然社仑，引导柔然军队击破高车诸部，被社仑封为大人。步鹿真与社拔一起到叱洛侯家饮宴，奸淫了叱洛侯的小妾。这名小妾告诉步鹿真，叱洛侯将要推举大檀为主，曾送给大檀金马勒为信物。大檀，是社仑叔父仆浑的儿子，也是步鹿真的叔父，他统率柔然别部，镇守西部，深得人心。步鹿真听说这个消息，离开叱洛侯家后，即回到本部派遣八千骑兵，将叱洛侯部落团团包围，叱洛侯将家中珍宝全部焚毁以后，自刎而死。紧接着，步鹿真即率众掩袭大檀，大檀率军迎击，活捉了步鹿真和社拔，将二人施以绞刑，于是，大檀自立为柔然王，号为牟汗纥升盖可汗，战无不胜的意思。

这一年，西秦灭掉了南凉，后秦夺嫡之争正在进行。

斛律被送到和龙（今辽宁省朝阳市）以后，南燕冯跋封其为上谷侯，将其安顿在辽东居住（今辽宁省辽阳市），将他的女儿娶为昭仪。斛律上书要求回到故国，冯跋说："你如今距离祖国有万里之遥，国内又没有内应，如果我国以重兵相送，粮运又难以维系，护送你的兵力太少的话，又难以成功，你怎么能够平安回国呢？"

斛律坚持要求，他说："不用重兵相送，只用给我三百骑兵即可，等到进抵敕勒部落（今贝加尔湖以南地区），我的部众听到我前来的消息，肯定会欣然相迎的。"

于是，冯跋就派单于前辅万陵率领三百骑兵，护送斛律回国。

万陵对这个苦差事十分不满，当他们行至黑山（疑为今内蒙古自治区巴林右旗境内）的时候，万陵将斛律诛杀，率队回国。新任柔然可汗大檀继位后，也采取继续与南燕和好的政策，向南燕送上三千匹马，一万头羊。

当得知柔然内乱的消息，北魏拓跋嗣于这一年的八月，派遣谒者悦力延出使柔然。拓跋嗣命人出使柔然，是其一贯"隆基固本，和辑内外"国策的体现，也就是在同月，他还派遣马邑侯元陋孙出使后秦，谒者于简出使南燕，命令相州刺史、平南将军、尉古真之弟尉太真与东晋太尉刘裕写信，相互问候。

拓跋嗣的目的当然十分明确，那就是要与邻国实现和解，但是，由于使者们的表现，至少在南燕和柔然那里起到了相反的作用。

四〇四 隆基固本（二）

我们无法知道北魏的使者前往柔然王庭究竟说了些什么话，但是，历史却将出使南燕的使者于简的言行记录了下来。

于简，字什门，代郡人。他来到和龙以后，住在招待所里，对北燕的接待人员说：“大魏皇帝有诏，必须要冯跋出宫前来拜受诏书，然后，我才入朝。”南燕本是北魏的敌国，于简此行的目的是为了缓和两国的关系，而他的所为却将北燕置于藩属的地位，这当然不为冯跋所容。冯跋大怒，命人强行将于简从馆舍中拖进朝堂，于简见到冯跋以后，却立而不拜，冯跋命人按住于简的头，于简说：“冯主拜受诏书后，我自当致敬，何苦苦苦相逼呢！”不说和谈的内容，单就见面的礼节，双方就争执不下，于简此行的效果就可想而知了。冯跋非常愤怒，将于简扣留了下来，接下来，于简做得更是过分，他在北燕朝堂之上，同着北燕群臣背对冯跋，将裤子披到身上，裤裆对着冯跋，以侮辱人家。冯跋的身边人都请求将其诛杀，冯跋却说：“他也是为自己的君主效命。”将他软禁在北燕。

于简在北燕长达二十一年，后来，北燕向北魏称臣，于简才得以回到本国。在北燕期间，于简一直身着北魏朝服，衣服帽子都破烂不堪，满身跳蚤，冯跋给他送来衣服帽子，但他却拒不接受。和龙的人们看到他，都叹息道：“即使古代的节烈之士，也不过如此啊！”于简固然忠烈，但他并没有完成拓跋嗣的使命，因为，就在于简抵达北燕一个月以后，夏王刘勃勃也派遣御史中丞乌洛孤前往北燕，双方结为盟国。

于简如此，出使柔然的悦力延也没有达到预期的目的，这是因为，在悦力延出使柔然后两个月，也就是义熙十年的年底，原本平静多年的北魏北部边境，却突然遭到柔然新任可汗大檀的大举进攻。北魏明元帝拓跋嗣率军北上迎击，大檀撤去，拓跋嗣命令山阳侯奚斤等将率军追击，当时天寒地冻，大雪纷飞，北魏将士被冻死的以及冻掉手指的，就有十之二三——其实，这不过是魏军惨败的含蓄说法而已。

除了应对柔然的骚扰以外，让拓跋嗣头痛的还有国内民众持续不断的骚乱。

仅据《魏书·太宗本纪》的记载，在拓跋嗣统治前期的七年时间里，北魏国内各族民众发动的叛乱，就有八起之多。拓跋嗣对于民众的叛乱有着清醒的认识，明元帝永兴三年二月，也就是晋安帝的义熙七年（公元 411 年），继位一年零四个月的拓跋嗣就下达了戊戌诏书，诏书中称：“衣食足，而知荣辱。如果百姓饥寒交迫，唯恐旦夕将死，最急切的是能够解决吃饱穿暖的问题，哪有心思去做仁义之事呢？这就是民众违法乱纪的根本原因啊。如果不能让百姓们做到男子耕作，妇女纺织，相辅相成，又如何能让家庭富足？特令将不适宜留在宫中的宫女挑选出宫，嫁给无妻的百姓。”也就是说，只有施行仁政，才能让国家实现长治久安。对于被征服的部落，比如高车越勤倍泥部，除了赏赐给从征将士奴仆、牛、羊以外，对剩余人员，拓跋嗣都给他们发放农具，安置在京畿周边地区，让他们从事农业生产。义熙十一年（公元 415 年）前后，北魏连续出现霜灾和旱灾，继而在平城附近发生了大范围的饥荒，饿死了很多人。太史令王亮、苏坦通过明元帝的姐姐华阴公主建议，按照谶书的记载，如果迁都邺城，国家将会富足。拓跋嗣征询群臣的意见，博士祭酒崔浩、特进周澹说：“迁都邺城，只能解决眼下的灾情，但不是长久之计，河北当地居民认为我主居住在广袤的草原，民众畜产无数，称作是‘牛毛之众’，如今，留下部队驻守旧都，将国民迁往河北，分处各个郡县，拓跋部众也不足以填满河北各地。这样一来，我拓跋国民的实际人数就会暴露，让各方生出异心，而且，国民不服水土，迁徙以后生病而死的，肯定不少。平城留守部队人数又少，柔然和刘勃勃肯定会乘虚而来，云中、平城将十分危险，朝廷大军隔着太行山，有千里之遥，难以及时解救，迁都一事，将名实都得不到利益。如今，我们稳居北方，如果太行山以东发生动乱，我轻装骑兵南下，出入于山林沼泽之间，谁能知道部队究竟有多少？百姓们必然会望尘降服，这是我朝制服汉人的妙计。来春以后，奶酪就有了，加上有果实，坚持到秋收，就可以了。”

拓跋嗣问道：“如今国家粮仓没有余粮，难以坚持到秋天，假如等到秋天，又没有收成，那将如何是好？”

二人回答：“可以将部分贫寒百姓暂时迁往河北就食，如果来年秋天又发生饥荒，那就再想办法，只是现在绝不可草率迁都。”

拓跋嗣听从了二人的意见，于是，挑选了特别贫寒的部分拓跋部众迁往河北，并派遣左部尚书周几在鲁口镇抚他们，赏赐崔浩、周澹二人各一名妾，一身衣服，五十匹绢，五十斤绵。

拓跋嗣还亲自到分配给自己的田地里耕作，并命令各地官员高度重视农业生产，到了第二年，全国出现了大丰收，于是，北魏渡过了这次危机。

除了天灾以外，造成百姓贫寒的还有人祸。

据《魏书·食货志》记载，北魏初年，基层没有设置“三长”（即后来北魏设立的邻长、里长、党长），一般百姓都被当地的豪强所控制，不向朝廷交赋税，而豪强向百姓征收的私赋要远远高于公赋。对此，拓跋嗣也看在眼里，据《资治通鉴》记载，拓跋嗣刚刚继位两个月，他就下令将全国各地的豪强大户，全部迁往京师。这次大规模的迁徙行动遭到了豪强大户的强烈抵制，北魏各地发生了很多叛乱，拓跋嗣召集长孙嵩等“八公”商议对策，拓跋嗣打算实行大赦，元城侯拓跋屈建议诛杀主犯，赦免从犯，而崔宏则说：“圣明的君主统御臣民，目的是安定他们，而不是与百姓们争个高下胜负、是非曲直。大赦虽然从情理上说不通，但却是权宜之计。拓跋屈说的先杀后赦，哪有一赦而定好？大赦以后，还不从命，再出兵诛杀不迟。”拓跋嗣听从了，大赦以后，命令于栗磾率领一万骑兵将拒不从命的全部讨平。

北魏初期吏治黑暗，不少地方官横行霸道，这里仅举两例。据《魏书·昭成子孙列传》记载，陈留王拓跋虔的哥哥拓跋顗在道武帝时代被任命为平卢太守，七年以后，元易干接任。当时，元易干的儿子万言深得拓跋珪的宠爱，元易干因此对拓跋顗非常看不起，上任之时，元易干率领轻装骑兵突然来到城下，将拓跋顗从床上推下，然后坐到拓跋顗的位置上。拓跋顗开始以为是自己犯罪被朝廷逮捕，这时才明白过来，是元易干接替自己，不禁大怒，将其诛杀。元易干对于上一任的官员就如此骄横，如果他当上太守的话，对百姓就可想而知了，这则故事也让我们对北魏初年的官场丑态有一个生动的了解。

再举一例，据史书称，长孙嵩的侄儿长孙道生，一生都忠诚、谨慎、廉洁、宽厚，身为高官，房屋却非常残破，被当时的人比作勤俭的晏婴。明元帝赏识他的谨慎，在继位以后，就让他与贺毗等四人作为亲随，负责传达诏命。即便是这样一个人，后被拜为冀州刺史，上任以后，他将他人的美女取来，献给了明元帝拓跋嗣，明元帝大怒，下诏严厉谴责了他，只是因为他是自己的旧臣，才没有加以废黜。如此一个近乎完人的人，尚且如此，他人更是可想而知了。

拓跋嗣继位以后，多次派遣重臣前往全国各地巡视，询问百姓疾苦，制裁不法官吏，选拔优秀人才。见诸史料的有：永安三年，“诏北新侯安同等持节循行并、定二州及诸山居杂胡、丁零，问其疾苦，察举守宰不法；其冤穷失职、强弱相陵、孤寒不能自存者，各以事闻”。永安五年，“诏分遣使者巡求俊逸，其豪门强族为州闾所推者，及有文武才干、临疑能决，或有先贤世胄、德行清美、学优义博、可为人师者，各令诣京师，当随才叙用，以赞庶政”。神瑞元年（即晋安帝义熙十年，公元414年）冬十一月壬午，“诏使者巡行诸州，校阅守宰资财，非自家所赍，悉簿为赃。诏守宰不如法，听民诣阙告言之。”允许百姓到朝廷上告。第二年三月，拓跋嗣还下诏称：“刺史守宰，率多逋慢，前后怠惰，数加督罚，犹不悛改。今年赀调悬违者，谪出家财充之，不听征发于民。”他亲自前往赤城、石亭、上谷等地，接见当地德高望重的老人，询问百姓疾苦，寻访优秀人才，减免当地赋税，同年，他又下诏说：“古人有言，百姓足则君有余，未有民富而国贫者也。顷者以来，频遇霜旱，年谷不登，百姓饥寒不能自存者甚众，其出布帛仓谷以赈贫穷。”

拓跋嗣较为开明的政策，让北魏帝国度过了拓跋珪后极度危险的“瓶颈”时期，在他统治的短短十余年间，从北燕、大夏、东晋、后秦等国家投靠北魏的百姓不下十万户，对于内附百姓拓跋嗣一般也是采取“计口授田”的方式予以妥善安置，对于内附的其他国家的高级官员，则持欢迎和尊重的态度，量才任用，起到了很好的效果。

四〇五　步步紧逼

在义熙九年（公元 413 年）二月刘裕诛杀了荆州刺史刘毅回到京师、迅速诛杀了前将军诸葛长民兄弟以后，在这一年七月，朱龄石又顺利地消灭了西蜀谯纵，自此而后的两年左右时间里，北中国的大地上相继发生了夏王刘勃勃定都统万、魏秦和亲、后秦内讧、南凉灭亡、柔然斛律被杀等大事，而东晋在这期间似乎显得平静许多，没有发生多少惊天动地的大事，然而，仔细研读史书，我们却发现在这段时间里，东晋朝中却是暗流涌动，处处透露出逼人的杀机，而一切的矛头都对准了司马氏皇室。我们无法确切地知道，刘裕从何时开始有了篡夺晋室的打算，但是，至迟到义熙十年（公元 414 年），他已经产生了取而代之的念头了，因为，在此前后，他就开始以种种莫须有的罪名，有计划地诛杀司马氏皇室成员，借此削弱司马氏的本根。

我们知道，本来东晋王朝自晋元帝司马睿以来，就一直是“主弱臣强”，长期以来，司马氏皇室就处于一蹶不振的境地，这中间曾经有过两次重振雄风的机会，一次是晋明帝消灭王敦以后；另一次是孝武帝成年后，王敦死后，晋明帝一度夺回了王权，让琅邪王氏处于低谷，然而，天不佑晋，雄武的晋明帝司马绍奇怪地早死了，东晋又回到了门阀士族共治的政治格局中；孝武帝司马曜成年以后，排挤业已取代琅邪王氏地位的陈郡谢氏，而重用自己的弟弟司马道子，一度牢牢地控制了王权，然而，孝武帝司马曜却与弟弟司马道子之间又发生了激烈的内斗，这场内斗一直持续到孝武帝死后，最终以司马道子的胜利而告终，不过，司马道子父子也并没有取得完胜，致使桓玄在这场争斗中火中取栗，攫取了荆州、江州和雍州，并在不久以后，又趁着孙恩之乱而一战击败司马道子父子，夺取了东晋政权。

原本东晋的政治格局是司马氏皇族与各个门阀大族之间维系着一种共治的局

面，到了桓玄篡晋，打破了这种平衡，司马氏皇权也跌到了历史的最低点，这里的原因是多方面的，但司马氏皇族自简文帝司马昱以来，亲族人物寡少，也是一个十分重要的因素。简文帝司马昱是在他的晚年才被桓温推上皇帝宝座的，而司马昱成年的儿子仅有孝武帝司马曜和会稽王司马道子二人，因此，在孝武帝司马曜继位以后，不得不委任自己的弟弟司马道子，主权与相权这一对天然的矛盾，又让二人发生了冲突，假如司马曜有诸多兄弟同属臣子的地位，不仅司马道子不敢飞扬跋扈，而且也维持着一种相对的平衡，在没有更为亲近的宗室可以依靠的情况下，孝武帝司马曜不得不再次起用门阀士族，与此同时，他又不能彻底废黜自己的弟弟，在主相之间力量不分伯仲的特定条件下，门阀士族并非全部倒向孝武帝，因此，孝武帝也一直没有完全占有上风，相反，随着孝武帝司马曜的暴死，加之继位的孝武帝之子晋安帝司马德宗又是一个白痴，皇权更是变得处于一种从属的地位。与此同时，东晋自建立以来，历经坎坷，不少司马氏宗室子弟在历次内讧中被杀，宗室本身的力量一直无足轻重，在这种情况下，不仅是孝武帝司马曜，还是司马道子父子，在门阀士族中间挑选自己的亲信的同时，也将目光投向了较为疏远的宗室。在司马道子父子执政时期，就起用了出自司马懿六弟司马进一支的谯王司马尚之四兄弟，然而，在桓玄之乱中，司马尚之战死，二弟司马恢之和四弟司马允之二人均在流放途中被杀，只有三弟司马休之逃奔南燕；简文帝弟弟武陵王司马晞的孙子、梁王司马珍之也逃奔寿阳。这些人在刘裕起义，击败桓玄以后，即回到了朝廷，暂时被刘裕所用。

不过，本来就实力微弱的司马氏皇族本身也是一盘散沙，由于桓氏家族与司马氏皇族有着姻亲关系，在桓玄与刘裕这场对决当中，这一部分司马氏皇族就被刘裕借口是桓玄的余党而予以绞杀，主要是章武王司马秀及其堂兄弟、河间王司马国璠兄弟。据《晋书·河间王颙传》中记载："建兴中，元帝又以彭城王释子钦为融嗣。"而彭城王司马释出自司马懿四弟司马馗一支，因此，司马钦也是出自司马馗。后来，司马钦被晋元帝司马睿封为河间王，这里需要注意的是：西晋的河间王出自司马懿三弟司马孚一支，西晋第一任河间王是司马孚第二子司马望的第二子司马洪，但在第二代的时候，就改封为章武王了，第二任的河间王司马颙是司马洪的堂兄弟，同属司马孚一支，无论是西晋的章武王或者是河间王，在"八王之乱"和永嘉之乱中都国绝了，其后，司马洪之孙司马滔辗转回到江东，其子司马休在苏峻之乱中投靠苏峻，战死。司马休的弟弟司马珍因年少免死，晋成帝司马衍的咸和二年（公元327年），司马珍死去，无子绝嗣。由此可知，两晋的河间王是分属司马孚和司马馗两支的。司马珍死后，河间王司马钦将自己的儿子司马范之过继，官至游击将军，后来，儿子司马秀嗣爵，他的妻子就是桓温的侄儿桓石虔的女儿。虽然东西晋的河间王从名分上分别出自司马孚和司马馗两个支系，但是，由于西晋的河间王（到东晋成为章武王）这一支，在司马珍去世后绝嗣而有河间王司马钦将儿子过继，所以，到公元327年以后，章武王和河间王其实都成了司马馗这一支了。《魏书·司马叔璠传》称："司马叔璠，晋安平献王孚之后也。父曇之，司马德宗河间王。"是没有详细探究"河间王"中间的来龙去脉，仅凭"河间王"就望文生义，将司马叔璠兄弟定为司马孚一支，是错误的。

司马钦死后，司马钦的儿子司马曇之继承为河间王，司马曇之的儿子即是司马国璠和司马叔璠，而司马曇之的兄弟司马范之继承为章武王，其子为司马秀。由于章武王司马秀是桓温侄儿桓石虔的女婿，因此，在刘裕得手以后，即将司马秀作为打击的对象，又由于上述复杂的宗室之间的传承关系，章武王司马秀其实与河间王司马国璠是堂兄弟关系，所以，司马国璠兄弟也被牵连了进来，当司马秀因谋反被杀以后，司马国璠兄弟即出逃南燕，组织力量对东晋发动进攻。

虽然司马国璠兄弟在外组织进攻，而司马休之等人在内暂时受到重用，但是，他们的目的是一致的，那就是要重振司马氏皇族的力量，对此，司马氏皇族是统一的。除了他们之外，据《魏书·司马楚之传》的记载，（司马楚之）"父荣期，司马德宗梁益二州刺史，为其参军杨承祖所杀。楚之时年十七，送父丧还丹阳。值刘裕诛夷司马戚属，叔父宣期、兄贞之并为所杀。楚之乃亡匿诸沙门中济江。自历阳西入义阳、竟陵蛮中。及从祖荆州刺史休之为裕所败，乃亡于汝颍之间。"《司马景之传》称：（司马景之）"晋汝南王亮之后，太宗时归阙。"司马楚之和司马景之的具体世系不详，但从上述记载中看，他们两人均是在这段时期内逃亡的，尤其是司马楚之，可以确定是在这两年内被迫逃亡的。司马楚之的父亲是司马荣期，在刘裕刚刚击败桓玄之后的义熙二年，曾被任命为益州刺史，当时，谯纵刚刚占据西蜀，刘裕曾命其率军讨伐，结果，司马荣期被参军杨承祖所杀。传中所云司马楚之送父丧还丹阳，也许正是义熙八年朱龄石灭掉西蜀以后的事。文中称，正值刘裕诛杀宗室亲属，司马楚之的叔父司马宣期和哥哥司马贞之都被刘裕所杀，因此，司马楚之逃亡到义阳、竟陵蛮中。司马景之也当属在此前后逃往北魏。

《晋书·司马道子传》记载："以临川王宝子修之为道子嗣，尊妃王氏为太妃。义熙中，有称元显子秀熙避难蛮中而至者，太妃请以为嗣，于是修之归于别第。刘裕意其诈而案验之，果散骑郎滕羡奴勺药也，竟坐弃市。太妃不悟，哭之甚恸。"此处的太妃，是指司马道子的妻子太原王氏，即王国宝的堂妹，说的是，桓玄被灭以后，刘裕开始对受到桓玄迫害的司马道子父子进行平反昭雪，将临川王司马宝的儿子司马修之立为司马道子的后嗣。到了此时，有人从蛮夷中逃至京师，自称是司马元显的儿子，王氏就请求朝廷立其为嗣孙。但是，刘裕却怀疑此事有诈，结果证实此人却是散骑郎滕羡的奴才勺药假冒，将其诛杀。史书对此言之凿凿，但仔细思量，却并非没有可疑之处。临川王司马宝，本是武陵王司马晞的孙子，过继司马道子的亡兄司马郁为子，据《晋书·临川献王传》记载，这个司马宝历任秘书监、太常、左将军、散骑常侍、护军将军，入宋以后，又被授予金紫光禄大夫的荣誉称号，在王朝更迭的非常时期，作为司马氏皇族的他不但没有遭到杀身之祸，相反，却步步高升，由此可知，他与刘裕之间的关系，当非同一般，因此，刘裕才将他的儿子司马修之立为司马道子的后嗣，由此也可以说明，对于一个司马氏皇族的子嗣承继问题，竟然引起刘裕的高度关注的原因。王氏身为奶奶认定了自己的孙子，却被刘裕说成是冒充的，这本身都让人感到非常蹊跷。

除了剪除司马氏皇族的异己力量以外，刘裕还在义熙九年四月下令，将属于皇后的临沂、湖熟脂泽田四十顷收归国有，然后，赏赐给贫民，与此相反，刘裕却大肆培植自己的势力，对待自己的亲信却一点都不吝啬，他的儿子、年仅八岁的刘义真却被加封为桂阳县公，食邑一千户；仅义熙十年，他就赏赐给他的宠臣刘穆之前将军府布帛一万匹，钱三百万。

为了进一步争取民心，刘裕在实施"土断"的同时，还下令百姓到山林砍柴、下湖泊打鱼，当地豪强不得征收财物，这一系列措施，其目的就是要不断壮大自己的势力，削弱司马氏皇族的影响。

四〇六　欲加之罪

然而，远在荆州的司马休之却在与刘裕争夺民心，这让刘裕如坐针毡。

司马休之是如今硕果仅存的德高望重的司马氏皇族，出自司马懿六弟司马进之后，他的父亲为谯王司马恬，祖父是谯王司马无忌，曾祖为谯王司马承。司马承死于王敦之乱，司马无忌曾随桓温北伐，司马恬深为孝武帝依靠。司马休之四兄弟同样为司马道子父子信任，如今，经过桓玄之乱，四兄弟只剩下了司马休之一人了。

义熙八年（公元 412 年）九月，当刘裕对荆州刺史刘毅实施讨伐之初，就任命司马休之为新的荆州刺史。想当初，在义熙元年司马休之即被任命为荆州刺史，但却被桓玄侄儿桓振赶跑，随后，荆州刺史一职由刘裕的亲信魏咏之短暂接任，不久，魏咏之去世，荆州一直处于刘裕弟弟刘道规的控制之下，刘道规死后，刘裕采取了调虎离山之计，名义上让刘毅接任荆州刺史，但当刘毅刚刚到达江陵不久，即对其发起了突然袭击。要知道，司马休之自从被免去荆州刺史以后，他作为司马氏皇族的代表之一，一直受到刘裕一党的排挤，在数年中，曾被弹劾了两次，刘裕当然不愿意看到司马氏皇族占据地位非常重要的荆州地区，在这时，刘裕再次起用司马休之，不过是想稳定司马氏皇族。

当刘毅被顺利除掉以后，尤其是看到司马休之在荆州地区深得当地百姓的民心，这让刘裕十分忌惮，也让他开始考虑如何将司马休之一族彻底清除掉。

司马休之的儿子司马文思已过继给司马尚之为嗣，继承谯王的爵位，住在京师建康。义熙十年（公元 414 年）三月，东晋朝廷的有关部门弹劾司马文思擅自杀死国家官吏，朝廷下诏，诛杀司马文思的党羽，而却赦免了司马文思本人。得知儿子犯法，司马休之赶紧上书朝廷，表示谢罪，他说：“听说文思有过，我非常忧惧，也非常惭愧。臣治家无方，致使子侄犯法，辜负了朝廷，请允许解除我荆州刺史一职，戴罪朝廷。”司马休之以退为进，主动提出辞职，将皮球又踢给了刘裕。刘裕的真实目的，当然不仅仅是让司马休之辞职，而是要他的性命，起码将司马休之一族从东晋地盘中清除出去，如果此时的刘裕顺水推舟，就势拿下司马休之，不仅从道义上将陷于被动，而且，辞职后的司马休之仍然可以东山再起。

刘裕老谋深算，拒绝了司马休之辞职的请求，并将司马文思押送到荆州，让司马休之严肃处理。刘裕此举，转守为攻，给司马休之出了一道两难的选择题：如果司马休之遵从刘裕的指示，将自己的儿子处死，姑且不说父子亲情难以下手，就是下手以后，一个为了保全自己性命，竟然可以诛杀亲生儿子的人，又有多少凝聚力呢？如果司马休之不处死自己的儿子，又给了刘裕一个司马休之袒护儿子的口实，而自己则将犯罪的司马文思予以宽恕，又显示出了自己的大度，可谓是一举数得。

司马休之应该知道刘裕的险恶用心。他当然不会自剪羽翼，自陷被动，但如果不杀文思，又如何能够体面地渡过难关，还能让刘裕满意呢？对此，他颇费思量，思前想后，他上书朝廷，请求废黜儿子司马文思，当然，他也知道，仅仅如此，未必会让刘裕满意，他又特意给刘裕奉上一封书信，在信中，司马休之再次做出深刻检查，表示忏悔之意。刘裕没有达到自己的目的，他也决不会因为司马休之的谢罪而有所动摇。他命令江州刺史孟怀玉加督豫州的西阳、新蔡、汝南、颍川，司州的恒农，扬州的松滋六郡，以防备荆州上游。

谁都能嗅出刘裕此举的目的，当然司马休之也不例外。不过，假如与刘裕开战，荆州就面临争取北面雍州刺史鲁宗之的问题，以免腹背受敌。而鲁宗之，我们知道他是在孝武帝太元年间才从关中南下，在东晋上层看来，属于荒裔边将。在刘裕与桓玄的对决中，他审时度势，投靠了刘裕集团，不过，义熙以来，刘裕逐次剪除异己势力，也让鲁宗之终日心神不宁。在激烈的政治斗争中，对于非嫡系的势力，刘裕都是心存疑忌，这也非常正常，记得当初，卢循进攻江陵的时候，鲁宗之率部南下解救，当时的江陵军民也都很担心鲁宗之会趁火打劫，而当时的荆州刺史、刘裕的弟弟刘道规却力排众议，单身匹马前往鲁宗之的军营，这令鲁宗之深受感动，在刘道规担任荆州刺史期间，鲁宗之一直听命于刘裕集团，刘道规死后，在刘裕讨伐刘毅的过程中，鲁宗之也是站在刘裕一边的。然而，刘裕绝非刘道规，从刘裕这些年来对功臣们接二连三的杀戮，让不是刘裕嫡系的鲁宗之也不寒而栗。为了生存，鲁宗之与司马休之二人自然地走到了一起。

整个义熙十年（公元414年），就在一种大战来临前的沉寂和紧张不安中度过。到了第二年（公元415年）一月，刘裕就突然下令逮捕了司马休之的次子司马文宝和司马休之的侄儿司马文祖二人，没有经过公开的审判，即在狱中将二人赐死。于是，朝廷授予他黄钺，并命其加督荆州诸军事，大赦。刘裕没有任何借口，即要发兵西上消灭司马休之了！

得知刘裕率军讨伐的消息，二月，司马休之上书朝廷，在他的上书中，首先充分肯定了刘裕起义的功绩，然后，他接着说："自从刘裕位极人臣以后，便骄傲自满，目无君王，滥杀无辜，排除异已。皇帝的日常饮食、宫中的各种供奉，不足原来的十分之一；业已辞世的王神爱皇后（王献之之女，王羲之孙女）生病期间，缺医少药，致使病中的皇后亲自给娘家写信，'多所求告'。（王神爱已经于义熙八年去世，终年二十九岁）这些事情，都是群臣亲眼所见，莫不扼腕愤叹，口不敢言。前扬州刺史司马元显的第五子司马法兴，遭受桓玄之乱而逃亡在外，桓玄被平定以后，才回到京师，这让太傅司马道子的世系得以延续，群臣上下无不欢欣鼓舞。然而，刘裕却暗中怀有奸诈之心，担心司马法兴聪明智慧，会受到百姓的拥戴，就制造流言，无罪将司马法兴诛杀。（司马法兴此人生平不详，疑为《晋书·司马道子传》中所称司马秀熙，司马休之此处所指，可能就是刘裕妄称司马秀熙系假冒而将其诛杀一事）当时，大司马司马德文和王妃公主一起到刘裕府上恳求，但他却发誓不许，并最终将司马法兴冤杀，路人无不纷纷落泪。除了剪除宗室以外，刘裕不顾自己低贱的出身，为了抬高身价，强行为儿子刘义符迎娶了司马德文的海盐公主司马茂英。前卫将军刘毅、右将军刘藩、前将军诸葛长民、尚书仆射谢混、南蛮校尉郗僧施等人都是社稷之臣，全部被他诛杀。其残忍刻薄之性，自古迄今，世所罕见。"

说完这些，司马休之继续说道："我常常思量，我们家家道衰落，因刘裕而复存，又受到重用，因此，我尽心尽力，事事处处遵从他的领导。两次授予荆州刺史的职务，我都是屡屡推辞，可不被允许，不久前才携带老母和半数的家眷来到荆州，将另外一半的儿子、侄儿们都留在了京师。臣侄儿司马文思（名义上的侄儿，其实是司马休之的儿子）年少气盛，喜欢交游，不良之子会集到他的身边，刘裕将其同党诛杀，将文思送到我处，我遵从刘裕的意思，送还荆州刺史的印章符节，请求废黜文思，并派遣次子司马文宝带着家眷回到京师。自以为推心置腹，不过如此，岂料刘裕包藏祸心，竟然将文宝处死，兴兵讨伐。臣既愚又蠢，尚不相信这是真的，不久，荆州司马张茂度狼狈东归，南平太守檀范之也弃郡而逃，接着，才得到东军西上的确切消息。刘裕此举，并非是因为双方有什么怨恨，仅仅出于臣不过是宗室，位居一方诸侯，当今忠于王室的贤人均被剪除，只剩下微臣一人，杀死了我，好逞其篡位之奸计。镇北将军鲁宗之、青州刺史刘敬宣均为刘裕忌惮，将逐一剪除，然后，改天换日。

如今，荆州雍州的义从不招而至者云集，我擅自授予司马文思为振武将军、南郡太守，鲁宗之之子、竟陵太守鲁轨为辅国将军，我将与鲁宗之亲自率领大军屯守江津，与刘裕决战……”

司马休之的这篇奏疏保存在《宋书·武帝本纪》内，让我们看到了诸多史书有意无意遗漏的一些史料，也让我们了解到了刘裕压制、诛杀司马氏皇族的一些不为人知的细节。

除了上书指斥刘裕以外，司马休之还派人向后秦主姚兴求救，当时的后秦正面临着大夏的压力，朝廷内部太子姚泓与广平公姚弼又内讧正酣，可谓是内忧外患，即便如此，姚兴还是在接到司马休之的求救后，即命令征虏将军姚成王、冠军将军司马国璠等率领八千骑兵南下救援。

四〇七　驱逐休之

刘裕心细如发，他在以军事手段讨伐司马休之的同时，还玩起了瓦解司马休之内部的把戏，前文司马休之所称的荆州司马、河南太守张裕，南平太守檀范之应当都是在刘裕的招徕之下而叛逃司马休之的。张裕就是刘裕的二级心腹幕僚张劭的哥哥，他在刘宋时代被任命为益州刺史，张裕逃脱以后，在半路上遇到刘裕大军，刘裕即任命其为录事参军、太守如故；檀范之，是檀道济的堂兄，是刘裕京口起义的功臣之一，与刘裕既是同乡，又因堂叔檀凭之的关系，与刘裕关系甚密。

然而，荆州不是没有忠于司马休之的忠直之士，其代表人物就是荆州录事参军韩延之。

韩延之，字显宗，是南阳赭阳（今河南省方城县东）人，是曹魏司徒韩暨之后，也是偷香的韩寿的后人。刘裕在发兵讨伐司马休之之前，给韩延之送去密信，称："文思之事，远近皆知，去年秋天，将其送交司马休之，对他可谓是仁至义尽。可是，他竟然毫无愧色，很久不与朝廷通问，这真是天地不容啊。受命西征，矛头只对司马休之父子，被其威逼利用的荆州军民。一概不予追究。往年，我诛杀郗僧施等人，那是因为他们一直就是刘毅的死党，如今，你们这些人都是被司马休之逼迫的，我虚怀若谷，毫无私念，大军就在眼前，正是你们弃暗投明的良机。一旦大军兵临城下，届时难免会玉石俱焚，因此，提前告知，并请转告同道之人。"

韩延之接到刘裕的密信，不禁冷笑数声，他提笔复信道："听说您亲率大军前来，荆州军民无不惊恐不安，这是什么原因呢？是因为大家都不知道您这次出师正当的理由。接到你的来信，才知道原来还是为谯王司马文思的事，让我不禁拊膺叹息。平西将军司马休之尽忠国家，虚怀若谷，以你有中兴之功，为朝廷依靠，对你推心置腹，事事顺从。不久前，谯王因为琐事被弹劾，司马休之尚且要求辞职，何况如果有大一点的罪过，司马休之会缄默吗！司马休之先派康之谢罪，又派胡道抵京，胡道尚未返回，你就上书要废黜司马休之，司马休之又有什么过错，你要起兵讨伐？自从义熙以来，方镇大员谁敢不先向你请示，而直接上报皇帝？你不过是‘欲加之罪，何患无辞！’刘裕，海内之人，谁看不出你的奸诈之心！如今，你竟敢在我面前大要两面派的把戏！你所说的‘天地所不容’，正是你自己的写照，信中所谓的‘虚怀期物，自有由来’，也太可笑了，如今你率兵讨伐别人的主子，却以厚利为诱饵，这真可谓是‘虚怀期物，自有由来’了！刘藩死在京师朝廷之上，诸葛长民死在你的卫士之手，一方面甜言蜜语欺骗方镇大员，背地里却用轻兵偷袭，你的所作所为让你的幕府里再也看不到忠义之士，京师以外再也没有了你信任的诸侯。你还自以为得计，这真是可耻啊！你的幕府中的将士无不度日如年，很久都心中期盼着太平无事。我的确智慧低劣，但也曾经从君子那里接受过教诲，以平西将军的品德，岂能没有为他而赴汤蹈火、视死如归的臣下！我当然不会像郗僧施等人那样去自投虎口，假设上天要让晋国丧乱，四海浑浊，我将与忠义的臧洪一起去地下做鬼罢了。不再和你多费口舌！”

刘裕的父亲叫刘翘，字显宗，韩延之就将自己的字改为显宗，将自己儿子改名为韩翘，以显示父子决不会臣服于刘裕。

韩延之的话义正词严，有礼有节，刘裕得到这封回信以后，无言以对，他不禁叹息，将书信交给身边的人说：“做臣子的都该像他这样。”

刘裕是在义熙十一年（公元 415 年）一月二十七日离开建康的，在离开建康之前，他对后方又做了周密的安排，同月二十三日，他就任命自己的亲家谢裕（谢安侄孙）为尚书左仆射，主持朝廷日常工作，又以自己的亲信刘穆之为尚书右仆射，负责朝廷具体工作，而以自己的二弟刘道怜为后方总理，甲仗百人入殿。

不过，刘裕的两个异母弟弟刘道怜和刘道规的性格迥异，幼弟刘道规英武过人，但却早死，而刘道怜却没有什么才能，资质低下，言语粗鄙，举止笨拙，刘裕虽然在他的身边派了很多才能之士辅佐，但其人却毫无起色，对财物十分贪婪，一天到头只想着如何贪污，调任以后，原来镇守的地方国库都被他贪污精光。这样一个人，因为是刘裕的弟弟不仅不会受到处理，反而步步高升，当然，刘裕将其任命为后方的总理，只是一个幌子，而朝廷的大小事务全部由刘穆之决断。另外，为了确保京师安全，刘裕还任命自己的亲信、高阳内史刘钟为石头城防卫司令，率军驻守在冶亭。

刘裕的大军很快就推进到了荆州地界，他分军为二，自己统领大军直指江陵，另外，命令豫章公世子征虏将军司马、冠军将军檀道济，沛郡太守朱超石率领步兵北上进攻襄阳。刘裕是在义熙二年（公元406年）十月，被封为豫章郡公的，他的长子刘义符出生于此年，到义熙七年（公元411年），当刘义符六岁的时候，被封为世子，不久，檀道济即被任命为世子司马；朱超石，是益州刺史朱龄石的弟弟，与哥哥朱龄石一样英武过人，不仅如此，还深通文墨。

江夏（今湖北省云梦县）太守刘虔之率军驻守在三连（今湖北省安陆市西），构筑桥梁，囤聚粮草，等待刘裕的大军，然而，檀道济、朱超石的部队却迟迟没有到达。此时，鲁宗之已经率领自己的雍州部队南下，支援荆州，他命令自己的儿子、竟陵太守鲁轨偷袭刘虔之，刘虔之的参军孙长庸流着眼泪劝说撤军，刘虔之厉声说道："我以顺讨逆，理无不克。如果失败，那是命。"于是，战败被杀。

刘裕命令他的女婿、振威将军（《宋书·蒯恩传》记作"建威将军"）徐逵之，率领参军蒯恩、王允之、沈渊子为前锋，进攻江夏口（今湖北省监利县西，古夏水入长江处）。

东海徐氏，发迹于徐宁，因徐宁与桓温之父桓彝的一次偶遇，而被桓彝推荐给了当时的执政庾亮，后官至江州刺史。徐氏与桓氏家族有这一层历史渊源，因此，在桓玄篡晋以后，徐宁的孙子徐羡之就在徐州、兖州刺史桓修的府上做了抚军中兵曹参军，与刘裕是同僚，两人成了好朋友。徐氏与刘裕结好，还有一个缘由，就是徐羡之的哥哥徐钦之与刘裕结为了儿女亲家。徐钦之的儿子就是徐逵之，他娶的是刘裕的嫡长女刘兴弟（刘兴弟的母亲是刘裕的结发妻子臧爱亲，刘兴弟就是后来刘宋帝国的会稽长公主），刘兴弟嫁给徐逵之为妻以后，生有徐湛之、徐淳之两个孩子。此处的王允之生平不详，但肯定不是王舒的儿子王允之，那个曾做过江州刺史的王允之早在六十余年前的晋穆帝时期就去世了。沈渊子是沈林子、沈田子的长兄，是《宋书》作者沈约的伯祖。

刘裕的这支先头部队与荆州、雍州部队在破冢（今湖北省江陵县东南）遭遇。此时，荆州军队由司马休之之子司马文思率领，雍州军队则由鲁宗之之子鲁轨率领，初战告捷的荆州、雍州部队利用高居岸上的地理优势，与刘裕军展开了殊死搏斗，徐逵之战败被杀，同时被杀的还有沈渊子和王允之。鲁轨乘胜进攻陈兵于堤坝下面的蒯恩所部，一时间，箭如雨下，喊杀声震天动地，形势对刘裕军十分不利。然而，身经百战的蒯恩镇定自若，他整顿军队，牢牢地守住阵脚，鲁轨多次率军发起冲击，都未能得手，这才知难而退。

当时，刘裕率领大军就驻扎在长江南岸的马头（今湖北省公安县西北），与江陵隔江相望。当五十三岁的他惊悉女婿被杀的消息以后，勃然大怒，三月二十九日，他亲自率领全军向长江对岸江津发起总攻。江津岸边有高达数丈的陡峭山崖，司马文思、鲁轨率领四万荆州雍州联军依托陡峭的江岸，固守北岸，刘裕部队无法顺利登岸。眼睁睁地看到部队抢滩受阻，刘裕怒火中烧，他穿上铠甲，要亲自带头登岸，诸将纷纷劝谏，更让刘裕火冒三丈，一句话都听不进去。太尉主簿谢晦眼看刘裕真的要冲出去，他赶紧上前死死抱住刘裕，狂怒中的刘裕唰的一声抽出宝剑，指着谢晦说道："我杀了你！"

谢晦说："天下可以没有我谢晦，但不能没有大人！我谢晦死了又能如何！"

就在这时，刘裕看到建武将军胡藩率部在四周逡巡，他高呼命令胡藩率军攀援而上，胡藩看看高峻的山崖，面露难色，这让刘裕更为恼火，他立即传令左右，将胡藩拿来就地正法。而胡藩拒不接受命令，他回头对刘裕喊道："我胡藩是来和敌人打仗的，宁可上前与敌人搏斗而死！没工夫接受教训！"

于是，他命人用刀尖在山崖上砍出一个个小洞，仅能容下脚尖，选拔勇猛之士攀缘而上，就这样，胡藩所部渐渐地登上了山崖。登上山崖后，胡藩率军奋勇搏杀，后续部队渐渐跟上，荆州部队终于抵挡不住，向后退却。刘裕大军趁机发起猛攻，联军登时四散奔溃，遂攻克了江陵，司马休之、鲁宗之二人仓皇北逃，鲁轨则留守石城（今湖北省钟祥市）。刘裕命令赵伦之、沈林子、蒯恩等，率军进攻鲁轨，命令武陵内史王镇恶率领水军北上追击司马休之等人。赵伦之是刘裕的亲生母亲赵安宗的弟弟，沈林子就是沈约的祖父。

王镇恶在消灭刘毅以后，即被任命为安远将军、武陵（今湖南省常德市）内史，与张裕、檀范之一样都是刘裕安插在荆州的钉子，不过，与张裕和檀范之不同的是，在刘裕西上讨伐司马休之之前，王镇恶并没有弃郡而逃，而是向自己的上司司马休之报告说，武陵的山蛮向博抵根占据阮头（今地不详），请求派遣部队协助围剿，司马休之派遣部将朱襄率军前往武陵。王镇恶此举，也许正是刘裕瓦解荆州部队的总体作战计划的一部分。当王镇恶听说刘裕大军已经西上的消息以后，对部将说："百姓们均听说朝廷大军已经西上，朱襄不仅不会帮助，相反还会趁机攻击我们，假如朱襄与山蛮里应外合，我军就危险了。"

他连夜率军乘船而下，一夜行数百里，回到了都尉治所。

抵达以后，王镇恶即命令部队将大石头放到竹笼里，沉在江水中，阻挡朱襄水军，然后，将自己的部队埋伏在江水两岸，对朱襄所部发起了突然袭击，射杀了一千多人，并当场斩杀了朱襄。按照刘裕原来的计划，王镇恶在击破朱襄以后，应当迅速与朝廷大军会师，但是，由于王镇恶非常贪婪，他在兼并朱襄所部以后，并没有及时北上，而是留在武陵地区，趁机抢掠山蛮的财物，一直到刘裕取得了江津之战的胜利以后，王镇恶才率部到来。刘裕对此十分不满，没有马上接见他，王镇恶笑道："等我见到大人以后，就没事了。"不久，刘裕登上江陵的城墙，传唤王镇恶，王镇恶口才很好，见过刘裕以后，一席话将自己没有及时赶到的原委说得合情合理，刘裕这才释然了，命令王镇恶将功补过，率领蒯恩等将统领水师追击司马休之等人。

当初，司马休之上书朝廷，将雍州刺史鲁宗之和青州刺史刘敬宣都拉到了自己的阵营里，这不过是他的一厢情愿，也是为了瓦解刘裕阵营。不过，司马休之此举也的确让青州内部发生了一场危机。司马道赐是亲属关系非常疏远的一位宗室，担任刘敬宣的参军，听说刘裕西征以后，他即暗中与同僚辟闾道秀、左右小将王猛子等密谋发动政变，诛杀刘敬宣，以司马道赐为齐王，以辟闾道秀为青州刺史，割据齐地，响应司马休之。在事发前不久，刘敬宣曾与众人夜宴，空中落下一只三尺五寸长的草鞋，掉到刘敬宣的饭碗里，拿起一看，是一只被人穿过的旧草鞋，当时的人们都预感到将发生不祥之事。此事过后不久，刘敬宣召唤辟闾道秀密议一事，让众人都回避了，王猛子偷偷来到刘敬宣的背后，突然取下刘敬宣身上的佩刀，将其杀死。

刘敬宣死时四十五岁。青州文武又将司马道赐、王猛子等人诛杀。《资治通鉴》称，司马休之与鲁宗之、新蔡王司马道赐等人逃往后秦云云，《魏书·司马休之传》也称，"休之与文思及德宗河间王子道赐……逃往后秦"云云，不仅两处爵位记载矛盾，而且，此司马道赐非彼司马道赐。

除了青州地区发生不稳，京师建康在刘裕大军西上以后，同样也发生了一丝骚动。数百叛乱群众趁夜偷袭冶亭守将刘钟的军营，刘钟将其击退，虽然击退了这股叛众，但是，京师却持续动乱，人心浮动，刘钟也因此被刘裕贬为建威将军。不过，建康和青州地区发生的这一插曲，并不能改变司马休之失败的命运。尽管司马休之深得江汉人心，但是老巢江陵丢失以后，彻底失败已经是迟早的事了。五月，赵伦之、沈林子又在石城再次击破鲁轨，司马休之、鲁宗之救援不及，与鲁轨退还襄阳。当这一行人来到襄阳城下的时候，却发现鲁宗之的参军李应之关闭了城门，不让他们入城。五月十二日，司马休之、鲁宗之、司马文思、鲁轨、新蔡王司马道赐、梁州刺史马敬、南阳太守鲁范等人一起向北逃奔后秦。司马休之素来深得民心，荆州军民争先恐后地护送他们北去。刘裕部将王镇恶、蒯恩等众将率军追击，一直追到鲁阳关（今河南省南阳市南召县东北、平顶山市鲁山县西南），没有追上，这才撤回。

姚成王和司马国璠的八千后秦骑兵并没有参加到荆州的战斗中，他们刚刚进抵南阳，就听到司马休之失败的消息，于是不战而退。司马休之等人来到长安觐见姚兴，姚兴询问道："刘裕尊奉晋帝，岂能有什么不到之处？"

司马休之回答："臣下过去曾来到京师，琅邪王司马德文哭着对臣下说：'刘裕对待主上非常刻薄。'以此推论，东晋社稷存亡还难以预料。"

姚兴打算任命司马休之为荆州刺史，将帝国东南事务交付给他。司马休之坚决推辞，他请求与鲁宗之等人率军骚扰东晋荆州、淮河一带，姚兴就任命其为镇南将军、扬州刺史。

司马休之将要出发，侍御史唐盛对姚兴说："根据谶书的记载，司马氏将会收复黄河流域。如果让司马休之离开京师，恐怕不再是我池中之物了，建议可以对其尊崇，不可将其放走。"

姚兴回答："假设真的如此，留在京师，反而会成为我们的后患。"

他还是将这一行人送走了。

四〇八　姚兴之死

虽然后秦帝国最终是被刘裕所灭的，但其实，真正掏空了后秦实力的是大夏王刘勃勃。

此时的刘勃勃已经改名为赫连勃勃了。义熙九年（公元413年）年初，在取得了一系列胜利、夺取后秦岭北（九嵕山以北）地区以后，夏王刘勃勃改元凤翔，他任命叱干阿利为将作大匠（城建部兼装备部部长），征发十万岭北各族民众，在朔方水以北、黑水以南（今陕西省榆林市横山区西）建筑新的都城。刘勃勃建筑都城，意味着大夏帝国不再担心后秦的进攻，也是大夏实力上升、后秦实力下降的一个重要标志。刘勃勃说："朕将要平定四海，君临万邦，就将国都定名为统万。"叱干阿利心灵手巧，但却心狠手辣，他下令将土用蒸笼蒸成熟土以后，再用于筑墙，筑好的城墙如果被铁锥钻入一寸的话，即将该段的工匠诛杀，并将尸体填入城墙。因此，筑成的统万城十分坚固，刘勃勃对他的工作也非常满意，将大夏国的所有修造、建设任务都交由他处理。接受新的工作以后，叱干阿利变本加厉，打造出非常精锐的兵器，工匠们将兵器、铠甲制成，交付叱干阿利检验，肯定会有人被杀：叱干阿利命人用制成的弓箭射铠甲，如果弓箭射不穿铠甲，即诛杀制作弓箭的工匠；如果弓箭射穿了铠甲，又将制作铠甲的工匠杀死。因此，大夏国的兵甲质量为一时之冠。又制作百炼钢刀，非常锋利，刀背有龙雀大环，因此，号称"大夏龙雀"，刀背上刻有铭文："古之利器，吴、楚湛卢。大夏龙雀，名冠神都。可以怀远，可以柔逋。如风靡草，威服九区。"统万城建好以后，刘勃勃又下令制作铜鼓，宫室前面放置的装饰物飞廉、翁仲、铜驼、龙兽等，都用黄金加以装饰，从筑城到制作兵器等，一共诛杀了数千工匠，因此，大夏制作出来的各类器物，无不精美绝伦。

定都以后，刘勃勃下诏称："朕的祖先自从迁往北方以后，不再姓姒氏，语言也与中原不同，后改姓母亲的姓——刘。儿子姓母亲的刘姓，这不符合礼仪。古人姓氏本无常态，或者因出生的地方而为姓，也有将自己的父王的名为姓的。朕将根据实际情况改姓。帝王被称为天子，我族荣耀将与上天相连，因此，大夏直系皇族将改姓赫连氏；非直系皇族，则改姓铁伐氏，意思是朕的宗族子孙，都刚强如铁，足以讨伐别人。”册立妻子梁氏为王后，儿子赫连璝为太子，封儿子赫连延为阳平公，赫连昌为太原公，赫连伦为酒泉公，赫连定为平原公，赫连满为河南公，赫连安为中山公。

赫连勃勃定都统万以后，继续将北魏和后秦作为自己的打击对象，义熙十年（公元414年）年初，他利用北魏吐京胡和离石胡出以眷叛乱，趁机渡过黄河，入侵北魏的蒲子（今山西省隰县），到义熙十一年（公元415年）二月，就在东晋刘裕进攻荆州司马休之的同时，赫连勃勃又率军进攻后秦的杏城（今陕西省黄陵县境），经过二十天的激战，夏军攻陷了城池，活捉后秦杏城守将姚逵、姚大用、姚安姚利仆、尹敌等人，赫连勃勃下令将两万后秦降卒全部活埋。在接连进攻北魏和后秦的同时，赫连勃勃还分别于义熙十年十月和义熙十一年五月派遣御史中丞乌洛孤结好北燕冯跋和北凉沮渠蒙逊，争取外援。与北燕冯跋结盟，目的是为了共同对付北魏，同时，还可以借助北燕缓和与柔然之间的关系；与北凉沮渠蒙逊结盟，是看到沮渠蒙逊的北凉已经成为凉州的第一强国，当时，东晋益州刺史朱龄石也向沮渠蒙逊派出使者，沮渠蒙逊也表示归顺东晋，因此，赫连勃勃在用词上显示出一种要与北凉同心协力、扫清淆乱中原异族的决心，此时，沮渠蒙逊正与西秦乞伏炽磐为敌，也表示同意，派遣部将沮渠汉平前往夏国结盟。

其实，赫连勃勃发动杏城之战，与后秦内讧不无关系。

义熙十年（公元414年），当姚兴病重的时候，后秦太子姚泓与弟弟广平公姚弼的夺嫡之争激化，姚兴的几个儿子各为一党，相互倾轧，不过，在那一次较量中，姚弼失败，被父亲免去了尚书令的职务，然而，姚弼的失败并非姚兴的本意，长期以来，姚兴看重自己的这一个能文能武的儿子，并不看好太子姚泓，因此，在免去姚弼尚书令的同时，并没有剥夺姚弼将军的称号，也没有免去他广平公的爵位，他与太子姚泓之间的争斗还在继续。太子詹事王周也四处为太子姚泓招引同党，姚弼深为不满，多次在姚兴面前陷害王周，而王周却非常正直，姚弼不仅没有得逞，相反，姚兴还任命王周为中书监。陷害王周不成，姚弼深恨五弟姚宣在父亲面前说自己的坏话，因此，又开始陷害驻守杏城的姚宣。正巧当时姚宣的司马权丕到长安汇报工作，姚兴斥责权丕没有尽到辅佐义务，打算将其诛杀。岂料这个权丕喜欢见风使舵，他看到自己将性命不保，反而帮助姚弼诬陷姚宣将要谋反。姚兴听了，不禁勃然大怒，立即派人前往杏城，将姚宣带回长安，打入大牢，而又重新起用姚弼，命其率领三万军队镇守秦州（治所上邽，今甘肃省天水市）。太子一党、京兆尹尹昭劝说道：“广平公与皇太子有矛盾，如今，让他手握强兵，一旦陛下身体有恙，恐怕社稷有不测之危。小不忍，则会招致大乱，正是说陛下啊。”但姚兴拒绝接受。

也正是在这种情况下，赫连勃勃才发起了杏城战役，杏城主将姚宣刚刚下狱，群龙无首，杏城很快就陷落了。姚兴得知赫连勃勃进攻杏城，又命令西去的姚弼率军北上救援，姚弼的援军行至冠泉（今地不详），杏城就被夏军占领了。杏城，是后秦北部一个重要的据点，杏城失守，大夏又将自己的势力向南推进了一大步。于是，姚兴亲自率军进抵北地（今陕西省铜川市耀州区），姚弼驻军三树（今地不详），姚兴命令姚弼与辅国将军敛曼嵬率军进驻新平（今陕西省彬县），防御长安西北，姚兴又回到了长安。

果然，赫连勃勃在东线得手以后，又在数月以后，命令部将赫连建率军进攻西线的平凉（今甘肃省平凉市）、新平（今陕西省彬县）、贰县（今地不详，疑在杏城西北）。夏军率先进攻后秦最西部的平凉，生擒平凉太守姚周都（《晋书》记作姚兴都），并顺利占领了平凉。后秦姚恢赫连建在五井（今地不详）交战失利，夏军又攻下了新平。此时，夏军已经前突到关中平原，长安形势危急，姚弼闻讯，从上邽率军前往迎战，双方在龙尾堡（今陕西省岐山县东）展开了一场决战，姚弼大破夏军，生擒了赫连建。此时，虽然夏军已经前推到了杏城一线，但是，后方尚有不少民众固守一些孤立的据点，并未臣服夏国，驻守石堡（疑在今陕西省延安市北）的彭双方就是一例，在赫连建进攻后秦腹地前后，夏王赫连勃勃亲自率军进攻彭双方，而彭双方率众依靠险要，固守了将近一年，赫连勃勃硬是无法攻下，当听说赫连建失败的消息以后，赫连勃勃这才撤退。

龙尾堡大捷，让后秦帝国暂时转危为安，然而，天象却预示着问题并没有那么简单。就在龙尾堡大捷后不久，一道白色的霓虹横贯太阳，术士上报说：“国家将出现不祥之事，不过，灾难会很快自生自灭。”出现这一天象后，姚兴吃寒食散的药毒就发作了。

得知父亲生病，广平公姚弼也称病不朝，在自己的府邸埋伏了大量军队，以备非常。姚兴听到这一消息，不禁大怒，将姚弼一党侍御史唐盛、孙玄等人逮捕，全部诛杀。太子姚泓以退为进，对姚兴说："臣实在无能，不能与兄弟和睦，致使姚弼是非不断，愧对父皇。陛下如果认为留下臣，会让国家危难，那么，就杀了臣，不仅国家会安定，也是咱皇家之福啊。如果陛下念及骨肉之亲，不忍心诛杀臣下，请求您允许我辞去太子之位，做一名普通的王爷。"

这是姚泓在姚弼势力壮大，自己的力量受到打击的情况下，不得已对姚兴发动的一次心理进攻。果然，当姚兴听了太子的这一番表白以后，顿时对姚泓生出恻隐之心，立即命令召来重臣姚赞、梁喜、尹昭、敛曼嵬入宫，在咨议堂密谋逮捕姚弼。当时，东平公姚绍驻守在雍城（今陕西省凤翔县），姚兴派遣使者飞马向其通报情况。几天下来，依然没有决定，风声传出，姚弼一党都非常害怕，姚兴担心事久变生，不等姚绍的消息，即果断命人逮捕了姚弼，将他关押在宫中，并决定将姚弼一党一网打尽。姚泓哭着请求赦免他们，姚兴对梁喜说："姚泓天性平和，很少猜忌之心，肯定能够保全各位，爱护他的众兄弟们。"

于是，赦免了姚弼一党，后秦内部的第二次内讧又一次糊里糊涂地过去了。

灵台令张泉又上奏姚兴说："火星进入到东井星域，后又进入心星域。对王者不利，应当修身行仁。"

义熙十二年（公元 416 年）一月一日，姚兴在太极前殿接受群臣的朝贺，一向深通预测学的贺僧和尚却悲不自胜，痛哭失声，众人都莫名其妙。

不久，姚兴前往华阴，大约是去拜佛，留下太子姚泓入居西宫监国，可是，就在途中，姚兴病势转重，只好返回。

姚泓打算出城迎接，近臣劝说道："如今，陛下病重，奸臣就在身边，殿下出城，假如觐见不到陛下，退又回不到长安，那该如何是好！"姚泓听从了。

姚弼一党尹冲等人计划趁姚泓出城，将其诛杀，而尚书姚沙弥则主张："如果太子料到我们这一手，不出城迎驾，我们就强行将皇上带到广平公府邸，禁军得知皇上在广平公府邸，自当前来，谁还会替太子出力！"尹冲等人却没有听从，而是打算跟随姚兴进入宫中，趁机作乱，但是，等到进入宫中以后，又不清楚姚兴到底去世了没有，因此，一直不敢动手。

回城以后的姚兴任命姚泓为录尚书事，使姚绍、胡翼度掌握禁兵，以防不测，另外派遣将军敛曼嵬率军前往姚弼府邸，没收了姚弼府中的武器，送交武库。不久，姚兴的病就更重了，姚兴的妹妹南安长公主入宫探病，姚兴在床上已经不能言语。

这时，姚兴最小的儿子姚耕儿从宫中出来，向七哥姚愔（姚弼一党）说：“皇上已经驾崩，请迅速行动！”姚愔率领自己的手下进攻端门，殿中上将军敛曼嵬整顿军队迎战，右卫将军胡翼度率领禁军关闭了宫城的四门。姚愔等人命令壮士登上城门，攀爬屋顶，进入宫城，一直进到马道。当时，姚泓正在咨议堂侍奉父皇，赶紧命令敛曼嵬率领殿中兵驻守武库与叛军激战，太子右卫帅姚和都也率领东宫兵驻守在马道以南。叛军无法进入内廷，遂烧毁了端门。

得知叛乱的消息以后，姚兴拖着病体，勉强驾临太极前殿，将姚弼赐死。禁军见到皇帝还活着，个个欢呼喜悦，奋勇争先，而叛军则惊慌失措，顿时溃散。姚愔等人逃往骊山，同党吕隆（后凉后主）逃奔雍城，尹冲及其弟弟尹泓则逃到东晋。姚兴将东平公姚绍、姚赞、梁喜、尹昭、敛曼嵬皆到卧室，接受遗诏辅佐姚泓。

第二天，姚兴就去世了，终年五十一岁，在位二十二年，谥号为文桓皇帝，庙号高祖，葬在偶陵。

姚兴去世的当天，姚泓秘不发丧，命令将南阳公姚愔、建康公吕隆、大将军尹元等姚弼一党全部捕杀，这才正式登基继位，大赦，改元永和。姚泓还命令齐公姚恢捕杀吕隆的弟弟、安定太守吕超，姚恢犹豫了很久，才将吕超诛杀，姚泓怀疑姚恢有二心，姚恢也因此恐惧，暗中聚集力量，伺机作乱。

姚泓如愿以偿地登上了后秦皇帝的宝座，然而，等待他的却是更大的考验。

四〇九 摇摇欲坠

义熙十二年（公元416年）一月，埋葬了父亲姚兴以后，后秦皇帝姚泓即开始亲政，将全体朝臣均提升了一级，面对内忧外患的秦国局势，姚泓下诏征求百官对时政的意见和建议，并恳切地要求大家坦诚说出，不要有所顾忌。

然而，姚兴的去世，立即引发了后秦国内巨大的震动，周边国家也随之掀起了进攻的狂潮。

过去，姚兴曾将李闰（今陕西省大荔县）的三千家羌族部众西迁到安定（今甘肃省泾川县），不久，又将他们迁往新支（今地不详）。此时，头领党容率领部众发动叛乱，从新支逃回，姚泓命令抚军将军姚赞前往讨伐。党容投降，姚赞将数百户豪强迁往长安，其余部众又遣返回原籍李闰。

北地（今陕西省耀州区）太守毛雍也占据赵氏坞（今耀州区境）背叛姚泓，姚绍将其讨平。当时，姚宣镇守李闰，不知道毛雍已经被讨平，他派遣部将姚佛生等人率军前往长安勤王。姚佛生等人出发以后，姚宣的参军喜乱乐祸，建议姚宣说："主上新立，尚无威信，夏王强盛，一定会伺机进攻，我国的灾难不可预料。殿下为一方诸侯，对此要深思。邢望（今地不详）地势险要，统御四方，如果能占据此地，这是建立霸王之业的基础。"于是，姚宣擅自弃守防地李闰，率领三万八千户南下，驻守邢望。

姚宣离开李闰以后，李闰的羌族部众再次发动叛乱，占领李闰，姚绍率军将其讨平，姚宣前往姚绍军中谢罪，姚绍对姚宣擅离职守非常恼火，盛怒之下，将其诛杀。当初，姚泓得知姚宣驻守邢望，就派姚宣的部将姚佛生前往劝说，到达邢望以后，姚佛生反而赞成了姚宣的计划，此时，姚绍又斥责姚佛生，也将其斩首。

李闰的羌族发动叛乱，而并州、定阳、贰城数万匈奴人也背叛后秦，逃入平阳（今山西省临汾市），他们推举匈奴曹弘为大单于，进攻驻守在匈奴堡的后秦立义将军姚成都、征东将军姚懿率军从蒲坂北上，讨伐曹弘，双方在平阳展开激战，秦军大破叛军，生擒曹弘，将其送往长安，并将一万五千帐篷的豪强迁往雍州。这是姚兴去世后数月内后秦内部发生的一连串叛乱事件。

与此同时，西秦、大夏和仇池国也先后对后秦国境从各个方向展开了进攻。

义熙十二年（公元416年）四月，西秦乞伏炽磐率先对后秦发起了进攻。义熙十年，西秦乞伏炽磐消灭南凉秃发傉檀以后，兵强马壮，即于同年十月，抛弃了后秦加封其的河南王的称号，恢复了秦王称号，设置百官，并封妻子秃发氏为王后。西秦消灭南凉以后，势力延伸到原属南凉的广武郡（今甘肃省永登县），这直接与占领姑臧的北凉沮渠蒙逊发生了冲突。义熙十一年三月，当东晋刘裕在江津与司马休之激战前后，河西王沮渠蒙逊率军进攻西秦的广武郡，并一举将其占领，然后，北凉军队又从广武郡推进至湟河郡（今青海省海东市乐都区），进逼浩亹（今青海省海东市乐都区东）。乞伏炽磐命令部将乞伏魋尼寅率军抵挡，沮渠蒙逊临阵将其斩杀，西秦军队大败。乞伏炽磐再派王衡、折斐、麴景等人率领一万骑兵据守勒姐岭（今青海省海东市乐都区西南），沮渠蒙逊转斗而前，再次大破西秦军队，生擒折斐等七百余人，麴景逃回。沮渠蒙逊任命弟弟沮渠汉平为折冲将军、湟河太守，驻守在湟河，然后，率军退去。

北凉威逼到自己的家门口，乞伏炽磐当然不会善罢甘休，三个月以后，西秦王乞伏炽磐亲自率领三万人马偷袭湟河，沮渠汉平登城固守，并派司马隗仁趁夜领兵出击，斩杀了西秦数百人。乞伏炽磐眼看一时难以攻下湟河，打算撤退，已经下令让军中的老弱前行，而恰在此时，沮渠汉平长史焦昶、将军段景秘密与乞伏炽磐通信，愿做内应，于是，乞伏炽磐再次发起了进攻。沮渠汉平听信了焦昶、段景二人的话，自我捆绑着出城投降。沮渠汉平投降后，隗仁率领一百多名壮士，占据南门楼上继续抵抗了三天，终因寡不敌众被西秦活捉。乞伏炽磐非常恼火，打算将其诛杀，段晖劝说道："隗仁在危急关头，奋不顾身，是忠义之士，应当宽恕他。"乞伏炽磐将他带回，隗仁在西秦五年，段晖又请求将其放归，回到姑臧以后，沮渠蒙逊握着他的手说："你就是我的苏武啊！"任命他为高昌太守。乞伏炽磐攻克湟河以后，即以左卫将军乞伏匹逵为湟河太守，并趁势降服了乙弗部窟乾，掳掠了三千多户，任命尚书右仆射出连虔为都督岭北（洪池岭以北）诸军事、凉州刺史，以凉州刺史谦屯为镇军大将军、河州牧。不久，乞伏炽磐又派遣部将乞伏昙达、王松寿等人率领一万骑兵南讨南羌弥姐部和康薄部，在赤水（今甘肃省岷县境内）将其招降。

义熙十二年一月，就在后秦姚兴去世前后，西秦乞伏炽磐率军对后秦洮阳公彭利和驻守的漒川（今青海省东南部西倾山）发起了进攻。西秦军队推进至沓中（今甘肃省临潭县以西、青海省东南部），北凉沮渠蒙逊率众进攻石泉（今甘肃省临夏县），以缓解彭利和的压力。乞伏炽磐听说后方有警，率军撤退，命令乞伏昙达、出连虔率领五千骑兵前往救援。沮渠蒙逊听说西秦援军将要到来，即率军退去，并向西秦派出使者，请求和亲，于是，两国结束了敌对状态，相互通婚，实现了和解。

在解除了西方北凉的威胁以后，乞伏炽磐又将目光投向了四面楚歌的后秦，也就是在这个时候，后秦姚兴驾崩，姚泓继位，国内叛乱四起，义熙十二年四月，乞伏炽磐命令部将乞伏昙达、王松寿等率领一万骑兵东击后秦秦州刺史姚艾驻守的上邽（今甘肃省天水市）。乞伏昙达推进到蒲水（今地不详），姚艾率军迎战，西秦军大破后秦军队，姚艾狼狈逃回上邽。乞伏昙达进至大利（今地不详），攻破了后秦黄石、大羌两座堡垒，将五千余户后秦居民迁往枹罕。

西秦军队刚去，氐王杨盛的仇池军又来了。杨盛首先进攻后秦的祁山要塞（今甘肃省西和县东北），很快攻克了祁山，活捉后秦建节将军王总。然后，仇池军队一路北上，进逼上邽。后秦后将军姚平率军救援，杨盛闻讯，不敢恋战，不战而退，姚平与上邽守将姚嵩合兵一处南下追击。前不久，天水冀县石鼓无故而鸣，声闻数百里；秦州共发生了三十二次地震，众人都认为将发生不祥之事，等到姚嵩将要出战，大家都劝阻他，姚嵩说道："假设真有不祥之事，这也是命中注定的，哪能逃脱得了！"姚赞也统领陇西太守姚秦都、略阳太守王焕率领禁卫军一起投入追击。后秦军队在竹岭（上邽西南）追上了仇池军，讵知杨盛突然杀了个回马枪，大败秦军，姚嵩、姚秦都、王焕全部战死。

与此同时，夏王赫连勃勃听说秦军南下追击仇池军的消息，当即亲率四万骑兵，乘虚对上邽发起了突然袭击。夏军尚未抵达上邽，姚嵩就战败被杀了，上邽城内守军更为薄弱，夏军进攻上邽二十天后，终于攻克了后秦陇上这一军事要地，活捉后秦秦州刺史姚平都及五千后秦将士，姚军都厉声痛骂赫连勃勃残忍之罪，赫连勃勃大怒，将其斩杀，并将五千后秦将士全部活埋，将上邽城拆毁。接着，他转兵进攻阴密（今甘肃省灵台县境），又斩杀了后秦守将姚良子及一万余名后秦将士。赫连勃勃任命儿子赫连昌为使持节、前将军、雍州刺史，镇守阴密。面对夏军的巨大压力，驻守安定（今甘肃省泾川县）的姚恢弃城而逃，率领五千户民众逃奔新平（今陕西省彬县），安定人胡俨、华韬等率众阻止姚恢入城，姚恢单人匹马逃回长安，后秦立节将军弥姐成、建武将军裴岐被胡俨等人所杀，胡俨、华韬率领五万安定民众，投降了赫连勃勃。赫连勃勃以胡俨为侍中，华韬为尚书，给镇东将军羊苟儿五千鲜卑士兵，镇守安定。

相继拔掉了后秦西北部的数个重镇以后，赫连勃勃继续深入后秦帝国腹地，他率军进攻后秦守将、姚泓六弟姚谌驻守的雍城（今陕西省凤翔县），姚谌也是望风而逃，奔回长安，岭北各族民众纷纷躲避兵灾，逃进五将山。赫连勃勃长驱直入，率军一直推进到郿城（今陕西省眉县），姚泓命令东平公姚绍、征虏将军尹昭、镇军将军姚洽等人率领五万秦军前来抵抗，姚恢另外率领一万精锐骑兵跟随其后。秦军驻扎在横水（今陕西省凤翔县东），赫连勃勃率领夏军向安定方向退却，企图在安定休整一下。可是，胡俨却关闭城门，拒绝夏军入城，并率众诛杀了夏军镇东将军羊苟儿和城内五千鲜卑士兵，再次以安定投降了后秦。赫连勃勃向西北退去以后，姚绍即率领秦军一直跟随在夏军身后，双方在马鞍坂（今甘肃省平凉市境内）展开了一场战斗。此时，夏军已经十分疲惫，被秦军击败，姚绍率众一直追到朝那（今甘肃省灵台县西北），没有追上败退的夏军，只好撤回，而赫连勃勃则又回到了杏城（今陕西省黄陵县）。

在赫连勃勃的夏军与秦军激战的同时，取得竹岭胜利的杨盛又卷土重来。他派遣侄儿杨倦率军进攻长蛇（即长蛇水，在今甘肃省陇西县境内），并一直深入到后秦腹地陈仓（今陕西省宝鸡市），姚泓命令辅国将军敛曼嵬、前将军姚光儿前往迎战，将杨倦所部击退，杨倦逃奔散关（今陕西省宝鸡市西南）；在氐族军队的影响下，平阳氐苟渴也趁机聚众一千占据五丈原，发动叛乱，后秦镇远将军姚万、恢武将军姚难率军讨伐，反被苟渴所败，姚谌再次前往讨伐，这才将其活捉。

回到杏城的赫连勃勃也不甘心失败，他派遣侄儿提南率军再次南下，进攻池阳（今陕西省泾阳县），后秦车骑将军姚裕、前将军彭白狼、建义将军蛇玄将其击退。

就在这时，赫连勃勃听到了东晋刘裕即将伐秦的消息，他笑着对群臣说道：“刘裕伐秦，水陆并进，并且，刘裕此人有雄才大略，姚泓岂是对手！根据我以往的经验，刘裕伐秦肯定能够成功。况且，后秦内部内讧不断，岂能抵御刘裕？刘裕攻克长安以后，会一心打算南返，只会留下部将、子弟镇守关中。等到刘裕回去以后，我夺取长安，就像从地上捡拾草根一般容易，不用再劳动我的士兵们了。”夏国秣马厉兵，休养士卒，暂时停止了对后秦的进攻，很快，赫连勃勃又占领了安定，后秦岭北各个堡垒、郡县全部投降了夏国。

此时的后秦早已四面楚歌，长安北部、西北、西部地区的军事要地全部被仇池、夏国占领，长安几乎可以被看作一座孤城，只等刘裕大军轻轻一推，后秦帝国的大厦就会轰然倒塌了！

四一〇　刘裕灭秦（一）

东晋刘裕就是在这种情况下决心讨伐后秦的。

义熙十一年（公元415年）四月，刘裕讨灭了司马休之，同月，晋安帝司马德宗即下诏重申先前的任命：加封刘裕为太傅、扬州牧，拥有佩带宝剑上殿、入朝不用小跑、拜谒皇上不必称自己名讳的特权。另外，授予刘裕前部鼓吹、羽葆，设置左右长史、司马、从事中郎共计四人。加封刘裕第三子刘义隆为北彭城县公，任命中军将军刘道怜为都督荆州、湘州、益州、秦州、宁州、梁州、雍州七州诸军事；骠骑将军；开府仪同三司；荆州刺史；领护南蛮校尉，持节、常侍如故。这是自义熙八年四月刘裕幼弟刘道规去世以后，荆州地区在时隔整整三年、历经刘毅和司马休之两任刺史后，又重新回到了刘裕的手中。

然而，刘道怜与弟弟刘道规的资质不啻天壤之别，刘道规英武绝伦，而刘道怜却庸碌低能，刘裕也是心知肚明，于是，他任命陈郡谢氏的谢方明担任他的长史兼南郡相，命令弟弟刘道怜荆州所有事物全得咨询谢方明后，再做决断。

谢方明，字景宋，是谢安幼弟谢铁的孙子，从辈分上讲，他是谢裕的堂弟，是谢灵运和谢晦的堂叔。陈郡谢氏在孙恩之乱中遭到了沉重的打击，尤其是谢方明一家更是如此，当时，谢方明正随着担任吴兴太守的伯父谢邈在吴兴，谢方明劝说谢邈躲避，但谢邈不从，结果被杀；谢方明的父亲谢翀，在会稽家中闲居，也在这次大乱中被杀，可以说，谢方明与孙恩乱军有着血海深仇，而刘牢之和刘裕又是孙恩的死对头，因此，谢方明对于刘裕有着天然的好感，后来，他经由堂兄、刘裕的亲家谢裕的推荐，被刘裕任命为中军将军主簿，谢方明对刘裕忠心耿耿，刘裕曾说："我对你很惭愧没有瓜衍之赏（指重赏），就将我豫章国的国禄与你平分吧。"刘穆之权倾一时，东晋群臣莫不主动与之结识，唯有谢混、谢方明、郗僧施和蔡廓四人不认识他。蔡廓的曾祖，就是那位嘲讽王导加九锡的蔡谟，蔡廓与他的曾祖蔡谟一样都非常强直。刘穆之对这四人十分恼火，后来，谢方明、蔡廓先后前往拜见刘穆之，刘穆之大喜过望，对刘裕说："这个谢方明不愧为名门的千里马，仅凭这一点就足以成为朝廷重臣，无须再说是否有能力。"

在谢方明的悉心辅佐下，刘道怜在荆州任上还差强人意。

一年的年终，谢方明下令将江陵狱中的所有囚犯都放归家中过新年，约定正月初三再回来。当时狱中有二十多名重刑犯，众人都非常担心，劝说道："古籍上虽然曾经记载过此类事情，但很有可能是夸大其词，不可食古不化。"但谢方明不从。囚犯们回到家中，父母兄弟都是喜极而泣，新年过后，罪犯们除了两人以外，其他的全都按时自觉回到狱中，未按时归来的这两个人，一个是因为醉酒晚了两天，另外一人迟疑不归，十几天后，乡亲们纷纷对其斥责，并将他送回狱中。

义熙十一年（公元415年）八月十三日，东晋太尉刘裕回到了建康，交回了黄钺，坚决推辞了太傅、扬州牧一职，只接受了拥有佩带宝剑上殿、入朝不用小跑、拜谒皇上不必称自己名讳的特权，并以世子刘义符为兖州刺史。同月，刘裕的亲家、尚书左仆射谢裕病死，被追赠为金紫光禄大夫，加散骑常侍，下葬之日，刘裕亲临痛哭，他给弟弟刘道怜写信说："景仁去世，悲痛难忍，你惊闻噩耗，也会无法相信。他气量宏大，我正要与他一起平定天下，如今他离开我们了，我既悲痛又惋惜，该如何是好，如何是好啊！"谢裕死后，刘裕即任命刘穆之为尚书左仆射。

义熙十二年（公元416年）一月，东晋朝廷又加刘裕为平北将军、兖州刺史，都督南秦州，至此，刘裕一共都督二十二州诸军事，据胡三省注称，这二十二州分别是：徐州、南徐州、豫州、南豫州、兖州、南兖州、青州、冀州、幽州、并州、司州、荆州、湘州、江州、雍州、梁州、益州、宁州、交州、广州、南秦州、郢州。刘裕认为，平北将军府文武佐吏较少，不宜单独设置，就将平北将军府的文武合并到大府。此月，秦主姚兴命令鲁宗之率军骚扰东晋襄阳，途中，鲁宗之病死，其子鲁轨带兵继续南下，被东晋雍州刺史赵伦之击退。此时，距离刘裕消灭司马休之已经过去半年有余，司马氏残余势力还不时侵扰东晋边境，而司马休之等人的幕后支持者就是后秦帝国，这让刘裕十分恼火。六年前，当刘裕刚刚灭掉南燕的时候，他就打算趁势西出洛阳，收复旧都，建立更大的功业，然而，由于卢循兵临京师，致使他只好回师，数年过去了，东晋朝廷内部事变频仍，到目前，刘裕已经消灭了内部几乎所有的异己势力，他可以放心大胆地实施北伐了。

概括起来，刘裕北伐的有利条件很多，大致有以下几点：一是刘裕已经完全控制了内部；二是后秦已经四面楚歌；三是东晋已经控制青州多年，可以以此为战役发起地，给部队提供后勤补给。而刘裕实施北伐的理由大致如下。

一是建立更大功业、为实施篡位打牢基础。这当属刘裕这次北伐的一个核心目的，东晋偏安以来，权臣们实施了数次北伐，但其目的大多与提高个人威望相联系，将北伐的胜利作为自己攫取更大权力的砝码，这次刘裕也不例外。虽然目前刘裕已经剪除了东晋内部的各个异己势力，但是，建立这种“功业”更多的是带着满足个人私欲的色彩，多多少少欠缺了那么一点正义性，而消灭异族国家、恢复中原则更多地能够得到广大基层民众的拥护，为下一步的篡位做好铺垫。

二是伐秦的条件已经成熟。国内，刘裕已经消灭了大部分的异己势力，放眼望去，东晋朝堂之上几乎全部是自己一党，国外，北魏帝国连年旱灾，遍地饿殍，各地叛乱不断，尤其是在义熙十一年三月，在北魏并州的上党地区又爆发了河西饥饿的胡人叛乱，他们推举胡人白亚栗斯为单于，改元建平，以司马顺宰为谋主，四处出击，侵扰北魏的河内郡，四月，明元帝拓跋嗣命令公孙表等五位将领率军前去讨伐，并叮嘱如果进击，要事先与后秦的洛阳守将通报，以便秦军防备黄河南岸，不久，胡人又废黜白亚栗斯，另立刘虎为率善王，公孙表等人以为胡人内部发生矛盾，擅自出军进击，部伍不整，遭到惨败。在刘裕决定北伐之前，北魏上党胡人的叛乱已经持续了一年之久，北魏明元帝正为此事焦头烂额，无暇与晋军争锋，这是北魏的局势；后秦的局势更是岌岌可危，截至刘裕北伐之前，后秦帝国关中地区的疆域已经仅剩长安附近的几个重镇，虽然关东地区因为秦魏和亲，并与东晋没有发生较大规模的战争，疆域尚没有缩水，但是，中原地区饱经战乱，人烟稀少，后秦军队实力并不强，也都是龟缩于若干个军事要点，便于被各个击破。

三是必须尽快解决以司马休之为首的东晋流亡皇族。流亡的司马氏皇族虽然难于有大的作为，却是与刘裕争夺人心的一面旗帜，这些人都与刘裕有着深仇大恨，对于刘裕篡位的威胁也不容小觑。除此而外，借出师之机，大肆提拔亲信，诛灭司马氏皇族成员，也是刘裕此次北伐中需要做的事。

当刘裕与群臣商议北伐事宜的时候，东晋群臣大多揣摩不透刘裕的心思，纷纷劝谏，只有徐羡之缄默不语，有人问徐羡之何以不劝阻，徐羡之回答：“我的官位已经到了二品，官职也高居二千石，对此我已经心满意足了。如今益州、南燕业已被我朝平定，国家开拓了上万里的国土，只有后秦尚未被消灭，而大人却废寝忘食，念念不忘。大人的心思非同寻常，我等岂可轻率介入！”

刘裕没有听从群臣的建议，其实，他早已内断于心，咨询群臣也不过是个形式而已。早在去年年初刘裕平定司马休之以后，就已经为下一步对后秦的讨伐做准备了，一个重要的信号就是：在讨平司马休之以后，刘裕即免去了益州刺史朱龄石的职务，将其召回自己的身边，任命为太尉咨议参军，加冠军将军，而以朱龄石的司马沈叔任接任益州刺史。刘裕此举就是为自己北伐做的一个准备，其主旨是：将背景复杂的朱龄石调回朝廷，而以名望较低的沈叔任担任益州刺史，以免在晋军实施北伐的时候益州发生动乱。除此之外，在北伐前夕，刘裕还进行了一系列令人眼花缭乱的安排，目的就是在北伐军北上以后，确保后方的稳定。

一是命令司马氏皇族人员随军北上。刘裕指示司马德文上书皇帝，“主动”请缨，要求随军，拜谒洛阳皇陵，晋安帝当然同意了；与司马德文一样，其他让刘裕不放心的司马氏皇族子弟，也都被刘裕以各种名目罗致到太尉府中，一起随军北上。见诸史料的有太常、梁王司马珍之，吴兴太守司马珣之，司马珍之和司马珣之都是司马氏皇室中的翘楚，深为刘裕所猜忌，北伐前夕，刘裕将两人都招聘为咨议参军。不久以后，就随便找了个借口，诛杀了二人。

二是妥善安排后方。带走了司马皇室子弟，建康城内的傻瓜晋安帝司马德宗当然难以兴风作浪，然而，后方的安全依然不能掉以轻心。刘裕进行了一系列的人事安排：留下世子刘义符为中军将军，全权负责太尉府的工作；将刘穆之提拔为尚书左仆射，具体负责后方的军政事务，甲仗五十人入殿，入居东城，刘裕还给刘穆之的前将军府留下了两万人马，史称：“穆之内总朝政，外供军旅，决断如流，事无拥滞。宾客辐辏，求诉百端，内外咨禀，盈阶满室，目览词讼，手答笺书，耳行听受，口并酬应，不相参涉，皆悉赡举。又数客昵宾，言谈赏笑，引日亘时，未尝倦苦。裁有闲暇，自手写书，寻览篇章，校定坟籍”；曾经在刘毅与刘裕对决中坚决站在刘裕一边的张邵，听说北伐的消息，请求拜见刘裕，他见到刘裕以后问道：“世事无常，凡事应当深谋远虑。假如刘穆之在后方有个三长两短的，谁能代替他？大人已经建立了此等家业，一旦出现闪失，将如何是好？”

刘裕回答：“这事就托付给刘穆之和你了。”

也就是说，让张邵作为刘穆之的副手。其实，刘穆之还有一个副手，那就是徐羡之，刘裕给予徐羡之的官职是太尉左司马，主要掌管太尉留府的军事事务。留守的将领们主要有：任命北中郎将、姨家表弟刘怀慎为中领军、征虏将军，负责保卫皇帝；留下亲信将领蒯恩负责侍卫世子刘义符，史称，（蒯恩）“恩益自谦损，与人语常呼官位，而自称为鄙人。抚待士卒，甚有纪纲，众咸亲附之。”加封被召回的益州刺史朱龄石为左将军，配给部队，命令其负责政府的安全，刘穆之对其非常信任。另外，又将刘钟留下负责整个京师及其近郊的安全，增加了他的兵力，还允许他开府配备属官，同时，刘裕还不忘进一步拉拢刘钟，荆州刺史刘道怜给哥哥刘裕贡献三匹宝马，还配备有精美绝伦的乘具，刘裕将其全部赏赐给了刘钟的三个儿子。刘裕走后，还需要装点朝廷门面的人，于是，他还任命袁湛兼任太尉，尚书范泰兼任司空。

袁湛的祖父就是那位与桓温交好、善于赌博的袁耽，陈郡袁氏与同郡谢氏存在多重姻亲关系，袁湛的母亲就是谢安的侄女，而袁湛的妻子又是谢玄的女儿，因此，袁湛也是谢灵运的姑父。而范泰的祖父就是范汪，父亲则是范宁，范氏家族与庾氏、太原王氏都有着姻亲关系，范汪的舅家就是庾氏，而太原王国宝兄弟又是范宁的外甥，因此，范泰与王国宝兄弟是表兄弟关系，同时，范泰还有一个大名鼎鼎的儿子，那就是后来在刘宋王朝撰写了《后汉书》的著名史学家范晔。刘裕选择这两个人装点门面，主要是他们家族一则都是书香门第；二则与东晋各个门阀士族都有着千丝万缕的关系；三则都没有实权，不用担心他们会反叛。

三是提前部署屯田，为北伐做好准备。据《宋书·毛修之传》记载，在刘裕北伐之前，就提前命令毛修之到芍陂，开垦了数千亩良田。

此外，刘裕还下书称：“我率先举义，兴复王室，建立大功，外平南燕，内灭奸凶，这都是国人齐心协力所致。如今，将讨伐后秦，弱子又留给众人辅佐，就拜托大家了。这些年来，军务繁多，刑罚不断，让我又增叹息。故此，下令判处五年以下有期徒刑的罪犯，全部予以赦免；文武官员任满未曾晋升的，按照规定一律予以提拔。”

四一一　刘裕灭秦（二）

一切准备就绪，就等大军出发了，然而，整个军事行动又将如何展开呢？

一次重大的军事行动要想取得预期的效果，除了选择战役的发起时期、挑选能征惯战的将士、安排好部队的后勤等等以外，选择具体的进军方向、打击重点、攻击节奏、兵力协同等等，也都对胜利起到很大的作用。东晋实施的数次北伐，主要从三个方向展开，一个是从荆州北上，另一个是从淮泗北上，进入黄河，第三个是从淮河向西北攻击前进，进入河南的东南部，夺占许昌、项城、开封等地。桓温北伐前秦就是从荆州入武关，进入关中；他北伐前燕则是从淮泗北上，进入黄河；而祖逖北伐则大致走的是第三条进军路线。

就打击后秦来说，最捷径的路线当属从荆州北上，入南阳盆地，直接西进，穿越武关，进入关中腹地。走这条路线的好处就在于：距离最短，效率最高。但是，不利方面也是显而易见的，那就是：道路崎岖，部队补给困难，当初桓温北伐的时候，就是考虑到关中百姓会拿出自己的粮食接济晋军，然而，前秦政府却采取了坚壁清野的战术，致使桓温屯军灞上，始终不敢越灞水一步，并终因粮尽而败退。当时的桓温比如今的刘裕还有一个优势，那就是，在桓温北伐的时候，河南全境也已被东晋占领，一方面，从武关进军以后，晋军不用担心侧翼和后方的安全；另一方面，洛阳以及周边地区多少还能够给晋军一些接济。而如今的局势则是整个中原大部地区尚在后秦手中，一旦决策以主力大军从武关北上，后方和侧翼的安全无法得到保证，除此以外，对刘裕而言，以荆州地区为战役出发点，还有着现实的困难，那就是，刘裕把司马休之从荆州地区赶走还不足一年，而司马休之在荆江地区深得民心，刘裕在荆州地区的影响力与当年在荆州盘踞多年的桓温，是无法同日而语的。一旦大军来到荆州，势必增加荆州地区百姓的负担，可能会引发新的骚动，况且，正如刘裕刚刚平定荆州下书说的那样，“此州积弊，事故相仍，民疲田芜，杼轴空匮。加以旧章乖昧，事役频苦，童耄夺养，老稚服戎，空户从役，或越绋应召”云云，生动地描述了当时荆州地区人民悲惨的生活现状。因此，刘裕还需要想出其他的出路。

放眼望去，后秦帝国在中原的重要据点大致有以下几个。

一是许昌。许昌东南距离项城，西北距离洛阳均二百余里，属颍川郡。据《读史方舆纪要》称，如果说河南是天下之中，那么，许昌就是河南之中，这里不仅是进攻洛阳的必经之路，而且，是北伐军的辎重中转站，地理位置十分重要。

二是滑台。今河南省滑县，这里是黄河的重要渡口，在此驻军可以监视魏军，又可以保护大军水路的畅通。

三是商丘。它是联络淮河流域与黄河流域的节点。

四是仓垣。在今天河南省开封市西北，为古汴河尽头的重镇。

五是荥阳、汜水关、阳城。均为屏护洛阳东面的重镇。

六是洛阳和洛阳以西的渑池及潼关，这是进入关中的门户。

七是武关，这是关中平原向东南发展的缺口，又是东南势力进入关中的奇陉。

否定了主力从左路荆州地区北上的可能性以后，刘裕就面临两种选择，那就是：是以主力采取中央突破的战法，从寿春斜刺里杀出，直取许昌、洛阳（即祖逖路线），还是以主力沿淮泗北上，从青州入黄河，再西进（即桓温伐燕路线）呢？如果采取祖逖路线，运送大军物资的部队仍将从淮泗入黄河，因为不论是从汴河或者是从陆路运送粮草，都无法满足大部队的需要，这样一来，辎重部队极易受到魏军的攻击；因为，此时的滑台等地仍然还在北魏之手，北魏态度暧昧，只有对其保持威压，才能有效地避免双方不必要的冲突，所以，大军只能沿着桓温伐燕的路线北上！

确定了大军的行军路线以后，在具体分配战斗任务上，显示出了刘裕的独具匠心。刘裕计划主力大军自淮河泗水北上，开巨野泽，入黄河，再沿黄河一路西上；在此之前，以王懿、檀道济、王镇恶等将各自率军从淮河流域，分道北上对后秦中原地区发起全面进攻，夺占后秦中原许昌、仓垣等重要据点，一方面保护大军侧翼安全；另一方面为大军开路。前锋部队的最终打击目标是洛阳，在占领洛阳以后，等待主力军队的到来；另以荆州部队北上南阳，一部入武关作为一支奇兵，另一部转兵东北，与自淮河而来的晋军协同，攻陷许昌。在以攻陷洛阳为目标的战役第一阶段，刘裕则驻军彭城（今江苏省徐州市），起到承上启下，既声援前锋部队的战斗，又监视魏军的举动，还能起到震慑国内的作用。

在一切准备就绪后，义熙十二年（公元416年）八月十二日，刘裕大军开始从建康出发，踏上了声势浩大的北伐征程。首先，他命令龙骧将军王镇恶、冠军将军檀道济率领步兵从淮河、泗水方向向西北攻击前进，目标直指许昌和洛阳，扫清豫东地区后秦的各个据点，王镇恶和檀道济两人分配的具体任务是：王镇恶所部从淝水北上，进攻商丘，向荥阳前进；檀道济所部则是从颍水向西北进发，进攻项城，朝许昌挺进。然后，两部在洛阳城下会师，合围洛阳。为了配合王檀两支前锋部队的战斗，刘裕还下令荆州序列的新野太守朱超石、宁朔将军胡藩从荆州地区北上朝阳城（今河南省登封市西南），作为进攻中原的这支前锋部队的一支奇兵，这三支部队相互协同，形成三只铁拳，朝后秦的中原地区砸来。

与这三支部队一同出发的还有两支部队：一是刘裕还任命王懿（王仲德）为前锋都督，进号征虏将军，加冀州刺史，由其负责各路前锋部队的协同。王懿率领龙骧将军朱牧、宁远将军竺灵秀、严纲等人沿着大军即将前行的行动路线，从泗水北上，开挖巨野泽，将淮河流域与黄河流域连接在一起，便于大军通过，然后，择机沿黄河西上，为大军行动创造条件。二是从荆州军队战斗序列中另外划出一支部队，由振武将军沈田子、建威将军傅弘之率领三千人马，入武关，进入关中平原，作为整个大军进攻关中的一支奇兵，以牵制秦军。从刘裕的部署上看，不仅进攻中原的三支部队之间相互呼应，而且，他们又与王懿的部队相互呼应，安排极为缜密。这里有一个问题，那就是，新野太守朱超石、宁朔将军胡藩所部的进攻路线，此处据《资治通鉴》，但据《宋书》的记载，这支部队是朝畔城方向进攻而来。畔城，据魏收的《地形志》记载，在平原郡的聊城县，另外，从《宋书》两人的传记中可以看出，两人所率领的这支军队作战地域似也在黄河沿岸，假如《资治通鉴》记载有误的话，那么，这支军队是协同王懿部队一起从青州北上，而不是从荆州出发的。

其次，为了左右分别支援檀道济、王镇恶的徐洛军和王懿军，刘裕又命令建武将军沈林子、彭城内史刘遵考（刘裕族弟）从彭城出发，沿着汴水而上，过仓垣，进攻石门（今河南省荥阳市北），由此进入黄河。

最后，刘裕自率大军北上，暂驻彭城。其实，除了上述进攻部队以外，根据《晋书·姚兴载记》的记载，还有两支从汉中北上的晋军：姚珍从子午谷北上，窦霸从洛谷攻击前进，每支部队都有数千人。后秦皇帝姚泓命令姚万抵御窦霸，姚彊抵御姚珍。由于晋军的这两支奇兵史书没有下文，因此，一直没有引起史家的注意。

刘裕的上述部署，可谓十分周密，仔细研读刘裕的部署，大约是他在此次伐秦之战中，还有一个不得不考虑的重要因素，那就是北魏的态度。毕竟，北魏与后秦如今已经结亲，北魏的态度不明，假如大军贸然前进，一旦遭到来自黄河北岸魏军的打击，战斗极有可能演变成魏晋之战。因此，刘裕在部署的五支前锋部队中，就有王懿、沈林子、王镇恶等三支部队，沿着黄河南岸攻击前进，同时，刘裕任命最外围的王懿作为各路前锋部队的总指挥，也是在北魏发动攻击后，王懿能够迅速调动其他部队向其靠拢，进行抵御，并且，刘裕大军驻屯在彭城不急于进攻，目的就是等到王懿假道成功以后，再决定下一步会师洛阳。同时，刘裕命令各路大军在推进到洛阳以后，停止继续西进，其本意也在于，摸清北魏的真实意思以后，再做决定。

整个北伐军的总人数不详，在这数支部队中，仅有沈田子和傅弘之所部和胡藩、朱超石所部，史料明确记载分别为三千人和五千人，其他部队人数均缺载，但后人根据战役的进展情况推测，刘裕的数支前锋部队总人数当在三万到五万，而刘裕的主力大军人数当在十万左右，因此，整个北伐军人数不下十五万之众。

声势浩大的北伐军就这样出发了，将士们各个意气风发，斗志昂扬。临行之际，前将军刘穆之在积弩堂给王镇恶壮行，他对王镇恶说："主公哀怜中原的遗民，立志要荡平反贼。过去，晋文王司马昭将伐蜀重任交给了邓艾，今天，主公是把收复关中的重任交给了你，祝愿你能够努力，建此大功，不要辜负了主公的信任。"

王镇恶扬声说道："我王镇恶不攻克咸阳，发誓决不再渡过长江回来！"

那么，晋军下一步还将遇到何等惨烈的战斗呢？

四一二　刘裕灭秦（三）

义熙十二年（公元 416 年）九月，刘裕抵达彭城，加领徐州刺史，在这里，他接见了住在当地的王玄谟。王玄谟，字彦德，祖籍太原，为太原王氏的一支，祖父王牢任后燕上谷太守，后燕灭亡后，随慕容德居住青州。刘裕与王玄谟交谈以后，即啧啧称奇，立即任命其为从事史。

进入后秦国境的各路晋军均进展顺利。

冠军将军檀道济、龙骧将军王镇恶这两支部队担任从中路直捣许昌、洛阳的任务，他们夺占颖口（今安徽省颍上县东南）以后，进入后秦国境，后秦漆丘（今河南省商丘市东北）守将王苟生以漆丘投降王镇恶，徐州刺史姚掌以项城（今河南省项城市东北）投降檀道济，于是，晋军所到之处，后秦守军均望风投降，只有新蔡（今河南省新蔡县）太守董遵固守不降，檀道济率军将新蔡攻破，把董遵活捉到大营门前，董遵厉声说道："古之王者讨伐敌国，礼遇士人。你却为何率领不义之师，又对士人无礼呢！"檀道济大怒，将其诛杀。于是，晋军乘胜向西北挺进，又一举攻克了许昌、邵陵（今河南省漯河市郾城区东），活捉后秦颍川太守姚坦及其大将杨业。

与檀道济、王镇恶之军沿汴河平行推进的晋军建武将军沈林子、彭城内史刘遵考所部，也一路朝仓垣（今河南省开封市境内）杀来，襄邑（今河南省睢县）人董神虎聚集了一千多名义从，投降了晋军，刘裕将其任命为参军，于是，晋军与董神虎的部队一起进攻仓垣，将其攻克，后秦兖州刺史韦华归降。战后，董神虎擅自脱离晋军，回到襄邑，被沈林子诛杀。

至此，在短短的不足一月的时间里，晋军进展神速，中路晋军已经进入后秦中原腹地，准备向洛阳进发；同属中路的另外一支军队也扫清了豫东北地区，饮马黄河了。当听到晋军大举进攻的消息后，后秦东平公姚绍回到了长安。三个月以前，后秦军队刚刚与赫连勃勃的夏军在上邽、阴密、安定、雍城等地激战，与杨盛的仇池军在陈仓等地搏杀，与平阳的数万并州饥胡鏖战，还没等秦军稍微喘口气，晋军又铺天盖地地杀来了。

东平公姚绍听说晋军大举进攻，他回到长安，面见后秦主姚泓，他说："晋军已经推进到许昌以西，豫州与安定距离遥远，难以救援，应该将安定周边的部众都迁往京师，可选拔十万精兵，即使大夏和东晋一起发动进攻，也不足深忧。如果不如此，晋军进攻豫州，而赫连勃勃入寇安定，那该如何是好！机不可失，请从速决断！"

然而，尚书梁喜却提出不同意见，他说："镇守安定的齐公姚恢，雄武有威名，素来被岭北各族所忌惮，而镇守此地的部众也都与夏军结下了血海深仇，理应誓死固守，安定不下，赫连勃勃终归难以越过，深入国境进攻长安。假设丢掉了安定，夏军将会很轻易地兵临雍城和郿县城下。如今，关中部队足够抵御秦军，岂能尚无危险，就自我削弱呢？"

安定，是扼守岭北高地向长安的门户，梁喜的话也不无道理，于是，姚泓采纳了。虽然他注意到了安定的至关重要性，却忽略了安定守将姚恢的问题。

这时，吏部郎懿横偷偷劝说姚泓道："齐王曾有功于陛下，但自从陛下登基以来，却没有对其加以赏赐，安抚其心。在外将他置之死地，在内朝政又不容其置喙。安定密迩敌寇，十分之九的居民都想要内迁，假设齐王率领四万精兵，趁机兵临京师，该如何是好？倒不如将其征召回京师，以安慰其心。"

姚泓却说："如果姚恢心怀奸计，将其征召回来，恰恰会加速灾祸的到来。"因此，拒绝采纳。

在中路王镇恶、檀道济和沈林子、刘遵考之军顺利攻陷许昌、石门一线的同时，从彭城沿着王懿率领的水军也自挖开了巨野泽的水道，进入了黄河，他们沿着黄河西上，攻下了北魏黄河以南的控制区东郡凉城（今河南省滑县东北）。此时，沈林子在石门的晋军不仅起到协同许昌晋军的目的，还起到了配合沿黄河西进的王懿晋军的目的，如果北魏驻军一旦敢于与晋军开战，阻挠晋军西上的话，沈林子之军极有可能挥师东下，与王懿之军合击黄河南岸的魏军，打开通往洛阳的水路。北魏驻守在黄河以南的部队甚少，其兖州刺史尉建看到晋军大举前来，不禁胆战心惊，弃守滑台（今河南省滑县），率众退回黄河北岸，驻守黄河北岸的黎阳，晋军不战进入滑台。王懿的晋军占领滑台以后，王懿担心会引起与魏方不必要的冲突，于是，他对外宣称："东晋政府本打算用七万匹布帛，来换取从魏国这里借道，我们也没有想到魏将会弃城而去。"

魏明元帝拓跋嗣听说以后，即下诏命令刚刚击破并州饥胡刘虎的叔孙建、公孙表等将从河内东进驰援。

并州饥胡的叛乱已经持续了一年有余，公孙表曾为胡人所败，也就在今年的八月，拓跋嗣问计于群臣："胡人叛乱年余，人数不少，公孙表等人已经难以平定，如果不早早将其平定，将为害更深。然而，如今进入秋收季节，又不能因此小贼而兴师动众，耽误农事。该如何应对？"

崔宏回答："公孙表等人率领的围剿部队，人数不是不够，而是调动不力，致使王师暂时失利。胡人虽然人数不少，但缺乏能征惯战的猛将，正所谓是'千奴共一胆'啊。应当派遣素来为胡人信服的猛将，率领数百骑兵去统领公孙表等人的部队，胡人必然会闻风丧胆。寿光侯叔孙建过去一直在并州为官，号称猛将，胡人敬服，诸将莫及。"

叔孙建的父亲叔孙骨，是拓跋什翼犍母亲王氏的养子，论起辈分，还是拓跋嗣父亲拓跋珪的祖父辈，在拓跋珪时代曾做过并州刺史，在拓跋珪末年被免职，于是，拓跋嗣听从了崔宏的建议，恢复了叔孙建原来的安平公爵位，升为中领军，派其前往并州都督公孙表等军讨伐叛胡。

九月，也就是在刘裕抵达彭城，晋军各路大军朝后秦发起攻势之时，叔孙建率领魏军大破刘虎，斩首一万多级，残余叛胡四散奔走，投沁水而死的，不计其数，河水为之不流，刘虎、司马顺宰均被斩杀，魏军俘虏了十余万人，平定了这次规模很大的胡人叛乱。

刚刚平定胡人叛乱的叔孙建、公孙表等人即接到了拓跋嗣的命令，从河内郡（今河南省沁阳市）马不停蹄向东而来，驻军枋头（今河南省浚县西南八十里淇门渡），以观察晋军下一步的动向。

由于北魏的态度不明，刘裕没有马上命令王懿这支军队继续西上，而是让其率军在滑台停留了下来。一个多月以后，拓跋嗣又下诏命令叔孙建等人率领魏军从枋头渡过了黄河，展示魏军的军威。魏军一直推进到滑台城下，将兖州刺史于城下斩首，然后，将尸体扔进了黄河，并派人质问王懿的士兵们为何侵入魏国国境。

王懿派遣司马竺和之前去交涉，叔孙建则派遣公孙表对话。

竺和之奉命回话："我征虏将军王懿受太尉刘裕派遣，率军进入黄河西上，目的是攻占洛阳，扫清盘踞在我先帝陵墓之地的后秦匪盗，并不敢侵犯魏国。太尉已经亲自派出使者请求北魏皇帝，恳请借道。而魏国兖州刺史却不明就里，望风遁逃，晋军因而得以进入空城，不是强行攻占或者以攻占为威胁得手的。魏晋两国的和平关系仍然不变。”

公孙表说：“尉建失守之责，魏国自有刑罚，我们将很快派出更好的刺史前来。贵军要西上，就尽快离城而去，不然，后果将不堪设想。”

竺和之回答：“王征虏权且暂住此地，为的是等待大军前来此地集结，等到集结完毕，滑台自然归还贵国，何必要在此对我军耀武扬威呢！”

此时，晋军还不想与魏军开战，因此，王懿也一直说话低调，反复说明晋军绝无入侵魏国的意思——但就是暂时住在滑台不去。

魏军也不敢贸然进攻滑台的晋军，于是，拓跋嗣又下诏命令叔孙建派人前往彭城给刘裕送信，看看刘裕葫芦里究竟卖的是什么药。刘裕当然更是机警，他回答北魏使者：“洛阳，是我朝过去的京都，而为后秦占据。长期以来，我朝修复先帝陵墓的打算一直就有，可是，我们内部的变故却此起彼伏，因此，这个打算也一直没有付诸实施。司马休之、鲁宗之父子、司马国璠兄弟、桓氏宗族，都是我朝的害人虫，而后秦却豢养他们，与我朝为敌，所以，我朝才兴师讨伐。晋军的进军路线势必要经过魏国国境，出师之初，即打算以重金换取通过魏境。正巧，遇到贵国郡守弃城而去，因此，晋军前锋得以西上，并不敢入侵魏国。”

此时，北魏的河内镇将是镇远将军猛将于栗磾，他担心晋军会转兵北上，先在黄河北岸构筑堡垒，亲自率军严加防守。刘裕担心有变，就亲自给于栗磾写信，信中将后秦比作三国时期占领荆州的关羽，将自己比作请求讨伐关羽的孙权，请求借道。因为，于栗磾经常使用的是一只黑色的长矟，因此，刘裕在信中题名为“黑矟将军麾下”。

于栗磾将刘裕的书信转呈拓跋嗣，拓跋嗣就此拜其为黑矟将军。

四一三　刘裕灭秦（四）

当晋军占领滑台之时，是最有可能引发魏晋两国冲突的时候。

幸赖刘裕妥善应对，双方没有引发大规模的军事冲突，而此时的魏国也的确处境艰难，一是国内持续饥荒；二是并州一直不稳；三是幽州地区也让拓跋嗣闹心。北燕库傉官斌原先曾投降北魏，不久又叛降了北燕，引起北魏幽州地区一片骚动。拓跋嗣命令骁骑将军延普渡过濡水（滦河），进攻库傉官斌，将其斩杀，接着，魏军乘胜进攻北燕幽州刺史、渔阳公库傉官昌，斩杀了库傉官昌和北燕征北将军、关内侯库傉官提等人，生擒库傉女生，幽州这才稳定了下来。

当刘裕、王懿与魏军虚与委蛇、晋魏两军相互不断试探之时，攻陷许昌、石门一线的晋军先头部队却并没有停下进军的步伐。后秦阳城（今河南省登封市）、荥阳（今河南省荥阳市）均望风而降，晋军前锋已经推进到了成皋（今河南省汜水县西虎牢关）。一旦晋军突破成皋一线，将直逼洛阳城下，后秦洛阳守将、征南将军、陈留公姚洸是秦主姚泓的四弟，他赶紧派人向姚泓求救。得知洛阳危急的消息，姚泓立即命令越骑校尉阎生率领三千骑兵、武卫将军姚益男率领一万步兵火速东下增援，又命令二弟并州牧姚懿从蒲坂（今山西省永济）率军南下，驻屯陕津，作为声援。陕津，又名茅津渡（今山西省平陆县城八里处的黄河北岸），《水经注》称："陕城北对茅城，故名茅亭，茅戎邑也，津亦取名。"

后秦宁朔将军赵玄对姚洸建议说："如今晋军已经深入国境，百姓人心浮动，且我军寡不敌众，万一战败，后果将不堪设想。不如将洛阳周边堡垒的守军全部撤下来，固守洛阳西北的小城——金墉城，以等待来自京师的援军。晋军攻不下金墉城，终究不敢越过洛阳西去，这样，他们将困于坚城之下，而我们也可不战而屈人之兵。"

赵玄的建议固然审时度势，然而，姚洸的司马姚禹此时已经暗中与檀道济勾结，打算投降晋军，而姚洸的主簿阎恢、杨虔等人全都与姚禹一党，于是，大家都斥责赵玄，他们对姚洸说道：“殿下英武过人，智慧超群，独当一面。假如躲在城中不战，将示弱于敌，岂能不被朝廷责备！”坚决劝说出城与晋军决战。

终于，姚洸采纳了众人的意见，不仅没有收拢四周的零星守军，相反，还派遣赵玄率领一千多士兵前往洛阳南部的柏谷坞（河南省偃师市东南）驻守，派遣广武将军石无讳率军戍守巩城（今河南省巩义市）。

赵玄哭着对姚洸说：“赵玄我深受后秦三代皇帝的大恩，甘愿战死沙场，但是，大人却听不进忠言，为奸佞小人所误，大人很快就会后悔啊，但到您后悔的时候，已经来不及了啊！”

姚洸刚刚派出赵玄、石无讳的东进部队，退守成皋的后秦兖州刺史韦华就投降了，于是，晋军长驱直入，进入洛阳盆地。石无讳的部队走到巩城以西八里的石关（一说为偃师市西山），闻听晋军已经突破了成皋天险，正朝此地杀来，他不敢迎战，狼狈逃回了洛阳。进入洛阳盆地的晋军开始清扫洛阳周边的后秦堡垒，晋南阳太守猛将毛德祖率军进攻赵玄驻守的柏谷坞。

毛德祖，是毛璩、毛修之的同族，在荆州刺史刘道规时期，被任命为建武将军、始平太守，兄弟五人均武艺高强，作战奋不顾身。北方大乱的时候，他们的父亲、爷爷均死于战乱，兄弟五人一起南渡投靠东晋。毛德祖的弟弟毛嶷死于卢循之乱，另一个弟弟毛辩死于追杀鲁宗之的战斗中。

面对气势如虹的晋军的进攻，赵玄所部寡不敌众，柏谷坞最终陷落。身中十余处枪伤的赵玄已经无法动弹，蹲坐在地上痛苦高叫，司马骞鉴听到赵玄的呼喊，冒着晋军的枪林刀锋，回身抱着赵玄哭泣，赵玄说道：“我伤势过重，你快快逃命去吧！”骞鉴说：“将军如果不行了，我将与您一起去死！逃命，又能逃到哪里啊！”话音未落，蜂拥而上的晋军将二人全部杀死。

柏谷坞陷落以后，姚禹就偷偷翻越洛阳城墙，投降了晋军，十月二十日，檀道济、王镇恶等部一起进抵洛阳城下。此时，偌大一个洛阳城内后秦所剩军民不过四千余人，如何能够抵抗？两天以后，后秦陈留公姚洸率众投降。有人建议檀道济将这四千被俘的秦人全部斩杀，构筑起一座骷髅台，以夸耀战功。

檀道济却说：“我正义之师正要吊民伐罪，岂能如此！”下令将俘虏全部予以释放。

听到这个消息，周边的各族人民非常高兴，也十分感动，于是纷纷向晋军投降。

洛阳被晋军攻陷的时候，后秦越骑校尉阎生率领的三千骑兵刚刚走到新安（今河南省渑池县东），而武卫将军姚益男率领的一万步兵也才进抵湖城（今河南省灵宝市境内、三门峡水库淹没区），当他们听说晋军已经攻陷洛阳，都停了下来，不敢继续东进。

晋军经过近三个月的连续作战，势如破竹，收复了大片国土，取得了辉煌的战果，圆满完成了第一阶段的战斗任务，于是，暂时停止了攻势。驻守洛阳的晋军开始组织修复西晋皇陵，为此，刘裕还专门任命相国右司马毛修之为河南、河内二郡太守，负责修治洛阳城防工事，官府衙门等。

虽然晋军的攻势暂时告一段落，留在彭城的刘裕却一刻也没有休息。

正如司马昭伐蜀之初的目的一样，刘裕北伐的用意之一也在于攫取更大的权力，当收复洛阳的捷报传来以后，他就派遣太尉左长史王弘（琅邪王珣之子，王导曾孙）前往建康，暗示刘穆之派出使者给刘裕加九锡之礼。

刘穆之在后方主导朝廷事务，可谓是日理万机。他性格豪爽，喜爱奢华，言语幽默，吃饭的时候，饭菜必须摆满一丈见方的桌子，预备十位客人的酒菜，即使每餐客人不足十人，厨师也按照十人的标准烹饪。虽然他曾对刘裕表示过："刘穆之我家过去非常贫贱，没有吃穿过什么，自从被大人宠遇以后，自己也常常想要自律，但还是有些铺张浪费。除此而外，我一丝一毫也没有对不起大人的地方。"然而，在刘裕大军离开建康以后，一名司马氏皇族成员（史书缺载其人名字）率众骚扰涂中（今安徽省滁河流域），秦郡太守刘基向驻守广陵（今江苏省扬州市）的青州刺史檀祗求救，檀祗没有向朝廷汇报，即擅自率军西上讨伐，当时，刘穆之担心有变，曾打算动员留守部队，张劭劝阻说："檀祗的哥哥檀韶为江州刺史，占据长江中游，檀祗的弟弟檀道济又是大军的先头部队，一旦让檀祗觉察我们对他不信任，恐怕会酿成大乱。应该派人前去慰劳，并探明究竟。"果然，檀祗并无他意。在处理檀祗事件上，刘穆之险些酿出大祸，好在是化险为夷，不过，这次王弘之行，却让刘穆之感觉脊背丝丝发凉。在他看来，自己作为朝廷的主持者，也许是忙于事务，百密一疏，此等大事，自己竟然没有主动想到，相反，还需要刘裕从外地专门派人来暗示自己，政治敏感性太差了吧！他又是惭愧，又是恐惧，竟然因此得病。

不过，这是史书的说法。有的学者对此记载提出了不同的看法，他们认为，这种说法不过是史官们妄下结论而已，因为，从《晋书·张岱传》的记载来看，在刘裕出师之前，张劭就曾说过一旦刘穆之遇到个三长两短该怎么办的话，可见刘穆之身体一直并不是很健康。同时，从刘裕与刘穆之之间的关系上看，两人是肝胆相照的；后来，刘穆之死后，刘裕非常痛苦，另据《南史》记载，等到刘裕受禅以后，还经常回忆起刘穆之来，总是说："穆之不死，当助我理天下。可谓人之云亡，邦国殄瘁！"由此看来，刘穆之当不会仅因此事就一病不起。

十二月，东晋朝廷下诏正式任命刘裕为相国、总百揆、扬州牧，封十郡为宋公，备九锡之礼，位在诸侯王之上，兼征西将军，司州、豫州、北徐州、雍州刺史如故。司马德宗的祖宗司马昭发明的这个总百揆的职务，如今又出现了，历史也似乎将要重新上演一次禅让的闹剧，然而，当东晋兼任太尉袁湛（谢玄女婿）、兼任司空范泰领着宋国的侍中、黄门侍郎、尚书左丞、尚书郎一起，手捧策文，浩浩荡荡来到彭城的时候，刘裕却显得十分谦虚，坚决推辞了。

他还在观察。

不仅观察国内的风向，还在观察北魏的态度，观察后秦内部及其周边国家的动向。九锡之礼已经第一次推出，拿到它，只是一个时间问题；北魏的态度至今暧昧，但北魏绝不愿主动对晋军发起进攻，代秦受敌；至于后秦帝国周边国家的情况，刘裕更是了如指掌：大夏赫连勃勃与后秦绝无和解的可能；北凉的沮渠蒙逊，刘裕在一年前就已经未雨绸缪，指示当时的益州刺史朱龄石与之结好，投桃报李，沮渠蒙逊已表示归顺朝廷，愿意与晋军一起夹击后秦；氐王仇池公杨盛，与后秦有灭国之仇，长期以来就接受了东晋的官职，被任命为使持节、北秦州刺史，也是晋军的盟军；至于西秦的乞伏炽磐嘛……

正在刘裕等待的时候，西秦的乞伏炽磐也于同年的十二月向彭城派来了使者，表示愿意攻击后秦。说到乞伏炽磐，他于本年年初与北凉实现和解以后，即将目光转向了摇摇欲坠的后秦，企图趁乱打劫，全取秦州，如今，西秦的军队已经推进到了马头（约在今甘肃省礼县东北），威胁后秦上邽（今甘肃省天水市）。听了西秦使者的话，刘裕不禁大喜，当即拜乞伏炽磐为平西将军、河南公。

显然，一切对于刘裕而言，都非常有利，接下来，后秦和北魏国内发生的一系列变故，让刘裕更感发动总攻的时机业已成熟。

四一四　刘裕灭秦（五）

义熙十三年（公元 417 年）的新年即将到来，然而，对于后秦君臣来说，义熙十三年注定是一个极度凶险的年头。

除了晋军大兵临境、周边国家虎视眈眈之外，就在新年将至的义熙十二年年底，后秦帝国内部却发生了一次突如其来的叛乱。

本来，在姚兴去世之前，皇太子与弟弟姚弼之间就水火不容，虽然姚泓凭借父亲的力量，最终消灭了姚弼，并顺利地登上了皇帝的宝座，但是，姚泓与姚弼之间持续长久的争斗以及他登基以后对姚弼余党的清算，也让兄弟们之间留下了很深的隔阂。姚泓的二弟、征东将军、并州牧姚懿，在姚泓与姚弼争斗过程中，站在了姚泓一方，不过，人心难测，我们无法知道姚懿当初的立场究竟是真心实意拥护姚泓，还是出于对弟弟姚弼能力的妒忌，抑或是因为哥哥姚泓仁弱、将来立其为主便于自己攫取更大的权力呢？不过，史书还是告诉我们，姚懿本人没有什么主心骨，容易被身边人的言论所左右。姚懿的司马孙畅看到姚泓的统治已经岌岌可危，京师也向关东派出了一万三千部队，于是建议姚懿率军西进，趁着长安空虚，诛杀哥哥姚泓自立为王。也许是姚懿感到姚泓一死，自己身为二哥，将顺理成章成为后秦帝国的皇帝，也许是姚懿受到刘裕宣称的恢复旧都洛阳，因而判断晋军可能停止西进，总之，利令智昏的他竟然置眼前的国难于不顾，采纳了孙畅的建议，他奉命来到陕津以后，将囤积的大量军粮全部赏赐给当地的各族百姓，目的是消耗帝国的国家储备，树立个人的威信——对他而言，后秦帝国好像就是姚泓的私产，而与自己无涉。

姚懿的左常侍张敞、侍郎左雅看到苗头不对，恳切劝谏道：“殿下是皇上的同母弟弟，位高权重，安危休戚，与国家的存亡紧密相连。西汉有七国之乱，汉景帝全靠弟弟梁王，才将叛乱平定。如今，晋国大举入侵，关东四州［后秦豫州

（治所洛阳）、荆州（治所上洛）、徐州（治所项城）、兖州（治所仓垣）］已经沦陷，西秦、夏国骚扰国境，秦州、凉州落入他人之手，朝廷危如累卵，这正是诸侯勤王之日。粮食，是国家的根本所系，大王却一朝散去，假设朝廷怪罪下来，大王将如何回答？”

二人的话说中了姚懿的痛处，姚懿听了，不禁大怒，立即下令将二人用棍棒活活打死。

长安的姚泓很快就得知了事情的原委，他召集姚绍等重臣秘密商议对策。

姚绍说：“姚懿此人毫无主见，人云亦云，此事的幕后主使一定是孙畅。只用快马征召孙畅入朝，派遣抚军将军姚赞率军驻守陕城（今河南省陕县），臣动身前往潼关，统一指挥各军，如果孙畅奉召前来，臣将对姚懿既往不咎，率领他的河东现有部队，一起抗击晋军。如果姚懿已经决心背叛，违抗诏书，就公开宣布他的罪过，名正言顺地将其讨平。”

听了姚绍的一席话，姚泓仿佛抓到了一棵救命的稻草，说道：“叔父的话，是安定社稷的妙计啊！”

后秦朝廷又从长安派遣姚赞、冠军将军司马国璠、建义将军蛇玄增兵陕津，武卫将军姚驴驻屯潼关。

接到朝廷诏书以后，孙畅当然没有自投罗网，他遂趁机劝说姚懿自立为帝，向后秦各地发布檄文，公开发动叛乱。姚懿下令下属州郡将囤积在匈奴堡（今山西省临汾市境内）的军粮运送到蒲坂，但宁东将军姚成都却拒绝执行。姚懿卑辞厚礼进行拉拢，并给姚成都送上一把精美的佩刀，赌咒发誓，但姚成都依然不从。看软的不行，姚懿就来硬的，他派遣骁骑将军王国率领数百甲士进攻姚成都，却被姚成都一举击败，并生擒了王国，姚成都派遣使者责备姚懿说：“大人是皇上的亲弟弟，深受国家的信任，如今国难当头，更应百倍努力，为国分忧，而你却包藏祸心，图谋叛逆，先帝之灵岂能保佑你？此镇之粮，是整个军区的依靠，蒲坂一地之民又有什么功劳，你竟然要散给他们！王国为蛇画足，是国家的罪人，我已经将其逮捕，等待皇上的诏书以后，即将其诛杀。我将纠集义从，讨伐大人的叛逆之罪，等待朝廷的大军到来以后，将与大人在黄河之上相会！”姚成都也向并州各个城池发布公告，激励大家不要追随叛逆，并征发粮草，厉兵秣马。在姚成都的感召下，河东各镇的部队除了临晋数千户追随姚懿以外，其他各镇均拒绝听从。姚绍（《资治通鉴》称是姚成都，错误）率军从蒲津渡过黄河，一举将临晋的叛众击破，姚懿等人顿时大惊失色，手足无措。蒲坂的安定人郭纯、王奴等人发动暴动，将姚懿等人团团围住，姚绍趁机率众攻进蒲坂，活捉了姚懿，诛杀了孙畅等人，在新年到来之前，终于顺利地平定了河东叛乱。

后秦如此，北魏也好不到哪去。

就在这一年的年末岁初，北魏政府刚刚平定刘虎叛乱不久，北魏境内河内郡又爆发了丁零翟猛雀强迫民众逃往白涧山（今山西省阳城县西北）事件。明元帝下诏命令冀州刺史长孙道生与内都大官张蒲等人率军前去讨伐。

张蒲，字玄则，其父张攀是慕容垂后燕的御史中丞，中山陷落后，张蒲被拜为尚书左丞，后因清正而被升为东部大人、太中大夫，明元帝继位后，被任命为内都大官，参与案件审理，号称非常公正。

长孙道生等将意欲径直率军入山掩杀，张蒲却说："良民之所以追随翟猛雀，不是愿意作乱，而是被翟猛雀一党逼迫。如今，假如以大军前往，良民即使内心想要从善，也没有办法了。又担心被官军所杀，势必死心塌地与叛党齐心协力，对付官军，这样就不好办了。不如先派去使者告知大家，当初未与翟猛雀同谋的，一概不受追究，这样一来，胁从的百姓肯定会非常高兴，一起前来投降了。"长孙道生同意了，然后，上报明元帝。明元帝下诏命令张蒲前去安抚，张蒲说降了数千家，翟猛雀与一百多个同党看到大势已去，仓皇逃命，魏军这才一路穷追，将其诛杀，扑灭了这次叛乱。

义熙十三年（公元 417 年）正月初一，后秦主姚泓在太极前殿接受群臣的朝贺，他想到内忧外患，忍不住悲从中来，泫然而泣。看到皇帝泪流满面，群臣也都哭了起来。

然而，更严重的危机还在后头：姚泓君臣在泪眼中刚过完新年，就突然传来了一条惊人的消息——镇守安定的镇北将军姚恢率领三万八千户安定镇户，放弃安定（今甘肃省泾川县）了！

叛军焚烧了在安定的房屋，以车辆组成方阵，从后秦北雍州（后秦分岭北五郡为北雍州，治所在安定）一路向东南而来，姚恢向后秦各地发出檄文，自称大都督、建义大将军，声称要铲除皇帝身边的奸臣，扬威将军姜纪率领自己的部队也加入到了叛军的行列。后秦建节将军彭完都听说姚恢的叛军将至，也弃守阴密（今甘肃省灵台县），奔还长安。姚恢率领叛军推进到新支（今地不详，疑为灵台附近），姜纪对姚恢建议说："朝廷重兵均在东部，京师空虚，大人率领轻装部队奔袭长安，一定能够成功。”但是，姚恢却没有听从，而是按部就班，逐一进攻当面之敌，率军进攻郿城（今陕西省眉县）。驻守在此地的镇西将军姚谌被叛军击败，姚恢的军势更盛，扶风太守姚儁、安夷护军姚墨蠡、建威将军姚娥都、扬威将军彭蚝等人都纷纷投降了姚恢，京师长安大为震动。后秦皇帝姚恢一方面派遣使者征召驻守潼关的姚绍；另一方面赶紧命令姚裕及辅国将军胡翼度率军驻守在沣西（沣河）。当时，姚恢的舅舅苟和时为立节将军，姚泓将其召来问话：“群臣都首鼠两端，你怎么样？”苟和坦然回答：“上天如果让贼人得逞的话，舅甥之理，我无须为其效命而增加亲情；假如其罪大恶极，上天惩罚他，守节尽忠，是为臣的本分。违背亲情，背叛君主，臣都以此为耻。”姚泓连连称善，给其金章紫绶。

东平公姚绍得到皇帝的诏书，立即率领轻装骑兵日夜兼程回师长安，又命令姚洽、司马国璠率领三万步兵随后进发。姚恢的叛军从曲牢（今陕西省西安市长安区南）进屯杜成（今地不详），姚绍的军队与其在灵台（长安县西）相持。姚赞听说姚恢叛军已经逼近京师，他担心姚绍难以抵挡，就留下宁朔将军尹雅为弘农太守，固守潼关，自己则亲自率领大军回师长安救驾。

姚泓对姚赞谢罪说：“我不能以身作则，领导臣下，致使祸起萧墙，兄弟残杀，既愧对祖宗，又无颜再见叔父们。姚懿刚刚叛逆被灭，姚恢又起兵反叛，这该如何是好？”

姚赞回答：“姚懿、姚恢等人胆敢起兵内侮，就是因为欺负臣等软弱无能啊！”说毕，他老泪纵横，发誓说道：“臣下与大将军不灭此贼，决不再见陛下！”于是，姚泓打开府库犒赏三军，然后，将大军派去迎战。姚恢的部众看到朝廷的大军已经回到了长安，都心生恐惧，不敢继续与朝廷为敌，姚恢的部将齐黄等人相继投降。姚恢打算拼死一搏，他率领残余人马率先向姚绍所部发起进攻，两军激战正酣，姚赞所部从侧翼突然杀出，大破叛军，阵斩了姚恢及其三个弟弟。姚泓见到姚恢的尸体，悲从中来，痛哭失声，以公礼将其安葬。

在大敌当前之时，后秦内部却发生了一连串的自相残杀，这种毫无理智的内讧，只能加速帝国的灭亡。

四一五 刘裕灭秦（六）

义熙十三年（公元417年）二月，就在后秦内讧不断之时，东晋太尉刘裕下达了总攻的命令，在彭城一直观察了五个月之久的他，终于率领十万大军离开彭城西进，正式拉开了灭亡后秦的大幕。

他以第三子、时年十一岁的彭城公刘义隆为冠军将军，留守彭城，东晋朝廷晋升其为使持节、监徐州兖州青州冀州诸军事、徐州刺史，冠军将军如故。根据刘裕的命令，暂时停留在洛阳一带的晋军先头部队要等到刘裕的大军到来以后，方可一起向西攻击前进，这是因为刘裕还是担心晋军可能会与魏军开战。王镇恶、檀道济等众将当然没有刘裕那样的大局观，也无法理解刘裕的本意，在他们眼中只有潼关和潼关背后的长安。也许，他们认为如果等到太尉前来以后才扫清当前之敌的话，自己的这些个所谓的前锋将领们也太没面子了，况且，当前的秦军往返于潼关、长安之间，早已疲惫不堪，前线战机瞬息万变，“将在外，君命有所不受”，现在正是给予秦军致命一击的绝佳时机，岂容错过！王镇恶等将的决策也不用深责，这是因为，此时的后秦已经情势大变，原本驻守在洛阳与潼关之间崤函险要的秦军，已经因为姚恢的叛乱，而被姚赞西调，秦军不得不放弃了崤函险要，仅仅退守潼关，因此，王镇恶等将立即敏锐地捕捉到了战机，以较少的兵力未经激战即顺利突破了崤函险要，直接进抵潼关之下，并乘虚试图攻下潼关。至于说，姚绍、姚赞能够迅速平定姚恢之乱，并能够抽身火速回援潼关，这又是将帅无法逆料的变数，假如姚绍与姚恢陷于胶着，晋军极有可能突破潼关天险，为大军的到来铺平道路。在洛阳休养了三个月的晋军将士们早已按捺不住，求战心切的晋军将士不待刘裕大军的到来，即朝着潼关方向扑来！

东晋龙骧将军王镇恶率军迅速推进到渑池（今河南省渑池县）。我们还记得，在淝水之战后，前秦大乱，当时，年仅十三岁的王镇恶从关中流落到这一带，曾在渑池县的李方家寄食，当时，他就曾对李方说："如果我能够遇到英明之主，当会取得万户侯，将重重地报答你！"李方当时回答："你是王丞相的孙子，又有如此的才能，何愁不能富贵！到时候，只愿能授予我一个本县的县令即可。"如今三十多年过去了，四十五岁的王镇恶真的率军又重新来到了渑池，他亲自去李方家中，拜见李方的母亲，重赏李家，当即授予李方为渑池县令。进驻渑池的王镇恶又派遣司马毛德祖进攻蠡城（今河南省宜阳县西北），后秦守军溃散而逃，晋军生擒后秦弘农太守尹雅，王镇恶本打算还让他做弘农太守，谁知，尹雅不久就杀掉了晋军看守，逃回了潼关。此时，从渑池一直到潼关之间，后秦军队已经组织不起有效的抵抗，晋军浩浩荡荡朝潼关杀来。

在向潼关行进的途中，在陕城（今河南省陕县），这支晋军又一分为二，龙骧将军王镇恶率领本部人马继续朝潼关挺进，冠军将军檀道济、振武将军沈林子则率领本部人马从陕城以北渡过黄河，进攻襄邑堡（今山西省芮城县以北），后秦建威将军薛帛逃奔河东（今山西省夏县）。这当然还是进攻潼关的老套路：以一部正面进攻潼关，以另一部渡过黄河占领蒲坂，再由蒲坂西渡黄河，跃入关中，让潼关天险失去作用。檀道济、沈林子所部北渡黄河，初战告捷以后，即以大部兵力向西，进攻蒲坂（今山西省永济市），但是，蒲坂是河东重镇，后秦经营很久，即便是在北魏道武帝拓跋珪取得柴壁大捷以后，以全师之力也未能攻破蒲坂，何况如今攻城的是分之又分的晋军呢？虽然晋军作战勇猛，但怎奈蒲坂守备严密，晋军无法攻破。而渡河以后，檀道济在进攻蒲坂之前，另外又分出一支部队，由将军苟卓北上进攻后秦囤聚军粮的匈奴堡，目的是夺取宝贵的粮食，但是，由于同样的原因，苟卓的这支部队也被驻守此地的后秦宁东将军姚成都击败。

后秦主姚泓对晋军的攻击立即做出反应。他先派武卫将军姚驴解救蒲坂，胡翼度增援潼关，然后，又加封姚绍为太宰、大将军、大都督、都督中外诸军事、假黄钺，改封鲁公，侍中、司隶、宗正、节录并如故，朝政大事全部由其做出决定。姚绍坚决推辞，但是姚泓不许。于是，姚绍率领武卫将军姚鸾等人率领五万步骑，进居潼关，阻挡王镇恶之军。而此时，已经来到蒲坂城外的后秦姚驴所部，与城内的并州刺史尹昭互为表里，一起夹攻檀道济之军。檀道济见此情形，转攻为守，固守营垒不战。

可以说，此时，由于王镇恶、檀道济等将的盲目行动，已经使晋军陷于十分危险的境地：首先，从全局上看，刘裕的大军刚刚离开彭城，原本对中原进行进攻的数路军队，因为进抵洛阳以后而失去了原有的层次，整个晋军防线已经成了一字长蛇，而沿着这一个长蛇，自西而东是洛阳、荥阳、石门、滑台等若干个孤立的据点，在这些孤立的据点背后毫无纵深，而如今，王镇恶等人又离开了长蛇的一端洛阳西去，让这一薄弱的长蛇战线更显凶险。与此同时，此时的北魏军队也并不示弱，一旦北魏明元帝决定突破黄河防线，打击晋军，后果将不堪设想。其次，从西进局部看，晋军前锋的各位将领显然是因为前期的屡次胜利和神速推进，过低地估计了对手的实力，他们以为关中之敌也会像关东之敌一样，遇到晋军要么望风溃逃，要么弃城投降。殊不知，由于北魏与后秦和亲、大夏一直侵扰关中，后秦的兵力主要放在关内，晋军前期遇到的秦军并非秦军中的精锐部队，基于轻敌的原因，晋军人数本来就不多的前锋部队，又一再分兵，一次是在陕城，一分为二，第二次是渡河初战告捷以后，北渡的晋军再次分军，结果两处均没有得手。最后，从一字长蛇战线上看，在晋军檀道济部屯兵蒲坂城下的时候，晋军沿着黄河的防线已经在北魏军队的压力下，出现了松动，二月二十九日，荥阳的晋军守将傅洪献出了虎牢关，投降了北魏，北魏帝国军队随时可以突入洛阳，将王镇恶等人的军队与刘裕的大军一分为二，不说是一一吃下了，起码可以与后秦协同，将王镇恶等人的晋军杀得片甲不留。

万幸的是，此时的北魏明元帝拓跋嗣并非其父道武帝拓跋珪，也不是他的儿子太武帝拓跋焘，他一直在摇摆不定，并且，北魏道武帝时代的名将，也都在道武帝晚年被诛杀殆尽，剩下的，都是一些循规蹈矩的人；而后秦此时则惊魂普定，不用说后秦主姚泓了，一连串的外忧内患、气势如虹的晋军也让后秦此时的决策者姚绍心生怯意，失去了对战场冷静的判断力，没有抓住战机，以优势兵力选择黄河以南或者以北一处敌人，主动出击，将其全歼。不过，我们此时说的仅仅是纸上谈兵，也许当时的秦军在不久前的两次大规模的内讧中，往返厮杀，精兵良将早已消耗殆尽，士兵也是疲惫不堪，军无战心，“天时地利人和”，没有了人和，即使再好的天时与地利，又有何用呢！

此时的沈林子也意识到了问题的严重性，他对檀道济建议说：“如今，蒲坂城墙坚固，城河很深，短时间无法攻破，强攻则会造成重大伤亡，固守在这里则浪费时日，不如离开此地，先专心进攻潼关一地。潼关天险，是地形险要之地，王镇恶一支孤军，形势非常不利。如果姚绍到此，就难办了。我们如果攻克了潼关，蒲坂的尹昭将不战而降。”檀道济采纳了沈林子的意见，改变了原有计划，主动放弃进攻蒲坂，又渡过黄河南下，在潼关与王镇恶所部会师。

义熙十三年（公元417年）三月，檀道济、沈林子之军抵达潼关。此时，后秦太宰姚绍已经率领后秦大军来到潼关，将王镇恶、檀道济、沈林子之军层层包围，企图一举将这支晋军消灭掉。当时，晋军孤军深入，粮运困难，经历了蒲坂、匈奴堡之败，又看到姚绍大军前来，晋军上下都非常恐惧，可以说，当时的晋军是危如累卵。檀道济与众将商议，打算先率军渡过黄河，暂避秦军锋芒，也有人说抛弃辎重，东逃寻找刘裕大军。在这紧要关头，沈林子手按佩剑，说道："相公勤王，志清六合，许、洛已平，关右将定，事情成败，在于前锋。如今，丢掉将要胜利的趋势，抛弃将要成功的基业，大军距离我们还很远，敌人人数还很多，即使想要逃回，也是不可能的！下官受命作为前锋，立下誓言要竭尽全力，今日之事，我自能为将军办成。可是，同行诸君，或者与相公一起历经艰难，或者深受相公的厚恩，此时奔退，还有什么脸面再见相公的旗鼓呢！"沈林子说毕，命令自己麾下的数百人将营垒的水井填埋，焚烧了营舍，表示了视死如归的决心和勇气，然后，他亲自率领这支数百壮士组成的部队，朝秦军阵脚的西北杀来。沈林子的区区数百之众置身于秦军五万大军之中，无疑于沧海之一粟，原无关大局。然而，正是在沈林子这股敢死队的冲击下，秦军西北阵脚稍微松动了一下，这种松动很快像瘟疫一样波及全军，秦军整个阵脚一阵松动，就在这一瞬间，晋军全军悉数压上，秦军整体向后退却，并最终形成了大的溃败，被晋军俘虏了上千人，晋军缴获了秦军大量的军资，取得了一次至关重要的胜利，也极大地鼓舞了全军的士气，扭转了不利的态势。

此战以后，大约晋军就占领了潼关，战败后的姚绍率军退守定城（今陕西省华阴市东），他对众将说："檀道济等人孤军深入，兵力不多，在此最多不过坚壁不战，等待刘裕的大军。我分出一支部队远去阌乡（今河南省灵宝市西北），切断他们的粮道，不出一个月，自然能够将其全歼。晋军前锋战败以后，刘裕自然就无计可施了。"但是，胡翼度却反对道："军势应该集中而不可以分散，如果偏师不利，军心将会大乱，岂能再战！"姚绍的这一决策是正确的，但他判断晋军不敢主动出战，则似是而非：晋军面对后秦大军自然不会主动发起攻击，但不代表不会主动攻击分军以后的秦军。基于上述判断，尤其是在胡翼度的反对下，姚绍打消了另外分出一支部队远去切断粮道的计划，而是命令武卫将军姚鸾率领精锐部队守住一处险要之地，以切断大路的晋军粮道，并分辅国将军胡翼度率领部队驻守东原，为掎角之势，与晋军大营距离很近。从渑池入关，原本有两条道路，一条是重回谿阪（今河南省洛宁县东北，又称东崤山阪，长四里，宽二丈，深二丈五尺）往西，汉代以前都是从这里经过，被称为南路；第二条是大路，大路是汉末曹操讨伐关中诸将的时候，感到南路太险恶了，就在北面另外开凿了一条大路，被称作北路或者大路。由于主帅姚绍判断晋军不敢主动发动攻击，因此，姚鸾的这支奇兵并没有采取隐蔽战术远离晋军大营，而是明目张胆地卡在大路之上。

姚鸾命令尹雅率军与晋军檀道济司马徐琰所部在潼关以南交战，尹雅再次战败被擒，被送到刘裕那里，刘裕想到他上次被俘后又脱逃，将要诛杀他，他说："前不久，尹雅我被你们抓获就应被处死，侥幸逃脱，今日被杀，实在是心甘情愿。不过，汉族与我们虽然人种不同，但君臣大义是一样的，晋朝以大义作为军事行动的口号，难道独独不允许我秦国有忠于社稷的忠臣嘛！"刘裕听了，就又释放了他。

三月四日，沈林子率领部队深夜衔枚，偷袭秦军固守的城池，突然遭到夜袭的秦军从睡梦中惊醒，很快就束手就擒。沈林子下令将秦将姚鸾鼻子割掉后斩杀，将投降的数千秦军全部活埋。据《晋书·姚泓载记》记载，此战被杀的秦军共计九千余人。胡三省注称，在东原（今地不详）驻守着的胡翼度部队，本与姚鸾之军相互策应，但是，在姚鸾被攻击的时候，胡翼度却未发兵援救，胡三省认为，此时的秦军已经成为惊弓之鸟，不敢救援。个人则认为，这与晋军采取夜袭战，并迅速解决战斗有关。当时，众将上报战功都夸大其词，虚报战果，只有沈林子据实上报，刘裕给其写信询问缘由，沈林子回答："王者之师，本有征无战，岂可再增加斩获人数，自我夸耀！国渊据实被赏，魏尚虚报受罚，这都是前车之鉴，后事之师。"刘裕非常赞赏。这次沈林子又全歼了姚鸾之军，捷报传来，刘裕专门给他写信道："你接连取得胜利，我高兴得无以言表。后秦军队既然接连遭到惨败，我猜想他们不会坚持多久了。"

一计不成，姚绍又生出一计。

他又派遣抚军将军姚赞率军屯驻在黄河河中的小岛之上（"河上"，也可翻译为黄河岸边），以切断晋军的水路，并派遣恢武将军姚难率军从蒲坂运输军粮接济姚赞的部队，姚难的运输队行至香城（今陕西省大荔县东，与蒲坂隔黄河相望），被晋军击败，当时，黄河以北的后秦河北太守薛帛在河曲（今山西省芮城县风陵渡一带的黄河拐弯处），投降了晋军，而姚谌守尧柳（今陕西省蓝田县南），姚和都则前往河东讨伐反叛的薛帛。当听说晋军进攻姚难的消息后，当即前去营救，秦军抵达战场时，姚难已经战败，秦军趁势将河曲的晋军别部击败，进屯蒲坂。再说姚赞军。姚赞率领的秦军营垒尚未构筑好，沈林子再次率军发动突击，接连将秦军战败，姚赞骑马仓皇逃脱，返回定城。

晋军的这支先头部队在潼关附近逐渐站稳了脚跟，秦、晋两军陷于相持。

四一六　刘裕灭秦（七）

在晋军先头部队在潼关附近死中求生、与秦军反复缠斗之时，刘裕率领的水军从彭城出发，沿着泗水北上，然后折入清河，一直向西，途中，他路过张良庙，下令整修庙宇，与此同时，他还命令冠军将军、吴兴太守向靖率军在泗水拐弯处离开大军北上，驻军黄河渡口碻磝城。

碻磝城，在今山东省茌平县境，是古黄河在青兖地区的一个非常重要的据点，起到屏护青州的作用。据南宋王应麟的《河南四镇考》记载，北魏时期，碻磝与滑台、金墉、虎牢相并列，被称为“河南四镇”。刘裕命令向靖驻守此地，就是为了防止魏军趁晋军大举西进东出青州，威胁徐州。随着战事的推移，向靖随后分别向西移屯石门、柏谷坞，始终充当屏护大军后方安全的重任，他的职务也被晋升为北青州刺史、都督北青州诸军事。此时，东晋帝国同时并存三个青州政府，即南青州，治所广陵；青州，治所广固，如今，又成立了北青州政府，治所碻磝。

在进军途中，刘裕还提前给北魏明元帝拓跋嗣奉上借道的恳求信。拓跋嗣接到了刘裕的书信以后，即召开高级别会议商讨对策。北魏群臣均认为：“潼关天险，一夫当关万夫莫开，刘裕以水军步兵前去进攻，将十分困难。假设我军对其背后发起攻击，晋军想回去都难。如果晋军以水军渡过黄河，向北进攻我国，则非常容易。因此，我们判断，刘裕对外宣称是去讨伐秦国，但其真实意思却不一定。况且，秦国和我国是联姻之国，不能不救啊。不可放纵了敌人，应当发兵切断黄河上游，阻止晋军西进。”拓跋嗣又将外朝的意见拿到内朝商议，结果与外朝一致。

拓跋嗣将要听从，此时担任博士祭酒的崔浩却表示反对。

我们知道，崔浩是崔宏的长子，字伯渊，崔浩博学多才，深通易经、洪范五行，而拓跋嗣又喜欢占卜术数之学，因此，对崔浩非常信任，而崔浩的占卜也十分灵验。一次，拓跋嗣在后宫发现了一只兔子，遍询众人均不知兔子是从何处而来，于是就让崔浩推算吉凶，崔浩认为，这是邻国将要送上嫔妃的兆头，不久，后秦姚兴果然将西平公主嫁给了拓跋嗣；后秦姚兴去世前一年，太史令上奏火星突然不见了，有人说这预示着国家将有大的灾难。而崔浩却说："根据《春秋左氏传》的记载：'神降于莘，其至之日，各以其物祭也。'推算火星不见的日子，在庚午日的晚上，辛未日的早晨，而庚与未，都是指秦地，辛也指西夷。如今姚兴占据咸阳，火星进入秦国了。"大家听了，都一脸愤怒反对道："天上星星不见了，你却说下到了地上，这简直是胡说八道。"崔浩但笑不语，不久，果然火星出现在东井星域（古人对应为秦地），后秦赤地千里，第二年姚兴病死，大家这才叹服。

此时，崔浩对拓跋嗣说道："阻止晋军西进，这不是上策啊。司马休之等人骚扰晋国边地，刘裕切齿痛恨很久了。如今，刘裕趁着姚兴刚死，姚兴诸子无能，发军讨伐，臣观察他的目的就是入关灭秦。刘裕乃强硬暴躁之人，不会顾及后患。现在我们假设阻止晋军西进，刘裕肯定会率军上岸入侵我国，如此一来，姚泓就太平无事了，我们反而受到攻击，这是代人受敌。如今柔然不断南下骚扰，国内百姓饥馑，不可出兵。如果与晋国交恶，我发兵南下，则柔然就会进攻我北方，如果救援北方，则我太行山以东之地就危险了。不如答应刘裕，让晋军西进，然后，发兵堵住晋军东归之路，这就是所谓的'卞庄刺虎，两得之势'。假设刘裕取胜，肯定会对我借道之举心存感激；假设后秦胜利，我国也因为阻塞了晋军后退之路，而不会丧失救援亲邻的好名声。退一步讲，即使刘裕得到了关中，与江东距离遥远，很难固守，关中终当是我们的。如今，不用使用军队，而坐观秦晋双方的成败，这是上策。为了国家的利益决定国策的取舍，岂能顾及联姻而答谢秦国送来一个女子的恩惠呢？即使我国愿意抛弃恒山以南的地区，刘裕也不可能发动江南之兵，与我们争夺黄河以北的，这非常明显。"

崔浩的论断主要有五：一是刘裕此次出兵的目的不是北魏，而是后秦；二是不可代人受敌；三是一旦与晋军交恶，势必陷于南北交战的不利局面；四是借道刘裕，刘裕将会对我感激；五是吴越之军不可能与我争夺黄河以北。其实，崔浩所言均是似是而非之论，他判断刘裕此次北伐目标是后秦，其一，是基于后秦庇护了司马休之等人，这当然是刘裕伐秦的原因之一，但并非全部。其二，刘裕北伐的第一个目标固然是后秦，但此次北伐刘裕的最终目的也并非后秦一国，在后来灭亡后秦以后，刘裕也曾想驻军关中，经营赵魏（今山西、河北一带），也就是说，刘裕采取的是各个击破的办法。不可代人受敌之说同样如此，当时的后秦已经四面楚歌，没有北魏的全力援救，势难独存，后秦灭亡以后，同为异族的拓跋魏国，也将面临东晋的打击。其三，南北两线作战的危局。刘裕北伐并未，也不可能与柔然协同，不过，假如双方发生持续时间较长的战斗，这一情况就有可能出现。其四，关于给晋军借道，刘裕会感激借道之惠。崔浩的原话是："假设刘裕取胜，肯定会对我借道之举心存感激；假设后秦胜利，我国也因为阻塞了晋军后退之路，而不会丧失救援亲邻的好名声。"这句话是崔浩为了论证自己前面的正确性的，但这句话本身就不全面，只说出问题的一方面，而有意无意地遗漏了问题的另一方面，只说假如刘裕取胜，感激借道，但没有说刘裕对其后魏军又阻塞晋军的退路的态度，只说假设后秦胜利，因北魏阻塞了晋军退路而感激，却没有说前此魏国给刘裕借道会如何。同样地，这句话如果只说问题的另一方面，将会是这样的："假设刘裕取胜，肯定会对我阻塞其退路，怀恨在心；假设后秦胜利，我国也因为给晋军借道，而落下坏名声。"最后一点，崔浩称吴越之军不可能与魏军争夺黄河以北，这更是似是而非之论，全无根据。那么，为何聪明的崔浩要这样说呢？不少学者经过研究认为，身为汉族的崔浩从内心深处并不愿在异族朝廷为官，他是在存心帮助刘裕，吕思勉先生就持有这一观点。

不过，当心无定见的拓跋嗣将崔浩的意见再次交付群臣讨论的时候，北魏群臣一致认为："刘裕假如真的西入函谷关，晋军将进退两难，腹背受敌，这再明显不过了，而刘裕渡河北上，后秦军队肯定无力帮助我国。由此推断，刘裕谎称西进，而其实是为了北上进攻我国，这是形势的必然。"于是，明元帝拓跋嗣拒绝晋军借道，下诏命令司徒、相州刺史长孙嵩持节，都督山东（今太行山以东）诸军事，前往平原（今山东省平原县境），沿着黄河北岸构筑堡垒，驻军畔城（今山东省聊城市附近），与驻守此地的晋北青州刺史向靖相持。同时，明元帝还命令振威将军娥青、冀州刺史阿薄干率领十万步骑驻扎在黄河北岸，以防备刘裕大军。《宋书·朱超石传》称，冀州刺史是北魏安平公乙旃眷（叔孙建），阿薄干是青州刺史。

魏国已经明确拒绝了刘裕的请求，刘裕将如何应对？此时，在潼关城下的晋军前锋部队开始断粮，王镇恶等将心急如焚，派出快马向刘裕告急，刘裕将使者喊到船上，他推开船舱的北面窗户，指着北岸的魏军，对使者说："我给他们传话说不可轻率前进，你们不听我言，如今，北岸是如此情形，我怎能给你们派去部队？”不论与魏军是战是和，此时的刘裕均不能分军，也无法分军西上，给王镇恶等人送去粮食。他在考虑如何对付面前棘手的魏军，好在是魏军暂时尚未有渡河南下的意图，这说明，起码到目前为止，魏主尚无主动与晋军决战的决心，基于上述考虑，晋军最佳的应对办法就是继续西上，不主动进攻魏军，但是，一旦分军，也许会开启魏军的野心。等不到刘裕大军支援的王镇恶所部，为了解决粮荒，王镇恶亲自来到弘农（今河南省灵宝市），动员当地百姓，向晋军捐献粮食，当地百姓深受感动，纷纷捐献，晋军的粮食问题暂时得到了解决。

三月八日，刘裕的舰队从清河进入黄河，魏军数千骑兵在黄河北岸随着晋军舰队一起西行，由于黄河波涛汹涌，晋军又是逆水而上，每条战舰都由士兵们在南岸上用一百多丈长的绳索牵引着前进，有时候，遇到水流湍急之处，或者天上突然刮起大风，牵引战舰的绳索突然折断，战舰失去引力，往往随波逐流，漂到对岸，战舰上的晋军士兵总是被魏军斩杀或者俘虏，抢掠船上的物品。针对魏军的挑衅行为，刘裕决定让他们尝尝厉害，可是，派出的晋军刚刚登上北岸，魏军就飞马退去，跑得无影无踪，而晋军刚一上船，魏军又卷土重来，反复多次。看到魏军如此嚣张，激怒了宁朔将军胡藩，他率领十二名亲随乘坐小船，径直划向北岸，魏军五六百骑兵见此情形，都相视哈哈大笑。胡藩素来善射，这十三名勇士登上北岸以后，胡藩即张弓搭箭，一连射杀了十几名北魏骑兵，剩余魏军均仓皇而退，胡藩将魏军掳掠的财物又都找了回来。

四月，东晋太尉刘裕命令白直队主丁旿率领七百名猛士，带着一百辆战车，来到黄河北岸，距离河水一百多步，构筑一个却新月阵型，阵型的两端伸向河岸。每辆战车上有七名甲士，部署完毕以后，刘裕下令新月阵中竖起一杆白色羽毛大旗。白直，是指没有月薪的小吏，白直队，是在士兵中精挑细选的精锐武士所组成的卫队，丁旿，就是那位杀诸葛长民的刘裕的贴身卫士长。

刚开始的时候，魏军看到数百晋军拉着战车上岸，都不明白晋军到底要干什么，因此，没有立即发起攻击。新月阵构筑完毕以后，刘裕看到阵中白色羽毛大旗竖立了起来，只见他一声令下，宁朔将军朱超石率领两千多人飞也似的进入阵地，他们携带了一百多张机械大弩，每辆战车上也随之增加了二十人，瞬间就在车上竖起了“防御彭排”（大盾）。魏军看到晋军瞬间建立起了滩头阵地，赶忙发起进攻，朱超石下令先用弱弓小箭射击，魏军见此情形，以为晋军兵少武器装备不行，就从四面八方向新月阵地扑来。与此同时，北魏司徒长孙嵩也率领三万骑兵从平原赶到，魏军肉搏攻击晋军阵营。当魏军接近晋军营垒以后，晋军突然拿出连发的机械大弩，射杀了大量敌人，但是，终因敌人人数太多，那一百张大弩，无法压制住蜂拥而上的敌人。朱超石的军中提前预备有大铁锤和一千多条丈八蛇矛，这时，他下令将丈八蛇矛全部切割成三四尺长的短棒，然后用铁锤将其砸成锋利的刀片，将其安装在机械大弩上，一发而去，就能洞穿三四个人的胸脯。这样一来，晋军终于打退了魏军的进攻，并阵斩了阿薄干，魏军退还畔城。朱超石又率领宁朔将军胡藩、宁远将军刘荣祖（刘裕表侄、刘裕姨表兄弟刘怀慎庶长子）等众将乘胜追击，又被魏军重重包围，晋军人数不足五千，并且都是新入伍的战士，在众将的激励下，晋军浴血奋战，整整苦战了一天，斩杀上千敌人，魏军这才退去。晋军凭借着“却月阵”以区区二千余人竟然击败了数万魏军，一战打出了晋军的威名，猛将朱超石、胡藩等人之名也让魏军闻风丧胆。稍后，刘裕又派遣振武将军徐猗之率领五千人进攻越骑城（今地不详），魏军骑兵包围了徐猗之部，朱超石领兵增援，魏军听说朱超石前来，不战而逃。胜利以后，刘裕设宴犒赏三军，他对刘荣祖说：“爱卿以少击众，在你的进攻面前不存在坚城，虽古之名将，也比不过啊！”当即晋升其为太尉中兵参军、加建威将军。

魏主拓跋嗣听到前方的败报，这才后悔没有听从崔浩之言，于是，下诏不再与晋军纠缠，允许晋军借道西去。

四一七　刘裕灭秦（八）

刘裕一手培养起来的晋军，早已今非昔比。

自刘裕起义以来，甚至起义以前刘裕与孙恩搏杀之时，他率领的晋军历经了无数恶战，很多时候都是以少胜多，而且，几乎是年年都在战斗。长期的战争将如今的晋军锻炼成了一支拥有大批优秀将领、敢于苦战、勇猛顽强的铁军。就在刘裕大军与魏军搏杀，并让魏军领教了晋军的厉害之时，处于潼关城下的晋军同样让秦军吃尽了苦头，不仅转危为安，而且是越战越强。后秦太宰、鲁公姚绍看到晋军占领区内的百姓纷纷向晋军捐献粮食，决定再次切断晋军的粮道，前不久，姚鸾深入晋军背后被沈林子夜袭击败，全军被坑杀；姚赞也因企图切断晋军黄河之上的粮道而被晋军击败，单马奔还，这次，姚绍汲取了前两次的教训，不敢再派秦军接近晋军的大营，他派遣左长史姚洽、宁朔将军安鸾、护军姚墨蠡、河东太守唐小方率领三千人迂回到黄河以北的九原（一说是九原山，在今山西省新绛县北二十里，但由于此地距离晋军集结地较远，另一说在山西省平陆县境，较为合理；另外，《宋书·自序》称秦将所率的部队人数是三万），打算断绝晋军的粮道。姚洽推辞道："小敌之坚，大敌之擒。今兵众单弱，而远出河外，虽然明公神武，但也鞭长莫及，恐怕不行。"但姚绍不从。刘裕认为此地为扼守黄河的要地，必须与秦军争夺，于是，他派遣沈林子率领太尉行参军严纲、竺灵秀两将率领八千人马前去拦击，经过数次激战，再次大破秦军，阵斩姚洽、姚墨蠡、唐小方三人，俘虏了三千多人，缴获了大批战利品。战后，为了进一步瓦解秦军，晋军将这三千多名俘虏全部予以释放。沈林子在给刘裕写信汇报前线的捷报时说："姚绍威名震于关中，然而如今他却屡战屡败，国内危机重重，恐怕他命在旦夕，等不到被捆绑到刑场的那一天了。"沈林子的无心之言竟然说中了，当姚绍听到秦军再次战败的消息后，是又急又气又羞愧，口吐鲜血，突然死去了。

姚绍的死，让本已处境十分艰难的秦军又雪上加霜，但是，秦军此时还很强大，继任统帅的姚赞改变了姚绍企图困死晋军的策略，打算趁着刘裕大军到来之前，迅速将这支晋军消灭掉，他率军主动出击，进攻沈林子所部，但又被沈林子击败。需要说明的一点是，当后世的我们在阅读这段历史的时候，每一个人都会发现在潼关附近的交战，似乎全部都是沈林子一个人在表现，而其他主将如檀道济、王镇恶等人似乎都消失了。这里大约有一个原因，沈林子正是《宋书》作者沈约的祖父，包括司马光在内的后世的人们所了解的晋军前锋部队在潼关交战的这段历史，基本上均出自《宋书》，而《宋书》在檀道济、王镇恶等参战将领们的传记中，对这段历史均一笔带过，直接都写到了晋军入关以后的事情，但却在《自序》中，沈约对其祖父沈林子在其间的表现大书特书，后世对这段历史的了解也都来源于《宋书·自序》，这当然是史家秉笔的威力了，也许，沈林子的确表现突出，但是，其他人当然也会有各自的表现的，不过，我们就无从知晓了，另外，在沈约叙述祖父沈林子的表现时，似乎也有夸张的成分，就拿这次沈林子击败姚赞一战来说，原文为："林子率师御之，旗鼓未交，一时披溃，赞轻骑遁走。"说的是，姚赞率军出击，见到沈林子所部晋军，双方竟然还未交战，秦军就一哄而散，姚赞逃回，这大约就令人难以相信了。因此，《资治通鉴》就将这段记载改成了比较中性的用语："林子复击破之。"

此时的秦军处境转为不利，因为，刘裕的大军已经到达了洛阳。在领教了晋军厉害以后，北魏拓跋嗣下诏允许晋军通过黄河以南的魏国国境，刘裕在旗舰上看到魏司徒长孙嵩的大旗、伞盖，就派人给其送上米酒和江南的土特产，长孙嵩将其转呈拓跋嗣，拓跋嗣收到礼物后，下诏命令长孙嵩也给刘裕送上了丰厚的礼物。双方似乎都忘记不久前还兵戎相见，两军也处于不同的目的暂时解除了敌对状态，于是，刘裕率领的晋军主力很快就进抵洛阳。

来到洛阳以后，刘裕巡视城墙及街道，对毛修之的修缮工作非常满意，当即下令赏赐给他衣服、珍宝，价值二千多万钱，过去，刘裕的好友、前青州刺史刘敬宣的女儿出嫁，刘裕曾赏赐三百万钱，一千匹绸缎，当时被人认为赏赐过重，此次，一下子竟然赏给毛修之两千万的财物，可见当时刘裕的高兴程度。给刘裕加九锡之礼的兼太尉袁湛、兼司空范泰等一行人也随着刘裕大军来到洛阳，住在柏谷坞。范泰认为使命尚未完成，因此，不去西晋的五座皇帝陵墓拜谒，而袁湛独自前去，受到了舆论的高度赞扬。

随着刘裕入居洛阳，晋军的防御重点也逐渐西移，北青州刺史向靖也从原来的驻地向西移屯石门，晋军主力西上以后，青州空虚，齐郡（今山东省临淄）太守王懿（此王懿与前锋都督王懿王仲德并非同一人）投降了魏军，王懿对拓跋嗣上书称："刘裕目前在洛阳，应当发兵切断他的归路，可不战而胜。"这与当初崔浩的计划不谋而合，拓跋嗣看后连连称善。

此时，正值崔浩给拓跋嗣解读历史，拓跋嗣就问崔浩："刘裕讨伐秦国，前军已经进抵潼关，情况如何？以你的看法，晋军能成功吗？"

崔浩回答："过去姚兴只务虚不务实，姚泓又多病，已经众叛亲离。刘裕趁机讨伐，兵精将勇，以臣判断，一定能够战胜。"

拓跋嗣又问："刘裕的武功与慕容垂相比，何者更强？"

崔浩回答："刘裕要超过慕容垂。"

拓跋嗣又说："你说说理由。"

崔浩回答："慕容垂凭借着爷爷父亲曾是前燕皇帝的这个基础，生下来就是皇子，非常尊贵，在他兴复燕国的时候，鲜卑族人归附于他，就仿佛深夜里的飞蛾扑火一般，因此，慕容垂只有稍稍用力，即足以成功。而刘裕则出身贫寒，没有一点可依赖的资本，也没有一兵一卒可以利用，然而，他振臂一呼，就诛灭了桓玄，北擒慕容超，南摧卢循等人，执掌了晋国的大权。刘裕平定后秦回国以后，必定要篡夺晋国皇位，这是历史的必然。秦国之地汉族与各族混杂在一起，乃虎狼之国，刘裕也难以固守。风俗不同，人情一时难以改变，刘裕想用江南的教化在三秦之地施行，就好像没有翅膀却想要飞翔，没有双脚却想要奔跑一样，是不行的。如果刘裕留下部队驻守，反倒恰恰会成为敌人的战利品。孔子说过：'善人为邦百年，或以胜残去杀。'如今后秦难以控制，刘裕在一两年之内岂能真正让其安定下来？我们只用整顿军队，休养生息，按兵不动，等待刘裕南归以后，秦国的土地终将属于我们所有，不用费吹灰之力。"

我们还记得，在数月之前，当北魏群臣不同意刘裕借道的时候，崔浩为了让拓跋嗣同意借道，曾经提到过待晋军西进以后，再发兵堵截晋军的归路，当时崔浩的原话是："不如答应刘裕，让晋军西进，然后，发兵堵住晋军东归之路，这就是所谓的'卞庄刺虎，两得之势'。"仅仅经过数月，当刘裕尚驻军洛阳，还未对后秦发起总攻的时候，崔浩却忘记了自己曾经说过的话，在拓跋嗣询问刘裕与慕容垂优劣的时候，崔浩回答拓跋嗣主要问题以后，又洋洋洒洒借古讽今，给拓跋嗣描绘出一幅不用出兵即可坐定三秦的美妙图画，这就不能不令人怀疑崔浩的用心，那就是他深知此时的刘裕如果面临后秦和北魏两面作战的话，不仅不可能顺利灭亡后秦，相反，甚至会遭到惨败。

既然崔浩提到了这个问题，拓跋嗣索性明确问道：“刘裕入关以后，进退两难，我派去精锐骑兵南下袭击彭城、寿春，刘裕能有什么办法？”

崔浩没有正面回答，因为，这是一个军事常识，一旦回答不合适，崔浩就暴露了。于是，他把话题引开，说道：“如今，西北两个敌国柔然和大夏都还没有被平定，陛下需要镇守京师，不能亲自率军南下。我军兵力虽然不少，但将领中却缺乏韩信、白起一类的名将，长孙嵩有治理国家之才，却没有在疆场上决胜的能力，不是刘裕的对手，因此，臣下才建议我们静静地等待不迟啊。”

拓跋嗣笑道：“你思虑得很周详啊！”

看到拓跋嗣笑了，崔浩尽量把刚才的主要话题融入其他话题之中，造成闲谈的气氛，他接着说：“臣下曾私下评论近代的人物，不敢不如实向陛下汇报心得体会：臣下认为，王猛治国，就好比是苻坚身边的管仲；慕容恪辅佐少主，就像是慕容暐身边的霍光；而刘裕平定叛乱，就是司马德宗身边的一个曹操。”

拓跋嗣问道：“那你说先帝是什么样的人物？”

崔浩赶紧回答：“小人管中窥豹，岂能看到苍穹的深广，但太祖用漠北纯朴之民，南下中原，移风易俗，德披四海，自当与上古圣王神农氏齐名，臣岂能评价？”

拓跋嗣又问：“刘屈丐怎么样？”

崔浩回答：“刘屈丐在部落被夷灭以后，孤身一人，流落到后秦，被后秦扶植、培养。他不思报仇雪耻，却与柔然结怨，又背叛姚兴，此等小人，心中并无经世大略，只是残暴无耻，终将被人所灭。”

拓跋嗣大喜，与崔浩二人一直谈论到深夜，赏赐给他十觚美酒，一两精盐，并对他说：“朕品味爱卿的话语，就像品味着盐和酒，但愿爱卿也有同样的感受。”

但拓跋嗣并没有被崔浩忽悠住，此时，后秦姚泓也向北魏派来了求救的使者，于是，拓跋嗣命令司徒、南平公长孙嵩，正直将军、安平公叔孙建各自挑选两千精锐士兵，组成精锐部队，随着晋军一起西进，进入河内郡，并派遣游击将军王洛生率部驻扎在河东郡，声援后秦。

拓跋嗣的计划是：魏军暂且做好战备，等晋军向西更深入以后，就从虎牢关一带渡过黄河，向南进攻晋国的彭城和沛县一带；如果刘裕没有继续西进，魏军则沿着黄河北岸继续跟随，监视晋军的动向。

四一八　刘裕灭秦（九）

义熙十三年（公元417年）七月，东晋太尉刘裕率军离开洛阳，推进到陕城（今河南省陕县）。

此时，刘裕安排的三支奇兵也都进入后秦境内，他们分别是：从子午谷北上的姚珍之军；从洛谷入关的窦霸之军和从武关进入关中的振武将军沈田子、建威将军傅弘之所领的三千人马。沈田子、傅弘之部队的确切人数其实是有疑问的，据《晋书·姚泓载记》的记载，二人率领的部队是一万多人，而非区区的三千人马。另据《宋书·傅弘之传》的记载，沈田子、傅弘之这支从武关方向进攻的晋军共有七股部队，也许人数并不一定就那么少吧。

沈田子和傅弘之的军队从武关（今陕西省商县东一百八十五里）进入秦国国境，所向无敌，上洛（今陕西省商县）郡太守弃城而逃回长安，其他各个郡县的地方官也都望风而逃。于是，这支军队顺利推进到蓝田（今陕西省蓝田县）。蓝田，过去又称作青泥，因城池对面是峣山，其上多柳树，因而又称作峣柳，这里是从东南方向进入关中的最后一道屏障。

当晋军主力与秦军在定城（今陕西省华阴市东）相持不下的时候，沈田子之军也推进到了蓝田。秦主姚泓命令给事黄门侍郎姚和都率军驻扎在这里抵御。刘裕担心沈田子等人率领的部队人数较少，即命令沈田子弟弟沈林子率领一万精兵南下，增援沈田子等人，一起夺占蓝田关，沈林子率军翻山越岭，穿越了伏牛山脉，一路跋涉前来。然而，就在沈林子之军尚未到达之时，后秦主姚泓得知刘裕大军已经推进到了阌乡（今河南省灵宝市西北），一场生死对决即将展开，他决定亲自率领大军从长安出发东进与刘裕决战。但是，他又考虑到假如大军东出以后，沈田子之军会在蓝田动手，一旦蓝田失守，秦军主力将会腹背受敌，长安将变得非常危险，想到这里，他决定在大军东进之前，以优势兵力先将沈田子这股晋军解决掉，于是，他命令姚裕率领八千步骑先行出发，增援蓝田，姚泓亲自率领数万大军随后而来。

《资治通鉴》称，沈田子本部仅有一千余人，而《宋书·自序》则称，其本部人马仅仅数百人，不管多少，总之，晋军的这支本来被刘裕用作疑兵的部队，人数与数万秦军差距是非常大的。秦军刚刚抵达前线，沈田子就决定趁秦军立足未稳，孤注一掷与秦军决战，傅弘之劝阻道："敌众我寡，难以抵敌。"

沈田子反驳道："兵贵用奇，不全靠人多。"

傅弘之仍然不答应。

沈田子说："敌我两军众寡悬殊，不是敌死，就是我亡，势不两立。如果等到敌人站稳了脚跟，我军将军心大乱，到那时，我们就大事已去了。趁着现在敌人部伍不整之际，主动向其发起进攻，一定能够胜利，这就是所谓的先发制人！"说完，沈田子也不等傅弘之答应，即独自率领本部人马擂鼓前进。

秦军将晋军的这股小部队包围了好几层，沈田子激励将士们说："大家离开自己的妻子儿女，将祖宗的坟墓远远抛在脑后，投身从军，甘冒枪林箭雨，就是为了今日！建立能够封侯的战功，也就在此地！"于是，他命令扔掉军粮，焚烧营舍，将所部完全置于死地，沈田子所率的江东子弟，都是身经百战的勇士，善于近距离格斗，而据《晋书·姚泓传》的记载，"姚泓扫境内之民"，组成的这支军队，由此说明，姚泓率领的这数万大军，其实不少都是刚刚征召的百姓，当然无法与晋军相比。在沈田子的感召下，这股部队如入无人之境，将士们奋不顾身，左砍右杀，看到沈田子被围，大约傅弘之等其他六军也都加入到了激战中，战斗从上午九点一直持续到下午三点，经过激战，姚裕及姚泓率领的秦军被击败，晋军斩杀秦军一万多人，并缴获了秦主姚泓的御用车辆、御用服饰。姚泓率领残部退守灞上。

对于此战秦军被杀的人数，其实也是有问题的，当时，据《晋书·自序》在叙述沈林子的时候可知，当时的晋军将领们都虚报战功，这已人所共知，因此，斩杀一万秦军本身可能都是有水分的，单就沈田子之军的杀伤人数，根据刘裕上报朝廷中称"所向必摧，自辰及未，斩馘千数"一语，能够确定沈田子所部斩杀了一千人，这个数字大约是可信的。

蓝田之战结束以后，沈林子率领的部队才抵达战场，兄弟二人率领晋军又继续进击，追到灞上。此时，沈田子和沈林子兄弟早已威名远扬，秦国百姓都非常害怕，各地纷纷暗中表示归附，晋人庞斌之、戴养、胡人康横等也都率领部落投奔晋军。在这种情况下，沈田子打算直接进攻长安，而弟弟沈林子劝阻道：“现在我们拿下长安，如探囊取物一般容易。我们兄弟连克敌城，再攻克长安，就等于说单独灭了一国，那是不赏之功啊。”于是，沈田子这才按兵不动了。

义熙十三年八月二日，刘裕抵达潼关。

此时，秦军主帅姚赞屯军定城（今陕西省华阴市），姚难驻守香城（今陕西省大荔县东南），黄河渡口蒲坂尚在秦军之手，但河曲一带却由投靠晋军的薛帛占领，于是，刘裕任命朱超石为河东太守，命令他与振武将军徐猗之与薛帛在黄河以北会师，然后，一起进攻蒲坂。晋军攻下了蒲坂以后，秦平原公姚璞又与姚和都一起率军前来争夺，晋军寡不敌众，徐猗之战死，朱超石抛弃部众，只身逃回潼关。秦军重新占领蒲坂以后，姚赞就命令司马休之、司马国璠从轵关（今河南省济源市西北十五里）向河内郡进发，与那里的魏军联络，引导魏军伺机攻击晋军的背后。

正面迟迟没有取得进展，王镇恶对刘裕建议，请求率领水军绕开定城的秦军主力，从黄河进入渭河，直接进攻长安，刘裕答应了。王镇恶心中早已有了从渭河进攻长安的计划，他提前就已经命令士兵们砍伐树木，建造船只了，于是，刘裕命令王镇恶、王敬（疑为龙骧将军王敬先之误）从秋社（今地不详）渡过渭河，先行进攻驻守香城的姚难之军，为水军逆流而上扫清道路。当时，暴雨倾盆，渭河泛滥，姚赞等秦军无法渡河，救援姚难。看到晋军前来，姚难一支孤军不敢恋战，只好放弃香城，仓皇后撤。姚难所部撤至泾河河畔，与镇北将军姚强率领的数千本郡部众会师，一起驻守在这里，抵御晋军。

听说晋军沿着渭河西上的消息，后秦主姚泓从灞上北撤到石桥（疑在今陕西省泾阳县境石桥镇），为姚难、姚强声援。王镇恶命令部将毛德祖率军进击，一战将秦军击败，阵斩姚强，姚难逃回了长安。与此同时，由于王镇恶之军也已绕到秦军主力的背后，秦军整个东部防线瓦解，姚赞只得率军从定城向后撤退，退守郑城（今陕西省华县）。

刘裕率军步步紧逼，后秦主姚泓只得再次调整部署，进一步缩小防卫圈，他命令姚裕、尚书庞统屯兵宫中，姚洸屯于沣西，尚书姚白瓜将四军杂户强制迁入长安，姚赞退守灞东（灞河东岸），姚丕驻守渭河河桥，胡翼度驻守石积（今陕西省华县西南），姚泓本人则率领御林军驻扎在长安城西的逍遥园。

王镇恶的水军继续沿着渭河西进。他设计建造的是封闭式的战舰，划船的战士都藏在战舰以内，秦人看到战舰逆流而上，却不用人划桨，没有见过这样的船只，都非常震惊，以为晋军有神灵相助。八月二十三日凌晨，王镇恶的部队推进到渭河河桥（长安以北），王镇恶命令将士们先饱餐战饭，吃完饭以后，即下令全军弃船登岸，后上岸者斩首。渭河水流湍急，战舰都随河水朝东漂去，眨眼的工夫，就消失得无影无踪。当时，姚泓在长安附近的秦军尚有数万人，王镇恶率领的这支突击部队也已经自陷死地，唯有前进！前进！再无生路！全军将士都眼睁睁地看着逐渐变小的战舰，一直到倏忽不见，大家都知道这意味着什么。王镇恶对全军将士们说："你们大家的家乡都在江南，我们的正前方就是长安的北门，距离你们的家乡有万里之遥，现在，我们的船只，我们的衣服，我们的粮食，都随船只漂走了，我们哪里还有其他的求生之路！只有死战，才能立下大功，不然，我们会被秦人杀光！"

说完，王镇恶身先士卒，带头朝秦军发起了攻击，士兵们也都知道再无退路，无不奋勇争先，与驻守此地的秦军搏战，大破姚丕之军。姚泓亲自从逍遥园率军救援，但是，河桥附近却逼近河流，道路狭窄，姚泓的援军在路上迎面遇到溃逃下来的败兵，一下子就被冲散，姚泓的这支援军顿时不战自溃。姚谌、前将军姚烈、左卫将军姚宝安、散骑常侍王帛、建武将军姚进、扬威将军姚蚝、尚书右丞孙玄等人全部死在战场，姚泓单人匹马逃回宫中。

王镇恶率军一路追杀过来，从平朔门（长安北门）攻入长安城，姚泓与姚裕等人率领数百骑骑兵逃奔于石桥。长安陷落的消息传到姚赞军中，姚赞向将士们通报了这一消息，后秦将士无不抽出佩刀，以刀砍地，放声大哭。胡翼度已经暗中与刘裕勾结，这一天，他抛弃军队向刘裕投降。当晚，姚赞率领秦军主力火速赶回长安，打算与在石桥的姚泓会师，当这支部队回到长安，王镇恶的晋军已关闭了各个城门，秦军无法进城，部众非常惊恐，顿时一哄而散。

此时，晋军威名远播，西州人李焉等都要求为晋军效命，孙妲羌杂夷及姚泓的亲属，也都投降了沈林子。一夜无眠，躲在石桥的姚泓无计可施，已经上天无路，入地无门。他考虑再三，决定向刘裕投降，他的儿子姚佛念，当时年仅十一岁，对姚泓说："晋人肯定会在我们身上满足他们的欲望，即使投降，最终也难以幸免，不如自杀。"姚泓凄然没有作声，姚佛念遂登上宫墙跳下摔死。

第二天，也就是义熙十三年（公元 417 年）八月二十四日，姚泓带着妻子、群臣前往王镇恶的大营门前投降，王镇恶命令将他们关押起来。长安城内尚有六万多户各族群众，王镇恶宣扬晋国的恩德，号令严明，安抚慰问新归附的部众，居民们生活如常。

四一九　刘裕灭秦（十）

义熙十三年（公元417年）九月，刘裕来到了长安。

王镇恶亲自前往灞上迎接，刘裕慰劳他说："成就我霸业的，正是你啊！"

王镇恶一再叩头，回答："这是明公的神威，诸位将士的努力，镇恶又有什么功劳呢！"

刘裕笑着说："你是想学习光武帝的大树将军冯异啊！"

当时，后秦帝国国库丰盈，各种奇珍异宝数不胜数，王镇恶非常贪婪，明抢暗偷了大量后秦财宝，刘裕因其立下大功，没有追究。有人告发王镇恶私藏后秦皇帝姚泓的御用轿子，将图谋不轨。刘裕命人偷偷查看，发现王镇恶剔取镶嵌在轿子上的金银珠宝后，将轿子扔到墙外，看到这种情况以后，刘裕这才放下心来。

长安平定以后，尚有十余万羌族残余部众西逃到陇上，沈林子率军西上追击，在寡妇水（今地不详）追上了他们，一直缠斗到槐里（今陕西省兴平市境），俘虏了一万多人。不久，略阳（今甘肃省秦安县东南）太守徐师高反叛，傅弘之率军西上将其讨平。姚泓女婿徐众率领残余部众逃跑，檀道济、刘荣祖一起率军掩击，斩杀无数。

刘裕来到长安以后，首先拜谒了汉高祖刘邦的陵墓，然后，对各位参战将领均予以了封赏，他在文昌殿上大摆筵席，亲自举起一杯酒赏赐给沈田子，说道："咸阳能够平定，那是你的功劳啊。"当即将咸阳赏赐给他，沈田子回答："平定咸阳，实在是明公的圣明所至，是将士们效命的结果，沈田子哪有什么功劳！"刘裕大喜，任命其为咸阳、始平二郡太守。刘裕还晋王镇恶、檀道济的军号为征虏将军，以王懿为太尉咨议参军。

晋军将领们以胜利者的姿态出现在长安城内，可谓是春风得意。傅弘之素来擅长骑马，刘裕到达长安以后，傅弘之身着宽大的江南服装，在后秦皇帝姚泓的御用驰道内戏马，只见他一会儿策马飞奔，一会儿突然勒马停下，往返二十多里，姿势非常好看，引得数千羌族、匈奴等少数民族的围观，这些北方马背上的民族没有想到出身江南的将领竟然拥有如此娴熟的马术，无不瞠目结舌，叹息不止。

与胜利者相反，最难过的当属后秦的宗室。

姚泓投降以后，姚赞也率领后秦宗室子弟一百多人向刘裕投降，同时，后秦平原公姚璞、并州刺史尹昭也以蒲坂投降。刘裕任命薛辩为宁朔将军、平阳（今山西省临汾市）太守，为晋军镇守北方边境。据《魏书》记载，薛辩从祖父薛陶以来，就是河东的豪强，接受石赵、前秦、后秦的官职，但一直处于割据状态。

当时，刘裕打算经营北方，他还计划将国都从建康迁往旧都洛阳，大家都表示同意，刘裕专门征询王懿的意见，王懿回答："不平凡的大事，固然不是平凡之人所能做到的，像迁都这样的大事，必然会引起百姓们的骚动。如今，部队在外时间太长，将士们都有思乡之心，正该仍然以建康为政治中心，等到与北方融合以后，再商议迁都不迟。"在这种情况下，刘裕不可能留下后秦宗室这些人平添麻烦，他下令将投降的后秦宗室数百人全部斩杀，并命令王懿护送后秦主姚泓及剩余的后秦宗室回到江南。不久，后秦主姚泓即在建康街市上被斩首，终年三十岁，在位一年有余。据史书记载，东晋朝廷诛杀姚泓以后，建康附近一百里范围之内发生了山火，树木、野草都被烧得精光。随着姚泓的被杀，建立于晋孝武帝太元九年（公元 384 年）的后秦帝国灭亡了，后秦帝国历经姚苌、姚兴、姚泓三帝，共存续了三十四年。

除了将姚泓送往建康以外，刘裕还将后秦帝国皇家祭祀用具、浑天仪、土圭（测日仪器）、记里鼓（车分上下两层，行驶一里，下层自动敲鼓；行驶十里，上层自动敲锣）、指南车等送归建康。从义熙十二年八月刘裕从建康动身，到今年九月，刘裕的这次北伐一共用了一年零一个月，在这一年多的时间里，晋军历经艰险，终于一举将后秦灭国。

九月四日，东晋流亡宗室前荆州刺史司马休之、其子司马文思、司马国璠、司马叔璠、司马道赐及辅国将军温楷、竟陵内史鲁轨、荆州治中韩延之、渤海刁雍、王慧龙、桓温孙子桓道度、桓道子、桓温族人桓谧、桓璲、陈郡袁式等数百人，带着家眷一起到长孙嵩军中投降，一个月以后，司马休之就死在长孙嵩的军中。后秦匈奴堡（今山西省临汾市境）镇将姚成都、弟弟姚和都也都投降了北魏。

北魏明元帝拓跋嗣本欲抄晋军的后路，他已经派遣长孙嵩所部从虎牢关南渡黄河，晋军留在黄河以南的堡垒纷纷败逃，然而，晋军竟然这么快就灭了秦国，这大大出乎他的预料，如今，他所能做的只有下诏重赏那些将后秦宗室送到平城的百姓们，以此聊以安慰一下自己最宠爱的妃子西平公主姚氏。如今，消灭了后秦的晋军如日中天，拓跋嗣心内震恐，他再也不敢主动找碴儿，向晋军派遣使者请求恢复和平，双方暂时实现了和解，十月，拓跋嗣下诏命令长孙嵩所部撤回平城，命令叔孙建率军镇守邺城，与此同时，拓跋嗣又重赏了投降的东晋宗室，加封司马国璠为淮南公，司马道赐为池阳子，鲁轨为襄阳公。与刘裕有灭族之恨的刁雍不愿在北魏优游卒岁，他上书拓跋嗣，请求到黄河以南扰动晋国边境，报仇雪恨。拓跋嗣同意了，任命其为建义将军，刁雍遂渡过黄河南下，在黄河、济水之间招降纳叛，聚集了五千余人，他们以大岘山为根据地，传檄青州、徐州。刘裕命令将军李嵩等人前往讨伐，结果战败，刁雍在蒙山（今山东省蒙阴县南）将其斩杀。于是，刁雍的部众猛增至两万多人，进屯固山（今山东省济南市长清区东南三十里）。

此时，摆在刘裕面前首要的任务是安定关中，因此，刘裕打算长久地驻守在长安，并以此为根据地，把北魏作为未来的打击重点，将少数民族的势力从山西、河北赶出去，为此，刘裕必须先结好关中周边的势力。占领长安以后，刘裕即向大夏赫连勃勃派去使者，与赫连勃勃约为兄弟，就是将矛头对准北魏。赫连勃勃在接待刘裕使者之前，提前让中书侍郎皇甫徽写下一篇文辞优美的回信，赫连勃勃背诵下来以后，他当着刘裕使者的面，再装作随口口授，让舍人撰写出来。使者回到长安以后，刘裕读着赫连勃勃的回信，又听使者描述当时的情形，并称赞赫连勃勃容貌魁伟，英武绝人，刘裕不禁叹息一声，说道："我不如他啊！"

除了赫连勃勃以外，关中、陇西、凉州地区尚有西秦乞伏炽磐、仇池公杨盛、北凉沮渠蒙逊和西凉李暠，这些势力处于各自的目的，从表面上都是响应刘裕北伐的。不过，他们的内心大多出于远交近攻的中国传统策略，希望看到自己的近邻兼强敌后秦被灭，而己方可以伺机火中取栗，因此，在刘裕北伐期间，这些势力大多采取一种坐山观虎斗的态度，眼看秦晋两军拼个你死我活、两败俱伤。不过，晋军却以神速动作很快消灭了后秦，这让所有幸灾乐祸的人们都非常失望，在这一点上表现得尤为明显的，就是北凉的沮渠蒙逊。在刘裕北伐以前，北凉与西秦之间实现了和平，沮渠蒙逊借机派遣部将沮渠广宗率领一万骑兵袭击乌啼虏，大捷而还。不久，他又派遣前将军沮渠成都率领五千骑兵袭击卑和虏，沮渠蒙逊率领三万中军作为后援，卑和虏率众迎降，同时，一直是北凉仇敌的西凉李暠也于义熙十三年年初去世，儿子李歆继位，沮渠蒙逊派遣张掖太守沮渠广宗诈降李歆，李歆派遣武卫将军温宜等人率军接应，自己则亲自率领大军随后进发，沮渠蒙逊提前在蓼泉（今甘肃省张掖市西北二百里）设下埋伏，所幸李歆觉察出了沮渠蒙逊的诡计，引兵退却。沮渠蒙逊组织北凉军队发起追击，西凉李歆所部在解支涧（今甘肃省高台县西南）与北凉交战，李歆身先士卒，大破北凉军队，追奔一百多里，俘斩七千余级。沮渠蒙逊搜集残兵败将还要再战，前将军沮渠成都劝阻，于是，沮渠蒙逊修筑了建康城（今甘肃省高台县西南）后撤回。惨败以后的沮渠蒙逊的心情可想而知，因此，当他听说刘裕已经灭了曾经非常强大的后秦，非常恼火，门下校郎刘祥向他汇报工作，沮渠蒙逊看到刘祥似乎非常高兴的样子，不禁吼叫道："你听说了刘裕入关，竟敢如此高兴！"当即下令将其诛杀。沮渠蒙逊的过激反应，正说明了刘裕入关对陇西、凉州地区汉族民众巨大的影响，也引起了少数民族统治者的惶恐不安。

在刘裕伐秦期间，西秦的乞伏炽磐也像沮渠蒙逊一样曾表示愿意配合晋军作战，他也因此被东晋朝廷封为平西将军、河南公，不过，在刘裕整个伐秦战役中，我们没有看到西秦向关中地区派出一兵一卒，相反，乞伏炽磐却下令安东将军乞伏木奕干率军进攻吐谷浑树洛干，在尧杆川（今地不详）击败树洛干的弟弟阿豺，俘获五千多人。树洛干退保白兰山（今青海省黄河源头西北布尔汗布达山），羞愧愤怒而死，死时二十四岁，乞伏炽磐听说树洛干病死的消息，大喜说道："这家伙非常骄傲，正是俗话说的养了一头白蹄的猪啊。去年，乞伏昙达东征，后秦姚艾败走；今年，木奕于西讨，吐谷浑远逃。如今国内安定，我无忧了！"于是，又以乞伏昙达为左丞相，以自己的儿子乞伏元基为右丞相，麹景为尚书令，翟绍为左仆射。此时，后秦已经灭亡，乞伏炽磐趁机派遣乞伏昙达、乞伏元基东讨上邽的姚艾，姚艾只好投降。

树洛干死后，弟弟阿豺自立，自称骠骑将军、沙洲刺史，逐渐兼并周边小的部落，控制了数千里的地盘，成为青海一带的一个强国。

四二〇　率师东还

如果说刘裕北伐仅仅是为了自己篡位，也有失公允。

此时的刘裕及其所率领的晋军已经威震整个北中国，刘裕本人的威望也达到了前所未有的高度，十月，晋安帝司马德宗下诏晋宋公刘裕爵位为宋王，以徐州的海陵、东安、北琅邪、北东莞、北东海、北谯、北梁，豫州的汝南、北颍川、北南顿共十个郡，划归宋国所有。刘裕原来担任的相国，扬州牧，领征西将军，司州、豫州、北徐州、雍州四州刺史不变。刘裕推辞，没有接受，在刘裕看来，他还有更重要的事情需要去做。

关中的局势尽管复杂，但认真梳理还是能够厘清一个思路的。赫连勃勃居心叵测，对长安虎视眈眈，但刘裕的晋军灭了他的仇国，并主动与之结为兄弟，同时，在刘裕占领长安期间，夏军停止了一切军事行动，这都意味着夏军是一支可以争取的力量，尤其是如果共同对付魏军的话，甚至可以成为晋军的同盟军。乞伏西秦自从兼并南凉以后，势力大增，如今，他招降纳叛，全取秦州，并占领上邽，虎视关中，但目前来说，西秦主动表示臣服晋朝，如果晋军势力持续强大，也许首鼠两端的西秦亦会为我所用；仇池氐王一直接受晋朝称号，此次刘裕灭掉了后秦，等于是为氐族报了灭国之仇，这也是一支可以被晋军利用的力量；凉州的北凉沮渠蒙逊虽然不愿意看到晋军强大，但怎奈路途遥远，中间又隔着西秦，且有西凉李歆予以牵制，暂时对关中地区没有什么威胁。因此，要想巩固关中，首先是要处理好与夏国和西秦之间的关系，西面巩固陇山一线的各个重镇，西北和北面与夏国实现和解，消除夏国对岭北附近的威胁。

那么，下一步，对于刘裕而言，是率师西进，进攻乞伏炽磐抑或是联合夏军，合力进攻北魏呢？

从种种迹象表明，刘裕当时已经将下一步进攻的目标选定到了北魏，史书也对此有过记载，比如《宋书·刘穆之传》中称，（刘裕）“本欲顿驾关中，经略赵、魏。”

刘裕将进攻矛头对准北魏的理由大致如下。

一是北魏的行动已经与晋国为敌。虽然在刘裕入定关中以后，魏军主动示好，但在刘裕伐秦之初，魏军前不同意借道，后进攻晋军后方，这都不会让刘裕原谅。即便是在后秦灭国以后，北魏仍然接纳司马休之等人，庇护后秦皇族，并纵容刁雍渡过黄河侵扰晋境，这都是敌对行动，刘裕寻找一个讨伐的理由，也非常容易。

二是北魏国内依然并不稳定。就在刘裕讨平后秦前后，西山（疑为太行山，或为平城西山，《魏书·太宗本纪》称作“榆山”）丁零翟蜀、洛支等人再次发动叛乱，四月，丁零翟蜀派人与刘裕暗中联络，十一月，当长孙嵩回到平城以后，拓跋嗣即命令长孙嵩率领娥青、周几与叔孙建等将合击丁零翟蜀、洛支等人，在北魏主力军队的打击下，翟蜀等人被悉数扑灭。

三是对北魏的战略包围已基本形成。在此以前，东晋政府就已经与北燕冯跋搞好关系，晋青州刺史申永曾奉命向北燕派出使者，此举不言自明，就是为了从北方牵制北魏，据《魏书·太宗本纪》的记载，到了本年四月，冯跋也向东晋派出使者王特儿等人，但王特儿等人在前往东晋的途中被北魏章武太守抓获，被送到平城斩杀。在刘裕北伐后秦的过程中，北燕和东晋之间进一步加强了联系，这非常耐人寻味。如今，北魏四周均为敌国，北方是柔然；东北是北燕；西面是夏国；西南、南面则是晋国。假如刘裕能够充分利用这些力量，北魏将凶多吉少。

当然，刘裕不是没有困难：长安并非建康，如果以此为基地，对北魏发起大规模的灭国行动，刚刚占领的长安能否一直保持稳定，后秦势力是否会死灰复燃；西秦乞伏炽磐敢不敢乘虚东进，大夏赫连勃勃能否为我所用，同时，正如王懿所言，江南子弟兵已经远涉万里，离家一年有余，人人思乡，军无战心，这一切都是刘裕必须解决的问题。但是，对于内部的问题，刘裕解决的办法就是，自己本人就驻节长安，这样一来，晋军将士们也都无话可说。

一切似乎都在按部就班地进行着，然而，一件突如其来的事情却完全打乱了刘裕的部署——义熙十三年十一月三日，东晋尚书左仆射刘穆之病逝了！终年五十八岁。

刘穆之的死讯传来，刘裕惊得目瞪口呆，半天说不出话来，继而，他老泪纵横，失声痛哭。刘穆之的死，不仅让远在长安的刘裕震惊悲痛，而且也让建康的留守政府全体人员一下子都失去了主心骨，显得非常担心，当时，就有人建议由皇帝下诏以徐羡之接替刘穆之的职务，张邵却建议说："如今局势的确危急，徐羡之也一定能接替这一职务，但世子无权擅自发号施令，此事还是要派人速去长安，征询大人意见以后再定。"刘裕复命说："朝廷和大府中的事务，都要咨询徐羡之，其余事务要禀报。"

长期以来，刘穆之是刘裕的最为贴心的心腹，刘裕北伐，将自己的整个后方都交给了刘穆之管理，如今，江南再没有一人能够比得过刘穆之在刘裕心中的地位，有刘穆之在，刘裕完全可以放心朝廷中的一切，现在，刘穆之去世了，即使是徐羡之，刘裕也并非百分百地信任，况且，刘裕的儿子们如今都未成年，世子刘义符也才年仅十二三岁，这如何能让他不担心？刘裕让朝廷下令任命徐羡之为吏部尚书、建威将军、丹阳尹，甲仗二十人出入皇宫，暂时管理后方事务，稍后，又晋升他为尚书仆射，建威将军、丹阳尹不变。虽然徐羡之接替了刘穆之的职位，但是，刘裕指示，过去一些刘穆之自己就能决断的朝廷大事，都要上报刘裕以后才能施行，刘穆之生前将军府中的两万多部队，除了三千人划归徐羡之的建威将军府以外，剩余的一万七千人全部划归世子刘义符的中军将军指挥，刘裕所作的种种部署，都显示了他对建康局势的担心和不安。

刘裕集团中只有一个人对刘穆之的死是眉开眼笑，此人就是谢晦。

谢晦，是谢安的二哥谢据的曾孙，被杀的谢混、与刘裕结亲的谢裕都是他的叔伯辈，他又是"小谢"谢朓的叔伯辈，与"大谢"谢灵运是堂兄弟。谢晦是个美男子，眉目如画，头发黑漆发亮，爱说爱笑，刘裕非常信任，北伐期间，一直随军负责军中事务。

刘穆之生前向刘裕禀报后方事务，谢晦总是提出不同意见，消息传回建康，刘穆之不禁大怒，威胁道："看你还回不回来？"刘裕打算任命谢晦为从事中郎，征询刘穆之的意见，刘穆之坚决不同意，因此，谢晦一直得不到升迁。刘穆之的死讯传来，刘裕悲恸欲绝，当时，谢晦正在值班，他非常高兴，专门进入刘裕的房间探听消息是否可靠。当天，刘裕即下令任命他为从事中郎。

刘穆之的死，立即让刘裕陷于两难境地。

当时晋军在关中地区声威大震，流落在陇西乃至凉州的汉族军民对晋军都是翘首以盼，经营关中，继而出兵赵魏地区，此时是一个千载难逢的良机，然而，江南刘穆之死后，却是危机四伏：司马氏皇族的残余势力还四处煽风点火，司马楚之、司马顺明、司马道恭等人屯聚在汝河、颍河之间，刁雍则扰动青州，北魏时时窥伺淮北地区，彭城承受了巨大的压力，一旦彭城丢失，不仅北伐军的归路被切断，而且，淮河两岸将落入敌手，威胁到长江防线。北方如此，南方也让人担心，就在刘裕驾临长安之际，广州刺史谢欣病死，东海人徐到期趁机纠集不法之徒，攻陷了广州，诛杀一百多人，然后，出兵始兴（今广东省韶关市），被时任始兴相的刘谦之击败，刘谦之乘胜南下，夺回了广州，东晋朝廷即以其为振威将军、广州刺史。刘谦之就是刘裕在讨伐司马休之时屯兵三连、被鲁轨所杀的刘虔之的兄弟。除了外部压力以外，朝廷内部也不能令人完全放心，一是长期的军事行动，给江南民众带来了巨大的压力，不少人铤而走险，啸聚山林；二是当地的地方官不少还是刘裕起义时的功臣，这些人出身武将，缺乏治理百姓的经验，既贪婪，又强横，让本已非常危险的江南的治安局势，又雪上加霜；如果江南民众反叛力量形成气候，一旦建康出现意外，刘裕即使率领大军回到江南，也极有可能重蹈关羽走麦城的覆辙。

刘裕思前想后，终于决定率军东归。

在决定回师之前，刘裕对自己东归以后关中地区的防务进行了部署：以自己的次子、时年十二岁的桂阳公刘义真为都督雍州、梁州、秦州三州诸军事，安西将军，领雍州、东秦州二州刺史，留下北伐军的众多名将辅佐刘义真：以太尉咨议参军王修为长史，以王镇恶为司马、领冯翊太守，以沈田子为安西将军中兵参军、龙骧将军、始平（今陕西省彬县）太守，以毛德祖为安西将军中兵参军、领秦州刺史、天水（今甘肃省天水市）太守，以傅弘之为雍州治中从事史。当时，上邽已经在西秦之手，毛德祖只是遥领天水太守，而东秦州的治所就在长安，成立东秦州，不过是为了安抚陇上的汉族民众，消息传来，当地民众都知道晋军不可能再西上了，都叹息失望。

王镇恶的祖父王猛在关中人的心目中享有很高的威望，并且，王镇恶在伐秦之战中，占领了长安，立下大功，因此，江南的将领们都对王镇恶非常猜忌，况且，王镇恶进入长安以后，过于贪心，也令众人不满。沈田子蓝田之战一区区小股部队战胜秦军，打乱了秦军的部署，可以说，两人的功劳是难分伯仲，因此，刘裕赞扬二人的时候，曾说过几乎相同的话。不过，毕竟是人家王镇恶攻占了长安，位居首功，所以，沈田子一直心中不服，与王镇恶关系恶劣。刘裕将要东归的时候，沈田子、傅弘之屡屡对刘裕进言说：“王镇恶的家就在关中，难保他的忠诚。”

刘裕回答：“如今留下你们率领一万精兵，他如果敢于作乱，只能自取灭亡，你们不要多说了。”

刘裕私下却对沈田子说：“钟会之所以作乱未遂，正是有卫瓘的缘故，俗话说：‘一头猛虎，也敌不过一群狐狸。’你们有十余人呢，岂能害怕一个王镇恶？”

四二一 痛失关中（一）

关中父老乡亲听说刘裕行将东归的消息，不约而同地来到刘裕的府邸门前哭诉。

老人们流着眼泪对刘裕说："我们这些个残存的汉民，沦陷在此，已将近百年没有受到王朝的教化，如今见到汉民族的衣冠装束，人人发自内心高兴，欢喜庆贺。长安有十座皇帝陵墓，是你们刘家的陵墓，咸阳的宫殿，也都曾经是你们刘家的住宅，大人忍心抛下这些，又将要去哪里呢！"

刘裕听了，心中也非常感伤，安慰他们说："接受朝廷的命令，不能擅自停留。心中非常感激你们那颗不忘本的心，因此，我留下次子刘义真率领文武群臣共同镇守此地，请你们安心生活。"

刘裕东归之前，他亲自握着刘义真的手，放到王修的手里，同时，他又让王修把儿子王孝孙的手交到自己的手中。这当然意味着，他把刘义真完全托付给了王修，又将王修的儿子王孝孙作为人质，握到了自己的手上。

义熙十三年十二月三日，刘裕在长安停留三个月以后，不得不率领大军离开长安，开始了东归之路，闰十二月，刘裕大军从洛河进入黄河，开凿汴渠一路东下。第二年一月二十六日，经过了两个多月的跋涉，刘裕来到了彭城（今江苏省徐州市），他下令解除戒严，并将琅邪王司马德文先行放归建康。

刘裕尚未到达彭城，关中的形势就已经开始恶化了。

赫连勃勃听说刘裕东归的消息，不禁喜出望外，他对王买德说："朕将夺取关中，你给我说说具体的方略。"

王买德回答："刘裕灭秦，可谓是以乱平乱，不是以德政安抚苍生。关中，乃地理位置非常重要的地域，刘裕却留下小儿镇守，这说明，他对关中地区并没有长久的规划。刘裕匆忙南返，不过是想急于篡夺晋室，无暇顾及中原了。陛下以顺讨逆，关中百姓都急切地盼望陛下率军前往，这是一个绝好的机会。蓝田和上洛（武关以西），这两处是晋军北伐的要点，应当提前部署部队以切断晋军南北联络，然后，陛下率军占据潼关天险，固守函谷关和陕城之地，从东面切断晋军水陆交通要道。陛下再传檄长安，长安百姓一定会拿出酒肉来迎接王师的。刘义真独守孤城，四面均被我军卡死，无处逃窜，十天之内，必定会被捆绑到陛下军前，正所谓是兵不血刃，不战而自定啊！”

赫连勃勃以为王买德说得对，刘裕尚在东归的途中，赫连勃勃即于义熙十三年（公元417年）闰十二月，任命儿子赫连璝为都督前锋诸军事，领抚军大将军，率领二万骑兵南伐长安。另外，他还派出两支部队分别切断关中晋军与外界的联系：一支由前将军赫连昌向潼关杀来，并扼守潼关；另一支以王买德为抚军右长史，率军一直向南推进，占领青泥（蓝田关），切断长安晋军与南阳盆地之间的联络。赫连勃勃亲自率领大军作为这三支部队的后援。

义熙十四年（公元418年）一月，赫连璝率领的夏军进抵渭河北岸，关中百姓纷纷向夏军投降。

刘义真命令龙骧将军沈田子率军与夏军交战，当时夏军势力很大，沈田子畏惧夏军，退守刘回堡（今陕西省兴平市东南），并向长安派出使者汇报前线的情况。

安西将军司马王镇恶同着沈田子使者的面对长史王修说：“大人把十岁的小儿托付给我们，大家都应该竭尽全力，如今，沈田子竟然拥兵不进，怎么能消灭敌人！”

使者回到刘回堡，将王镇恶的话如实告诉给了沈田子。本来，沈田子就对王镇恶不服，对自己居于王镇恶之下愤愤不平，此时，又听了王镇恶的话，更是勃然大怒。

不久，两人一同率军北上北地（今陕西省铜川市耀州区境），当时的军中突然就有一种谣言说：“王镇恶打算将江南人全部杀光，欲尽杀诸南人，以数千人（《资治通鉴》称数十人）送刘义真南还，因而占据关中反叛。”这种谣言当然来源于沈田子。沈田子与傅弘之商议，假托刘裕的命令，将王镇恶诛杀，然后兼并王镇恶的军队，再一起击破赫连勃勃，安定关中，然后，再回到江南向刘裕谢罪，傅弘之答应了。

沈田子与王镇恶早就矛盾甚深，彼此之间相互提防，如何才能将王镇恶骗出？义熙十四年一月十五日，沈田子让傅弘之派人邀请王镇恶到傅弘之的军营里商议军事，王镇恶没有怀疑，就来到了傅弘之的军营。沈田子的族人沈敬仁是一位非常骁勇的武士，沈田子请求众人回避，自己与王镇恶密谈，众人离去后，沈田子突然下令让沈敬仁将王镇恶斩杀。沈田子杀死王镇恶以后，又在军中斩杀了王镇恶的哥哥王基，弟弟王鸿、王遵、王渊及王镇恶的堂弟王昭、王朗、王弘，共计七人，王镇恶死时四十六岁。

事变发生以后，傅弘之感到事情重大，赶紧逃回长安，向刘义真和王修报告了这一情况。刘义真与王修立即传令戒严，两人身着铠甲，登上长安北面的横门观察事态的变化。不一会儿，沈田子也带着数十人逃回长安，声言王镇恶要谋反，王修下令将沈田子逮捕，斥责他擅自诛杀大将之罪，将其斩杀于长安稾仓门外，沈田子死时三十六岁。于是，刘义真以冠军将军毛修之接替王镇恶为安西将军司马，负责指挥整个关中晋军。

大敌当前，沈田子却不以大局为重，首先起意诛杀上司，当然是罪无可赦，而正是由于这一突发事件，也让晋军在一天之内白白丧失了两员猛将。十天之后，刘裕总算是回到了彭城，关中遭到夏军的进攻和王镇恶被沈田子诛杀的消息也随之传来，此时，沈田子之弟沈林子正率领水军作为大军的后卫，驻守在石门，因此，刘裕也没有对沈田子予以深究，只是暂停对他的封赏，上报朝廷说“沈田子突然发疯，杀死了王镇恶”，追赠王镇恶为左将军、青州刺史。

如今，关中局势非常危急，好在是关中的晋军尚有猛将、西戎司马、宁朔将军傅弘之。此时，赫连璝的部队人数已经上升到了三万，向长安杀来，刘义真命令傅弘之率领五千晋军前去迎战，在池阳（今陕西省泾阳县）大破夏军，杀伤了很多敌人；接着，赫连璝率军渡过渭河抢掠，傅弘之又在寡妇人渡口（今地不详）击破夏军，斩杀三百敌人，抢回被掠的七千余人，夏军这才北撤，长安暂时转危为安。

彭城的刘裕密切注视着关中的局势，显然，他在东归之前，错误地估计了与赫连勃勃之间的友谊，也没有想到赫连勃勃并没有按照他的思路与北魏为敌，而是突然对他的关中发起了进攻，此时的他也非常担心刘义真和关中诸将无法守住关中，他做出了以下安排。

一是任命族弟、彭城内史刘遵考为并州，司州之北河东、北平阳，北雍州之新平、安定五郡诸军事，辅国将军，并州刺史，率军北上，镇守蒲坂。这是刘裕在潼关被夏军占领以后，晋军从黄河入援关中的唯一孔道。如今，刘裕诸子均年龄尚小，族中最亲近的战将也只有刘遵考了。

二是调任荆州刺史、自己的弟弟刘道怜为侍中、都督徐州兖州青州三州和扬州之晋陵诸军事、守尚书令、徐州兖州二州刺史，持节、将军如故。刘道怜毫无才能，不可能指望他去前线与敌人作战，将其从荆州调回，就是让他代替世子刘义符，坐镇京师大本营。

三是以三子、徐州刺史刘义隆为荆州刺史。刘裕本来的打算是安排世子刘义符镇守荆州，任命刘义隆为司州刺史，镇守洛阳，这也显示了他继续北伐的决心。然而，中军咨议参军张邵却建议说："世子是储君，为四海人心所系，不应该外派，我以死劝谏！"于是，刘裕这才改任刘义隆为都督荆州、益州、宁州、雍州、梁州、秦州六州诸军事，西中郎将，荆州刺史，命令南郡太守到彦之（前此，到彦之一直为刘道怜的骠骑将军咨议参军，协助他治理荆州）为南蛮校尉，张邵为司马、领南郡相，冠军将军功曹王昙首为长史，北徐州从事王华为西中郎将主簿，沈林子为西中郎将参军，一起辅佐刘义隆。

王昙首与王华均为王导重孙，我们知道，王导二子王洽有两个儿子：王珣、王珉（均为陈郡谢氏女婿，后离婚），其中，王珣有五个儿子：王弘、王虞、王柳、王孺、王昙首；而王导最小的儿子是王荟，他有一子就是参与王恭叛乱，后又与王恭反目的王廞，王廞的儿子就是王华。因此，王弘与王昙首是亲兄弟，而王华则是二人的关系稍微疏远的堂弟。刘裕对王弘兄弟非常信任，临行之际，刘裕交代刘义隆说："王昙首很有胸怀气度，是宰相之才，你遇到事情都要向其咨询才是。"

四是任命刘道规的儿子刘义庆为豫州刺史，都督淮北、豫州诸军事。刘裕的二弟刘道怜虽然无能，却有六个儿子：刘义欣、刘义庆、刘义融、刘义宗、刘义宾、刘义綦，而三弟刘道规文武双全，却没有儿子，刘裕让刘道怜的次子刘义庆过继给他为子，刘义庆从小就深得刘裕喜爱，称其为"刘家的丰城"。

五是削弱武将集团的权力，以稳定后方统治。刘裕北伐期间，檀祇擅自出兵讨伐涂中司马氏，令留守政府虚惊一场，由此也说明了刘裕从义功臣们并不遵守法度，为了进一步巩固统治，刘裕借口檀道济的哥哥、江州刺史檀韶"嗜酒贪横"，没有政绩，将其罢免，改任文臣王弘担任江州刺史。六月，刘裕接受了相国、宋公、九锡之命，又解除了檀祇的兵权，任命其为宋国领军将军，檀祇性格豪爽，不愿内迁，他也当然知道刘裕是对檀氏心中猜忌，也非常郁闷，有病不治，当年就死掉了。

六是刘裕解除兼领的司州刺史，又兼领了北徐州和冀州刺史。

七是继续结好北魏。目前，晋军已经与夏军交恶，那么，刘裕就必须打消不久前联合夏军，进攻北魏的计划，而是要结好北魏，以期在即将到来的与夏军争夺关中之战中能够确保后方的安全，据《魏书·太宗本纪》记载，就在这一年的三月，刘裕派遣使者来到了平城，刘裕的用意当然是不言自喻。

从刘裕回到彭城以后一系列的安排上可以看出，他在稳定后方的同时，还是非常关注北方的，也时刻准备着再度北上。

四二二　痛失关中（二）

虽然关中晋将之间发生了严重的内讧，但晋军实力并没有受到很大影响，事变后，晋将傅弘之率领晋军接连两次大破夏军，这也让原本打算趁火打劫的赫连勃勃暂时放弃了将晋军赶出关中的念头，关中地区暂时恢复了宁静。

刘裕撤离关中，消除了晋军从关中跃入魏境的威胁，如今，夏军又与关中晋军交恶，也让北魏拓跋嗣觉察出，赫连勃勃的目标是富庶的长安，而不是贫瘠的平城，这也让北魏明元帝拓跋嗣利用这一空当，好好地教训一下东北的北燕。

冯跋自义熙五年（公元 409 年）弑杀北燕主高云即位以后，迄今已过去九年，在他即位以后，很快就平定了堂兄冯万泥和侄儿冯乳陈的叛乱，依靠弟弟冯素弗和另一个弟弟冯弘治理国家，总体上说，冯跋采取了爱民亲民政策，废除了前朝很多苛政，重视农业生产，选拔任用有才能的人才，在冯跋的统治下，北燕帝国逐渐安定下来，契丹、库莫奚等部落也都归顺了北燕，在对外政策方面，冯跋奉行与柔然、大夏、东晋结盟的政策，以对抗北魏。北魏道武帝时期，无暇进攻北燕，明元帝继位以后，曾两次派使者前往北燕，试图将北燕作为自己的属国，但遭到了冯跋的拒绝，并扣押了北魏使臣，这令拓跋嗣十分不快，更令他恼火的是，冯跋竟然还与刘裕勾结，试图趁刘裕北伐之际，在北魏的后方动些手脚。因此，在晋军东归以后，拓跋嗣就决心先教训教训这个蕞尔小国。

义熙十四年（公元 418 年）五月，拓跋嗣东巡，率军一直向东进抵濡源（今内蒙古自治区太仆寺旗一带），抵达甘松（今地不详，胡三省注：甘松在濡源之东，突门岭以西）。他派遣将军长孙道生、安东将军李先、给事黄门侍郎奚观率领两万精锐骑兵，长途奔袭北燕；又命令骁骑将军延普、幽州刺史尉诺从南路进攻北燕辽西（今河北省迁安市），拓跋嗣率军驻扎在突门岭，等待捷报。当时，北燕的太史令张穆对冯跋说："和龙四周红色大雾冉冉升起，这预示着将发生战争。如今，北魏地广兵强，我国却与其断交，应该归还扣押的魏使，与之和好。”由于有了张穆的提醒，因此，北燕对于魏军的这次偷袭有一定的准备，冯跋提前命令单于右辅古泥成率军出城十五里，防备魏军。魏军长孙道生与李先等将所部一举攻陷了北燕乙连城（今地不详，约在今河北省迁安市西北），然后，魏军继续向和龙（今辽宁省朝阳市）扑来，与北燕单于右辅古泥成交战，击败了北燕军队；接着，冯跋又派遣将军姚昭、皇甫轨等人迎战，皇甫轨临阵被魏军射杀。当初，李先建议长孙道生说：“应命令士兵们每人都携带一束青草，每束直径五尺，用来填塞和龙的城壕。部队推进到和龙城下，切断城内与外界的联系，即全力强攻西南面，必能攻破。”长孙道生看到北燕有防备，就没有听从，于是，魏军没有强攻和龙，掳掠了一万多北燕居民而去。

关中暂时平静了下来，到了这一年的六月庚寅日，身在彭城的刘裕终于接受了东晋朝廷授予他的相国、宋公、九锡之命，宋国这一东晋帝国内部的国中之国也正式建立了起来。刘裕下令，大赦宋国国内的罪犯，对于鳏寡孤独的，每人赏赐五斛粮食；晋安帝司马德宗又下诏尊奉刘裕的继母萧文寿为宋公太妃，世子刘义符为副相国。刘裕以太尉军咨祭酒孔靖为宋国尚书令，左长史王弘为尚书仆射，领吏部尚书，从事中郎傅亮、蔡廓为侍中，青州刺史檀祗为领军将军，谢晦为右卫将军，右长史郑鲜之为奉常，行参军殷景仁为秘书郎，其他百官与东晋朝廷的百官一模一样。檀祗很快死去后，刘裕又以他的弟弟檀道济为中领军。当时，刘裕准备接受册命的时候，命令东晋的大臣们将典礼用的各种物品都放在院子里，他对大家说：“我原本只是个老百姓，当初是无论如何也想不到这些的。”众人听了都无言以对，只有王弘说：“这就是所谓的神物，求之不得，推之不去。”

傅亮，字季友，是西晋司隶校尉傅咸的玄孙，傅亮的父亲傅瑗与郗超是好朋友，一次，郗超见到傅亮和他的哥哥傅迪，当时，傅亮才四五岁，郗超让人将傅亮的衣服剥去拿走，傅亮一点都不在意，郗超对傅瑗说：“你的小儿子将来会很有出息，但是，能够继承家业的，终将是老大。”傅亮文采很好，《宋书·蔡廓传》称其“学冠当时”，他一直在东晋朝廷中做秘书工作，刘裕看到他一直从事文案很辛苦，就想让其出任东阳太守，先对傅迪透露出了这个意思，傅迪很高兴，就告诉了傅亮，傅亮的志向绝不是仅仅做一个地方官，他听了哥哥的话，默然不答，然后，跑去面见刘裕，说：“听说您将要我去东阳做太守，我家贫寒，从我小家来看，这确实是非常幸运的，但是，我还是愿意跟在您的身边。”刘裕听了很高兴，就将他继续留了下来。蔡廓的曾祖就是蔡谟，他与曾祖一样，也是博览群书，倔强正直，宋国建立不久，即接替王准之为御史中丞。郑鲜之，字道子，是刘毅的舅舅，但舅甥之间关系恶劣，郑鲜之与刘裕关系很好。还是那次刘裕与刘毅之间的赌博大赛，刘裕大胜刘毅以后，郑鲜之竟然高兴得光着脚狂呼大叫，惹得刘毅非常不满，不再顾忌舅甥之礼，脱口说道："你瞧这姓郑的在干什么！"刘裕行伍出身，不懂清谈，等他当了宰相以后，也非常向往名士风流，有时也学着清谈两句，大家都随声附和，唯有郑鲜之往往与刘裕论辩，不逼得刘裕理屈词穷，他决不罢休，弄得刘裕脸色通红，无地自容，回头刘裕又对大家说："我本来就没有什么学问，谈论的道理也很粗浅，以前清谈的时候，你们大家对我都很宽容，只有郑君不然，只有他能说透道理，我真心感激他啊。"也正因为此，郑鲜之深得刘裕的敬重，同时，他又有点晋代名士的风度：说话直来直去，有什么说什么，个性却又非常忠厚老实，爱好游玩，有时，坐上车子出门，又不知道想去哪里，就让驾车的随便去哪都成。和这样的人做朋友，既快乐，又放心，因此，刘裕与他就成了布衣之交，后来，宋国建立以后，已经贵为皇帝的刘裕在内殿与群臣饮宴，故意不通知郑鲜之参加，大家坐下以后，刘裕对大家说："郑鲜之听到后，肯定会不请自来的。"果然，一会儿就有人报告说："尚书郑鲜之在神武门前请求入宫汇报。"刘裕听了哈哈大笑，即让其入宫。殷景仁，是殷融的曾孙，殷浩的侄孙，他还是王谧的女婿，由于王谧的关系，他为刘裕所重用。

宋国刚刚建立，就发生了一场影响不大不小的事件，我们姑且称之为谢灵运事件。

谢灵运是淝水之战主将之一谢玄的孙子，谢玄生前因淝水之战之功被封为康乐公，谢灵运继承了这个爵位，因此，世人也称其为谢康乐。谢灵运年少即好学，文章之美与颜延之并称为江左第一。谢灵运性格奢华，衣着华丽，经常将衣服改变过去的款式，为天下人所推崇，起家为琅邪王司马德文的大司马行参军，后为刘裕世子中军咨议参军、黄门侍郎，他生于晋孝武帝太元十年（公元385年），至今他刚好三十四岁，正值努力进取的青壮年时期，刘裕北伐时，谢灵运特意写下了《撰征赋》，以壮行色，宋国建立以后，他被任命为相国从事中郎、世子左卫率，然而，就在他意气风发、将要大干一番事业的时候，却遭到了一次沉重的打击。事情的起因是：谢灵运的亲随桂兴与他的一个姬妾私通，谢灵运得知以后，不禁大怒，派人将桂兴杀死在江边，然后，投尸长江。

这一事件发生以后，时任尚书仆射的王弘上书弹劾，声称此事发生在京师，传播很广，影响极坏，况且，谢灵运应该知道礼仪，却让家中出现此等污秽之事，理当从重惩处。为了显示公正无私，王弘还对负责纠察工作的御史中丞王准之提出了弹劾，以知而不举之罪，请求免去他的职务。

王准之出自王导堂弟王彬一支，论辈分上说，是王弘的族弟，与王弘关系已经很疏远了。这一事件的发生固然与谢灵运本人有直接的关系，但是，在两晋时期，主子擅自诛杀下属，可谓是比比皆是，王弘却单单拿谢灵运说事，当然不是没有原因的。自从二三十年前，谢安执政时期，因王弘之父王珣同情桓氏家族，与谢安政见不合，谢安一怒之下，让谢氏女与王珣、王珉兄弟离婚，自此，陈郡谢氏与琅邪王氏这两个江左一等一的大族，就有了不共戴天的仇隙，这种仇恨也一直延续了下来，而此时王弘出面弹劾谢灵运，正是为了阻扰陈郡谢氏在未来的政治格局中占有一席之地。刘裕并没有将谢灵运一下子打入死地，他下令将谢灵运与王准之一并免官，并对王弘越职言事的行为予以了肯定。虽然这一事件仅仅是一个个案，但是，对于谢灵运本人而言，它的影响无疑是很大的，在一定程度上也影响了谢灵运的一生。

刘裕当然知道王弘的用意，自从义熙元年刘裕掌控东晋朝政以来，对于门阀士族的态度尤其是王、谢两家一直采取一种平衡策略：据万斯同的《东晋将相大臣年表》可知，从义熙元年到义熙八年谢混被杀，刘裕一直注意平衡王、谢两大家族的利益，朝中总要安排王、谢两族的代言人，王氏的是司徒扬州刺史王谧，谢氏是历任中书令、领军将军、尚书左仆射的谢混。直到义熙八年谢混被杀以后，谢氏家族进入低谷，暂由刘裕的亲家、谢混的堂兄弟谢裕接任领军将军支撑着台面。其他谢氏子弟，如谢晦也是义熙六年才崭露头角，被推荐到刘裕帐下做一名佐吏。刘裕在平衡王、谢两家的过程中，使两家隔阂加深，从而，谋求两家都向自己效忠，这一点，刘裕做得很成功，如今，王弘弹劾谢灵运，正是刘裕愿意看到的事情，当然，工于心计的他在褒奖王弘的同时，却并没有将谢灵运打入死地，而是宽宏大量地仅仅将他免职了事——这自然又是刘裕的一着妙棋：让谢氏对自己感恩戴德，让王、谢更加水火不容。

四二三　痛失关中（三）

刘裕没有选择在晋军攻下洛阳的时候接受九锡之命，亦没有在进入长安期间接受，为何偏偏在此时接受了九锡之命了呢？

晋军攻下洛阳之时，东晋九锡之命即在他的暗示下送到了彭城，此等重大的任命，当然是需要推辞的，所以，在彭城的时候刘裕选择了推辞，这当然可以理解。刘裕入居长安以后，关中的形势又不具备接受九锡之命的条件，晋军之所以能够赢得关中的民心，主要在于这支军队代表着东晋王室，假如在长安接受了九锡之命，刘裕率领的晋军到底姓司马，还是姓刘呢？此时正是最佳的时机。在刘裕看来，自己之所以匆匆撤军，与自己现有的身份大有关系，假如自己是名正言顺的皇帝的话，还这样担心后方不稳吗？不过，刘裕在此时接受九锡之命，也许还基于他对关中地区的一丝隐忧，一旦关中局势出现逆转，自己还怎好意思接受这一尊崇的名号呢！？

果不其然，虽然刘裕预先做了最坏的打算，也采取了相应的措施，但关中地区的灾难还是不期而至了。这场灾难当然是来源于赫连勃勃，但惨剧的发生却还是在于晋军的内讧。刘义真年少无知，总是大肆赏赐身边的亲随们，而王修却常常裁减赏赐的数量，这引起了刘义真左右的怨恨，他们一起向刘义真进谗言称：“王镇恶想要谋反，因此，沈田子将他诛杀，而王修又诛杀了沈田子，这说明王修也是想要谋反。”刘义真听信了谗言，就命令身边的亲随刘乞等人诛杀了王修。

王修，字叔治，就是关中人，当初，王修刚刚南渡，桓玄见到王修后，说道：“你是清平世道中吏部郎一类的人才啊。”然而，此时并非清平世界，而是毫无规矩的乱世，在这个乱世中，王修就这样莫名其妙地被冤杀了。王修身为刘义真的长史，是关中地区实际的最高领导者，王修一死，驻守关中各地的晋军将士们一片恐慌，为了自保，刘义真下令将长安附近各地的守军全部撤回到长安城内，关闭城门固守长安孤城，晋军撤离以后，长安附近各个郡县全都投降了夏国。赫连勃勃的儿子赫连璝率军夜袭长安，没有得手，而赫连勃勃本人则率领夏军进驻到了长安附近的咸阳，长安城内居民出外砍柴的道路，都被夏军切断了。

听到关中岌岌可危的消息，刘裕下令辅国将军、淮陵太守、司马蒯恩率领晋军西上，迎接刘义真南返。另外，他还任命相国右司马朱龄石持节都督关中诸军事、右将军、雍州刺史，代替刘义真镇守长安。此时的刘裕已经预料到关中有可能无法保住，因此，在朱龄石出发之时，他告诫道："你到达长安以后，可以命令他轻装迅速离开长安，等到过了函谷关以后，方可放慢脚步。如果关中无法守住，你也可以放弃长安，与刘义真一起东归。"同时，又命令朱超石前往洛阳、黄河一带，慰劳军队，安抚民众。

义熙十四年（公元 418 年）十一月，朱龄石抵达长安。刘义真与朱龄石办理交接以后，即率军东去，然而，此时的刘义真所部其实是没有主帅的，原本刘裕命令他轻装迅速撤离，但是，由于晋军将士贪婪，刘义真无法约束部下，致使这支将要离开长安的晋军成了一群明目张胆的强盗，他们在长安城内大肆抢劫，每人都抢到了大量的金银珠宝、美女奴仆，个个是满载而归，在他们看来，自己出生入死了一年多，今天终于要回到家乡了，这是发财的最后机会了。这支满载着珍宝美女的部队，根本无法快速行进，他们两辆车子并行，缓慢地向东进发。刘义真所部离开长安的所作所为极大地伤害了关中民心，关中之民日夜期盼的王师竟然变成了一群兽兵，让他们失望、愤怒、伤心到了极点！他们需要一个更好的保护者，投降晋军的后秦前兖州刺史、现任雍州别驾的韦华率先率众投降了夏军，也向夏军报告了刘义真东去的消息，赫连璝即率领三万军队追击刘义真。宁朔将军傅弘之对刘义真说："主公命令我们轻装急行，而如今我们却携带了大量辎重，部队一天赶路不过十里，敌人的骑兵很快就会追上，将怎么抵抗！应该扔掉车辆辎重，快马离去，方可安全撤离。"刘义真不同意。不一会儿，夏军的追兵即蜂拥而至，宁朔将军傅弘之、辅国将军蒯恩二将负责断后，晋军后卫部队与夏军一连交战数日，边打边撤，一直撤退到青泥（蓝田关）。在蓝田关，双方又展开了一场你死我活的苦战，傅弘之身穿铠甲，勇冠三军，怎奈刘义真的前军奔散，傅弘之和蒯恩的部队也一时散尽，晋军大败，两位猛将以及安西将军府功曹王赐均被夏军生擒。混乱之中，司马毛修之与刘义真失散，他向一个陡峻的高坡上爬去，如果爬上高坡，就能逃命，当时，右卫军的士兵们先已登上了高坡，有一个曾被毛修之处罚过的士兵看到毛修之在下面，就拿起一把长戟朝他扔来，一戟投中了他的额头，毛修之随之坠落到高坡之下，也被夏军活捉。

由于刘义真跑在晋军的最前面，恰巧天近黄昏，夏军胜利以后，并没有穷追，故此，他才侥幸保住了一条小命，当时，刘义真非常狼狈，身边的亲随早已四散逃命，只剩下他一个人躲藏在草丛之中。中兵参军段宏单人匹马四处寻找，沿路呼唤，刘义真在草丛中听出了段宏的声音，出来相认说："你是不是段中兵？我在这里。"

段宏，鲜卑人，是南燕慕容超的尚书左仆射、徐州刺史，刘裕灭南燕，段宏归降。

听到刘义真的声音，段宏不禁大喜。刘义真继续说道："你快逃命去吧，我们两个一起走，肯定难以两全，可将我的头砍下，带回南方，让我的父亲断了念想。"

段宏哭着说："生死与大人一起，下官岂忍那样啊！"

他用绳索将刘义真捆绑在自己背上，同骑一匹马辗转逃归南方。

刘义真对段宏懊悔地说："如今之事，实在是少谋寡算，但大丈夫不经历这种历练，怎能知道人生的艰难！"

赫连勃勃久闻傅弘之的大名，想逼迫他投降，但傅弘之坚决不降，这让赫连勃勃非常恼火，当时已是严冬，他下令将傅弘之全身的衣服脱光，置于外面，傅弘之依然威武不屈，叫骂不绝，最终被杀，时年四十二岁，一同被杀的还有猛将蒯恩。赫连勃勃下令将被杀的晋军人头堆积起来，筑成京观，以纪念青泥大捷，被人称为骷髅台。

就在青泥会战前后，痛恨晋军的长安百姓自发起来，将留守在此的新任雍州刺史朱龄石也赶出了长安城。朱龄石纵火焚烧了长安的宫殿，率领残余部众东逃到潼关。赫连勃勃率领夏军进入了长安，志得意满的他在长安城内犒赏三军，他举起酒杯对王买德说："卿往日之言，只一年的时间就变为现实，这可以说是算无遗策了啊。虽然我们取得的胜利，有赖于宗庙社稷的保佑，但也是卿献策之力。这杯酒，我不敬你敬谁！"拜王买德为都官尚书，加冠军将军，封河阳侯。

当时，龙骧将军王敬先戍曹公垒（潼关东北），朱龄石率众前往投奔。这时，朱超石也来到蒲坂（今山西省永济市），当他听说哥哥在曹公垒的消息以后，也来到了这里。赫连昌率军进攻，切断了堡垒的水源，堡垒内的晋军饥渴难耐，无力再战，眼看堡垒即将陷落，朱龄石对弟弟朱超石说：“我们兄弟二人均死在异国他乡，这将让家中的父母是何等的伤心啊！你从小路逃归，我即使战死在此，也无怨无悔了！”

朱超石抱着自己的哥哥，哭着说：“人生自古谁人不死，我怎能忍心把兄长留在此地，独自逃命！”

朱龄石、朱超石、王敬先及刘穆之的堂侄、右将军参军刘钦之均被抓获，送往长安，赫连勃勃将他们悉数斩杀，朱龄石死时，年仅四十岁，朱超石三十七岁。

至此，关中地区全部落入赫连勃勃之手。

当听说爱子刘义真青泥惨败、生死不明的消息，刘裕勃然大怒，他立即下令定期再次实施北伐，宋国右卫将军、侍中谢晦劝说道：“将士疲惫，请待来年。”但盛怒中的刘裕不从。

奉常郑鲜之上书，仔细分析了再度实施北伐的种种不利因素，他劝谏说：“敌人听说殿下亲自率领大军讨伐，肯定会固守潼关，如果径直进攻潼关，的确很难攻拔；如果殿下驻守洛阳，则又不必亲自前往。更重要的是，敌人虽然得到了关中，却不敢挥师东出潼关，越过陕城，这是因为敌人畏惧殿下的威望啊。如果殿下进驻洛阳以后，又再次南返，敌人必然会看出我们的实力，产生更大的野心，使我边境地区再出现兵灾。江南地区人心不稳，听说殿下北伐，不知深浅，人情更为恐惧，势必会出现意外，这从以往的经验可以推出：讨伐司马休之的时候，驻守建康的刘钟就曾被偷袭；去年北伐的时候，广州也发生了叛乱。三吴是帝国的核心地区，各县强盗遍地，这都是劳役沉重的缘故。另外，我又听说江南各地发了洪灾，如果再度兴师北伐，江南百姓将会不堪劳苦，国家势必陷入危险的境地。治理国家，顺应民心的话，百姓就安定；如果违背民意，百姓就会思乱。汉高祖刘邦被困平城，吕后受到匈奴单于的羞辱，魏武帝曹操军败于赤壁，桓温在枋头战败，这都无损于他们的英名，何况关中偏师不听指挥，致使失败，于殿下威名毫无损失。反复思量，我认为，殿下不宜亲征。如果担心赫连勃勃进攻洛阳和黄河一带，我们就结好北魏，黄河以南就安定了；黄河以南安定以后，淮北地区也就安定了。”

郑鲜之的上书明确指明东晋帝国的经济实力已经无力再承担一次北伐了，况且，卢循余党、司马休之余党、桓氏家族余党等等，都在时时刻刻试图兴风作浪，刘裕再度北伐，如今刘穆之已死，后方将如何安排？这是问题的核心。

其实，郑鲜之还没有提到北方的民心，从洛阳附近的各族民众纷纷向晋军贡献粮食，到长安各族民众归顺晋军，再到流落在陇西各郡的汉人翘首期盼晋军前来解放，再到长安民众不愿意刘裕东归，再到如今的长安民众将朱龄石驱逐、各族民众要么投降夏国，要么投降北魏，可以说晋军在关中百姓心中的威信尽失，能不让人痛心！

这时，正巧段宏奉上了刘义真安全归国的书信，刘裕北伐的计划这才搁置了下来，不过，一生英雄的刘裕看到由晋军将士用鲜血换来的关中瞬间丢失，自己又无能为力，他所能做的就是登上彭城的城楼，眺望北方。在城楼之上，他让属下诵诗，谢晦背诵王粲的诗："南登霸陵岸，回首望长安，悟彼下泉人，喟然伤心肝。"刘裕听了，禁不住老泪纵横。

四二四 弑杀安帝

义熙十四年（公元418年）十二月，天空中再次出现非常奇异的天象：彗星从天津星域出现，进入太微星域，再经过北斗星，扫过紫薇星，在天上持续了八十多天才消失。深信术数的北魏明元帝拓跋嗣将术士、大臣们召入宫中，他问大家："如今四海没有统一，灾难的预兆应在哪个国家？朕非常恐惧，你们尽管说出，不要有所隐瞒。"

大家都一起推举崔浩发言。

崔浩回答："古人说过，灾难的发生，都因人而起，人们不做出坏事，妖异就不会发生。因此，人在下界有过失，就会反映到天上，这一点古往今来都没有改变。《汉书》记载，王莽篡位之前，彗星出入，与今日相同。我们国家君主尊贵，臣下谦卑，上下有序，人们安定。只有晋国长期以来主弱臣强，因此，桓玄篡位，刘裕当权。彗星，是恶气所生，这是晋国将要被刘裕篡夺的预兆。"

拓跋嗣听了，这才稍稍安下心来。

如果刘裕已经是名正言顺的皇帝，在他北伐的时候，当然就不用更多地担心后方的问题了，然而，人生不如意事，常十之八九，由于出身下层，即便如刘裕一般一代雄杰，也有难展雄图的时候，正如崔浩所言，刘裕的确加快了篡夺帝王的速度。

当时的谶言书上记载："昌明之后尚有二帝。"昌明，是晋安帝司马德宗的父亲晋孝武帝司马曜的名讳，于是，刘裕密令中书侍郎王韶之与司马德宗的身边亲随一起毒死司马德宗。

王韶之出自琅邪王家，是王廙的曾孙，于辈分上讲，他是王羲之的堂孙，是王准之的堂叔，是王弘的同族兄弟。他曾私自撰写了《晋安帝阳秋》，书成以后，大家以为他有良史之才，朝廷任命他为著作佐郎，后升为中书侍郎。晋安帝一直住在内殿，就由一名省官也住在皇宫，负责文书的起草、发布，王韶之就充当了这一角色，能够经常接近皇帝，刘裕也将这个任务交给了他。

晋安帝虽然是个哑巴、傻瓜，但是，他的弟弟、大司马司马德文却并不傻，甚至还非常精明。历经患难的这一对难兄难弟感情非常深，司马德文经常在哥哥的身边，亲自负责哥哥的饮食起居，与哥哥同吃同住，深恐傻子哥哥被人暗害。王韶之受命以后，一直寻找机会下手，却一直找不到这个时机。恰巧，司马德文生病了，暂时迁居宫外，看到机会突然降临，十二月十七日，王韶之将自己的衣服撕烂，扭成绳索，遂在东堂之上将晋安帝司马德宗勒死，终年三十七岁，司马德宗死后，被下葬在休平陵，在建康东北十五里的钟山南面，没有起坟。

司马德宗被弑杀的当天，因晋安帝无子，刘裕即谎称晋安帝遗诏，令司马德文登基继皇帝位，并大赦天下，这就是东晋王朝最后一位皇帝晋恭帝。

第二年即公元 419 年，晋恭帝司马德文改元元熙，这也是东晋王朝最后一个年号。据《晋书·恭帝本纪》记载，晋恭帝司马德文年少的时候，性格非常残忍偏执，在当藩王后，经常命令下属以射杀马匹为乐。后来，一个人对他说："马是国姓，却被自己射杀，这太不吉祥了。"司马德文也一下子如醍醐灌顶，大彻大悟，心中非常懊悔。长大以后，司马德文开始笃信佛教，费用千万钱，铸造了一尊一丈六尺的金佛像，他亲自步行十几里迎奉到瓦官寺，他对哥哥司马德宗的生活起居非常用心，以恭顺谨慎而被世人所称道。

司马德文继位以后的第一个元旦，他下诏以哥哥晋安帝的陵墓尚未修好，取消了例行的新年朝会，一直到一月二十九日安葬了晋安帝以后，司马德文才接受了百官的朝贺，但由于是在丧期，朝会之上也只是安放各种乐器，但并不演奏。晋恭帝就是在这种凄凉的气氛中登上帝位的，此时他也深知，自己被废黜、抑或是被弑杀，那都只是一个时间问题了，在他继位不足一个月，就下诏征召刘裕入朝辅政，重申过去的命令，晋宋公爵位为宋王，以徐州之海陵东海北谯北梁、豫州之新蔡、兖州之北陈留、司州之陈郡汝南颍川荥阳十郡，增宋国。但，刘裕没有接受。

与心中忐忑不安的晋恭帝司马德文相反，占领了关中的赫连勃勃却是另外一番心情。当赫连昌将朱龄石等人送交长安处斩以后，夏国的群臣就纷纷劝说赫连勃勃登基即皇帝位，赫连勃勃满心欢喜，但还是要故作姿态，谦虚一番，他说："朕没有拨乱反正之才，不能大济苍生，自从起义以来，已经十二年了，而四海尚未平定，敌人势力还很强盛，不知何以面对当年的誓言！我将寻找更有才能的名士，将王位让给他，然后，我将隐居朔方，以琴书自娱，安度晚年，皇帝之号，岂是我这等薄德之人能承受得起的！”赫连勃勃的一番表白，让人齿冷，不过，他说的自己薄德，倒是名至实归。他本性凶残残暴，刻薄寡恩，经常高居城楼之上，身边放置着刀枪弓箭，只要是心情不好，就亲自射杀、刀劈他人，看到群臣眼神不温顺的，立即将其眼睛挖去，如果正值他情绪不佳的时候，有人不合时宜地笑了笑，就撕裂他的嘴唇，对于劝谏他的人，他会指斥人家在诽谤，先将此人舌头拔掉，然后处斩。

不过，此时的赫连勃勃所言仅仅是虚伪的表演，在群臣的坚持下，他终于接受了大家的意见，在灞上堆起了一座高台，登基即皇帝位，大赦境内，改元昌武。

如今，东晋刘裕已经知难而退，不再奢望再度北伐，随着这一重大决策的转变，他把中兵参军毛德祖派往北方，任命他为都督河东平阳诸军事、辅国将军、河东太守，接替镇守蒲坂的自己的族弟刘遵考。赫连勃勃在长安即位以后，即派遣部将叱奴侯提率领步骑二万进攻蒲坂的毛德祖，毛德祖率军弃守蒲坂，逃奔洛阳，刘裕以其为都督九郡诸军事、冠军将军、荥阳京兆太守，不久又升任为都督司州、雍州、并州三州诸军事，冠军将军，司州刺史，驻守在虎牢关。攻下蒲坂以后，赫连勃勃即以叱奴侯提为并州刺史，镇守蒲坂。

在长安期间，他征召隐士韦祖思，韦祖思来到以后，表现得非常谦恭，这也让他非常失望，继而勃然大怒，他说：“我以国士之礼征召你，你为何以异族对待我！你过去对姚兴都不参拜，为何唯独拜我？如今我尚未死去，你就不以帝王看待我，我死以后，你们这些鼠辈鼓唇弄笔，又将置我于何地！”于是，下令将其诛杀。

夏国群臣都劝说赫连勃勃定都长安，他却说：“朕岂不知长安是历朝旧都，有山河四塞之固！但目前的形势是：荆、吴僻远，从地理上看也难以进攻我们，而东面的魏国却与我国接壤，距离我统万城才数百余里，如果我们定都长安的话，统万恐怕会有守不住的危险。如果朕居住在统万，魏军就不敢西渡黄河，你们大家恰恰没有意识到这一点啊！”众人均说：“我们的确没有考虑到。”他在长安设置南方留守政府，以太子赫连璝领大将军、雍州牧、录南台尚书事，镇守长安，自己则又回到了统万。

回去以后，统万城内的宫殿恰好完工，赫连勃勃又一次大赦境内，改元为真兴，在统万城南刻石立碑，歌颂自己的丰功伟绩。后来，他又将统万南门取名为朝宋门，东门为招魏门，西门为服凉门，北门为平朔门。追尊其高祖刘训兒曰元皇帝，曾祖刘虎曰景皇帝，祖刘豹子曰宣皇帝，父刘卫辰曰桓皇帝，庙号太祖，母亲苻氏为桓文皇后。

在刘裕北伐及败归期间，北方各国也都没有闲着。我们说过，在此期间，北凉沮渠蒙逊率军西上，祭祀金山（今甘肃省山丹县西南），途中，他派遣沮渠广宗率领一万骑兵偷袭乌啼虏，大捷而还。当他行进到苕藋（今甘肃省张掖市东）的时候，又派遣前将军沮渠成都率领五千骑兵偷袭卑和虏，他自己则率领三万中军作为后援，卑和虏率众迎降。但不久，在与西凉李歆的交战中，即遭到了解支涧惨败，第二年即义熙十四（公元 418 年）年九月，沮渠蒙逊再次发兵讨伐西凉，李歆坚守不战，北凉军队将酒泉城外的庄稼收割以后退去。其间，北凉和西凉均向东晋称臣，东晋任命北凉沮渠蒙逊为凉州刺史，西凉李歆为都督七郡诸军事、镇西大将军、酒泉公。

在此期间，西秦乞伏炽磐除了密切观察着长安地区的局势、趁机发兵进攻吐谷浑以外，还招降了乙弗鲜卑乌地延部，乙弗鲜卑乌地延率领本部二万户投降西秦，被乞伏炽磐任命为建义将军。不久，乌地延就去世了，弟弟他子被立为酋长，他子以自己的儿子轲兰作为人质，继续臣服于西秦。然而，他子的堂弟提孤等人却率领五千户向西逃亡，背叛西秦，西秦凉州刺史出连虔派遣使者又将提孤等人劝降，乞伏炽磐感觉提孤为人奸猾，终为边患，就强制征收了他六万匹战马，以削弱提孤的实力，又过了两年，怀恨在心的提孤等人煽动乙弗各部落，西逃出塞，而他子则率领五千户部众入居西平。

后秦亡国以后，驻守上邽的后秦将领姚艾投降了乞伏炽磐，不久，他又决定叛降北凉沮渠蒙逊，沮渠蒙逊率军东下接应。可是，姚艾的叔父姚儁却对部众说："西秦王宽和仁爱，有度量，我们自然可以在此安居，侍奉他，为何要投降北凉而向更西的地方迁徙呢？"众人都表示同意，于是，大家一起将姚艾驱逐，公推姚儁为主，乞伏炽磐大喜，征召姚儁为侍中、中书监、征南将军，封陇西公，食邑一千户；任命左丞相乞伏昙达为都督洮河、枹罕以东诸军事，征东大将军，秦州牧，镇守在南安（今甘肃省陇西县东北），稍后，他又将上邽（今甘肃省天水市）的五千多户居民迁往西部的枹罕（今甘肃省临夏县）。

四二五 刘裕篡位（一）

晋军撤出关中以后，除了赫连勃勃、乞伏炽磐坐收渔翁之利外，北魏拓跋嗣也发了一笔横财。

一些原本投降了晋军的后秦军民，在晋军退去以后，也都纷纷投降了北魏。义熙十三年（公元 417 年）年底，当刘裕东归以后，氐族豪强徐骇奴、齐元子等人率领三万部众，屯聚雍城（今陕西省凤翔县），向北魏投降，拓跋嗣即派遣将军王洛生、河内太守杨声等向西进军，前去接应；后秦尚书、东武侯姚敞，姚敞弟弟、镇远将军僧光，右将军姚定世自洛阳投奔北魏；秦州、雍州一千多家居民推举襄邑（今河南省睢县）县令寇赞为主，投降北魏，拓跋嗣任命其为魏郡（治所邺城）太守。后来，秦州、雍州的流民自发流落到北魏河南郡、荥阳郡、河内郡的，共计有一万多户，拓跋嗣又专门设置了南雍州，任命寇赞为刺史，封为河南公，治所设置在洛阳，寇赞善于招抚，投降北魏的百姓很快就达到了三万多户。第二年一月，河东胡、蜀人五千多家也都投降了魏国，到晋恭帝元熙元年（公元 419 年）三月，东晋宁朔将军、平阳太守、匈奴护军薛辩及司马楚之、司马顺明、司马道恭，一并派遣使者，投降了北魏，拓跋嗣任命薛辩为河东太守，以抵御已经占领了蒲坂的夏军。

北方的各个政治势力彼此之间还在激烈地角逐，但此时已将目光转入国内的刘裕，对此已经熟视无睹了。他关心的是一直在自己眼皮底下捣乱的司马楚之。司马楚之与司马顺明和司马道恭，在汝河、颍河之间聚众一万多人，在长社（今河南省长葛东北）坚守，司马楚之等人就像一把锋利的匕首，一旦北魏渡河南下，司马楚之所部将从侧背包抄荥阳的晋军，因此，刘裕对其十分忌惮。

身在彭城的刘裕派遣刺客沐谦前往长社，企图刺杀司马楚之，而司马楚之对待沐谦却非常优厚，沐谦也一直找不到下手的机会。沐谦想出一条计策，他假装生病，预料司马楚之必定会来探望，然后可以伺机下手。

果不其然，司马楚之听说沐谦生病了，真的亲自携带汤药前去探望，嘘寒问暖，关怀备至。

沐谦深受感动，他从席子下面拿出准备行刺的匕首，将原委和盘托出，并对司马楚之说："将军为刘裕所忌惮，从今往后，但愿将军不要轻易行动，还是要首先注意个人的安全啊！"

司马楚之听罢，叹息一声说道："如果真像你说的那样，即使有所提防，也恐怕会百密一疏啊。"

自此以后，沐谦遂死心塌地忠于司马楚之，担任他的贴身卫士。

不久以后，司马楚之等人即率众退保洛阳，当时的洛阳为不同的势力占据：王镇恶唯一幸免的弟弟王康带领七百多家人驻守在金墉城；司马文荣率领一千多户乞活部众驻屯在金墉城南边；司马道恭从东垣（今河南省新安县）东下，屯驻在洛阳城西；司马顺明率领五千多人屯驻在凌云台（今河南省漯河市郾城区西北三十里）；司马楚之屯驻在柏谷坞。北魏河内镇将于栗磾的骑兵也已经前突到洛阳以北的邙山。

元熙元年（公元 419 年）七月，东晋相国刘裕终于接受了进位宋王的任命，他下令赦免了宋国国内五年有期徒刑以下的罪犯。第二月，他从彭城南下，移驻寿阳，以度支尚书、表兄刘怀慎为都督北徐州、兖州、青州、淮北诸军事，中军将军，北徐州刺史，代替自己镇守彭城。刘裕离开淮北的彭城标志着晋军北伐的彻底终结。九月，刘裕辞去了扬州牧一职。此时，整个东晋帝国的各个地方大员均为刘裕的亲属或者近臣：荆州刺史是刘裕的第三子刘义隆，江州刺史是刘裕的亲信王弘，徐州、兖州刺史是刘裕的继舅舅萧源之（刘裕继母萧文寿之弟，此处据《宋书·萧思话传》），北徐州刺史是刘裕的表兄刘怀慎，豫州刺史是刘裕的侄儿刘义庆，司州刺史是刘裕的第二子刘义真，北青州刺史是刘裕的心腹向靖，冀州刺史由刘裕自领，雍州刺史是刘裕的亲舅舅赵伦之，广州刺史是刘裕的亲信刘谦之，至于遥远的交州刺史则还是杜慧度。那么，此时刘裕自己将扬州牧辞去的真实原因又是什么呢？绝非要将自己的权力交给他人，而是他担心远在司州（治所虎牢关）的第二子刘义真。

这一年的年底，刘裕下令任命毛德祖为司州刺史，镇守边关，而将刘义真调回内地，任命为扬州刺史，镇守石头城。从去年以来，刘裕因刘道怜愚蠢粗鄙，且贪婪骄横，就以萧源之代替了他的徐、兖二州刺史之位，并解除了他尚书令的职务，今年年初将其进位为司空，让其离开京师，回到了京口，对此，刘裕的继母萧文寿也无话可说，毕竟一个是自己的亲生儿子，另一个是自己的亲弟弟。可是，这次刘裕却让自己的儿子刘义真充任扬州刺史，却还是把刘道怜晾在一边，时年七十七岁的老太太这下坐不住了。

她对刘裕这个继子说："刘道怜是你从小的患难兄弟，应该当扬州刺史。"

刘裕一向对这个继母非常孝敬，即便是如今的刘裕已经五十多岁了，在家期间，每天早晨都要去继母那里问安，从未晚到，但是，任命扬州刺史一事既是家事，又是国事，他说："寄奴孩儿我对道怜，还有什么舍不得的！扬州，是国家的根本所系，事务繁多，不是道怜能办得了的。"

老太太一听，有些不满，她反驳道："道怜已经年过五十，难道连你一个十岁的孩儿都不如吗？"

刘裕赶忙解释道："义真虽然名为刺史，但事无大小，都由我亲自处理。道怜年纪已大，如果也像义真那样不亲自处理事务，全由我操心的话，说出来不好听。"

十二月，晋恭帝又下诏给予宋王刘裕以特殊的待遇：宋王的礼帽上配有十二条流苏，建天子旌旗，出警入跸，乘坐金根车，驾六马，备五时副车，置旄头云罕，乐舞八佾，设钟虡宫县。晋王太妃为太后，王妃为王后，世子为太子，王子、王孙爵命之号，一如旧仪。

新年过去后，身在寿春的宋王刘裕心里盘算着如何进行禅让一事，却不好启齿，思来想去，他终于想出了一个办法。他召集群臣一起喝酒，酒酣耳热之际，他淡淡地对大家说："桓玄篡逆，晋室的政权就已经转移了，我率先号召人们起义，兴复晋室，南征北战，平定四海，建立了大功，遂被授予九锡之命。如今，我的年纪已经大了，地位如此之高，大凡天下事物都忌讳盛满，物盛则衰，这样下去，难以永保平安。因此，我打算辞去爵位，情愿退休，在京师安度晚年。"

刘裕的话与赫连勃勃的表态几乎如出一辙，当然，这并非他们的真实意思，而他们的真实意思却需要有心人去揣测。可是，在座的人们没有一个人真正理解到刘裕的真实想法，大家都纷纷称颂刘裕的功德，劝说他不要辞职等等。

天色已晚，酒宴完毕，众人各自散去，傅亮在回家的路上，一直品味着刘裕席间的话，猛然之间，他突然醒悟，于是，赶紧往王府回转。等到傅亮来到宋王府门前的时候，王府大门已经关闭了，傅亮敲了敲门，请求拜见刘裕，刘裕让人打开府门引傅亮进见。

傅亮一进门，只说了一句话："臣下应当去京师一趟。"

刘裕当然明白傅亮的意思，他也没有多说，只问道："你需要几个人跟随？"

傅亮回答："几十人就行了。"

说毕，起身告辞出门。出得门来，傅亮抬眼望去，只见一颗长星（类似彗星）明亮而寂静地划过那深沉而又略显诡异的夜空。他拍着大腿叹息着自言自语道："我从来都不相信天文术数，没有想到竟然应验到今天了！"

傅亮到建康运作以后，晋恭帝即于元熙二年（公元420年）的四月征召宋王刘裕入京辅政。刘裕任命第四子刘义康为都督豫州、司州、雍州、并州诸军事，豫州刺史，接替自己镇守寿阳。此年，刘义康年仅十二岁，刘裕留下相国参军刘湛为长史，总理豫州府的军政要务。

刘湛，字弘仁，南阳涅阳（大约在今河南省南阳市邓州市穰东镇、镇平县侯集镇一带）人，他是西晋末年豫州刺史刘乔的玄孙，当年，豫州刺史刘乔参与到后期的"八王之乱"中，曾与司马越为敌；刘乔的孙子是刘耽，为东晋光禄大夫，而刘耽就是刘湛的爷爷。陶渊明曾在《晋故征西大将军长史孟府君传》提到过"光禄大夫南阳刘耽，昔与君同在温府，渊明从父太常夔，尝问耽：'君若在，当已作公否？'答云：'此本是三司人。'为时所重如此。"说的就是此人。由于刘耽一直在桓温的幕府，后与桓温结为亲家，桓温之子桓玄就是刘耽的女婿，当年，桓玄篡位时，加封的那位见识非凡、曾建议丈夫桓玄诛杀刘裕的刘皇后，正是刘湛的姑姑。刘湛年少就有大志，常自比为管仲、诸葛亮一类的人物，不写文章，不爱清谈，是一个务实的人，虽然刘氏与桓氏家族有姻亲关系，可能就是基于这个原因，刘裕对他非常看重，依然任命他为太尉行参军，对他非常优厚。

四二六　刘裕篡位（二）

元熙二年（公元420年）六月九日，东晋相国、宋王刘裕一行抵达了建康。前此不久，为了配合刘裕的篡位，东晋帝国照例出现了不少祥瑞：据说，竟陵郡的江边自行出现了十余件古代的铜制礼器，人们奉献给晋恭帝，晋恭帝司马德文不敢接受，让给刘裕，刘裕将其藏在相府。

刘裕的船只还停靠在石头城边的渡口，禅让大典即进入倒计时了。傅亮按照刘裕的密令，暗示晋恭帝司马德文禅位，傅亮本人亲自写下禅让诏书的草稿，然后，让晋恭帝司马德文书写。接到草稿以后，司马德文面露喜色，他对身边的侍从们说："晋氏早就失去了民心，桓玄的时候，就被篡夺，正是刘公让天下又延续了二十年，今天之举，我心甘情愿，还有什么遗憾的呢！"在红色的纸上抄下了那份诏书。

据《建康实录》记载，当天，使持节、兼太保、散骑常侍、光禄大夫谢澹（谢安的第三子），兼太尉、尚书刘宣范拿着皇帝的印绶，送交刘裕，刘裕自然要作态一番，又上书表示辞让，但此时晋恭帝司马德文已经离开皇宫，回到了琅邪王府邸。百官拜别晋恭帝，只有秘书监徐广号啕大哭，谢晦对他说："徐大人，你是不是哭得有些过分了？"

徐广反唇相讥："你是宋朝的佐名元勋，我是晋室的前朝遗老，悲欢之情，当然不同！"

徐广是孝武帝时期的侍中徐邈的弟弟，他与哥哥一样都是儒学大家，曾撰写了《晋纪》四十六卷，刘裕篡位以后，徐广即辞职还乡。

刘裕依然在推辞，但是，他的上疏已经没有皇帝进行批复，这时，百官再次上书劝说他接受皇帝印绶，但是，他依然没有同意。太史令骆达又提出："从义熙元年到元熙元年，太白星在白天出现了七次，根据占卜书：'太白经天，民更生，异姓兴。’义熙七年，五道彩虹出现在东方，占卜为：‘无虹现，天子黜，圣人出。’……”一共举出了数十条征兆，群臣又依此恳请，在这种情况下，刘裕才终于同意了。

元熙二年（公元420年）六月十四日，刘裕下令在建康南面建立高台，举行登基典礼，向上天报告即皇帝位，至此，五十八岁的刘裕代替了三十五岁的司马德文，成为江南地区的最高统治者。

刘裕像

典礼结束以后，刘裕驾临建康皇宫，登上了太极前殿，下诏大赦天下，对于被乡党清议遭到禁锢的人士，也一概恢复名誉，同时，改元永初，封晋恭帝司马德文为零陵王，食邑一郡，给予司马德文诸如载天子旌旗，乘坐五时副车，使用晋朝原来的正朔，上书不言表，答表不称诏等优厚待遇。然而，刘裕并没有按照他诏书所下的那样，给司马德文配备应有的礼仪，他只是嘴上说说而已，“有其文而不备其礼”，同时，他还不敢真的将司马德文迁往零陵，而是下令在建康附近的秣陵县兴建王宫，以安置司马德文，并派族弟冠军将军刘遵考率军看守，将司马德文的皇后褚灵媛降号为零陵王妃，褚灵媛仅生下两个女儿，一个即海盐公主司马茂英，嫁给了刘裕的太子刘义符，另一个是海盐公主的妹妹富阳公主，名讳不详。

典礼过后，谢晦不失时机地对刘裕说：“陛下应天受命，登坛之日恨不见谢混奉上印绶。”

刘裕也叹息说道：“我也非常遗憾，让年轻人们看不到他的风采！”

据《南史》记载：“时谢混风华为江左第一，尝与晦俱在武帝前，帝目之曰：‘一时顿有两玉人耳。’”谢晦的话当然是提醒刘裕在新朝中能够重视陈郡谢氏，而刘裕的回答也是为了让谢晦放心，毕竟刘裕还要依靠门阀士族的支持，谢混虽是刘毅的同党，也虽是晋孝武帝司马曜的驸马，他因此被刘裕所杀，但事情既然已经过去了，就让它过去吧，于是，刘裕真的就以谢混之事发生在前朝，下令让改嫁给王氏王练的谢混前妻晋陵公主改回谢氏。

登基以后，刘裕即追尊父亲刘翘为孝穆皇帝，亲生母亲赵安宗为孝穆皇后，尊奉继母萧文寿为皇太后，同时下诏，对于晋朝封给王导的始兴公降为始兴县公、封给谢安的庐陵公降为柴桑县公、封给温峤的始安公降为荔浦县侯、封给陶侃的长沙公降为醴陵县侯、封给谢玄的康乐公降为康乐县侯，至于其他属于刘裕势力的被封为公的，不再降低爵位。与刘裕关系较好的晋临川王司马宝被封为西丰县侯，食邑一千户。

六月十七日，刘裕加封同父异母弟弟刘道怜为太尉、长沙王；追封司徒刘道规为临川王；尚书仆射徐羡之加镇军将军，右卫将军谢晦为中领军，宋国领军檀道济为护军将军，中领军刘义欣（刘道怜第三子）为青州刺史，立南郡公刘义庆为临川王。追尊刘穆之为南康郡公，王镇恶为龙阳县侯，即位以后的刘裕经常叹息说："刘穆之不死，当帮助我治理天下，这真可谓是'人之云亡，邦国殄瘁'！"还说："刘穆之死后，人们就小看我了。"最后，他又册立自己的儿子桂阳公刘义真为庐陵王，彭城公刘义隆为宜都王，第四皇子刘义康为彭城王，改晋朝使用的《泰始历》为《永初历》。

由来只有新人笑，有谁听到旧人哭。

禅让以后的司马德文很快就预感到事情并不美妙，他与自己的皇后褚灵媛这对患难夫妻，常常担心有一天会被心胸狭隘的刘裕杀掉，褚灵媛经常与司马德文形影不离，共居一室，司马德文吃的饭，喝的茶，全部出自褚灵媛之手，并在床前煮食，因此，刘裕派出的谋杀团一直没有得手，刘裕想到了褚灵媛的兄弟们。

褚灵媛共有四个兄弟：褚秀之、褚淡之、褚裕之和褚湛之。这四人一直投靠刘裕，还是在司马德文没有退位之前，为了让司马德文绝嗣，他们遵照刘裕的指示，利用皇后亲兄弟的关系，出入皇宫，一旦发现司马德文生下了皇子，要么伺机杀害，要么重金贿赂宫人杀害，要么秘密下毒毒死，杀了很多司马德文的皇子，因此，他们的姐姐褚灵媛留下的也只有两个皇女。如今，刘裕既想杀害司马德文，又不想堂而皇之地派人进入王府，造成负面影响，只能派遣司马德文的下属或者亲戚前往，以免引起物议。他首先命令琅邪王侍中张伟（《宋书·张畅传》记作"张祎"）携带一瓶毒酒，前去秣陵鸩杀司马德文，张伟不忍谋害故主，含恨喝掉了那瓶毒酒自杀。刘裕闻讯，不禁大怒，又派褚淡之兄弟假意前去探望褚灵媛，引出褚灵媛到另外一个房间里说话，就在褚灵媛离开司马德文的这一小会儿，刘裕派出的士兵们翻墙而入，进入司马德文的住室，逼迫司马德文喝下毒酒。皈依佛教的司马德文摇了摇头，说道："佛教说：凡是自杀的人，转世就不能再投人胎了。"于是，士兵们一拥而上，将司马德文蒙在被子里，活活捂死！司马德文死时年仅三十六岁。

这是刘宋永初二年（公元 421 年）九月的事，距离司马德文禅位仅仅一年多一点。

司马德文被杀后，刘裕在朝堂上率领百官举行哀悼仪式，并命令太尉监护葬礼，谥号为晋恭帝。

对于刘裕的作为，前人早有微词。比如，南宋学者王应麟在《困学纪闻》中就说道："魏之篡汉，晋之篡魏，山阳、陈留犹获考终，乱贼之心犹未肆也。宋之篡晋，逾年而弑零陵，不知天道报施，还自及也。齐、梁以后，皆袭其迹，自刘裕始。"从刘裕开始，开了一个坏头，以后禅让的取得帝王的都效仿刘裕，将前朝君主杀死，不过，这也应到了刘裕自己子孙的身上。

东晋灭亡了，我们还记得，当东晋元帝司马睿在公元 317 年称晋王的时候，他曾经让郭璞占卜国运会延续多久，郭璞当时回答道："享二百年。"从公元 317 年到公元 420 年，假如除去公元 317 年本年尚属于西晋愍帝的年号、公元 420 年已经属于刘宋的永初年号的话，东晋王朝实际经过了一百零二年的历程，因此，后人就说郭璞当时因为 102 年比较短促，为了让司马睿高兴才将一百零二年倒着说成了二百年。

四二七　两晋回顾

东晋灭亡了，我们有必要对两晋做一个简要的回顾。

两晋帝系：

<table>
<tr><td colspan="10">司马懿</td></tr>
<tr><td>司马师</td><td colspan="2">司马昭</td><td></td><td colspan="6">司马伷</td></tr>
<tr><td></td><td colspan="3">司马炎 (1) 武帝</td><td colspan="6">司马觐</td></tr>
<tr><td></td><td>司马衷 (2)
惠帝</td><td>司马炽 (3)
怀帝</td><td>司马晏</td><td colspan="6">司马睿 (1) 元帝</td></tr>
<tr><td></td><td></td><td></td><td>司马邺 (4)
愍帝</td><td colspan="3">司马绍 (2) 明帝</td><td>司马昱 (8)
简文帝</td><td></td></tr>
<tr><td></td><td></td><td></td><td></td><td colspan="2">司马衍 (3) 成帝</td><td>司马岳 (4)
康帝</td><td>司马曜 (9)
孝武帝</td><td></td></tr>
<tr><td></td><td></td><td></td><td></td><td>司马丕 (6)
哀帝</td><td>司马奕 (7)
废帝</td><td>司马聃 (5)
穆帝</td><td>司马德宗
(10)
安帝</td><td>司马德文
(11)
恭帝</td></tr>
</table>

综上可知，两晋共计五代，十五个皇帝，从公元 265 年建立，到公元 420 年灭亡，共计一百五十六年，其中，西晋三代四帝，从公元 265 年至公元 316 年，共计存续了五十二年；东晋四代十一帝，从公元 317 年至公元 420 年，共计存续了一百零四年，正好是西晋的两倍。

西晋“八王之乱”世系表

<table>
<tr><td colspan="8">司马防</td></tr>
<tr><td colspan="6">司马懿</td><td>司马孚</td><td>司马馗</td></tr>
<tr><td colspan="4">司马昭</td><td>司马亮（1）</td><td>司马伦（3）</td><td>司马瑰</td><td>司马泰</td></tr>
<tr><td colspan="3">司马炎</td><td>司马攸</td><td></td><td></td><td>司马颙（7）</td><td>司马越（8）</td></tr>
<tr><td>司马玮（2）</td><td>司马乂（5）</td><td>司马颖（6）</td><td>司马冏（4）</td><td></td><td></td><td></td><td></td></tr>
</table>

五胡十六国时期主要的21个国家简表

	国名	建立者	民族	都城	统治区域	起止时间	存续时间	为何国所灭	序号
西晋末建立	成汉	李雄	巴氐	成都（今四川省成都市）	四川东部、云南、贵州一带	公元304～347年	四十四年	东晋	1
淝水之战前建立	刘汉	刘渊	匈奴	平阳（今山西省临汾市）	山西、河南、河北、陕西一部	公元304～318年	十五年	靳准	2
	前赵	刘曜	匈奴	长安（今陕西省西安市）	陕西、甘肃一带	公元318～329年	十二年	后赵	3
	后赵	石勒	羯族	襄国（今河北省邢台市）、邺（今河北省临漳县）	河北、河南、山西、山东、陕西、甘肃、辽宁、安徽、江苏等地	公元318～351年	三十四年	冉魏	4
	前凉	张茂	汉族	姑臧（今甘肃省武威市）	甘肃、新疆维吾尔自治区、宁夏回族自治区一部分	公元320～376年	五十七年	前秦	5
	前燕	慕容皝	鲜卑	龙城（今辽宁省朝阳市）邺（河北省临漳县）	河北、河南、山东、山西、辽宁、安徽、江苏一部	公元337～370年	三十四年	前秦	6
	代国	拓跋什翼犍	鲜卑	云中（今内蒙古自治区托克托）	内蒙古自治区、山西北部、河北西北部	公元338～376年	三十九年	前秦	7
	冉魏	冉闵	汉族	邺城（今河北省临漳县）	河北	公元350～352年	三年	前燕	8

	国名	建立者	民族	都城	统治区域	起止时间	存续时间	为何国所灭	序号
淝水之战前建立	前秦	苻健	氐族	长安（今陕西省西安市）	河北、河南、山西、陕西、甘肃、辽宁、江苏、安徽、湖北、四川一部	公元 351 ～ 394 年	四十四年	西秦	9
淝水之战后建立	后秦	姚苌	羌族	长安（今陕西省西安市）	山西、陕西、甘肃、宁夏回族自治区一带	公元 384 ～ 417 年	三十四年	东晋	10
	西燕	慕容冲	鲜卑	长安（今陕西省西安市）、长子（今山西省长子县）	山西南部、河南西北部	公元 384 ～ 394 年	十一年	后燕	11
	后燕	慕容垂	鲜卑	中山（今河北省定州市）	河北、河南、山东、辽宁、山西一部	公元 384 ～ 407 年	二十四年	北燕	12
	西秦	乞伏国仁	鲜卑	苑川（今甘肃省榆中县）	甘肃东部	公元 385 ～ 431 年	四十七年（中间扣除归顺前秦十五年，实为三十三年）	夏	13
	后凉	吕光	氐族	姑臧（今甘肃省武威市）	甘肃、新疆维吾尔自治区一部	公元 386 ～ 403 年	十八年	后秦	14
	北凉	沮渠蒙逊	匈奴	张掖（今甘肃省张掖市）	甘肃、新疆维吾尔自治区一部	公元 397 ～ 439 年	四十三年	北魏	15
淝水之战前建立	南凉	秃发乌孤	鲜卑	乐都（今青海省海东市乐都区）	甘肃中南部、青海一部	公元 397 ～ 414 年	十八年	西秦	16
	南燕	慕容德	鲜卑	广固（今山东省青州市）	山东、河南一部	公元 398 ～ 410 年	十三年	东晋	17
	西凉	李暠	汉族	酒泉（今甘肃省酒泉市）	甘肃西部	公元 400 ～ 421 年	二十二年	北凉	18
	西蜀	谯纵	汉族	成都（今四川省成都市）	四川	公元 405 ～ 413 年	九年	东晋	19
	夏	赫连勃勃	匈奴	统万（今陕西省榆林市横山区）	陕西、宁夏回族自治区、内蒙古自治区一部	公元 407 ～ 431 年	二十五年	吐谷浑	20
	北燕	冯跋	汉族	龙城（今辽宁省朝阳市）	河北、辽宁一部	公元 407 ～ 436 年	三十年	北魏	21

由上表可知，根据存续时间的长短，依此为：冉魏（三年）、西蜀（九年）、西燕（十一年）、前赵（十二年）、南燕（十三年）、刘汉（十五年）、后凉（十八年）、南凉（十八年）、西凉（二十二年）、后燕（二十四年）、夏（二十五年）、北燕（三十年）、西秦（三十三年）、后赵（三十四年）、前燕（三十四年）、后秦（三十四年）、代国（三十九年）、北凉（四十三年）、成汉（四十四年）、前秦（四十四年）、前凉（五十七年）。